民政法制理论与实务

王云斌　著

中国社会出版社

图书在版编目（CIP）数据

民政法制理论与实务 / 王云斌著 .—北京：中国社会出版社，2011.10

ISBN 978-7-5087-3696-9

Ⅰ. ①民… Ⅱ. ①王… Ⅲ. ①民政事务—行政法—研究—中国 Ⅳ. ① D922.182.14

中国版本图书馆 CIP 数据核字（2011）第 194787 号

书　　名：民政法制理论与实务

著　　者：王云斌

责任编辑：杨春岩　白晓虹

出版发行：中国社会出版社　　邮政编码：100032

通联方法：北京市西城区二龙路甲 33 号

电话：编辑部：（010）66061704

邮购部：（010）66060275

销售部：（010）66080300　传真：（010）66051713

（010）66051698　传真：（010）66080880

网　　址：www.shcbs.com.cn

经　　销：各地新华书店

印刷装订：中国电影出版社印刷厂

开　　本：170mm × 240mm　1/16

印　　张：20

字　　数：320 千字

版　　次：2011 年 10 月第 1 版

印　　次：2011 年 10 月第 1 次印刷

定　　价：45.00 元

目 录

根据立法概念的界定，民政立法应指由特定主体，依照一定的职权和程序，运用一定的立法技术，制定、认可、修改、废除有关民政事业方面的法律规范的活动。民政立法是建设法治民政的根本和前提。如果民政法律法规不健全、不配套，一些内容不合时宜，民政执法、普法、法制监督、法律服务都将是无源之水、无本之木。自党的十六大以来，特别是党的十六届六中全会的召开，我国进入了全面建设和谐社会时期，相应地迎来了社会立法的高峰期。民政部门要抓住这一难得的历史机遇，紧紧把握我国当今社会发展的时代特点，做好民政立法工作。

通过改革开放以来三十多年的民政法律制度建设，现已初步形成了以宪法为依据、以法律为基础、以法规为支撑、以配套实施规范为补充的制度框架，民政各主要业务总体上做到了有法可依。但是，随着我国经济社会的快速发展，一些法律制度逐渐跟不上时代的需求，一些法律制度需要补充完善，我们只有在实践中不断总结发现问题并探索问题的解决办法，完善现行法律制度，才能够通过民政法制建设，逐步解决民政事业发展中带有根本性、全局性、稳定性和长期性的问题，为保障民生、发展民主、服务社会明确发展方向和根本路径。

为落实党的十五大提出的新时期立法工作总目标——2010年形成中国特色社会主义法律体系，2010年4月20日，国务院办公厅下发了《国务院办公厅关于做好规章清理工作有关问题的通知》(国办发[2010]第28号)。民政部成立了规章和规范性文件清理工作办公室，研究部署和实施清理工作。关于规章的制定、发布、备案，《中华人民共和国立法法》和《规章制定程序条例》以及《民政部立法工作程序规定》作了相关规定，而规范性文件的含义、制发主体、制发程序和权限以及审查机制等，尚无全面、统一的规定。做好清理工作，必须要明晰规范性文件的相关问题。因此，本章的一个重点就是探讨规范性文件的相关问题。

行政审批制度改革是政府的一场“自我革命”，是行政管理体制改革的突破口，涉及政府部门职能定位和权力调整，涉及管理理念和管理方式的更新与变革。自2001年国务院作出全面部署以来，行政审批制度改革健康有序地向前推进，取得了重要进展和明显成效，在国内外产生了良好反响。民政部门根据国务院布置，依据合法、合理、效能、责任、监督五原则配合国务院行政审批改革机构积极清理行政审批项目，从2001年第一轮到2010年的第五轮清理，共取消24项行政审批项目。

改革开放30年来，我国经济社会持续发展，但由于历史原因或自然条件，出现了区域发展不平衡问题。为统筹区域发展，2007年以来，国务院批准了一系列区域发展规划。在区域合作的实践中，各经济区域内部成员之间为了实现合作，缔结了数以千计的行政协议，行政协议事实上已经成为我国实现区域合作和解决区际争端的最为重要的法治协调机制之一。但是，当我们寻找行政机关缔结行政协议的法律依据时发现，现有的宪法、法律、法规都没有关于此的规定，再去翻阅大陆出版的行政法教材也没有关于此的论述，最近几年才出现少量关于行政协议的论文和著作。接下来寻找研究民政部门签订行政协议的论述，干脆没有发现。这一章，笔者将就行政协议和民政行政协议进行研究。

第一章　依法行政与法治民政

随着社会主义市场经济的深入发展，依法治国、实行法治越来越重要而紧迫。1996年，江泽民同志指出："依法治国是党领导人民治理国家的基本方略，是发展社会主义市场经济的客观需要，是社会文明进步的重要标志，是国家长治久安的重要保障。"1997年党的十五大报告和1999年宪法修正案正式将"依法治国，建设社会主义法治国家"确认下来。这标志着我国成功实现治国理政模式的根本转变，意义重大而深远。

1993年3月，国务院明确提出："各级政府都要依法行政，严格依法办事。"这是我国政府第一次正式提出依法行政。此后，我国规范行政行为的立法步伐明显加快，规范行政执法和制约行政权力的力度明显加大，推进依法行政工作取得重要进展。1999年11月，为适应依法治国、建设社会主义法治国家的需要，国务院颁布了《关于全面推进依法行政的决定》，要求各级政府"依法行政，从严治政，建设廉洁、勤政、务实、高效政府"，对全面推进依法行政作出了重要部署，标志着我国依法行政开始向全方位推进。

为切实加强民政法制建设，2007年3月12日民政部召开全国民政法制视频会议，民政部党组书记、部长李学举在讲话中第一次明确地提出一个重要概念：法治民政。所谓法治民政，就是在建设社会主义法治国家、法治社会和法治政府的总体进程中，按照法定权限和法定程序履行法定职责和法定义务，依法管理各项民政行政事务，承担相应法律责任。法治民政的本质是把民政行政权力自觉地限制在法律的范围内，防止权力滥用。法治民政的宗旨是依法为民，在法律制度的保障下实现情为民所系、权为民所用、利为民所谋。

第一节　依法治国与依法行政

法治，是相对于人治而言，其核心是依法办事、依法治理国家。依法治国，就是广大人民群众在党的领导下，依照宪法和法律规定，通过各种途径和形式管理国家事务，管理经济文化事业，管理社会事务，保证国家各项工作都依法进行，逐步实现社会主义民主的制度化、法律化。

一、依法治国基本方略的提出、形成和发展

（一）提出阶段（1978—1996）[①]

新中国成立后由于各种复杂的原因，我国的民主与法制建设，曾走过一条曲折的道路，既取得了一定的成就，也有过重大挫折，特别是十年“文革”的浩劫。在我国，实行“依法治国，建设社会主义法治国家”，是一个长久的历史性过程。它的起点是1978年党的十一届三中全会的召开。党的十一届三中全会以来，邓小平从社会主义国家政权建设和国家长治久安出发，提出了健全社会主义民主与法制，使民主制度化、法律化的问题。

1996年2月8日，江泽民同志在中共中央法制讲座上发表了《坚持实行依法治国，保证国家长治久安》的重要讲话。江泽民同志提出了依法治国方略，并对依法治国的重大意义进行了全面深刻的阐述。他指出：“加强社会主义法制建设，依法治国，是邓小平同志建设有中国特色社会主义理论的重要组成部分，是我们党和政府管理国家和社会事务的重要方针。”同年3月八届人大四次会议的一系列文件，包括《国民经济和社会发展“九五”计划和2010年远景目标纲要》，已经郑重地将“依法治国”作为一项根本方针和奋斗目标确定下来。中国共产党的十四届六中全会通过的《关于加强社会主义精神文明建设若干重要问题的决议》又再一次肯定了依法治国、建设社会主义法制国家的社会理想。

（二）形成阶段（1997—1999）

1997年党的十五大报告，对依法治国方针的科学含义、重大意义和战略地位，作了全面的深刻的阐述；第一次提出“法治国家”的概念，并将其作为建设有中国特色的社会主义政治的重要内容，对建设社会主义法治国家今后一个时期内突出需要解决的一系列重大问题，作了全面的规定，并郑重地将这一治国方略和奋斗目标记载在党的纲领性文件中。需要特别说明的是，法制讲座提出的“社会主义法制国家”，在十五大报告中变成了“社会主义法治国家”。这是中央在起草十五大报告时认真研究并广泛征求社会各界意见尤其是法学界专家学者意见后决策的结果。“制”和“治”看起来只是一字之差，其实是一次重大的观念变革，表明中国不仅要加强法律制度建设，而且要从治国方式上根本抛弃“人治”传统。

1999年3月，九届全国人大二次会议上，“依法治国，建设社会主义法治国家”这一治国方略，正式写入宪法修正案。从此，我国社会主义民主法制建设进入了一个新的发展时期。

（三）发展阶段（2000至今）

2002年11月，党的十六大报告把依法治国作为社会主义民主政治建设的重

---

① 讲座题目是《关于依法治国、建设社会主义法制国家的理论和实践问题》。

要内容和目标，强调：“发展社会主义民主政治，最根本的是要把坚持党的领导、人民当家做主和依法治国有机统一起来。党的领导是人民当家做主和依法治国的根本保证，人民当家做主是社会主义民主政治的本质要求，依法治国是党领导人民治理国家的基本方略。”

党的十六大以来，以胡锦涛同志为总书记的党中央坚持以邓小平理论和“三个代表”重要思想为指导，提出坚持以人为本、全面协调可持续的科学发展观和构建社会主义和谐社会的奋斗目标，标志着党的执政理念有了重大的新发展，依法治国基本方略因此有了更为坚实的理论和实践基础。2006 年 6 月 29 日，在中央政治局第三十二次集体学习时，胡锦涛同志进一步指出，坚持科学执政、民主执政、依法执政，是新的历史条件下加强党的执政能力建设和先进性建设的重要内容。科学执政、民主执政、依法执政，核心是要为人民执好政、掌好权。要把坚持党的领导、人民当家做主和依法治国有机统一起来，不断改革和完善党的领导方式和执政方式，不断提高党的执政能力和领导水平，在为人民治国理政的实践中体现党的先进性、发展党的先进性、永葆党的先进性。

胡锦涛同志多次强调，依法执政，就是坚持依法治国、建设社会主义法治国家，领导立法，带头守法，保证执法，不断推进国家经济、政治、文化、社会生活的法制化、规范化，以法治的理念、法治的体制、法治的程序保证党领导人民有效治理国家。要加强党对立法工作的领导，推进科学立法、民主立法，从制度上、法律上保证党的路线方针政策的贯彻实施。各级党组织都要在宪法和法律范围内活动，全体党员都要模范遵守宪法和法律。要督促和支持国家机关依法行使职权，依法推动各项工作的开展，切实维护公民的合法权益。

在党的十七大报告中胡锦涛总书记指出，“坚持依法治国基本方略，树立社会主义法治理念”、“深入开展法制宣传教育，弘扬法治精神，形成自觉守法用法的社会氛围。”这是首次将“社会主义法治理念”和“弘扬法治精神”的概念写入党的纲领性文件，是继党的十五大提出“依法治国”之后，民主法治建设领域两个具有战略性号召力的新概念，也成为十七大报告的亮点之一。社会主义法治理念的提出，进一步揭示和彰显了我国法治的社会主义性质，丰富和发展了依法治国基本方略“弘扬法治精神”概念的提出，标志着我们党对“法”的理解与追求又跃上了一个层面，标志着中国特色民主法治建设将走入一个新时代。

二、依法治国的重要意义

实行和坚持依法治国并不是一时的权宜之计，而是建设有中国特色社会主义政治的基本目标。历史的经验教训和社会主义现代化建设的现实充分证明，要建设一个高度文明、高度民主的社会主义现代化国家，没有完备的法制，不实行依法治国是不可能的。

（一）依法治国是发展社会主义市场经济的客观需要

计划经济体制下，由于经济权力的高度集中，主要通过行政命令来调整经济主体之间的关系、组织社会生产，法律手段丧失了独立的品格，其作用也是十分有限的。因此，在计划经济条件下，难以真正做到依法治国。

市场经济是一种以交换为基础的经济形式，一切经济活动和行为都要遵循价值规律，各种生产要素都要作为商品进入市场，通过竞争机制和价格杠杆的作用，实现各主体之间的平等、自由的交易和各类资源的优化配置。这是建立在各经济主体之间具有自主性和平等性并且承认其各自物质利益的基础之上。利益主体多元化、经济产权明晰化、运行机制竞争化、市场行为规范化、宏观调控科学化是它的主要特征。具有自主、平等、诚信、竞争等属性的这种经济形态，除了依赖经济规律来运作，同时又主要依赖法律手段来维系，它必然从客观上要求法律的规范、引导、制约、保障和服务。

现代市场经济并不是单纯的自由竞争，而是一个有序化、制度化过程，这一过程是通过一系列具体的法律制度来实现的。与计划经济相比，市场经济可以更有效地配置资源。但是，市场只有具备合理而完备的法律前提，才能发挥有效配置资源的功能。没有这一前提，市场就不会产生任何体现价值最大化意义上的效率。在这个意义上可以说，市场经济就是法制经济，或者说，法治是市场经济的法律特征。

（二）依法治国是建设社会主义民主政治的基本保证

邓小平曾经指出，没有民主就没有社会主义，就没有社会主义现代化。所以，要建设社会主义现代化国家，就必须发展社会主义民主，健全社会主义法治，使民主制度化、法律化和规范化，做到有法可依、有法必依、执法必严、违法必究。党的十七大报告进一步明确提出，人民民主是社会主义的生命，发展社会主义民主政治是我们党始终不渝的奋斗目标，依法治国是社会主义民主政治的基本要求。社会主义愈发展，民主也愈发展，法治也愈完善。全面落实依法治国基本方略，是我国民主政治不断发展对法治提出的内在要求，也是我国法治不断完善进步的必然体现。社会主义法治与社会主义民主有天然的内在联系，两者相互依存、相互作用、相辅相成。在这个层面上全面落实依法治国基本方略，就必须把依法治国与社会主义民主建设紧密结合起来，实现两者的系统发展；必须把依法治国与积极稳妥地深化政治体制改革紧密结合起来，用法治的方式在法治的轨道上推进政治体制改革；必须把依法治国与坚持党总揽全局、协调各方的领导核心作用紧密结合起来，保证依法治国基本方略在党的领导下全面落实；必须把依法治国与充分发扬人民民主、尊重保障人权紧密结合起来，真正体现社会主义民主法治以人为本、人民当家做主的本质属性。归根结底，就是要坚持党的领导、人民当家做主、依法治国的有机统一。

（三）依法治国是社会文明进步的重要标志

在中外历史上，从字源看，“法”字具有正义、公正等含义。中国古代，“法”字象征一种可以判明是非曲直和正义与否的独角兽。西方古代，法早已被比喻为是一手拿宝剑、一手拿天平的正义女神。每一历史时代，法的内容与形式以及法的精神，都同该时代的物质文明与精神文明息息相关，密不可分，彼此适应，是该时代人类文明发展水平的综合性标尺。一部由低级状态向高级状态演变的法律制度和思想史，是整个人类文明由低级状态向高级状态发展历史的一个缩影。

法制文明属于制度文明的范畴，是现代文明的重要组成部分。一个现代化的社会，必然是一个法制完备的社会。依法治国反映了现代化建设的内在要求。世界各国现代化发展的经验表明，现代化应该是高度物质文明和精神文明的完美统一。离开了法制建设的现代化，现代化就是不完整的、片面的、没有可靠保证的，经济发展也将难以达到现代化所要求的相应水平，整个社会的现代化就不可能真正实现。

（四）依法治国是国家长治久安的重要保证

法律集中了多数人的智慧，反映了事物的发展规律。法律具有稳定性和连续性的特点，不会因政府的更迭和领导人的看法和注意力的改变而随意改变。由于这种种原因，只有实行依法治国，才能保证国家长治久安。这个道理已为以往不少思想家、政治家所充分阐述，并被无数历史事实所证明。

在我们党和国家的历史上，对于这个问题的认识，曾经历过一个曲折的过程。半个世纪前，毛泽东同志在延安回答黄炎培先生提出的共产党在执掌全国政权后怎样才能跳出“其兴也勃焉，其亡也忽焉”的历史周期率这一问题时，曾经正确地指出：“我们已经找到新路，我们能跳出这个周期率。周期率是正确的，人民日报也是这样登载的。这条新路，就是民主。只有让人民起来监督政府，政府才不敢松懈。只有人人起来负责，才不会人亡政息。”新中国成立后到1956年这一时期，民主与法制建设成就显著。但是由于国际（如波匈事件）与国内的复杂原因，自1957年后，“左”的指导方针开始抬头，人治思想上升，法治思想削弱，并愈演愈烈。因而导致民主与法制不健全，终于成为十年“文革”这场历史性悲剧得以发生和发展的根本条件。

（五）依法治国是和谐社会建设的重要内容

和谐社会的要素包括：民主法治、公平正义、诚信友爱、充满活力、安定有序、人与自然和谐相处。这六个要素当中，第一个就是“民主法治”。这不仅因为和谐社会必然是民主社会、法治社会，而且只有在一个崇信民主、奉行法治的社会，构建和谐社会的其他要素才能够得到真正的实现。可以说，和谐社会的所有问题都必然归结于法治问题，或者与法治密不可分。

（六）依法治国有利于加强和改善党的领导

党的领导中一个十分重要的方面是在党和国家生活中切实有效地贯彻民主集中制原则。民主集中制是共产党的根本组织制度和领导制度。党创造性地运用民主集中制原则，制定正确规范党内政治生活、处理党内关系的基本准则和具体制度，形成了党在组织建设上的鲜明特征。党在全国执政以后，把这种制度运用于政权建设，在国家机构中实行民主集中制的原则。依法治国正是民主集中制的重要体现和基本保证。

依法治国可以防止以党代政、以党代法的现象。邓小平同志多次强调："党干预太多，不利于在全体人民中树立法制观念。"江泽民同志也十分明确地把党与法的关系提到人治与法治的范畴，认为以党代法就是搞人治，指出："我们绝不能以党代政，也绝不能以党代法。……我们一定要遵循法治的方针。"党领导人民管理国家不是党代替人民当家做主；党领导人民制定宪法和法律并不能自居于宪法和法律之上，而应严格执行和遵守法律。我们必须将执行法律和执行政策有机结合起来，坚持依法办事与贯彻党的政策的统一。必须认识到法律一旦公布，就具有极大的权威性和普遍的约束力。因此，党组织在制定和实施政策时，应当和宪法、法律的基本原则和规定相一致，要有利于法律的实施，不能与现行的宪法和法律相抵触。党的政策指导法律，必须是在宪法和法律规定的范围内。如果党组织需要调整、变更某项政策或制订新的政策，而这种政策和现行法律相矛盾时，必须通过国家机关经法定程序，修改、废除过时的法律，制定出与新政策相适应的新的法律。因此，我们必须改变过去那种"只重政策，轻视法律"的错误观念，纠正政策取代法律的错误做法，正确处理法和政策的关系，充分发挥法在社会主义现代化建设中的作用。

依法治国使党的执政地位和执政作用体现得更为民主，使党的领导作用发挥得更加有效，党与人民群众的关系更为密切。党领导人民实行依法治国，有利于从制度上保证党的基本路线、基本方针和基本政策的贯彻落实，保证党始终发挥总揽全局、协调各方的核心作用。

三、依法治国的主要原则和要求

（一）加强立法完善构建社会主义法律体系

有法可依是依法治国的基础和前提，依法治国的首要环节就是要建立一个部门齐全、结构严谨、内部和谐、体例科学和协调发展的完备的法律体系。

法的"部门齐全"是指凡是社会生活需要法律作出规范和调整的领域，都应制定相应的法律、行政法规、地方性法规和各种规章，从而形成一张疏而不漏的法网，使各方面都能"有法可依"。

法的“结构严谨”是指法律部门彼此之间、法律效力等级之间、实体法与程序法之间，应做到相互配套、界限分明、彼此衔接。例如，宪法的不少原则规定需要有法律、法规使其具体化和法律化，否则宪法的某些规定就会形同虚设，影响宪法的作用和权威；从宪法、基本法律和法律直到省会市、国务院批准的较大市制定的地方性法规和政府规章，是一个法的效力等级体系，上位法与下位法的关系和界限必须清楚。

法的“内部和谐”是指法的各个部门、各种规范之间要和谐一致，前后左右不应彼此重复和相互矛盾。法律都是比较概括的、原则的，而社会生活却是复杂、多变的，这就要求进一步完善和丰富我国的法律解释制度，特别是要落实宪法对全国人大常委会法律解释权的规定。

法的“体例科学”是指法的名称要规范，以便执法与守法的人一看名称就知道它的效力等级；法的用语、法的公布与法的生效等也都需要进一步加以规范。

法的“协调发展”是指法的体系是发展变化的，立法要做到同经济政治文化的发展、同制度改革的进程、同新的党的方针政策的制定和提出相协调、一致与和谐。

2010 年 3 月 10 日吴邦国委员长在常委会工作报告中宣布“中国特色社会主义法律体系已经形成”。中国特色社会主义法律体系的提出和实现，经历了一个探索、实践和不断发展的过程。1982 年，五届全国人大常委会第五次会议首次提出，“立法要从我国的实际情况出发，按照社会主义法制原则，逐步建立有中国特色的独立的法律体系。”1987 年，党的十三大报告第一次向全世界宣布，“社会主义民主和法制的建设逐步发展。以宪法为基础的社会主义法律体系初步形成。”1993 年，《中共中央关于建立社会主义市场经济体制若干问题的决定》提出，我国“法制建设的目标是：遵循宪法规定的原则，加快经济立法，进一步完善民商法律、刑事法律、有关国家机构和行政管理方面的法律，本世纪末初步建立适应社会主义市场经济的法律体系”。

1997 年，党的十五大报告在确立依法治国基本方略的同时，第一次把“到 2010 年形成有中国特色的社会主义法律体系”确定为推进依法治国、建设社会主义法治国家的立法目标。从 1997 年提出到 2010 年形成中国特色社会主义法律体系，大致可分为三个阶段：九届全国人大期间，“初步形成中国特色社会主义法律体系”；十届全国人大期间，“基本形成中国特色社会主义法律体系”；十一届全国人大到 2010 年，“形成中国特色社会主义法律体系”。

经过几代人和各方面的共同努力，我国已制定现行有效法律 236 件、行政法规 690 多件、地方性法规 8600 多件，涵盖社会关系各个方面的法律部门已经齐全，各法律部门中基本的、主要的法律已经制定，中国特色社会主义法律体系已经形成。

（二）任何组织和个人都必须严格依法办事

树立法律的权威，关键是切实有效地实施法律。李鹏同志指出：“依法治国的关键是执法，难点和重点也是执法。”保证宪法和法律得到严格执行和遵守是一项系统工程，应抓住关键环节，实行综合治理。

1. 党的各级组织和各级领导人以及广大党员模范地遵守法律，严格依法办事，对维护法律的权威与尊严具有非常重要的作用。党章规定“党要在宪法和法律范围内活动”，其精神在现行宪法中也有明确规定。党根据新的形势和需要制定出新的政策后，要及时修改已过时的法律规定，避免新的政策同原有过时法律规定长期脱节。在制定法律过程中，应充分发扬民主，允许人民代表、党外人士和广大人民群众对党的政策提出某些补充和修改意见，使党的政策更加丰富和完善等。

2. 政府依法行政是维护法律的权威和尊严，是法治的重要环节。依法行政应是我国行政机关的一项最根本的活动准则。我国的法律约有百分之八十是需要行政机关执行和贯彻实施的。相对于立法和司法来说，行政具有自身的特点：它内容丰富，涉及的领域广阔，工作具有连续性，是国家与公民打交道最多的领域。行政机关实行首长负责制，行政权还具有主动性。为了适应迅速多变的客观现实，行政权的行使还具有快速性和灵活性、法律的自由裁量权较大的特点。因此，行政权必须受法律的规范和约束。实践证明，各级人大加强对依法行政的监督包括开展执法检查，实行执法责任制和错案追究制等，成效十分显著。

3. 完善民主监督制度。党的十五大报告对此已作了全面的系统的论述和规定。民主监督的主要目的是克服权力腐败，防止权力滥用。权力腐败与滥用是各种腐败现象的主要表现，也是其他腐败现象的重要根源。对国家权力的监督，主要有以下四种形式和渠道：（1）以国家法律监督国家权力，包括以法律明确规范与界定各种权力的内容和行使程序。（2）以国家权力监督国家权力，包括国家权力机关、检察机关和行政监察机关的监督。（3）以公民权利监督国家权力，包括公民的检举、揭发、控告和舆论工具的监督。（4）以社会权力监督国家权力，包括民主党派、工青妇、行业组织的监督。按照十五大报告的基本要求，进一步健全与完善民主监督体系，加大其力度，是维护法律权威、保证法律切实实施的重要一环。

4. 坚持法律面前人人平等。法律面前人人平等是我国宪法的一项重要原则。我国现行的各项实体法和程序法也都贯彻和体现了这一原则。 在经济政治文化各个领域以及在法律上实现真正的平等，是社会主义最基本的价值观念和理想追求；坚持这一原则，也是维护法律权威的重要条件。由于党和国家的高度重视，这一原则在我国现实生活中有力地反对了各种特权思想和特权人物，维护了公民的权益，充分显示了社会主义制度的优越性。

（三）实现民主的法制化与法制的民主化

民主的法制化与法制的民主化是发展社会主义民主政治，建设社会主义法治国家的重要保障。“民主的法制化”是指社会主义民主的内容和形式，都要运用法律加以确认和保障，使其具有稳定性、连续性和权威性。民主的法制化包括两层含义、两种作用：法制对公民权利的确认，既保证它不受侵犯，也防止它被人们滥用；法律赋予各级领导人员以种种权力，既保证这种权力的充分行使，也限制他们的越权和对权力的滥用。“法制的民主化”是指法律以及相关的立法、司法、执法等方面的制度，都要体现民主精神和原则。

（四）坚持司法独立，保证案件审理客观、公正

司法独立是一项被现今各国宪法所普遍采用的法治原则。这一原则的基本含义是，司法机关审理案件不受外界非法干扰，以保证案件审理的客观性和公正性，做到以事实为根据、以法律为准绳。

目前，保证司法独立、公正需要解决的主要问题是：1. 要正确处理好加强党的领导和坚持司法独立的关系。党对司法工作的领导主要是路线、方针、政策的领导，是配备干部，教育和监督司法干部严格依法办事，但不宜参与和干预具体案件的审理。宪法明确规定，国家的审判权和检察权分别由审判机关和检察机关独立行使，应在实践中切实落实这一规定。2. 切实执行宪法和三大诉讼法明确规定的公开审理案件的制度。将案件审理置于广大公民监督之下，是案件的审理达到客观、公正与廉洁的重要保证。3. 切实健全与加强司法机关内部和外部的监督机制。

（五）深入开展普法教育增强法律意识

十五大报告强调，深入开展普法教育，增强全民的法律意识，着重提高领导干部的法制观念和依法办事的能力。宪法和法律意识是决定法律制度能否得到有效运作的内在动因，也是依法治国、建设社会主义法治国家目标得以实现的社会文化条件。在建立了完善的各项具体的社会主义法律制度之后，法治的精神能不能得到弘扬，人的素质就是最关键的决定因素。法治国家只有在公民具有较高法律素质的前提下才有可能实现，只有在全体人民中真正地确立了宪法和法律在调整人们各项行为中至高无上的权威，依法治国、建设社会主义法治国家才能成为全体人民共同奋斗的目标。当前，增强公民宪法和法律意识的途径主要有，一是要加强法律宣传工作和普法教育工作，增加公民学习法律、了解法律的渠道和途径；二是完善职业法律教育工作，增强公民掌握和运用法律知识、进行依法办事的实际能力。

四、依法行政

依法治国要求各国家机关都严格依法行使其权力，依法处理国家事务，治理

国家。行政机关对经济和社会发展影响极大，与公民关系最密切且休戚相关。国家所颁布的法律、法规，百分之八十都需要行政机关执行。因此，行政机关能否依法行政，将从总体上决定我国能否依法治国，建立社会主义法治国家。

目前，我国政府在依法行政方面还存在不少差距，主要是：行政管理体制与发展社会主义市场经济的要求还不适应，依法行政面临诸多体制性障碍；制度建设反映客观规律不够，难以全面、有效解决实际问题；行政决策程序和机制不够完善；有法不依、执法不严、违法不究现象时有发生，人民群众反映比较强烈；对行政行为的监督制约机制不够健全，一些违法或者不当的行政行为得不到及时、有效的制止或者纠正，行政管理相对人的合法权益受到损害得不到及时救济；一些行政机关工作人员依法行政的观念还比较淡薄，依法行政的能力和水平有待进一步提高。这些问题在一定程度上损害了人民群众的利益和政府的形象，妨碍了经济社会的全面发展。解决这些问题，适应全面建设小康社会的新形势和依法治国的进程，必须全面推进依法行政，建设法治政府。

（一）依法行政的概念和内涵

1. 依法行政的概念。所谓依法行政就是行政机关必须经法律授权并依据法律规定行使行政权力，管理公共事务。各级国家行政机关必须按照法定权限和程序履行职责，既不失职，也不越权，做到有权必有责，用权受监督，侵权要赔偿。

依法行政所指的“法”按照我国《立法法》的规定，既包括全国人大及其常委会制定的法律，也包括根据法律制定的法规和规章。政府行政机关在执行法律过程中，应遵循下位法不得违反上位法的原则，根据法的不同效力等级，确定执法依据和执法权限，即：（1）宪法具有最高法律效力，一切法律、行政法规、地方性法规、自治条例和单行条例、规章等都不得与宪法相抵触；（2）法律的效力高于行政法规、地方性法规、规章；（3）行政法规的效力高于地方性法规、规章；（4）地方性法规的效力高于本级和下级地方政府的规章；（5）省、直辖市、自治区人民政府的规章高于本行政区域内较大的市的人民政府制定的规章；（6）部门规章之间、部门规章与地方政府规章之间具有同等效力，在各自的权限范围内施行。当上级和下级、同级之间以及本地与外地的法律规范出现冲突，根据《立法法》的规定，应该按以下原则处理。（1）同一机关制定的法律、行政法规、地方性法规、自治条例、规章，特别规定与一般规定不一致的，适用特别规定；新规定与旧规定不一致的，适用新规定。（2）地方性法规与部门规章之间对同一事项的规定不一致，不能确定如何适用时，应报国务院认定。国务院认为应当适用地方性法规的，应当决定在该地方适用地方性法规的规定；认为应当适用部门规章的，还应当提请全国人大常委会裁决。（3）部门规章之间、部门规章与地方政府规章之间对同一事项的规定不一致时，由国务院裁决。（4）根据授权制定的法规与法律规定不一致，不能确定如何适用时，由全国人大常委会裁决。

2. 依法行政的内涵。（1）职权法定。指行政机关及其工作人员的职责权力均由法律、法规、规章所设定，行政机关及其工作人员行使权力都应当以法律、法规、规章为依据。非依法取得的权力都应当认定为无权限，非依法行使的权力都应当认定为无效。职权法定是政府行政机关及其工作人员行使权力的第一要义，是保障合法行政的前提。（2）政府守法。政府机关只是法律、法规、规章所体现和表达的国家意志的执行者，行政机关行使权力，只是管理国家事务的需要，除此之外，它不能享有任何法外特权。否则，依法都要受到制裁。（3）公正行政。指行政机关应严格遵守法律、法规、规章的规定和社会正义的要求，合理地行使行政权力。现实中，人们往往更多看重的不违法只是指的不违背“形式”法，即现存的成文条款，而忽略了“隐形”法，即法律所倡导的科学、公平、效率和民主法治精神这一基本法意，从而导致了一些不公正的行政行为。公正行政包括实体公正和程序公正两个方面的要求。实体公正主要指依法办事、不偏私；平等对待相对人、不歧视；合理考虑相关因素，不专断。程序公正主要是指不做自己案件的办案人；对亲朋好友或其他有利害关系人的案件实行回避；不单方接触当事人；不在事先未通知和听取相对人陈述和申辩的情况下做出对相对人不利的处理决定等。（4）依程序行政。指行政机关或工作人员，依照法律授权，并根据法律、法规和规章制定的步骤、顺序、方式、期限等要求，行使行政权力和处理行政事务。

（二）依法行政的原则和基本要求

1. 依法行政的基本原则。（1）坚持党的领导、人民当家做主和依法治国三者的有机统一；（2）把维护最广大人民的根本利益作为政府工作的出发点；（3）维护宪法权威，确保法制统一和政令畅通；（4）坚持以人为本和全面、协调、可持续的发展观，促进经济社会和人的全面发展；（5）把依法治国和以德治国有机结合起来，大力推进社会主义政治文明、精神文明建设；（6）把推进依法行政与深化行政管理体制改革、转变政府职能有机结合起来，坚持开拓创新与循序渐进的统一，既要体现改革和创新的精神，又要有计划、有步骤地分类推进；（7）把坚持依法行政与提高行政效率统一起来，做到既严格依法办事，又积极履行职责。

2. 依法行政的基本要求。（1）合法行政。行政机关实施行政管理，应当依照法律、法规、规章的规定进行；没有法律、法规、规章的规定，行政机关不得作出影响公民、法人和其他组织合法权益或者增加公民、法人和其他组织义务的决定。（2）合理行政。行政机关实施行政管理，应当遵循公平、公正的原则。要平等对待行政管理相对人，不偏私、不歧视。行使自由裁量权应当符合法律目的，排除不相关因素的干扰；所采取的措施和手段应当必要、适当；行政机关实施行政管理可以采用多种方式实现行政目的的，应当避免采用损害当事人权益的方式。（3）程序正当。行政机关实施行政管理，除涉及国家秘密和依法受到保护的商业秘密、个人隐私的外，应当公开，注意听取公民、法人和其他组织的意见；要严格遵循法定程序，依法保障行政管理相对人、利害关系人的知情权、参与权和救济权。行政机关工作人员履行职责，与行政管理相对人存在利害关系时，应当回避。（4）高效便民。行政机关实施行政管理，应当遵守法定时限，积极履行法定职责，提高办事效率，提供优质服务，方便公民、法人和其他组织。（5）诚实守信。行政机关公布的信息应当全面、准确、真实。非因法定事由并经法定程序，行政机关不得撤销、变更已经生效的行政决定；因国家利益、公共利益或者其他法定事由需要撤回或者变更行政决定的，应当依照法定权限和程序进行，并对行政管理相对人因此而受到的财产损失依法予以补偿。（6）权责统一。行政机关依法履行经济、社会和文化事务管理职责，要由法律、法规赋予其相应的执法手段。行政机关违法或者不当行使职权，应当依法承担法律责任，实现权力和责任的统一。依法做到执法有保障、有权必有责、用权受监督、违法受追究、侵权须赔偿。

（二）依法行政的路径

1. 转变政府职能，深化行政管理体制改革。（1）依法界定和规范经济调节、市场监管、社会管理和公共服务的职能。（2）合理划分和依法规范各级行政机关的职能和权限。（3）完善依法行政的财政保障机制。（4）改革行政管理方式。减少行政许可项目，规范行政许可行为，改革行政许可方式。发挥行政规划、行政指导、行政合同等方式的作用，创新管理方式，方便人民群众。（5）推进政府信息公开，除涉及国家秘密和依法受到保护的商业秘密、个人稳私的事项外，行政机关应当公开政府信息，对公开的政府信息，公众有权查阅。行政机关应当为公众查阅政府信息提供便利条件。

2. 建立健全科学民主决策机制。（1）健全行政决策机制，实行依法决策、科学决策、民主决策。科学、合理界定各级政府、政府各部门的行政决策权，完善政府内部决策规则。建立健全公众参与、专家论证和政府决定相结合的行政决策机制。（2）完善行政决策程序。除依法应当保密的外，决策事项、依据和结果要公开，公众有权查阅。涉及全国或者地区经济社会发展的重大决策事项以及专业性较强的决策事项，应当由专家事先进行必要性和可行性论证。社会涉及面广、与人民群众利益密切相关的决策事项，应当向社会公布，或者通过举行座谈会、听证会、论证会等形式广泛听取意见。重大行政决策在决策过程中要进行合法性论证。（3）建立健全决策跟踪反馈和责任追究制度。行政机关应当确定机构和人员，定期对决策的执行情况进行跟踪与反馈，并适时调整和完善有关决策。要加强对决策活动的监督，完善行政决策的监督制度机制，明确监督主体、监督内容、监督对象、监督程序和监督方式。要按照“谁决策、谁负责”的原则，建立健全决策责任追究制度，实现决策权和决策责任相统一。

3. 提高制度建设质量。(1) 提出法律议案和地方性法规草案，制定行政法规、规章以及规范性文件等制度建设，重在提高质量。要根据宪法和立法法的规定，严格按照法定权限和法定程序进行。法律、法规、规章和规范性文件的内容要具体、明确，具有可操作性，能够切实解决问题；内在逻辑要严密，语言要规范、简洁、准确。(2) 按照条件成熟、突出重点、统筹兼顾的原则，科学合理制定政府立法工作计划。(3) 改进政府立法工作方法，扩大政府立法工作的公众参与程度。实行工作者和专家学者三结合，建立健全专家咨询论证制度。(4) 积极探索对政府立法项目尤其是经济立法项目的成本效益分析制度。政府立法不仅要考虑立法过程成本，还要研究其实施后的执法成本和社会成本。(5) 建立和完善行政法规、规章修改废止的工作制度和规章、规范性文件的定期清理制度。要适时对现行行政法规、规章进行修改或者废止，切实解决法律规范之间的矛盾和冲突。规章、规范性文件施行后，制定机关、实施机关应当定期对其实施情况进行评估。实施机关应当将评估意见报告制定机关；制定机关要定期对规章、规范性文件进行清理。

4. 理顺行政执法体制，规范行政执法行为。(1) 加快建立权责明确、行为规范、监督有效、保障有力的行政执法体制。(2) 严格按照法定程序行使权力、履行职责。(3) 健全行政执法案卷评查制度。行政机关应当建立有关行政处罚、行政许可、行政强制等行政执法的案卷。对公民、法人和其他组织的有关监督检查记录、证据材料、执法文书应当立卷归档。(4) 建立健全行政执法主体资格制度。行政执法由行政机关在其法定职权范围内实施，非行政机关的组织未经法律、法规授权或者行政机关的合法委托，不得行使行政执法权；要清理、确认并向社会公告行政执法主体；实行行政执法人员资格制度，没有取得执法资格的不得从事执法工作。(5) 推行行政执法责任制。依法界定执法职责，科学设定执法岗位，规范执法程序。要建立公开、公正的评议考核制和执法过错案责任追究制，评议考核应当听取公众的意见。要积极探索行政执法绩效评估和奖惩办法。

5. 探索防范化解社会矛盾的机制。(1) 积极探索预防和解决社会矛盾的新路子。要大力开展矛盾纠纷排查调处工作，建立健全相应的制度。对矛盾纠纷要依法妥善解决。(2) 充分发挥调解在解决社会矛盾中的作用。对民事纠纷，经行政机关调解达成协议的，行政机关应当制作调解书；调解不能达成协议的行政机关应当及时告知当事人救济权利和渠道。要完善人民调解制度，积极支持居民委员会和村民委员会等基层组织的人民调解工作。(3) 要完善信访制度，及时办理信访事项，切实保障信访人、举报人的权利和人身安全。对可以通过复议、诉讼等法律程序解决的信访事项，行政机关应当告知信访人、举报人申请复议、提起诉讼的权利，积极引导当事人通过法律途径解决。

6. 完善行政监督制度和机制，加强对行政行为的监督。（1）自觉接受人大监督和政协的民主监督，接受人民法院依照行政诉讼法的规定对行政机关实施的监督。（2）加强对规章和规范性文件的监督。政府法制机构应当对报送备案的规章和规范性文件依法严格审查，做到有件必备、有备必审、有错必纠。公民、法人和其他组织对规章和规范性文件提出异议的，制定机关或者实施机关应当依法及时研究处理。（3）认真贯彻行政复议法，加强行政复议工作。（4）完善并严格执行行政赔偿和补偿制度。要探索在行政赔偿程序中引入听证、协商和和解制度。建立健全行政补偿制度。（5）创新层级监督新机制，加强专门监督，强化社会监督。

7. 不断提高行政机关工作人员依法行政的观念和能力。（1）各级人民政府及其工作部门的领导干部要带头学习和掌握宪法、法律和法规的规定，不断增强法律意识，提高法律素养，提高依法行政的能力和水平，把依法行政贯穿于行政管理的各个环节，列入各级人民政府经济社会发展的考核内容。（2）建立行政机关工作人员学法制度，完善行政机关工作人员依法行政情况考核制度。（3）积极营造全社会遵法守法、依法维权的良好环境，逐步形成与建设法治政府相适应的良好社会氛围。

8. 加强对推进依法行政工作的领导。（1）各级人民政府和政府各部门要从“立党为公、执政为民”的高度，充分认识全面推进依法行政的必要性和紧迫性，真正把依法行政作为政府运作的基本准则。（2）各级人民政府和政府各部门要结合本地方、本部门经济和社会发展的实际，制定落实本纲要的具体办法和配套措施，确定不同阶段的重点，有计划、分步骤地推进依法行政，做到五年有规划、年度有安排，将本纲要的规定落到实处。（3）地方各级人民政府应当定期向本级人大及其常委会和上级人民政府报告推进依法行政的情况，国务院各部门、地方各级人民政府工作部门要定期向本级人民政府报告推进依法行政的情况。

五、依法行政与依法治国的关系

（一）依法治国是依法行政的前提和保障

法治是特定社会历史条件的产物。在西方社会中，契约观念、市场观念、权利观念和民主自由观念等培育了法治社会产生的基础条件。中国几千年的人治观念造成的法治氛围缺失的状态直至今日仍未得到根本改善。受中国“人治”传统的影响，我们的行政官员法律意识淡薄，行政违法现象普遍存在。许多行政官员往往置法律于不顾，以权压法，以言代法，甚至贪赃枉法，以权谋私。现在我们制定了“依法治国”的治国方略，必将逐步提高行政官员的“法治”意识，逐步脱离“人治”的怪圈，把其行政行为纳入依法行政的轨道。因此，没有“依法治国”的大前提，依法行政根本就是空谈，“依法行政”只有在“依法治国”的前提下才能实现。

（二）依法行政是依法治国的核心和关键

依法行政和依法治国的关系密不可分，依法行政与依法立法、依法司法和依法监督等成为依法治国的重要组成部分。由于国家的管理活动经常性、普遍性、复杂性的特点，依法治理的治国方略主要是通过依法行政来实现的。各级行政机关依法行使职权，依法进行管理，依法治国就有了基本保证。坚持依法治国的方略，又为依法行政创造了大的环境和前提条件。没有依法治国，谈不上依法行政；没有依法行政，依法治国也无依托。“依法治国”的口号是资产阶级革命时期首先提出来的，实施它的核心目标就是“依法行政”，进而使国家行政机关的全部活动统统纳入法治化的轨道。因此，依法行政是现代法治国家里政府行使行政权力所普遍遵循的基本准则。要在我国实现法治，依法行政是关键，它的成就与否决定着我国的法治是否能够实现。

第二节　民政法制与法治民政

一、民政法制

（一）民政法制的概念

“法制”一词，我国古已有之。然而，直到现代，人们对于法制概念的理解和使用还是各有不同。关于法制有静态、动态之说。静态法制即法律制度。详细来说，是指掌握政权的社会集团按照自己的意志、通过国家政权建立起来的法律和制度。动态的法制，是指一切社会关系的参加者严格地、平等地执行和遵守法律，依法办事的原则和制度。其主要特点是强调法律在国家政治生活中的崇高地位，坚持法律面前人人平等原则，要求公民普遍守法，国家机关依法行使权力，限制国家机关公职人员的权利，确保公民的合法权利和自由。它不仅包括法律制度，而且包括法律实施和法律监督等一系列活动和过程，是立法、执法、守法、司法和法律监督等内容的有机统一。

我们这里所说的民政法制，既包括“静态”的民政法律和制度（即涉及民政的法律、法规、规章以及地方性法规、党的政策等），也包括“动态”的民政立法、民政法律的执行和监督以及民政行政复议和行政应诉。但这本书，偏重于探讨静态的法制。

（二）民政法律制度

民政法律和制度，是民政部门保障民生、发展民主和服务社会方面的法律制度的总称。民政法制根据其调整对象划分主要包括三个基本方面：

1. 保障民生领域法律制度。主要包括：社会福利法律制度，慈善事业法律制度优抚安置法律制度，救灾救济法律制度，社会救助法律制度，双拥、优抚、安置法律制度，社会工作法律制度等。

2. 发展民主方面法律制度。主要包括：村民自治和居民自治方面的法律制度。

3. 社会事务行政管理（服务社会领域）法律制度。主要包括：婚姻登记管理法律制度、殡葬管理法律制度、收养登记管理法律制度、区划和地名管理法律制度、社会组织管理法律制度等。

（三）民政立法

民政立法是建设法治民政的根本和前提。如果民政法律法规不健全、不配套，一些内容不合时宜，民政执法、普法、法制监督、法律服务都将是无源之水、无本之木。按照立法法的规定，我国的法律体系分为由全国人民代表大会及其常务委员会制定的法律；国务院制定的行政法规；省、自治区、直辖市人民代表大会及其常务委员会制定的地方性法规；民族自治地方的人民代表大会制定的自治条例和单行条例；国务院各部、委员会、中国人民银行、审计署和具有行政管理职能的直属机构制定的部门规章；省、自治区、直辖市以及较大的市的人民政府制定的地方性政府规章等几个层级。这些层级，在法制统一的原则下下位法服从上位法。民政工作的各项法律法规，分别见诸这几个层级里。

按照我国的立法体制，民政部主要承担以下工作：按照全国人大及其常委会、国务院的要求起草法律、行政法规的草案并上报，配合做好立项申请、论证、调研等相应工作；制定民政部部门规章。有立法权的省、自治区、直辖市以及较大的市、民族自治地方政府的民政部门主要承担以下工作：按照要求起草地方性法规、自治条例和单行条例的草案并上报，配合做好立项申请、论证、调研等相应工作。没有立法权的地方的民政部门主要配合做好论证、调研等相应工作，为相关立法积累经验和材料。从我国的立法体制看，民政部门的立法授权有限，具体工作量很大，只有在立法法的框架内创造性地工作，才能有所作为。

（四）民政执法

民政部门是政府进行社会管理的重要职能部门之一，其基本职责是依据国家赋予的职能，解决社会问题。调节社会矛盾是可以的，促进社会公平，依法维护和保障人民群众的基本生活权益，维护社会稳定，为党的中心任务服务。民政依法行政就是民政部门贯彻落实党的方针政策，依据国家的法律法规，正确履行政府赋予民政工作的职责，从而更好地服务社会，服务大众。在构建和谐社会的过程中，民政部门肩负着社会整合、缓和矛盾、协调冲突、构建和谐的重要国家行政机关。随着我国渐进式改革的不断深入，我国的民政部门已经从新中国成立初期的优抚安置、救灾救济、农村五保救助这样一个简单地以社会福利为核心的服务部门逐步演变为当下中国进行社会管理、社会服务及社会建设的主要行政管理机构。当下，民政行政执法是建设法治民政的关键。民政执法的任务很重，越到基层与人民群众越近，执法的任务也越重。实践中，基层民政部门的行政执法行为种类多、范围广，既有行政许可行为，又有行政处罚行为、行政强制行为、行政确认行为、行政给付行为、行政指导行为。由于民政部门基层缺乏相应的法制部门和执法队伍，因此在行政执法中存在不少问题。在新形势下如何增强民政部门的行政执法能力，破解民政行政执法的瓶颈成为目前民政工作亟待解决的问题。

（五）民政执法监督

为了充分发挥民政法制部门的职能作用，为了保证民政法规的贯彻执行，各级民政法制部门必须加强执法的监督检查工作。监督检查下级民政部门发布的行政措施、决定和命令等规范性文件，对其中与上级部门颁布的有关法律、行政法规和规章有抵触的，通过法定程序给予撤销和纠正；督促和检查法律、行政法规、规章和地方性民政法规的贯彻实施情况，了解并解决在进行中存在的问题；纠正各级民政部门及所属工作人员在执法中的违法或不当行为，对其中的重大问题进行监督处理；实施案卷评查制度，评比执法案卷，规范档案管理。自觉接受人大、法院、监察、审计等部门的监督和社会舆论的监督，以检查促规范，以监督促提高。

各级民政部门要指定专门机构负责本机关信息公开的日常工作，发布信息公开指南，编制、修订信息公开目录，加快网站信息的维护和更新；正确处理信息公开与保守秘密的关系，坚持“公开是原则，不公开是例外”的要求，严格依法，及时、准确公开政府信息，强化社会监督。法制机构要指导处理好信息公开行政诉讼案件，提出改进政府信息公开的建议。

进一步贯彻《国务院办公厅关于推进行政执法责任制的若干意见》，依法界定民政部门的执法职权与职责，完善职权与职责相统一的权责体系。建立行政执法评议考核机制，完善考核组织，明确考核内容，制定考核标准，确定考核方式。建立健全行政执法奖励机制，落实行政执法责任追究制度，确保依法行政各项要求落到实处。

（六）行政复议与应诉

行政复议是一项法律性和民政业务性很强的工作，必须依法秉公办事，始终做到依法审查、公正裁决，绝不能搞官官相护，姑息迁就；发现对行政复议申请该受理的不受理、该作决定的不作决定、严重不负责任等情况，必须依法查处，坚决予以纠正，并依法追究法律责任。工作实践中，要不断创新行政复议办理方式，对事实清楚、争议不大的案件，可以书面审理为主；对事实不清、争议较大的案件，要认真核实情况，充分听取有关专家和有关各方的意见；对案情复杂、社会关注的重要案件，还要采取当面审理、公开听证的方式；有条件的民政部门，可以开展行政复议委员会的试点；对法律实施中带普遍性的重点和难点问题，要组织研究论证，及时给予业务指导。注意发掘典型，总结推广，交流借鉴，奖先携后，下大力气夯实市、县两级民政部门开展行政复议工作的基础，落实必要的办案条件。充实和加强基层，使多数矛盾化解在基层、解决在行政体制内部，是一项治本之策，必须重视和加强。

民政部门作为行政复议被申请人或者行政诉讼被告时，要依法认真做好答辩应诉工作，自觉履行行政复议决定、生效的行政判决和裁定。民政部要重点就行政复议和行政应诉工作的共性和特点提出指导意见。省级政府民政部门要重点指导下级民政部门做好行政复议答复、应诉答辩等工作。建立案件上报备案制度，本级行政复议和行政诉讼案件完结后，要及时将案件简要情况和相关法律文书报上级民政部门的法制机构备案。对具有普遍性、典型性的重大案件要及时进行研究分析，提出完善相关立法内容和改进执法工作的措施和建议。

二、法治民政①

为切实加强民政法制建设，2007 年 3 月 12 日民政部召开全国民政法制视频会议，民政部党组书记、部长李学举在讲话中第一次明确地提出一个重要概念：法治民政。

所谓法治民政，就是在建设社会主义法治国家、法治社会和法治政府的总体进程中，按照法定权限和法定程序履行法定职责和法定义务，依法管理各项民政行政事务，承担相应法律责任。法治民政的本质是把民政行政权力自觉地限制在法律的范围内，防止权力滥用。法治民政的宗旨是依法为民，在法律制度的保障下实现情为民所系、权为民所用、利为民所谋。

建设法治民政是一个长期而艰巨的过程。国务院《全面推进依法行政实施纲要》提出，经过十年左右坚持不懈的努力，基本实现建设法治政府的目标。根据这一时间表，民政部门的目标是经过全国民政系统坚持不懈的努力，到 2015 年基本建成法治民政的新格局。

（一）法治民政的内容

1. 建立行为规范、运转协调、公正透明、廉洁高效的民政行政管理体制。根据法律、行政法规界定和规范民政工作。凡是公民、法人和其他组织能够自主解

① 李学举：《为建设法治民政的新格局而努力》，在全国民政法制会议上的讲话。

决的，市场竞争机制能够调节的，行业组织或者中介组织通过自律能够解决的事项，除法律、法规另有规定外，不再实施行政管理，从根本上解决履行职能过程中“缺位、越位、错位”的问题；按照党和政府的部署，和有关部门一起共同促进“党委领导、政府负责、社会协同、公众参与的社会管理体制”的形成；在民政职责范围内促进建立统一、公开、公平、公正的现代公共服务体制；充分运用间接管理、动态管理和事后监督管理等手段对社会事务实施管理，充分发挥行政规划、行政指导、行政合同等方式在民政工作中的作用，加快民政电子政务建设，扩大民政网络办公的范围，提高办事效率，降低管理成本，创新管理方式，方便人民群众。

2. 构建依法、科学、民主的民政行政决策机制。形成公众参与、专家论证和民政部门决定相结合的民主决策机制，除依法应当保密的事项外，民政决策事项、依据和结果公开，涉及全国或者地区社会发展的重大决策事项以及专业性较强的决策事项，事先组织专家进行必要性和可行性论证；坚持向社会公布涉及面广、与人民群众利益密切相关的决策事项，或者通过举行座谈会、听证会、论证会等形式广泛听取意见，在决策重大行政事项过程中进行合法性论证；建立健全决策跟踪反馈机制，实行决策效果评估，适时调整和完善有关决策；完善行政决策的监督和责任追究机制，明确监督主体、监督内容、监督对象、监督程序和监督方式，按照“谁决策、谁负责”的原则，实行决策责任追究，实现决策权和决策责任相统一。

3. 形成配套和完善的民政工作法律、法规、规章制度。按照条件成熟、突出重点、统筹兼顾的原则，科学合理、论证充分地向具有立法权的各级人大和政府提出民政类立法建议，加快论证、立项和起草在和谐社会建设中急需的民政法规，做到立法决策与改革决策相统一、立法进程与改革进程相适应，形成比较配套和完善的民政工作法律、法规、规章制度；建立健全民政立法专家咨询论证制度、系统内部和向社会征求意见机制、部门协调机制以及法规和规范性文件的清理、修改、废止制度。

4. 建立权责明确、依法行政、监督有效、保障有力的民政行政执法体制。对与人民群众日常生活直接相关的行政执法活动，依法减少行政执法层次、适当下移执法重心；严格按照法定程序行使权力，民政部门作出对行政相对人、利害关系人不利的行政决定之前，告知行政相对人、利害关系人，并给予其陈述和申辩的机会；作出行政决定后，告知行政相对人依法享有申请行政复议或者提起行政诉讼的权利；对重大事项，行政相对人、利害关系人依法要求听证的，认真组织听证；民政部门行使自由裁量权的，在行政决定中说明理由；健全行政执法案卷评查制度，建立民政行政处罚、行政许可、行政强制等行政执法案卷；建立健全行政执法主体资格制度，清理、确认并向社会公告行政执法主体，非民政执法主体不得行使民政行政执法权；实行行政执法人员资格制度，没有取得执法资格者不得从事行政执法工作；推行行政执法责任制，建立公开、公平、公正的行政执法评议考核制和执法过错或者错案责任追究制，开展行政执法绩效评估和奖惩工作。

5. 在民政工作中健全法制化的应急管理机制。依法完善以救灾工作分级负责、救灾经费分级负担制度为基础，灾害应急机制为主体，社会动员机制相配套的救灾体系；建立完善以灾前预防、灾情预警监测评估、灾害紧急救助、灾区恢复重建、灾民生活安排等环环相扣的救灾工作制度；在民间组织管理、优抚安置、社会救助、基层民主、殡葬管理、社会福利服务等工作中，健全社会矛盾排查调处机制；支持居民委员会和村民委员会等基层组织的人民调解工作；坚持告知信访人、举报人、当事人救济权利和渠道；引导群众运用行政复议、行政诉讼、信访等法定维权途径反映诉求、解决问题，防止因为处置不力、不当，将个案酿成群体性事件；禁止压制、限制、打击报复起诉人、申请人、信访人和举报人。

6. 完善行政监督制度，强化对行政行为的监督。自觉接受人大监督和政协的民主监督，认真采纳其对民政工作的意见和建议；接受人民法院依照《行政诉讼法》对民政部门实施的监督，自觉履行人民法院依法作出的生效的行政判决和裁定；完善上级民政部门对下级民政部门的行政层级监督，在民政系统内及时发现并纠正不当的民政行政行为；加强对规章和规范性文件的依法报送备案，公民、法人和其他组织对民政类规章和规范性文件提出异议的，民政部门依法及时研究处理；自觉接受监察、审计等专门监督机关的监督和作出的决定；自觉接受社会各界对民政部门的监督，完善群众举报违法行为制度，对社会上反映的问题认真调查、核实，并依法及时作出处理。

7. 全面提高民政干部特别是领导干部依法行政的能力。加强民政干部的法律培训，开展以案释法活动，落实依法行政业绩考核，把依法行政情况作为考核民政部门工作人员的重要内容，引导各级民政干部成为本职工作中涉法事务的内行。

（二）法治民政的要求

建设法治民政，对各级民政部门和民政工作者的要求是：

1. 合法行政。要依据法律、法规、规章实施行政管理，没有法律、法规、规章的规定，不得作出影响公民、法人和其他组织合法权益或者增加公民、法人和其他组织义务的决定。

2. 合理行政。要遵循公平、公正的原则，平等对待行政相对人，不偏私、不歧视；行使自由裁量权应当符合法律目的，排除不相关因素的干扰；采取行政措施和手段应当必要、适当；可以采用多种方式实现行政目的的，应当避免采用损害当事人权益的方式。

3. 程序正当。要严格遵循法定程序办事，依法保障行政相对人、利害关系人的知情权、参与权和救济权；履行职责时与行政相对人存在利害关系的，应当回避。

4. 高效便民。要遵守法定时限，积极履行法定职责，提高办事效率，提供优质服务，方便公民、法人和其他组织。

5. 诚实守信。非因法定事由并经法定程序，民政行政机关不得撤销、变更已经生效的行政决定；因国家利益、公共利益或者其他法定事由需要撤回或者变更行政决定的，要依照法定权限和程序进行。

6. 权责统一。民政部门违法或者行使职权不当，要依法承担法律责任。依法做到有权必有责、用权受监督、执法有保障、违法受追究、侵权须赔偿。

三、民政法制与法治民政

由人治到法治，由强调民政法制到建设法治民政，是新时期民政工作一个质的飞跃。从理论高度看，法治的进步性和特点在于：

第一，法治不同于人治。法治是现代文明的产物，是国家形态由传统走向文明的标志。“法治”表达了与“人治”根本对立的立场，“法治”是一种与“人治”相对应的治理社会的理论、原则、理念和方法。法治是一种社会意识，属于法律文化中的观念层面。法治的核心是强调社会治理主体的自觉性、能动性和权变性。虽然法律也是由人来制定的，而且法治也不排斥人的能动性，但从法律的制定、执行到修改都必须按照法律本身制定的规则，人的能动性只能在法律规定的范围内发挥作用，而不能超越法律，这正是法治内在的本质要求。一个不实行法治的国家不可能是现代化国家。国家主要以法律手段来治理国政和进行社会管理，把社会生活的基本方面和社会关系纳入法治轨道。国家权力的行使和社会成员的活动处于严格的依法办事状态，社会调控和管理才能摆脱随意性和特权，政治、经济、文化和谐发展与社会全面进步才有基本的秩序保障，整个社会才能成为一个和谐的社会。法治的实施，能保证民主制度和法律“不因领导人的改变而改变，不因领导人的看法和注意力的改变而改变”。

第二，法治不同于法制。法制是指法律和制度。一个国家有法律和制度，但它不一定实行法治，做到依法治国。法治的要义或精髓是把法律作为国家或政府对社会的统治手段和统治工具，在不同的社会环境中其结果是不同的，在民主的环境中，它可以成为保护人民权益的武器，在专制的环境下只能成为统治者统治的工具。而法治意味着法律应是体现社会公众之法，是代表人民群众的利益、反映民众意志之法。法治观念强调的是法律至上，不仅公民要守法，管理者也要守法，其行为同样受法律的控制。法治是一种国家治理的价值标准，而法制只是实现这种价值的工具。

加强民政法制工作是建设“法治民政”的迫切要求。民政法制工作包括建立完善民政政策法规体系、规范民政执法、强化干部队伍法治理念、组织开展法制服务等具体内容，是依法全面履行民政职能的前提和基础，是推进“法治民政”建设的直接抓手。通过加强民政法制工作，主动应对现阶段经济转轨、社会转型、政府职能转变的变化，建立健全适应新时期民政事业发展的法规政策体系，为确保各项民政工作有法可依奠定基础。通过加强民政法制工作，建立健全以依法行政为主要内容的权力运行机制，规范和约束行政权力，确保将权力运行严格控制在法律、法规、规章和政策所限定的范围内。通过加强民政法制工作，建立健全权责明晰、行为规范、运行高效的行政执法机制，确保各项民政政策法规的落实，切实维护民政对象合法权益，为不断提升民政行政管理效能创造条件，进一步提高干部队伍法律素质，为确保各项民政政策法规的顺利推行营造良好舆情氛围，从而为建设“法治政府”和“法治民政”奠定制度保障。

建设法治民政是建设法治国家、法治社会、法治政府的重要组成部分，建设法治民政是推进管理创新、提高行政效能的迫切需要。法治民政，不仅是今后一个时期民政法制工作的主线，而且是整个民政工作的一个重要理念、一种运行状态和一项长期的奋斗目标。建设法治民政必须从现在做起，从具体法制工作抓起。当前要抓好五方面的工作：一是加快民政立法进程，提高立法质量；二是推进民政执法规范化建设；三是加强民政执法监督；四是开展民政普法；五是搞好民政法律服务。这五项任务环环相扣，缺一不可，构成统一的法制工作整体。

第二章　民政法制机构

以1987年4月召开的第一次全国政府法制工作会议首次正式提出“政府法制”这一概念为标志，中国政府法制工作伴随着社会主义民主与法制建设的推进，迄今已经走过24年的历程。1988年7月7日，在李鹏总理主持召开的国家机构编制委员会第二次会议上，审议并批准了民政部机构改革“三定”方案，确定了在民政部设立政策法规司。一些地方民政厅也成立了法制机构。1993年3月，第八届全国人民代表大会第一次会议批准国务院机构改革方案，将原政策法规司与办公厅合并，撤并了政策法规司。2008年国务院各部委进行机构调整，民政部在这次机构调整中将原来办公厅下设的法规办升格为政策法规司。

第一节　政府法制机构的发展过程和职责

政府法制工作是各级政府在管理国家政治、经济、文化和社会事务，推进社会法治发展进程中，依照法定权限所进行的立法、执法和层级法制监督以及对政府依法管理活动实施宏观规划并组织监督实施的重要工作。以1987年4月召开的第一次全国政府法制工作会议首次正式提出“政府法制”这一概念为标志，中国政府法制工作伴随着社会主义民主与法制建设的推进，迄今已经走过24年的历程。

政府法制机构是政府机关内部专职从事法制工作的部门，政府法制机构24年来也是在恢复建制中不断发展壮大。政府法制机构从隶属关系上可以分为两类，一类是直接隶属于某一级政府或本身是政府的组成部分。例如，国务院法制办直接隶属于国务院，各省（市）政府法制办系各省（市）政府的组成部分；另一类隶属于某一级政府的职能部门，如国务院各部委局办的政策法规司、地方行政部门内设的法制部门，这类部门即为政府部门法制机构。政府部门法制机构又分为中央和地方两级，中央一级即各个部委、直属机构的法制部门，地方一级即省、县（市）政府职能局（处）的法制机构。

一、国务院法制机构和地方政府法制机构

（一）国务院法制机构和地方政府法制机构的发展过程

1. 国务院法制机构发展过程

1979年党的十一届三中全会决定将工作重心转移到经济建设上来，提出“搞现代化建设要有两手，即一手抓建设，一手抓法制”[①]。1980年5月和7月，为适应工作需要，国务院先后成立了国务院办公厅法制局和国务院经济法规研究中心，作为内设机构负责国务院日常法制工作。国务院各部、委、办、局相继成立政策法规（或条法、法规、法制、政法）司，以加强各部门法制建设。

1986年国务院决定合并国务院办公厅法制局和国务院经济法规研究中心，成立国务院法制局，负责国务院法制工作。

1988年10月国务院法制局由直属机构改为办事机构，内设7个司室和机关党委。与国务院法制机构发展相适应，地方政府部门法制机构也是在发展中不断壮大，无论是机构设置，还是人员配备均得到全面加强。与此同时，政府部门法制机构的定位，也在发展中不断明晰。

1993年3月国务院法制局被调整为直属机构，内设7个职能司室和机关党委，另设若干事业单位。1998年，国务院法制局由直属机构调整为办事机构，由副部级升格为正部级，改称国务院法制办公室，作为协助总理办理法制工作的办事机构，内设8个司和机关党委以及若干事业单位。

2008年，根据《国务院关于机构设置的通知》（国发［2008］11号），设立国务院法制办公室（正部级），为国务院办事机构。国务院法制办公室设10个内设机构（正司局级）：秘书行政司、政法人力资源社会保障法制司、教育科技文化卫生法制司、财政金融法制司、工交商事法制司、农林城建资源环保法制司、法规规章备案审查司、政府法制协调司（法规编纂司）、法规译审和外事司、行政复议司。

2. 地方政法法制机构发展过程

1981年7月国务院成立国务院经济法规研究中心后，各省级地方政府相继成立了政府经济法规研究中心或经济法规研究小组等，多数省级政府还在政府办公厅内成立了法制处或经济法规处。1987年4月第一次全国政府法制工作会议召开后，大多数省级地方政府又相继将政府经济法规研究中心或小组与政府办公厅法制处或经济法规处或法制局（办）合并，成立了政府法制局或政府法制办公室。到1988年，全国各省级政府的政府法制工作机构组建工作全部完成。

据不完全统计，目前全国省级政府法制机构共设有研究、培训、咨询服务机构22个。其中，研究中心体制4个，研究所体制5个，服务中心体制10个，内设机构体制3个，人员编制在4到25名不等。此外，一些较大市也大都设立了

① 焦凤君：《世纪之交的政府法制》，合肥工业大学出版社，2007年版，第817页。

研究机构，如原深圳市法制局早在 1993 年就成立了深圳市法制研究所[①]。

（二）国务院法制机构和地方政府法制机构的职责

1996 年 4 月，《国务院关于贯彻实施〈中华人民共和国行政处罚法〉的通知》首次以文件的形式，明确了政府部门法制机构在政府工作中的参谋、助手作用。2004 年 4 月，国务院公布的《全面推进依法行政实施纲要》，进一步明确“各级人民政府和政府各部门要充分发挥政府部门法制机构在依法行政方面的参谋、助手和法律顾问的作用”。以国务院文件的形式正式将政府部门法制机构定位为行政机关在依法行政方面的法律顾问，不仅是适应行政机关依法行政形势发展的要求，而且对政府部门法制机构提出了新的要求，同时为政府部门法制机构进一步发挥法律顾问作用创造了空间。

政府法制机构办主要职责主要有：1. 调查研究依法行政和政府法制建设中出现的新情况、新问题，提出推进依法行政的具体措施和工作建议。协助政府首脑办理法制工作事项。2. 承担统筹规划政府立法工作的责任，拟定政府年度立法工作安排，在批准后组织实施，督促指导。3. 承担审查各部门报送政府的法律法规草案。4. 负责起草或者组织起草有关重要法律、法规草案，负责对与群众利益密切相关的行政法规或地方性法规草案向社会公开征求意见。5. 承担法律、法规、规章的备案审查责任，审查其同宪法、法律、行政法规是否抵触以及它们相互之间是否矛盾，根据不同情况提出处理意见。6. 研究行政诉讼、行政复议、行政赔偿、行政处罚、行政许可、行政收费、行政执法等法律、行政法规实施以及行政执法中带有普遍性的问题，向国务院提出完善制度和解决问题的意见，拟订有关配套的行政法规、文件和答复意见。7. 负责承办行政法规和地方性法规的立法解释工作。承担协调部门之间在法律法规实施中的争议和问题的有关工作。承办管辖范围内的行政复议案件，指导、监督辖区的行政复议工作。8. 负责及时清理、编纂法规，编辑国家出版的法律、法规汇编正式版本。指导规章清理工作。9. 开展政府法制理论、政府法制工作研究和宣传，开展对外法制业务交流。

除此以外，国务院法制机构还要负责组织翻译、审定国家出版的行政法规外文文本和民族语音文本，负责从法律角度审查部门报送国务院审核的我国缔结或者参加的国际条约等职责。

二、政府部门法制机构

（一）政府部门法制机构发展过程

1987 年 4 月第一次全国政府法制工作会议召开到 1988 年，全国各省级政府

① 参见《我国政府法制机构建设三十年发展回顾与展望》，佚名，2008-11-25。来源：新浪博客：http://blog.sina.com.cn/wdding

的政府法制工作机构组建工作全部完成。省级政府所属的各厅局也设立了相应的法制机构，许多的省级政府所属厅局都建立了专门的法制机构。民政系统也是如此。1998 年国务院机构改革中，国务院绝大多数部委都设立了法制工作机构（政策法规司），法制工作得以普及。

中央政府部门法制部门的名称有 4 种：法规司（法制司、条法司）、政策法规司、政策法规与体制改革司、法制监督司。地方政府部门法制机构的名称有 3 种：法规处、政策法规处、法规宣传处。

（二）政府部门法制机构职责①

政府部门法制机构职能可以分为一般职能和特殊职能。一般职能是法制机构普遍具有的职能。即组织起草或组织协调拟定法律法规和规章，制定立法规划，进行相应的调查研究；行业行政复议机构；行政处罚听证机关；指导系统内普法工作；知识产权办事机构；承担政府透明义务的咨询；法律服务，行政应诉、审查重大协议；指导系统法制工作，等等。当然，这些职能并不是每个部门法制机构都具有。

特殊职能即某些法制机构承担的与其行业主管职能相配套的特别职能。如卫生部法制机构承担监督管理传染病防治和食品、职业、环境、放射、学校卫生，组织制定食品、化妆品质量管理规范并负责认证工作；国家环保总局承担重大经济和技术政策、发展规划和重大经济开发计划环境影响评价工作；海关总署承担研究拟定各类进出口管制政策的海关监管规章和进出口商品分类目录并组织实施等。与这些部委的职能相对应的地方政府职能部门的法制机构也有类似职能。

法制职能与政策研究和体制改革研究职能紧密相连，这也证明了政策是立法工作的基础。法制机构内部建制也与其职能密切相关。立法是法制机构的基本职能，因此各法制机构都设有法规处，有的还设几个法规处，如财政部条法司设立法规一处、二处、三处；有执法职能的还设有执法处；有执法监督职能的设有行政复议处、执法监督处；有体制研究职能的设立体制处，有政策研究职能的设研究处。有特殊职能的中央政府部门法制机构相应设立特殊的处室，如卫生部卫生法制监督司设立公卫处和食化处，劳动和社会保障部法制司设有劳动监察处，海关总署政策法规司设有贸易管制处等。随着法制工作的深入，政府行政管理职能的转变，法制机构的职能也在不断调整。如国土资源部在 1998 年撤局设部时把执法职能从法规司中分离出来，单独成立了执法监督局，实现立法和执法部门的分离。2003 年刚刚设立的商务部分设了政策研究部门和法规部门。

---

① 国家广播电影电视总局法规司：政府部门法制机构在推进依法行政中的地位和作用，《内蒙古自治区政府与法制》2003 年第三期。

第二节　民政法制机构演变及其职能

一、民政法制机构的演变

1988 年 7 月 7 日，在李鹏总理主持召开的国家机构编制委员会第二次会议上，审议并批准了民政部机构改革“三定”方案，确定了在民政部设立政策法规司。一些地方民政厅也成立了法制机构。

1993 年 3 月，第八届全国人民代表大会第一次会议批准国务院机构改革方案，将原政策法规司与办公厅合并，撤并了政策法规司。2008 年国务院各部委进行机构调整，民政部在这次机构调整中将原来办公厅下设的法规办升格为政策法规司。

目前，从全国省级民政厅（局）来看，有 16 个民政厅（局）设立了或独立的或合署办公的法制机构（北京、天津、辽宁、吉林、黑龙江、上海、江苏、浙江、广东、广西、海南、重庆、四川、贵州、宁夏、新疆），有 6 个民政厅将法制机构与办公室合署办公（河北、内蒙古、山东、河南、云南、青海），还有 9 个省的民政厅没有设立专门的法制机构（山西、安徽、福建、江西、湖北、湖南、西藏、陕西、甘肃）。

民政部的法制部门名称为政策法规司，地方民政厅（局）法制机构的名称主要有以下几种情况：一是称为政策法规处（包括北京、辽宁、吉林、黑龙江、上海、江苏、浙江、广东、海南、重庆、四川、贵州、云南、宁夏）；二是称为政策法规研究处（天津市）；三是称为法规信访处（河北省）；四是称为政策法规室（福建省、青海省）；五是称为法制处（广西）；六是称为政策法规宣传处（新疆）。同时，北京市除设立政策法规处外，还设立了北京市民政综合执法监察大队，专门负责执法工作；上海市除设立政策法规处外，还设立了执法监察处、市殡葬管理处（法定授权组织）、市社会福利企业管理处（法定受委托组织）三个执法机构。

目前，除少数省会城市成立了法规处以外，绝大多数基层民政部门不仅没有法制机构，甚至连专职法制工作人员都没有。由于法制工作人员少，机构不健全，专门的执法队伍尚未建立，无法统一规范民政行政监管、民政执法监察、民政行政处罚、民政行政复议等各项行政行为，难以及时有效地开展法制宣传、法律咨询、立法调研、执法培训、检查考核等日常民政法制工作，极大地制约了民政系统依法行政整体水平的提高，与日益繁重的民政行政执法任务很不相适应。

二、民政法制机构的职责

政府部门法制工作机构职能定位的依据主要有三个方面：一是法律、法规、规章和各级政府及其部门规范性文件的授权；二是各级政府编委下达“三定”方案时对其职能的明确规定；三是本级政府及其部门根据依法行政的工作需要指定或设定新的职能。

（一）民政部门法制机构的职责

民政部门法制机构是民政部门的组成部分，应当有着与行政机关相同的行政职权和行政职责，但作为法制机构，它与民政部门其他机构有着不同的职责。它的职责主要有：

1. 制定立法规划，进行立法及法律解释工作。此职能仅限于民政部政策法规司、省级民政厅（局）政策法规处。负责制定并执行立法规划，按照立法程序制定法律法规，对于民政相关法律法规和政策进行解释。

2. 法制理论、政策法规研究探讨与调研论证。对于部门普法、执法、依法行政过程中遇到的各种理论和实践问题，通过深入调研，撰写出对实践有指导意义的理论文章。参与各级政府和主管部门组织的立法调研、法规修改、法规清理并提出建议；参与涉及本部门政策调研并撰写调研文章，为各级政府和主管部门决策当好参谋；对同级政府其他部门起草的涉及本部门所管理的事务的规范性文件的进行审查并提出修改建议；对本部门起草的规范性文件进行审查、清理并提出处理意见。

3. 行政许可的指导与监督。对行政许可实施程序和审批文件制作规范进行指导；对负责实施行政许可的机构和行政许可责任对象进行监督，对其在实施行政许可或者行政许可监管过程中违反《行政许可法》和其他有关规定，情节轻微，尚未给公民、法人或者其他组织造成严重财产损失或者严重不良社会影响的作出责令改正的决定。

4. 行政执法的指导与监督。对部门行政执法的指导主要是在案由确定、办案技巧、法律适用、文书制作、成卷归档等方面。对部门行政执法的监督主要是两个方面，一是对抽象行政行为的监督，其内容包括对本部门起草的规范性文件的合法性审查、上报，对其他部门起草涉及本部门职能的规范性文件的合法性审查，对本部门发布的规范性文件进行清理并将清理结果公告，对法律、法规、规章的授权制订实施方案，并报告执行情况；二是对具体行政行为的监督，其内容包括对执法人员是否适格、执法程序是否合法、证据是否充分、执法机构是否超越法定职权，是否履行法定职责、是否滥用行政自由裁量权等。

5. 行政处理与复议、诉讼。民政部要重点就行政复议和行政应诉工作的共性和特点提出指导意见。省级政府民政部门要重点指导下级民政部门做好行政复议答复、应诉答辩等工作。建立案件上报备案制度，本级行政复议和行政诉讼案件完结后，要及时将案件简要情况和相关法律文书报上级民政部门的法制机构备案。对具有普遍性、典型性的重大案件要及时进行研究分析，提出完善相关立法内容和改进执法工作的措施和建议。

6. 争议的协调与处理。协调部门（机构）之间在实施法律、法规和规章中的矛盾和争议，依法监督行政行为。

7. 政务公开与咨询。负责本机关信息公开的日常工作，发布信息公开指南，编制、修订信息公开目录，加快网站信息的维护和更新，正确处理信息公开与保守秘密的关系，坚持“公开是原则，不公开是例外”的要求，严格依法、及时、准确公开政府信息，强化社会监督。针对下级机关法律咨询进行解答。

8. 法制教育培训与普法工作。承担本行业、本系统行政执法人员的教育培训以及面向社会的法制宣传培训，法律服务工作。

（二）民政部门法制机构职能梳理

民政部政策法规司成立不久，地方民政厅设立政策法规处的将近三分之二，各地民政厅对政策法规处的职能规定也不尽相同。现将民政部、各地民政厅网站对其法制机构的职能描述，摘录如下：

民政部政策法规司的主要职能为：1. 起草相关法律法规草案和规章；2. 承担机关有关规范性文件合法性审核工作；3. 承办相关行政复议和行政应诉工作。可见，主要有三项职能即立法、合法性审查、行政复议和行政诉讼。

广西民政厅法制处的主要职能为：1. 经委托授权，负责承办与民政行政有关的地方性法规、规章、规范性文件的起草、修改、审核工作；2. 承担行政复议与应诉工作；3. 开展民政法制理论研究，组织民政法制普及宣传教育工作；4. 开展民政执法监督检查活动，建立健全执法制度。可见，主要工作有四项即立法、行政复议与行政诉讼、理论研究和普法、执法监督。

广东省民政厅政策法规处的主要职能为：1. 起草有关地方性法规、规章草案；2. 承担机关有关规范性文件的合法性审核工作；3. 起草重要文稿；4. 指导民政系统行政执法工作；承办相关行政复议和行政应诉工作；5. 承担民政法制宣传工作。可见，主要有五项职能即立法、合法性审查、执法指导、行政复议和行政诉讼、法制宣传。

北京市民政局政策法规处的职能为：1. 负责机关推进依法行政综合工作；2. 起草民政方面的地方性法规草案、政府规章草案；3. 负责行政执法工作的监督、指导和协调；4. 承担行政复议、应诉的有关工作；5. 承担机关行政规范性文件的合法性审核和有关备案工作；6. 负责法制宣传教育及法律咨询服务工作。

民政部和各地民政厅对本机关法制机构的职责描述有所差异，一方面是因为民政部和民政厅法制机构的级别差异，另一方面是各地民政厅根据本机关的实际对政策法规处的要求不尽相同。但综合来看，都没有超出上面列举的民政部门法制机构的职责。

第三节　民政部门法制机构的工作任务

民政部门法制机构的工作任务是其行政职能的具体化，是行政职权和行政职责的具体体现。目前，民政法制机构工作的主要任务概括起来有十项。

一、促进立法工作，提高立法质量，完善民政法律体系

（一）促进立法工作。民政立法是建设法治民政的基础和前提，是将民政工作中的各项基本制度、管理程序、权力责任、人财物保障措施制度化法制化的根本途径。依法加强法制建设，发挥法制机构的立法权，是具有根本性、长期性、稳定性、艰巨性的重要任务，是民政部门法制机构的重要职责。目前，要抓住社会立法高峰期这一难得的历史机遇，加快民政立法，是民政法制工作的重中之重。

（二）提高立法质量。编制好立法计划，紧紧围绕民政工作的大局，在立法项目上根据全面贯彻科学发展观的要求，按照条件成熟、重点突出、统筹兼顾的原则科学合理安排立法计划。立法是一个系统工程，起草是立法的第一步，提高起草质量，也就把住了立法质量的第一步。一项法规往往涉及多个执法部门，各部门间加强协调，把矛盾和分歧解决在提请人大常委会审议之前，成为提高立法质量的关键。在立法工作中走群众路线，提高人民群众参与立法程度，提高立法民主化、科学化水平，这是进一步提高立法质量的重要保证。

（三）完善民政法律体系。要完善民政法律法规制度的衔接配套工作，形成法律法规、部门规章、地方法规衔接配套的体系，发挥各个层级制度性文件的作用。有立法权的地方要不等不靠，充分发挥地方立法优势，对短期内在全国范围很难形成统一法律法规的项目，要解放思想、先行先试，尽量出台地方性的法规和政策，既解决现实工作需要，也为国家层面的立法创造条件、积累经验。

二、抓好规范性文件审查工作，依法规范实施具体行政行为

（一）抓好规范性文件审查工作。民政部门法制机构在制定规范性文件时，必须树立国家法制统一的观念，坚持对政策性、规范性文件进行合法性审查。我国的法律规范体系包括国家基本法律、国家行政法规、部门规章、地方性法规、地方性规章、其他规范性文件。从法律的冲突的原则上来看，纵向上要坚持下位法服从上位法，规范性文件服从法规。横向上要注重与其他现行法律、法规相衔接。各个法律部门之间不得冲突、抵触或重复。民政部门法制机构在规范性文件审查中的要求，一是要抓好规范性文件的合法性审查，审查制作的文件是否与上位法有不一致的地方，与平行的政府规章、规范性文件是否有冲突的地方；二是要做好政府规章、规范性文件的备案审查工作，及时、定期将制作的规范性文件报政府法制机构备案，自觉接受备案监督；三是做好政府规章、规范性文件的清理工作，国家颁布法律、行政法规时，要看下位法的政府规章、规范性文件是否有与新颁布法律、行政法规不一致的地方，如果有要及时作出修改或者废止的决定。

（二）依法规范实施具体行政行为。民政部本级正在执行的现行有效的法律、行政法规、规章共计 86 部；依法履行的具体行政执法职权共 86 项，其中行政许可 20 项，行政处罚 33 项，行政强制 7 项，行政确认 1 项，行政监督检查 21 项，其他行政执法行为 4 项。这就是两个 86，就是民政部门法制机构的执法依据和执法职权。把这两个 86，落实到具体的执法岗位和责任人身上，就是行政执法责任制。在落实执法责任制上，应当坚持规范执法主体，规范行政职权、职责，规范法定程序。

三、加强和提高行政复议、应对行政诉讼能力

在我国，政府机关实行行政首长负责制；其他单位实行法定代表人负责制。所以从最终的意义上讲，行政诉讼，告谁都是告“一把手”，必须慎重对待行政复议和诉讼案件。一级民政部门复议和诉讼案件同本级行政许可、行政处罚等权力直接相连。民政部门法制机构应当做好以下几项工作，一是加强行政复议机构建设和人员配备；二是畅通行政复议渠道，积极受理行政复议案件；三是研究贯彻落实《行政复议法实施条例》的新精神。

四、促进政府信息公开工作，建立科学、民主、规范的行政决策机制

（一）促进政府信息公开工作。让权力在阳光下运行，让群众知情政府信息，是现代法治政府的价值取向，也是现代行政的基本发展趋势。民政工作事关人民群众的切身利益，更需要强调信息公开。近年来，民政部出台了《民政部专家咨询办法》、《民政部新闻舆论监督办法》、《民政部公告发布办法》、《民政部关于通过互联网促进公众参与民政工作的办法》、《民政部政务信息公开办法》、《民政部机关政府信息公开工作暂行办法》、《民政部机关政府信息公开指南》、《民政部机关政府信息依申请公开管理规定》等，修订了《中共民政部党组工作规则》、《民政部工作规则》等，为政府信息公开奠定了政策基础。2007 年 4 月 5 日国务院颁布的《中华人民共和国政府信息公开条例》为政府信息公开提供了法律依据。

政府信息公开分为两类情况，一是主动公开，《政府信息公开条例》明确规定了涉及公民、法人或者其他组织切身利益的信息，需要社会公众广泛知晓或者参与的信息，反映本行政机关机构设置、职能、办事程序等情况的信息，其他依照法律、法规和国家有关规定应当主动公开的信息等，都必须主动公开。二是依申请公开，公民、法人或者其他组织可以根据自身生产、生活、科研等需要，向国务院部门、地方各级人民政府及县级以上地方人民政府部门，申请获取相关政府信息。根据《政府信息公开条例》规定，违反信息公开义务等行为，视情节轻重，要承担相应的行政责任乃至刑事责任。各级民政部门法制机构应当通过主动公开和依申请公开，建立信息公开制度，确定公开的内容，完善公开的方式，有效保障公民的知情权、参与权和监督权。民政部门法制机构要在信息公开和政策咨询中承担主要职责。

（二）建立科学、民主、规范的行政决策机制。依法决策，是在科学决策、民主决策的基础上进行的，实现规范化、制度化的决策，必须依照法律规范进行决策。依法决策主要抓好以下工作，一是规范机关内部决策制度；二是建立公众参与制度；三是建立专家库制度；四是建立决策评估制度。

五、注重执法的法律效果和社会效果的统一

（一）注重执法的法律效果和社会效果的统一。民政部门法制机构必须坚持执法的法律效果和社会效果的有机统一。法律效果是指实施具体执法行为在法律上产生的影响和结果。法律效果的好坏主要依据执法活动的合法性评价。社会效果是指执法行为在社会生活、社会公众中产生的影响和结果。社会效果如何主要从执法活动的社会反响来评价。民政部门法制机构必须坚持：一是严格执法，二是以民为本、为民解困、为民服务。

（二）形成内外结合的监督机制。全面推行依法行政，必须努力做到有权必有责、用权受监督、侵权要赔偿、违法要追究，让权力在阳光下运行，才能保证人民赋予的权力始终用来为人民谋利益。民政部门法制机构应当做好以下几项工作：一是加强行政机关内部监督；二是自觉接受专门机关外部监督；三是自觉接受社会监督。

六、开展普法宣传教育，增强法制观念

（一）开展普法宣传教育。适应党和国家工作大局，适应整个社会和广大人民群众对法律知识的现实需求，紧密结合国家民主法制建设的新进展新成果，通过深入扎实的法制宣传教育和法治实践，进一步提高全民法律意识和法律素质；进一步增强公务员社会主义法治理念，提高依法行政能力和水平；进一步增强各级政府和社会组织依法治理的自觉性，提高依法管理和服务社会的水平。法制宣传教育为民政行政执法创造了良好的环境和氛围：一是极大地提高了整个民政系统的法制观念和法律意识，自觉地依法行政，注重执法艺术，进行依法治理，破解了许多执法工作中的难点；二是管理相对人也进一步了解了涉及民政业务的法律、法规，自觉遵守，减少了复议、诉讼、信访。民政部门法制机构在法制宣传教育工作中要做到：一是要法制宣传教育的时机，利用节假日、法律法规颁布日，有重点地广泛宣传涉及民政业务的法律法规；二是要采用广大人民群众喜闻乐见的形式，宣传涉及民政业务的法律法规；三是开展以案释法宣传活动，通过行政复议、行政诉讼的典型案例，总结行政执法的经验和应当吸取的教训。

（二）增强法制观念。各级民政部门及其法制工作部门的领导干部要带头学习和掌握宪法、法律和法规的规定，不断增强法律意识，提高法律素养，提高依法行政的能力和水平，把依法行政贯穿于行政管理的各个环节。要实行领导干部的学法制度，定期或者不定期对领导干部进行依法行政知识培训。积极探索对领导干部任职前实行法律知识考试的制度。民政部门法制机构应当做到：一是坚持学习宪法、法律，尤其是与民政业务的法律、法规、规章等；二是重视法制机构建设；三是尊重、信任法制工作人员；四是严格遵纪守法。

第四节　民政法制机构建设及其运行中面临的问题和对策

加强民政法制机构队伍建设是依法治国、依法行政的需要，因此各级民政领导应把它作为一件大事来抓。目前，民政法制机构不论从工作业绩上还是从职能地位上都有了较大的发展，在实现“法治民政”的道路上发挥了越来越大的作用。但是，从目前各级民政法制机构的发展现状来看，还存在相当多的妨碍其行使职能、发挥作用的阻碍因素，成为加强民政法制工作中亟待解决的问题。解决这些阻碍因素，是加强法制队伍建设的关键。

一、民政法制机构建设及其运行中面临的问题

（一）法制机构不健全，人员编制不足

1. 法制机构不健全。《行政复议法》明确规定政府复议机关内必须依法设立行政复议工作机构。这就要求各级民政部门为了开展行政复议工作，应当成立独立的法制机构。但由于对民政法制机构的定位偏差，直接导致了实践中各级民政法制机构开展业务的困难。从目前来看，省级民政部门有三分之一的民政机构没有设立专门的从事法制工作的机构，基层民政局都没有设置法制机构。因此，法制工作设在办公室，由办公室一人负责，或者由一人兼着这项业务。很多地方都没有制订关于法制机构的“三定方案”，即使有“三定方案”，也往往不予落实。这种状况严重制约了民政法制机构的发展，不仅在机构规模上无法达到工作的需要，而且由负责其他工作的干部兼职从事法制工作，往往造成这些干部“分身乏术”，最终不得不敷衍了事。

2. 人员编制不足。以民政部本级为例，在 2008 年机构改革后，民政部成立了

独立的法规司。即使是这样，法规司的全部人员编制才11人（包括司长、副司长等领导），相比于其他业务司（局）而言，编制少很多。逐级向下看，以北京市为例，1989年3月4日，经北京市编办批复市民政局成立法制办公室，编制3人。越到基层单位，法制机构的人员编制越少。人员编制少，无法满足日益增多的民政法制工作成为民政法制干部最头疼的事情。由于法制机构工作任务重、机构不健全、收入清贫，造成法制队伍很不稳定，高素质的人才很难引进；现职的法制机构工作人员也不安心，希望到条件更好的部门工作。这样，严重制约了民政法制机构的整体素质，影响到法制机构在本部门领导和同志中的认可度。

（二）法制机构成为“形象工作”，缺乏领导重视

在推行依法行政的今天，“加强法制工作”已经成为领导干部讲话、发言中必定会重点提及的内容。但是，很多领导干部头脑中还没有真正将“加强法制工作”的观念作为日常工作的首要原则，往往只是将其当做“口号”在公开场合予以宣扬。

我们不愿意承认、不得不面对的事实是：实践中，法制机构在各级民政部门中相较于其他业务部门来说是“次要部门”。传统上重业务、轻法制的思想依然存在，部分领导同志对法制工作的态度是“说起来重要，做起来次要，忙起来不要”。在法制机构和业务部门出现意见分歧的时候，领导的协调结果往往是采纳业务部门的意见。这对法制机构开展规范行政行为、监督行政执法等工作设置了严重的障碍。

现实工作中，规范性文件制定及发布中没有法制机构的审核把关、行政执法行为开展中不采纳法制机构的意见、行政复议或行政诉讼过程中强行参与意见等做法在实践中比比皆是。部分领导同志认为在思想认识上认为严格按照法定程序办事会束缚干部的手脚，降低行政效率，甚至认为法制机构的行政执法监督活动是在损害本部门的“权威”。

（三）法制机构缺乏独立地位，法律监督作用薄弱

民政法制机构的一项职能就是对业务部门的行政行为进行规范和监督。但是从实践来看，民政法制机构在各级民政部门中的地位无法达到“规范和监督”工作的需要，一个重要因素就是缺乏一个干扰因素较少的独立机构地位。部门法制机构相比于政府法制机构而言，更多的困难可能就在于部门法制机构在开展工作上往往受到本部门相关领导和业务部门的影响和制约，其独立开展法制工作的能力大打折扣。

民政法制机构与其他业务部门同属一个民政部门，工作上、人员上、经费上、人际上千丝万缕的联系，使得法制机构开展规范和监督工作困难重重。如，对于法制机构作出的“撤销、变更”行政行为的行政复议决定，不是从自身行政

执法上查找过错，反而是多方托人作“工作”，非要维持错误的执法行为。有的业务部门并不把“小小”的法制机构放在眼里，对于法制机构提出的意见和建议不理不睬，甚至认为法制机构在“故意找茬”。大多数民政部门中法制机构的级别要低于业务部门的级别，即使处于同一级别的民政部门中，法制机构与业务部门的实质地位也不同。因此，让一个法律地位（或者实质地位）较低的法制机构去监督、制约地位较高的业务部门，其效果可想而知。

（四）法制经费短缺，工作开展困难

目前，民政法制经费普遍不足，而且经费短缺的问题越到基层越严重。即使在法制经费有保证的民政部或者是省级民政厅（局），法制经费的数额依然远远低于其他业务部门的经费，而且经常有“挪作他用”的情况发生。在每年的经费预算时，各级法制机构都争取经费困难，严重影响了工作的开展。因此，法制经费短缺也是制约法制机构开展工作的因素。

（五）法制机构人员欠缺法律知识

由于民政法制机构缺乏领导重视，在民政部门的地位不高，因此在人员配备上，很多是缺乏法律教育背景，甚至是上岗后才学习法律知识的。很多人认为民政业务工作“三天就熟”，想当然也认为民政法制也就是如此。法学是一门严谨的社会科学，需要较长时间的学习，才能掌握基本理论，而且行政复议和行政应诉更需要通晓具体程序，如果一知半解，往往会弄成错案或者是输到诉讼。目前我国立法速度较快，法律法规的修订频繁，即使是法律专业毕业的也需要不断更新知识，才能满足工作的需要。

二、民政法制机构建设及其运行中面临问题的对策建议

（一）提高对民政法制工作重要性的认识，进一步加强法制工作领导

民政法制机构开展工作困难的现状与部分领导“重业务、轻法制”的传统思想有关系。虽然在我国推进依法行政的背景下，领导同志对法制工作有了新的认识，但是从全国普遍看来，这种新的认识仍然上升不到“以法治权”的程度。因此，各级民政部门领导应从以下两方面进一步提高对民政法制工作重要性的认识：

1. 加强民政法制建设是保障民政事业科学发展的重大举措。加强法制建设是坚持依法行政的基本要求，是做好各项民政工作的根本保证。改革开放以来，民政法制工作取得了丰硕成果，在依法解决民生、落实民权、维护民利等方面，做了大量卓有成效的工作，为保障民政事业健康发展发挥了至关重要的作用。目前，涉及民政工作的法律、行政法规以及部门规章已有近百件，地方性法规、政府规章和规范性文件也逐步完善。通过制定和实施这些法律法规和规章，民政系统基本实现了部门职责依法确立、民生权益依法保障、社会建设依法推进、行政行为依法规范，为民政事业稳步发展提供了重要的制度保障。实践证明，民政工

作的体制机制核心就是法制，因此，进一步加强民政法制工作，是保证民政事业科学发展的根本举措，具有十分重要的意义。

2. 加强民政法制建设是实现民政事业科学发展的紧迫任务。当前我国经济社会正在发生深刻变化，处于各种矛盾多发时期，依法调整利益关系难度增大，而民政工作任务多元，内容繁杂，对象多为困难群众，在全面推进依法行政的新形势下，民政工作的发展创新面临巨大压力和挑战。一方面，随着科学发展观的贯彻落实，国家将以改善民生为重点的社会领域立法摆上了更加突出的位置，要求民政部门不失时机地将行之有效的实践经验和工作成果上升为法律制度，形成长效机制。另一方面，民政法制工作还存在一些薄弱环节，如涉及民政业务的法律法规制定相对滞后，一些地方和工作领域依法行政意识不强、执法水平不高、对法制工作重视不够等。加强民政法制建设势在必行，如何抓住机遇，应对挑战，不断开创民政法制工作新局面，是对各级民政部门的重大考验。因此，必须进一步提高认识，统一思想，毫不动摇地推进民政法制建设，不断提高依法行政能力和水平。

在各级民政部门领导提高对民政法制工作重要性的认识前提下，从以下两个方面进一步加强法制工作的领导：

1. 切实将民政法制工作摆上位置。各级民政部门领导干部要带头坚持依法行政，自觉树立法律意识，提高法律素养，培养和提高依法处理和解决问题的能力。要把民政法制工作真正摆上民政工作的重要位置，作为一项重要内容纳入民政事业发展的总体规划和年度计划，统筹安排落实。要将推进依法行政工作的各项任务分解到各业务部门，做到工作任务、责任部门和责任人“三落实”。将法制工作纳入干部考核内容，重点考核民政干部依法决策、依法管理的能力和水平。

2. 加强民政法制工作体制和机制建设。建立健全推进依法行政工作领导小组，部署、规划、指导、监督本级民政部门和下级民政部门认真做好依法行政工作。形成主要领导负总责，分管领导亲自抓、其他领导协助抓、法制机构负责人具体抓的领导责任机制。法制机构和业务部门要各司其职，紧密配合，共同推进民政法制工作。民政法制工作要为各项业务工作的开展提供法律保障，推动民政工作在法制化基础上快速、健康、有序发展。

（二）完善法制机构建设，提高法制机构的级别和地位

在领导重视的基础上，进一步完善法制机构建设，适当提高法制机构的地位和级别，使得法制机构可以在一个相对独立的地位上发挥其规范执法、执法监督、综合协调等作用。

1. 完善法制机构建设。根据目前省级民政厅还有近三分之一没有民政法制机构，基层民政局几乎没有民政法制机构的现状，加快法制机构建设步伐。省级人

民政府民政部门应建立独立的法制机构，县、市两级人民政府民政部门要有专职人员负责法制工作。法制机构要不断加强自身组织建设、思想政治建设、业务建设和作风建设，在民政部门依法履行行政职责的事前、事中、事后全过程发挥充分发挥法制机构的参谋、助手和法律顾问作用。

2. 根据民政法制机构的职能与地位，科学设置内设机构。为发挥法制机构的多重作用，内设机构的合理设置是前提。基于目前民政法制机构应当承担的职能，各级民政法制机构应当在内部设立至少两个机构，即综合机构和执法监督机构；有条件的地方应当根据业务工作的范围增设两个或两个以上的立法工作机构。

在目前现状下，建议可以尝试设置执法监督机构和综合机构。（1）执法监督机构，以负责行政复议、行政诉讼工作和规范行政执法行为为工作重点。这不仅源于执法监督工作对实现依法行政的重要作用，更是我国《行政复议法》和《行政复议法实施条例》的要求。《行政复议法》中有“行政复议机关负责法制工作的机构”的表述，《行政复议法实施条例》第二条更明确地提出，“各级行政复议机关应当认真履行行政复议职责，领导并支持本机关负责法制工作的机构（以下简称行政复议机构）依法办理行政复议事项，并依照有关规定配备、充实、调剂专职行政复议人员，保证行政复议机构的办案能力与工作任务相适应。”“专职”的行政复议人员配备已经不仅是法制工作的需要，更是法律法规的明确要求。因此，各级民政部门应当依照法律的规定设置专门的负责行政复议、行政诉讼的执法监督机构，改变目前兼职干部从事此项法制工作的状况。（2）综合机构主要负责除执法监督工作外的其他工作，包括立法工作、普法工作、综合协调工作等等。对于具有立法权或者承担立法起草工作的民政部门而言，可以基于其立法工作的现实需要，适当增加立法工作机构，以提高立法质量。

虽然从法制机构承担的职能来看，简单的综合机构、立法机构和执法监督机构依然不能完全解决目前法制机构规模小、工作职责不清的问题，但从实际而言，这应当是最为可行的办法。

3. 提高各级民政法制机构的级别地位。首先，应当将法制机构独立于办公室单独设置。其次，在规范、监督执法行为中，逐步提高法制机构在本部门中的地位，争取直接对行政首长负责，避免立法和执法监督工作中部门内部“协调”、“沟通”的发生。

（三）加强民政法制人才队伍建设，保障民政法制工作的经费

现在各级民政部门法制工作队伍力量薄弱、机构不健全、经费渠道不畅的矛盾比较突出。省级民政部门一部分尚未设置法制处（室），专职法制干部很少，大量法制工作无人来做，谈不上为民政机关和领导做法律顾问、助手和参谋；地、县两级民政更显薄弱，与建设法治民政的要求很不适应。

法制工作的开展离不开人、财、物等资源的支持。民政法制机构职能广、作用强，对资源的需求也更为强烈。

1. 加强民政法制人才队伍建设。人员编制少的现状制约了民政法制工作的开展。因此，各级民政部门应当加强法制人才队伍的建设，积极与编办等部门沟通协调，适当增加法制机构的人员编制。

2. 提高民政法制队伍的法律素养。针对目前各级民政法制机构工作人员素质参差不齐的问题，上级民政部门应当组织下级法制机构人员开展多种形式的教育和培训。尤其是民政部法制机构，应当组织全系统的法制干部培训，为年轻干部提供深造、学习的机会，从而更多地吸引高水平的法律人才加入到这个队伍中来。虽然各级民政系统内部的法制机构之间并不存在行政隶属关系，但是上级民政法制机构应当积极发挥对下级民政法制机构的业务指导作用，推动和帮助下级民政法制机构健全组织机构、发展优秀人才。

3. 各项民政法制工作都需要财政的支持才能高效地开展。各级民政部门也应当从部门经费中适当增加法制经费的支出，从本单位实际情况出发科学合理地设置法制经费的支出项目和水平，逐步提高法制机构经费的保障水平。基层民政法制经费不足的问题，根本原因也许还在于民政经费本身就存在不足，更无法将更多地财力放在法制工作上。因此，对于基层民政法制经费保障的问题，还需要首先从民政经费本身来解决。近期，经民政部与财政部等部门沟通，财政部已经对民政基层经费不足的问题产生足够的重视，开展了广泛的调研。由此也可以看出，对于基层法制机构的发展而言，上级民政部门的协调和推动作用不可忽视，今后应该加强此项工作。

因此，各级民政部门应想方设法加强本级法制队伍建设，落实民政法制机构、人员、经费、工作条件四个方面的保证，争取做到：有机构办事，争取省级政府民政部门设立法制机构；有人干事，选配精兵良将，充实民政法制队伍；有钱做事，保证必要的经费和其他必要的工作条件。下工夫建设一支政治强、作风硬、业务精的民政法制工作队伍，积极营造想干事、能干事、干成事的条件和环境。高度重视民政法制人才的选拔和任用，培养一批适应民政法制工作需要的专业人才，为加快民政法制建设步伐提供有力保障。

（四）加强与业务部门的良性互动，不断高民政法制机构的工作效率

1. 加强与业务部门的良性互动。法制与业务是不可分割的两个方面。业务离不开法制的支撑，法制离不开业务的实践，追求两者良性的互动发展是今后民政法制工作的重要着力点。从法制对业务发挥的作用来看，主要体现为规范、促进和创新三个层次：政策规定的制定首先表现为对民政业务的规范、对民政行为的指引，这是第一层次；对上位法模糊的规定进行细化，结合实际出台配套政策，

推进民政执法，促进业务发展，这是第二层次；利用本地特有的立法权对民政执法中无法可依的情形进行立法，填补了立法空白，这是第三个层次，此时政策创新实际上已成为民政业务创新的载体与形式[①]。

2. 提高民政法制机构的工作效率。（1）利用社会资源提高工作效率。现代的政府工作不应当是“闭门造车”式的工作方式。民政法制机构应当抛弃旧有的观念，在工作中增强与社会力量和合作，合理、合法地使社会资源“为我所用”。比如，在立法工作中加强与相关研究机构、大学或者相关社会机构之间的沟通与合作，采取学习、调研、召开国内国际研讨会，甚至是立法起草项目招标等方式。这不仅可以使政府部门更多地倾听社会和民间的声音，更可以利用社会的“智慧”提高工作效率。（2）配备现代化办公设备，提高工作效率。办公设施的现代化直接决定着办公效率的高低。目前，由于民政法制经费短缺，部分民政法制机构的办公条件落后，尤其是基层民政法制工作人员甚至连最基本的办公设施都缺乏。这直接制约了民政法制工作的效率。法制机构首先应从硬件设施着手，适当配备现代化的办公条件，提高工作效率。

①《民政 30 年：法制建设历程、规律与任务》，载民政部政策法规司网站。

第三章　民政事业立法

根据立法概念的界定，民政立法应指由特定主体，依照一定的职权和程序，运用一定的立法技术，制定、认可、修改、废除有关民政事业方面的法律规范的活动。

民政立法是建设法治民政的根本和前提。如果民政法律法规不健全、不配套，一些内容不合时宜，民政执法、普法、法制监督、法律服务都将是无源之水、无本之木。

自党的十六大以来，特别是党的十六届六中全会的召开，我国进入了全面建设和谐社会时期，相应地迎来了社会立法的高峰期。民政部门要抓住这一难得的历史机遇，紧紧把握我国当今社会发展的时代特点，做好民政立法工作。

第一节　民政事业立法的发展过程与必要性

一、我国民政事业立法的发展过程

我国民政事业立法，是国家立法的重要组成部分，随着国家政治、经济与社会的发展，也随着民政事业的发展而发展。民政事业立法的历史发展，属于中华人民共和国立法的历史发展的一部分，带有鲜明的时代特征，又有自己的发展轨迹。

首先我们回顾一下新中国的立法历程。

第一阶段，1949 – 1956 年。这一阶段的立法，在当时那种异常复杂和变动剧烈的历史条件下，仍然获得较大发展和许多成就。但由于这一阶段立法的历史背景过于特殊，其历史局限性也尤其大。这一阶段，共和国立法史上有两大盛举：一是一届全国人大一次会议隆重召开，二是中国立宪史上第一部社会主义类型的宪法诞生。在 1954 年召开的一届全国人大一次会议上，通过了宪法和全国人大组织法、国务院组织法、地方组织法、法院组织法、检察院组织法等一系列重要的宪法性法律，并且法的体系建设成就显著。

第二阶段，1957—1977 年代末，这是中国立法蒙受重大挫折的阶段。1956 年后，政权业已巩固，国家和社会进入可以长期稳定发展的历史阶段。这为立法的长期稳定的发展提供了非常重要的条件。党的八大作出了关于逐步地系统地制定完备的法律的决议。在这种新的局面下，中国立法的发展应当也完全可能比过渡时期更快更好。但中国立法正是在面临足以使人乐观的局面之下，非但没有朝着光明方向发展，反而全面跌入低谷。从1957年反右斗争扩大化到1976年“文化大革命”结束，这20年间新中国立法，同其他许多事业一样，遭受重大的损失。这一阶段，唯一享有国家立法权的全国人大，除通过1975年宪法外，未制定一个法律。

第三阶段，1978年至今，中国立法揭开新的一页，进入历史的新阶段。中国共产党十一届三中全会的决策，使得中国立法经受20年挫折后，终于迎来转折。1978年底召开的这次会议，鉴于历史的经验教训，把发扬社会主义民主、加强社会主义法制提上日程。这一阶段法的体系的发展有如下基本特点：第一，在总体上呈直线上升的趋势。差不多每年都有一大批法律、法规、规章产生。到2002年底，所制定、修改的法律约400个，行政法规近千个，地方性法规近万个，行政规章则有30000多个。这些法律、法规、规章所调整的范围已相当广泛，社会生活的各个主要方面或基本方面已在不同程度上有法可依。第二，部门法增多，产生了一些原来没有的部门法，形成了一个包括宪法、行政法、民商法、经济法、社会法、刑法、程序法等基本部门法和其他一些法的集群在内的较为完整的法的体系。一些新兴的部门法在法的体系中逐渐占据了重要的地位。第三，整个法的体系以1982年宪法为核心和基础，绝大多数部门法有了重要法律为骨干。部门法中没有法律而只有一些行政规范性文件的状况已不存在。第四，整个法的体系建设从保障和促进经济建设和经济体制改革，逐步向促进社会建设和保障民生过渡。

民政事业立法的发展与新中国立法历程是一致的，大致经历了四个阶段：

第一阶段：1949—1956年，这是民政立法的起步阶段。1949年11月1日，国家内务部正式成立，并先后召开了第一、第二次全国民政会议，确定了新中国成立初期民政工作的范围和重点。这一阶段制定了《革命烈士家属、革命军人家属优待暂行条例》等五个优抚方面的条例。

第二阶段：1956—1966年，这是民政立法的初步发展阶段。这十年制定了较多的有关社会救济、自然灾害救助、社会福利方面的民政法规，《民政法令汇编》逐年增加积累。

第三阶段：1967—1977年，这是民政立法停滞阶段。十年“文革”，我国的法律制度遭受严重破坏，1970年6月22日主管民政工作的内务部被撤销，民政事业遭到最严重的挫折和损失，民政事业立法也处于停止和倒退状态。

第四阶段：1978至今，这是民政事业立法的规范发展阶段。党的十一届三中全会以来，民政事业同其他各项事业一样，呈现出蓬勃发展的崭新局面，民政工作的地位越来越突出，多项民政法规相继出台，为发展新时期的民政工作提供了法律保障，这是民政立法走向健康发展道路。为了适应民政事业发展的需要，全国人大及其常委会、国务院、民政部、地方人大及其常委会、地方政府等加大了民政事业立法的力度，制定颁布了许多民政法律、法规、规章等，有力地推动了民政工作的开展。

第四阶段再详细划分，又可以分为三个时期：

第一时期，从80年代初到90年代初期的恢复时期。该时期民政工作主要集中于优抚安置、救灾救济和社会福利事务，执法依据主要是国家制订的政策规定。

第二时期，90年代中后期的健康发展时期。该时期处于向市场经济转变时期，为顺应形势国家在收养、基层政权、老年人权益、殡葬、社会组织、地名、救灾捐助等方面进行立法，相继出台了一些法律法规和规章。

第三时期，从21世纪初到现在的快速发展时期。以行政审批制度改革与行政许可法颁布实施为起点，先后在优抚、社区建设、地名管理、民间组织、城乡低保、福利机构建设等方面出台2部地方性法规、4部政府规章和100多个规范性文件，建立起定期梳理民政法定依据的工作制度。

二、民政立法的必要性

随着我国经济社会的不断发展进步，民政立法的供给与经济社会发展对法律制度的需求之间还存在着很大的距离，尤其是在构建社会主义和谐社会的新形势下，民政法制建设必然要面临一个重要的发展期、攻坚期。因此，我们必须充分认识到加强民政立法的必要性和紧迫性，把握好立法机遇，迎接民政立法的新挑战。

（一）加强民政立法，是构建和谐社会的必然要求。民政工作直接面对广大人民群众，在保障困难群体、弱势群体、特殊群体基本生活权益，促进基层民主建设，以及发展社会事业、促进社会公平、优化社会管理、维护社会安定团结、激发社会活力等方面都具有重要的作用。随着社会的发展和政府职能的进一步转变，政府的服务功能日益加强，民政工作越来越处于政府工作的核心地位。党的十六届六中全会决定提出，要完善发展民主政治、保障公民权利、推进社会事业、健全社会保障、规范社会组织、加强社会管理等方面的法律法规，这些方面无一不与民政工作息息相关。因此，加快完善民政法律、法规、规章体系，是夯实和谐社会法治基础的重要内容，是构建和谐社会的必然要求。

（二）加强民政立法，是创新民政工作的必由之路。古人说：小智治事，中智用人，大智立法。立法是制度建设，是一项基础性、根本性和长远性的工作。民政工作是具体的社会管理和社会服务工作，多元性和政策性都比较强。这一特点决定了民政工作离不开法律制度的保障。民政工作需要结合全面推进依法行政，建设法治政府的战略任务通盘考虑。经验表明：只有加强民政立法，才能在构建社会主义和谐社会的新形势下为民政工作奠定坚实的基础；只有加强民政立法，才能将新时期党和政府在民政工作方面的一系列政策法制化，在法律法规层面确立今后一段时期民政工作的目标和方向；只有加强民政立法，才能在加强民政工作规范化、制度化、公开化的同时，让人民群众切实享受到法律赋予的实惠和利益；只有加强民政立法，才能开拓民政工作的新领域、创造新机制，并将各地在民政工作实践中的新思路、好办法以法律法规的形式进行规范，全面提高政府在社会管理和公共服务方面的能力。

（三）加强民政立法，是完善社会主义法律体系的重要内容。加强社会领域的立法，是推进社会建设与经济建设、政治建设、文化建设协调发展的客观需要，是构建社会主义和谐社会对立法工作提出的新任务、新要求。完善社会主义法律体系，在立法理念上需要由过去的以经济立法为主转变为更加注重社会领域的立法。民政立法是社会领域立法的重要组成部分，是完善社会主义法律体系的重要内容。民政立法是一项纷繁复杂的系统工程，如何顺应时代潮流，把握时代脉搏，抓紧抓好民政立法工作是法制工作者必须承担的重大课题和历史任务。

在充分认识民政立法工作必要性和重要性的同时，我们也要清醒地认识到，目前的民政立法工作还不能完全适应构建社会主义和谐社会的需要。总的来看，民政立法结构还不够完善，覆盖领域还不够广泛，规范内容还比较单薄，立法质量还有待进一步提高。突出表现在：民政法律法规的基础还比较薄弱，在结构上、功能上还远远不能满足民政工作的实际需要。例如，在优抚安置、社会服务、社会行政事务管理等方面，大多仍以部门规章和行政法规为主，规范层级较低；在社会救助、社会福利、慈善事业发展等方面，还存在立法空白；在城乡基层民主制度、民间组织监管制度等方面也存在明显滞后的现象。因此，必须加快民政立法步伐，以适应社会发展

第二节　民政法律体系①

一、民政法律体系

体系是指依据某种原理、原则所构成的知识的有机统一体。体系由各个部分构成，各个部分不仅按照逻辑规则予以排列，而且有一定的原理、原则支配，支配体系的原理、原则总是围绕一个核心形成的。民政法律体系是指按照民政管理

① 这里所说的法律，是广义的法律，不单指原全国人大及其常委会制定的法律。

工作项目设置的需要而制定的法律法规体系。

可见，民政法律体系与民政管理工作的项目设置有密切关系。民政管理工作的项目可以分为三大类，即保障民生、发展民主、社会事务行政管理。因此民政法律体系也应以该项目类别进行设计。

大多数法律部门的体系是这样的：依据宪法规定，制定一个内容全面的综合的法典式的基本法，再依据基本法，制定出所需要的各种法律、法规，宪法居于最高层次，基本法承上启下，居于中间环节，如民法、刑法、劳动法等法律部门都是这样的。但有的法律部门却与此不同。例如行政法，它作为独立法律部门的地位是无人质疑的，但它只是由无数个单行行政法律、法规组成的庞杂的法律、法规群体以及一个行政法律关系中普遍适用的行政诉讼法构架而成。目前，中外各国尚未有一个国家颁布一部行政法典。因此，作为行政法的一个部门法——民政法律，应适应行政法体系的特征，规划出自己的法律体系构架，即应根据宪法及社会主义经济和社会发展的长远方针和目标纲要，按照民政工作领域中的保障民生、发展民主、社会事务行政管理三个大项目的需要，分别制定出三个平行的、内容相互联系协调的大项目的基本法律。依据三个大项目的基本法律的原则、原理、宗旨分别制定出各个下属分支法律。

发展民主方面的法律包括：城市街道办事处法律、城市居民委员会法律、农村村民委员会法律、社区管理法律等。

保障民生方面的法律包括农村养老保险法律、社会救济法律、社会福利法律、优抚安置法律、退役安置法律和社会法律（包括：救灾救济、养老助残、婚丧事务、城市居民最低生活保障制度、农村社会保障制度、社会工作制度等一系列法律）等。

社会行政事务方面的法律包括，行政区划和地名管理一体化的法律制度，社团及民间组织法律、婚姻、收养、殡葬、收容遣送、福利彩票法律等。

在立法次序上，可以先有大项目基本法而后有下属法律法规；也可以将已有的和将要制定的法律法规，经编纂、归纳、删减和补充后，制定出几部大项目的基本法律。

对于加快建设我国民政法律体系来说，大项目的基本法的制定是十分重要的。如果这种基本法一时难以制定，可以先制定出一个立法纲要，纲要中制定出大项目法律应遵循的基本原则，以便制定下一层次的法律、法规有所遵循。

对于民政法律体系框架的探讨，既具有开拓性学科建设的理论意义，又有助于增加立法的计划性、预见性，减少盲目性、随意性，因此是十分重要的。法律不仅要起到总结实践经验、维护现有秩序和巩固改革成果的稳定作用，而且要起到规范改革行为和防止不良倾向滋生的先导作用。

二、民政法律的内容与形式

（一）民政法律的内容

民政法律的内容是民政法律规范。从现有的民政法律规范看，具体包括以下三个部分：

1. 关于民政行政关系当事人法律地位的规范，包括有关民政行政主体法律地位的规范，有关民政行政工作人员法律地位的规范以及有关民政行政相对人法律地位的规范。其中，有关民政行政主体和民政行政工作人员法律地位规范占有重要地位。

2. 关于民政行政管理的内容、形式、立法和程序的规范，包括有关民政行政立法和规范及有关民政行政执法的规范。

3. 关于民政法律制度监督的规范。如有关民政行政责任的规范，有关民政行政复议的规范，有关民政行政诉讼的规范。

（二）民政法律形式

民政法律规范分散在各种不同形式的规范性法律文件中。作为民政法律的表现形式（民政法律渊源）的规范性法律文件主要有以下几种：

1. 宪法。宪法是国家的根本大法。它是规定国家和社会生活中的根本问题。宪法对民政行政工作也作了许多原则规定。例如，宪法第 45 条规定："中华人民共和国公民在年老、疾病或丧失劳动能力情况下，有从国家和社会获得物质帮助的权利。国家发展为公民享受这些权利所需要的社会保险、社会救济和医疗卫生事业。国家和社会保障残疾军人的生活，抚恤烈士家属，优待军人家属。国家和社会帮助安排盲、聋、哑和其他有残疾的公民的劳动、生活和教育。"这些规定，不仅是民政法律的主要组成部分，而且是民政行政立法的根本依据。

2. 法律。法律是指由全国人民代表大会和全国人民代表大会常务委员会制定的规范性文件。民政法律的许多重大内容是由法律直接规定的。例如，《中华人民共和国婚姻法》规定了我国的婚姻登记和管理制度；《中华人民共和国兵役法》规定了我国的兵役制度；《中华人民共和国残疾人保障法》规定了我国的残疾人保障制度，等等。

3. 行政法规。行政法规是国务院为领导和管理各项行政工作，根据宪法和法律制定的政治、经济、教育、科技、文化、外事等各类法规的总称。在行政法规中，有相当一部分直接涉及民政法律，如：《革命烈士褒扬条例》、《行政区域边界争议处理条例》、《社会团体登记管理条例》，《城市居民最低生活保障条例》、《伤残抚恤管理暂行办法》、《中国人民解放军士官退出现役安置暂行办法》、《国务院关于行政区划管理的规定》、《地名管理条例》、《退伍义务兵安置条例》、《军人抚恤优待条例》、《基金会管理条例》、《军用饮食供应供水站管理办法》、《民办非企业单位登记管理暂行条例》、《城市生活无着的流浪乞讨人员救助管理办法》、《婚姻登记条例》、《农村五保供养工作条例》、《殡葬管理条例》、《彩票管理条例》等。

4. 地方行政法规和自治条例或单位条例。地方性行政法规是指由省、自治区、直辖市的人民代表大会及其常务委员会，在不同宪法、法律、行政法规相抵触的前提下制定的规范性文件，或是由省、自治区人民政府所在地的市和经国务院批准的较大市的人民代表大会及其常务委员会制定并报省、自治区人民代表大会常务委员会批准后施行的规范性文件；自治条例或单行条例则是民族自治地方（自治区、自治州、自治县）的人民代表大会根据各地民族的政治、经济和文化特点制定的规范性文件。在地方行政法规、自治条例或单行条例中，若是涉及民政行政管理的，都是民政法律的内容。

5. 行政规章。行政规章是指国务院各部委、各省、直辖市、自治区人民政府、自治区人民政府所在地的市或经国务院批准的较大的市的人民政府，根据法律和行政法规，在本部门或本地区权限内制定的规范性文件。其中，民政部制定的行政规章以及其他涉及民政行政管理的行政规章，也是民政法律的表现形式之一。

另外，民政部门、地方各级人民政府根据本部门和地方的具体情况，还制定了较多的民政方面的其他规范性文件。

三、民政法律及其体系的特点

（一）民政法律内容广泛，欠缺稳定性。依法行政以及建设法治民政要求所有的民政业务都必须有法可依，民政工作涉及的领域广泛性决定了民政法律内容广泛性。现在的民政法律基本上覆盖了所有的民政工作领域。一般来说，法律具有一定的稳定性。但由于经济社会的快速发展，民政事业的内涵和外延也在不断变化，为了适应社会快速的发展变化，所以主要以行政法规、规章为形式民政法律也必须不断发展变化，才能适应社会建设的需要，因此造成了变化快、欠缺稳定性的特点。

（二）民政法律调整对象多样、复杂，涉及到的主体众多并具有特殊性。传统民政工作对象以困难群体、弱势群体和特殊群体为主。随着社会建设发展，民政工作对象逐步扩大。例如，社会福利向普惠型发展，涉及的民政对象越来越广泛。另外，除了面向个体，还涉及社会组织（如社会团体、基金会、民办非企业单位等）。因此民政法律的调整对象是多样和复杂的。

（三）民政法律实体性规范与程序性规范交织。民政法律法规主要由社会法规范和行政法规范组成。一般情况下，具体的、特殊的程序性规范与规定民政部门职权或其他主体的权利义务的实体性规范共同构成一个法律文件。比如《婚姻登记条例》、《收养登记条例》、《城市居民最低生活保障条例》、《革命烈士褒扬条例》、《地名管理条例》、《军人抚恤优待条例》、《基金会管理条例》、《社会团体登记管理条例》、《民办非企业单位登记管理暂行条例》、《农村五保供养工作条例》、《殡葬管理条例》、《彩票管理条例》等都包含了较多的程序性规范。

（四）民政法律涉及到多个部门法。民政法律从性质上相应可以划入到我国宪法、民法、社会法和行政法四个部门。比如，《村委会组织法》、《居委会组织法》以及相应的地方性法规，属宪法部门。《婚姻法》、《收养法》等，属民法部门。《公益事业捐赠法》、《老年人权益保障法》、《妇女权益保障法》、《未成年人保护法》、《城市居民最低生活保障条例》、《残疾人保障法》以及社会福利方面的地方性法规、规章等，属社会法部门。《婚姻登记管理条例》、《社会团体登记管理条例》、《民办非企业登记管理暂行办法》、《基金会管理条例》、《行政区域边界争议处理条例》、《中国福利彩票发行与销售管理暂行办法》等，都属行政法部门。而《军人抚恤优待条例》、《退伍义务兵安置条例》、《革命烈士褒扬条例》等双拥优抚安置的法律法规，既可划入社会法，也可属行政法，或军事法范畴。

（五）民政法律基本框架初具规模。目前，民政法制基本形成了以宪法为核心，法律、行政法规、地方性法规、自治条例和单行条例、部门规章和地方政府规章等在内的基本框架。

四、现有民政法律体系及其不足

党的十六届六中全会决定明确提出，要完善法律制度，夯实社会和谐的法治基础。这一要求具体体现到民政法制工作，既是一个现实的要求、迫切的任务，也是一个难得的机遇和挑战。自党的十一届三中全会以来，我国的民政立法工作取得了长足的进展，全国人大及其常委会和国务院先后制定了一批关系人民群众切身利益、顺应民心民意的法律、行政法规，民政法制建设取得了很大成绩。特别是进入二十一世纪以来，民政立法工作驶入了快车道。但我们也要清醒地认识到，目前的民政立法，无论是在数量上还是在质量上，都还不能完全适应建设法治民政和构建社会主义和谐社会的需要，民政法律法规体系还存在一些不足。

（一）现有民政法律体系

自1950年我国制定了新中国第一部婚姻法开始，经过各方坚持不懈的共同努力，民政法制工作取得重大成就。据不完全统计，截至2010年底，新中国成立以来制定或者修订的法律、法规、规章154件（见附录1）。目前，主要规范民政业务的现行有效法律9件（见表3.1）、行政法规26件（见表3.2）、地方性法规129件（附录2）、部门规章36件（见第五章民政部现行有效规章目录表）、地方政府规章233件（附录3）。

表 3.1 规范民政业务的现行有效法律

序号	名称	发布机关、文号、公布施行日期
1	中华人民共和国收养法（修正）	1991 年 12 月 29 日第七届全国人民代表大会常务委员会第二十三次会议通过，根据 1998 年 11 月 4 日第九届全国人民代表大会常务委员会第五次会议《关于修改〈中华人民共和国收养法〉的决定》修正
2	中华人民共和国婚姻法	1980 年 9 月 10 日第五届全国人民代表大会第三次会议通过，根据 2001 年 4 月 28 日第九届全国人民代表大会常务委员会第二十一次会议《关于修改〈中华人民共和国婚姻法〉的决定》修正
3	中华人民共和国老年人权益保障法	1996 年 8 月 29 日第八届全国人民代表大会常务委员会第二十一次会议通过，1996 年 8 月 29 日中华人民共和国主席令第七十三号公布，自 1996 年 10 月 1 日起施行
4	中华人民共和国残疾人保障法	1990 年 12 月 28 日第七届全国人民代表大会常务委员会第十七次会议通过，2008 年 4 月 24 日第十一届全国人民代表大会常务委员会第二次会议修订
5	中华人民共和国村民委员会组织法	1998 年 11 月 4 日第九届全国人民代表大会常务委员会第五次会议通过，2010 年 10 月 28 日第十一届全国人民代表大会常务委员会第十七次会议修订
6	中华人民共和国城市居民委员会组织法	中华人民共和国第七届全国人民代表大会常务委员会第十一次会议于 1989 年 12 月 26 日通过，自 1990 年 1 月 1 日起施行
7	中华人民共和国公益事业捐赠法	1999 年 6 月 28 日第九届全国人民代表大会常务委员会第十次会议通过，自 1999 年 9 月 1 日起施行
8	中华人民共和国兵役法（修正）	1998 年 12 月 29 日第九届全国人民代表大会常务委员会第六次会议通过，1998 年 12 月 29 日公布施行
9	中华人民共和国突发事件应对法	中华人民共和国第十届全国人民代表大会常务委员会第二十九次会议于 2007 年 8 月 30 日通过，自 2007 年 11 月 1 日起施行

表 3.2 规范民政业务的现行有效法规

1	社会团体登记管理条例	1998 年 10 月 25 日中华人民共和国国务院令第 250 号发布
2	基金会管理条例	2004 年 3 月 8 日中华人民共和国国务院令第 400 号发布
3	民办非企业单位登记管理暂行条例	1998 年 10 月 25 日国务院令第 251 号发布
4	外国商会管理暂行规定	1989 年 6 月 14 日国务院令第 36 号公布
5	军人抚恤优待条例	2004 年 8 月 1 日国务院、中央军委第 413 号公布
6	革命烈士褒扬条例	1980 年 6 月 4 日国务院发布
7	关于军队干部离职休养的暂行规定	1982 年 1 月 4 日国务院令第 1 号公布
8	关于军队干部退休的暂行规定	1981 年 10 月 13 日国务院、中央军委第 39 号发布
9	退伍义务兵安置条例	1987 年 12 月 13 日国务院令第 106 号公布
10	中国人民解放军士官退出现役安置暂行办法	1999 年 12 月 13 日国务院、中央军委第 27 号公布
11	农村五保供养工作条例	2006 年 1 月 21 日国务院令第 456 号公布
12	城市居民最低生活保障条例	1999 年 9 月 28 日国务院令第 271 号公布
13	婚姻登记条例	2003 年 8 月 8 日国务院令第 387 号公布
14	国务院关于行政区划管理的规定	1985 年 1 月 15 日国务院令第 8 号公布
15	地名管理条例	1986 年 1 月 23 日国务院令第 11 号发布
16	行政区域边界争议处理条例	1989 年 2 月 3 日国务院令第 26 号发布
17	行政区域界线管理条例	2002 年 5 月 13 日国务院令第 353 号公布
18	中国公民收养子女登记办法	1999 年 5 月 12 日经国务院令第 14 号发布

（续表）

19	外国人在中华人民共和国收养子女登记办法	1999 年 5 月 12 日经国务院批准，1999 年 5 月 25 日民政部第 15 号令发布，自发布之日起实施
20	殡葬管理条例	1997 年 7 月 21 日中华人民共和国国务院令第 225 号发布
21	城市生活无着的流浪乞讨人员救助管理办法	2003 年 6 月 20 日中华人民共和国国务院令第 381 号发布
22	彩票管理条例	2009 年 5 月 4 日国务院令第 554 号发布
23	自然灾害救助条例	2010 年 7 月 8 日国务院令第 577 号发布
24	军用饮食供应站供水站管理办法	1989 年 11 月 17 日民政部、总后勤部第 1 号令发布
25	残疾人教育条例	1994 年 8 月 23 日国务院令第 161 号发布
26	残疾人就业条例	2007 年 2 月 14 日国务院令第 488 号发布

第一，通过民政法律制度建设，初步形成以宪法为依据、以法律为基础、以法规为支撑、以配套实施规范为补充的制度框架，民政各主要业务总体上做到了有法可依。

2008 年机构改革后，民政部职责大致可归结为三大类（保障民生、发展民主、服务社会）、八大项业务（减灾救灾、社会救助、社会福利与慈善事业、优抚安置、社会组织管理、基层民主与社区建设、区划地名、社会事务管理）。针对民政主要业务，现行有效法律、法规、规章和规范性文件呈现如下布局（见表 3.3）。

表 3.3　民政法律、法规、规章和规范性文件在民政业务的分布

序号	业务类别	法律	法规		规章		民政部规范性文件
			行政	地方	行政	地方	
1	减灾救灾	1	1		1	7	17
2	社会救助		2	3	2	60	15
3	社会福利与慈善事业	3	3	26	3	16	3

（续表）

序号	业务类别	法律	法规		规章		民政部规范性文件
			行政	地方	行政	地方	
4	优抚安置	1	7	5	7	57	14
5	基层民主与社区建设	2		72		12	
6	社会组织管理		4	1	13	15	40
7	区划地名		4	2	3	32	2
8	社会事务管理	2	5	15	5	33	42
9	综合			6	2		3
总　计		9	26	129	36	233	130

二、民政法律体系的不足

（一）民政立法结构还不够完善，覆盖领域还不够广泛。虽然民政法律体系框架已经具备，但是还不够完善。一方面，立法结构还不够完善，一些民政事业领域还存在立法空白（如社区建设），一些重要的法律，如社会救助法、社会保障法、慈善法等尚未制定出来；另一方面，民政法律法规尚未覆盖民政事业所有领域，一些民政业务还缺乏主干法规，如自然灾害救助。

此外，已经制定的民政法律法规中，亦有不少疏漏和不足。如缺乏对法律责任的规定，而这种缺失的直接后果就是导致一些措施难以甚至无法落实，严重地损害了这些法律法规的权威性。

（二）法律层级偏低。到目前为止，我国属于民政事业（包括与民政有关）的法律十多部，国务院颁布的民政行政法规 25 个左右，民政部颁布的民政规章 33 个，大量的是规范性文件。例如，优抚安置、社会服务、社会行政事务管理等方面，大多仍以部门规章和行政法规为主，规范层级较低。这与民政事业在我国社会生活中的地位极不相称。

（三）法律制定、修改滞后。民政法律体系中许多法律法规是 20 世纪 90 年代甚至是计划经济年代制定的，随着经济和社会的快速发展，出现了新拓展的民政业务，未有新法出台进行规范，原有的一些法律法规，已经明显不适应新形势需要。例如，城乡低保、城乡基层民主制度、民间组织监管、殡葬管理、地名管理等方面的法规就存在明显滞后的现象。因此，民政部门要及时关注，收集各种情况，加强立法预测，及时提出制定、修改、废止的建议；必须完善立法规划，加快民政立法步伐，以适应经济和社会发展对民政事业的客观要求。

（四）立法质量有待提高。由于立法质量不高，已经实施的一些法律，缺乏操作性。例如，《婚姻登记条例》第十二条规定：办理离婚登记的当事人有下列情形之一的，婚姻登记机关不予受理。其中第二种情况为“属于无民事行为能力人或者限制民事行为能力人的。”根据民法通则规定，十周岁以上的未成年人及不能完全辨认自己行为的精神病人是限制民事行为能力人；不满十周岁的未成年人及不能辨认自己行为的精神病人是无民事行为能力人，由他的法定代理人代理民事活动。对于年龄限制的无民事行为能力人或者限制民事行为能力人，婚姻登记人员可以通过身份证查验，对于不能辨认自己行为的精神病，婚姻登记人员也可以通过“目测”确定。但是对于不能完全辨认自己行为的精神病人这类限制民事行为能力人，在其能够辨认的时候，婚姻登记人员是无法进行辨认的，这种鉴定需要由有条件的医院或专门的司法鉴定机构完成，婚姻登记机关无法也无权完成此工作。如果因此承担《条例》第十八条规定的“行政处分”，对婚姻登记部门和婚姻登记员是不公平的。

另外，还有一些民政法律法规，执法主体不明确，内容规定不具体，软性约束多、刚性标准少，缺乏处罚措施，执行起来难度很大。

五、民政法律的作用

（一）民政法律是我国法律体系建设的重要组成部分

民政事务的存在，国家对民政事务管理的需要，决定了民政法律的存在。因此，民政法律是我国社会主义法律制度中不可缺少和不可替代的，是我国法律体系建设的重要组成部分。在我国和谐社会建设过程中，只有进一步提高全体社会成员的法制观念，加强民政法制建设，把各项民政活动纳入社会主义法制轨道，使各级领导干部、广大人民群众和民政系统的工作人员，在涉及有关民政行政活动中做到“有法可依、有法必依、执法必严、违法必究”，才能促进我国社会主义法制的健全和发展，才能适应社会主义市场经济体制发展的要求。

（二）民政法律对各项民政业务工作起到引导、促进和保障作用

没有民政法制建设，民政工作是不完整的；没有民政法制建设的保障，民政事业也不可能得到顺利发展，更谈不到现代意义的民政工作。民政部门只有切实加强民政法制建设，提高民政系统广大工作人员的法制观念，认真做好民政立法、执法、监督检查和法制宣传教育工作，依法进行各项民政行政行为，才能保障公民在涉及有关民政事务时的合法权益，保障民政部门及其工作人员正确行使职权，从而推动民政事业的顺利发展。

（三）民政法律是社会稳定机制的有力武器

社会稳定机制是民政工作社会功能的精髓，民政部门在政治上负责基层政

权建设的日常工作和村、居民委员会基层群众性自治组织建设，巩固人民民主专政基础，推进基层民主政治建设，保障基层人民群众的政治民主权利；在物质上，通过社会救济、社会保障、社会福利、优抚安置等，调节社会收入再分配，实施社会公平原则；在行政上，负责殡葬、婚姻、行政区划、民间组织、地名等部门社会事务的管理，规范社会秩序，加强法制建设，促进精神文明。这些民政工作的社会功效及其所追求的社会目标，集中起来都是完善社会组织结构，调整社会关系，缓和社会矛盾，实施社会服务，解决社会问题。这些目标决定了民政部门及民政工作在整个社会经济运行中处于稳定机制的位置。而法律的前瞻性、规范性、保障性、强制性的特征使其在民政工作的稳定机制中就成为最有力的保障武器。

第三节　民政事业立法技术

一、民政部门承担的立法工作

民政立法是国家专门机关（包括全国人大及其常委会、国务院、省直辖市自治区的人大及常委会、民政部、省自治区直辖市政府和有立法权的较大的市的人民政府等）依照法定的权限和程序，制定、认可、修改、废除有关民政事业方面法律、行政法规、地方性法规、自治条例和单行条例、规章和其他规范性文件的专门活动。

按照《立法法》的规定，我国的法律体系分为由全国人民代表大会及其常务委员会制定的法律；国务院制定的行政法规；省、自治区、直辖市人民代表大会及其常务委员会制定的地方性法规；民族自治地方的人民代表大会制定的自治条例和单行条例；国务院各部、委员会、中国人民银行、审计署和具有行政管理职能的直属机构制定的部门规章；省、自治区、直辖市以及较大的市的人民政府制定的地方性政府规章等几个层级。这些层级，在法制统一的原则下下位法服从上位法。民政工作的各项法律法规，分别见诸这几个层级里。按照我国的立法体制，民政部主要承担以下工作：按照全国人大及其常委会、国务院的要求起草法律、行政法规的草案并上报，配合做好立项申请、论证、调研等相应工作；制定民政部部门规章。有立法权的省、自治区、直辖市以及较大的市、民族自治地方政府的民政部门主要承担以下工作：按照要求起草地方性法规、自治条例和单行条例的草案并上报，配合做好立项申请、论证、调研等相应工作。没有立法权的地方的民政部门主要配合做好论证、调研等相应工作，为相关立法积累经验和材料。从我国的立法体制看，民政部门的立法授权有限，具体工作量很大。

二、民政立法技术

广义的立法技术指在法的创制过程中所形成的一切知识、经验、规则、方法和技巧等的总和。狭义的立法技术是指如何表达规范性法律文件的内容的知识、经验、规则、方法和技巧等，包括法律文件的内部结构、外部形式、概念、术语、语言、文体以及立法预测、立法规划等方面的技术。立法技术的价值和目的在于使法律规范的表达形式臻于完善，使其与内容相符合，以便法律的遵守和适用。

准确地运用立法技术，对保证立法工作的科学性、规范性、统一性，提高立法质量具有重要意义。要提高民政立法质量，必须不断提高民政立法技术。根据民政部门目前立法状况，笔者认为应该从预测技术、规划技术和表述技术三个方面提高民政立法质量。

（一）民政立法预测

民政立法预测，又称民政立法预测分析，就是运用科学的方法和手段，探索、分析未来一定时期内民政事业立法状况和民政事业立法发展的趋势，以揭示出经济社会发展和民政事业的发展对法律、法规的宏观要求，从而为立法机关提供有关民政立法规模、内容、方法以及立、改、废等方面的信息，为制定最佳的民政事业立法规划服务。

1. 民政立法预测的主要内容

（1）预测民政立法的发展规律和一般趋势。根据党和国家政策、社会发展方向，国家立法趋势，预测是民政立法的发展趋势，以及各个具体民政事业领域法律法规立法的趋势，使民政立法尽可能符合整个国家立法规律。

（2）预测立法的必要性和可行性。任何立法都必须以社会的需要为前提，即使立法是对未来立法的估计，也不能脱离社会的现实。马克思指出："立法权并不创造法律，它只是揭示和表述法律。"[①]因此，立法者必须通过分析国家经济与社会发展的趋势，分析民政事业在涉及的法律制度领域的地位与作用，现有民政立法对社会需求的满足程度，研究国家和社会今后对民政立法的需求状况和需求的范围，以及实现需求的可能性；发现现阶段和今后一段期间内必须通过民政立法手段加以调整的社会关系的范围，从而确定需要制定新的法律文件的可能性；预测民政法规调整的社会关系的产生、变化、发展的趋势，以确定是否进行法律调整，进而分析预测哪些民政法规需要立、改、废，并预测具体的民政立法项目、立法时机、立法数量、立法方式等。

---

①《马克思恩格斯全集》第一卷，第316页。

（3）预测民政立法的效果。为了最大限度地发挥法律的作用，任何立法者在立法时都想争取最佳效果，消除不利因素。立法预测就要分析该项法律将会产生的社会效果、经济效果和政治效果，充分估计其缺陷和不足之处，尽量将法的负效应减少到最低限度，争取立法效益的最大化。如果制定或修改的民政法规令地方民政部门难以消化，民政部门工作人员难以执行，那么这种民政立法显然是失败的。

2. 民政立法预测的方法（见表 3.4）

表 3.4　民政立法预测方法

方法名称	方法解释	说明
调查研究预测法	进行实际调查研究，搜集相关资料和数据，进行统计分析，以掌握所需要的民政法律法规的运行情况	资料数据一定要真实并具有代表性
因素分析预测法	确定影响民政立法的基本因素，对这些因素进行分析研究	影响民政立法的因素很多，应找准关键因素和核心因素
比较分析预测法	通过横向的比较即与其他国家或地区相应的民政立法情况比较，预测我国民政立法的前景	不要全盘照搬，应该找出适应我国国情的民政法律法规发展方向
趋势分析预测法	通过不同时期或同一时期的不同阶段我国在民政事业领域立法实践的纵向比较分析，找出其发展的一般规律	最主要的是分析其形成原因，并结合我国民政事业发展的实际情况进行法律预测
立法模型预测法	利用计算机建立的立法模型对民政立法的发展前景进行预测	计算机能够根据输入的信息和一定的程序，进行综合、判断，寻找出某种现象的规律性，从而结合大量的有关因素，用计算机语言进行人工模拟，根据实际需要，建立各种有效的模型，进行民政立法预测

3. 民政立法预测程序（见表 3.5）

表 3.5　民政立法预测程序

步骤	内容	说明
第一步	作出立法预测分析的决策	根据立法需求，依据立法预测原则，由立法主体决策是否进行立法预测
第二步	成立立法预测分析的机构或队伍	参加立法预测的人员要具有广泛性。立法预测是一项科学性很强的工作，要各方面人员相互配合，密切合作才能得出比较准确的预测结果。预测分析的队伍要有掌握立法理论和预测分析理论的法学专家、民政法制部门的专家和从事民政实务工作的专家，应该有其他部门如司法部门的专家、计算机方面的专家
第三步	确定民政立法预测分析目标	结合经济与社会发展的需要、民政事业的发展状况以及民政法制建设的实际情况等确定
第四步	选定预测分析的方法和种类	根据立法领域和内容确定选择立法预测分析方法，多种方法同时使用，可以更加客观地从不同角度对民政事业立法的发展趋势进行预测 确定预测种类：短期预测、中期预测或长期预测；全国性预测或地方性预测；宏观预测还是微观预测；定性预测或定量预测等
第五步	预测分析	根据事先确定的目标以及预测分析的种类，准确把握当时党和国家的方针政策、国际形势、民政事业发展变化情况和发展方向，我国法律的发展趋势，在充分搜集各种信息的基础上，运用适当的预测方法，进行预测、分析、研究，并制作初步的预测分析报告
第六步	完成预测	形成预测分析报告或结论，并提交立法决策部门

（二）民政立法规划

立法规划就是有立法权的主体，在自己的职权范围内，为达到一定的目的，按照一定的原则和程序所编制的准备用以实施的关于立法工作的设想和部署。立法规划对我国立法机关的立法工作、国家的法律体系建设、社会主义法治目标的实现等都有着非常重要的作用和意义。

民政事业立法规划，就是根据民政立法预测分析提供的信息，按照一定原则和程序，编制的立法目标、立法步骤、立法项目等有关民政立法工作的部署和安排。民政立法规划的主要任务是确定某一时期内民政立法发展的方向，使整个民政立法活动保持协调性和系统性，并直接指导具体民政立法实践，实现民政立法的系统化、科学化以及有序化，从而提高民政法律法规的质量。立法规划的作用，就在于使立法工作有目的、有步骤地进行，最大限度地减少立法工作的盲目性和无序性。

1. 中央立法规划与民政立法规划

一般来讲，中央立法机关立法规划的主要任务，是确定整个国家的法律的制定和变动的方向、任务和指标。民政立法规划的主要任务，是确定民政部门范围内的规范性文件的制定和变动的方向、任务和指标。

比较而言，中央立法规划是从全国范围内，舍弃各个地方和部门的特殊性，强调各个地方的共性的、整体的立法目标。民政立法规划一方面要考虑中央立法规划的普遍性内容，另一方面还考虑本部门的特色。具体来讲，民政立法规划的任务有两个方面：其一，为贯彻中央的立法规划任务，对本部门的立法作出规划，使中央立法规划所确定的并需要民政立法机关配合完成的立法任务进一步具体化；其二，对本部门可以或者必须自主进行的立法活动进行规划。

例如，《关于印发国务院 2009 年立法工作计划的通知》（国办发［2009］2 号）中的一类项目，有两件属于民政立法的范围。第一件，为了进一步完善农村民主制度，保障和落实农民群众的民主权利，促进农村社会和谐，提请审议《村民委员会组织法》修订草案。这个草案由民政部起草（属于推进农村改革发展，加快推进社会主义新农村建设需要提请全国人大常委会审议的法律修订草案和需要制定、修订的行政法规）。第二件，为了建立和完善社会救助制度，保障低收入公民的基本生活，促进社会公平与和谐，提请审议社会救助法草案。这个草案由民政部起草（属于坚持以人为本，着力改善民生，加强社会建设和公共服务需要提请全国人大常委会审议的法律草案和需要制定、修订的行政法规）。

民政部 2009 年立法工作计划中“继续配合全国人大、国务院法制办，对民政部已经上报的 3 件法律草案和 6 件行政法规草案进一步修改完善”类中，其中两件就是修订《中华人民共和国村民委员会组织法》（已列入十一届全国人大常委会立法规划一类项目、国务院 2009 年立法工作计划一类项目）（基层政权和社区建设司）；起草《中华人民共和国社会救助法》（已列入十一届全国人大常委会立法规划一类项目、国务院 2009 年立法工作计划一类项目）（社会救助司）。

2. 民政立法规划的功能

（1）计划功能。可对未来一定时期立法工作做出安排和部署。

（2）指引功能。可以指引立法机构合理安排立法任务，保障法律法规顺利出台。

（3）系统功能。平衡立法项目，完善民政法律体系。

（4）链接功能。可以把民政法律法规和党的政策紧密联系起来。

3. 民政立法规划的要素（见表 3.6）

表 3.6　民政立法规划要素

民政立法规划要素	说明
编制依据	编制民政立法规划，要以科学的立法预测分析提供的信息为依据，同时根据全国人大立法规划和国务院立法规划的安排，结合民政事业的发展要求以及当时民政工作的总体部署等进行
立法目标	根据立法计划种类的不同，有长期目标、阶段性目标和近期目标之分
立法主体	立法主体是依法有权进行或参与法的制定、认可和变动的国家机关的总称。编制立法规划时，一方面，应当由有权制定和变动的立法主体编制，另一方面，上述主体应该在《立法法》规定的权限开展民政立法活动
立法措施	立法措施一般指制定或认可、修改和补充、废除等措施。广义的还可以包括法的清理、法的汇编和法的编纂等。立法措施的采用必须根据立法主体的立法权限和立法程序进行
立法项目	立法项目指在立法规划规定的期限内需要制定（含起草）、修改、废除的具体法律、行政法规、地方性法规、规章等民政法律规范。立法项目是立法规划要确定和落实的具体对象
立法期限	立法期限是指完成立法规划所确定的具体立法项目的立、改、废的时间期限。年度的立法规划（立法计划）为一般一年，而中长期的立法规划可以根据具体立法项目不同设置不同的立法期限
监督实施	为了保证立法规划制定后能得到认真贯彻执行，完善的立法规划应该明确相应的检查、监督机制，及时了解列入立法规划的项目的进展情况，对立法项目实施的情况进行检查，保证立法项目能够顺利完成

4. 制定民政立法规划建议

（1）注重民主化与科学化。建立完善立法项目的征集、采纳、反馈机制。制定立法规划要广泛听取不同利益方意见，要规范完善现有的公开立法和专家参与立法的程序，要拓宽渠道，还要探索、创新立法项目的征集、采纳、反馈的方式和途径，增强公开立法和专家参与立法的实效和可行性。可采用网络广泛、公开收集建议和反馈意见，提高广度和效率。

（2）完善立法规划的实施与监督制度。民政立法机构制定立法规划以后，要切实注意它的实施，根据情况的需要，配备一定的人财物力，立足重点，兼顾其他，使整个立法规划中的立法项目能够完成得井井有条。在必要的情况下，为了完成立法规划的任务，立法机构可以委托或授权其单位来协助完成。另外，建立立法规划实施的监督制度。国家立法机关对全国各主要立法主体立法规划的实施、上级立法主体对下级主体立法规划的实施、权力机关对同级政府机关立法规划的实施，进行必要的监督，既保障其得以有效地贯彻实行，又防止其走偏方向。民政部的法制机构要及时了解列入人大立法规划的项目的进展情况，主动介入，确保法律法规草案按计划提请审议。必要时，应该对立法规划实施的情况进行定期与不定期相结合、全面与重点相结合的检查，保证立法规划和立法计划项目能够顺利完成。

（3）加强中长期民政立法规划和完善短期民政立法规划。立法规划按时间划分，可以分为短期、中期、长期三类。短期立法规划一般为一年，又被称之为立法计划，其操作性更强，更注重科学性。中期立法规划通常为5年左右，它比短期立法规划更具有指导性，比长期立法规划更贴近现实。长期立法规划一般为10年以上，其战略意义和指导性更强，需要对国家经济与社会发展的长期规划有深刻透彻的理解，更需要借助立法预测分析的成果。

从实践来看，中长期民政立法规划的编制是我国民政事业立法规划的薄弱环节，应该组织力量，深入研究国民经济与社会发展的中长期规划，深入研究民政事业的发展变化，深入开展立法预测分析，加强中长期民政立法规划的编制工作，为短期民政立法规划提供目标、方向和任务，为今后的民政立法明确可以遵循的方向。

（三）民政立法表述

民政立法表述就是利用立法语言，按照立法技术（规范包括法律的结构、形式、文体、修改和废止的方法等方面的规则，是起草、修改法律需要掌握的具体操作标准）标准和要求，制定民政法律法规。

1. 立法技术规范

改革开放30年来，我国立法工作成绩卓著，中国特色社会主义法律体系已经基本形成，在法律体系中主要的、起支架作用的法律已基本制定出来。按照中国特色社会主义法律体系的要求，除了法律门类齐全外，还要求法律体系内部协调、结构严谨，法律之间应当相互衔接。这就要求在立法过程中既需要科学、严密的框架设计，又要求条文表述尽量科学严谨，用语规范统一。

立法技术规范包括以下几个部分：

（1）法律结构规范，对法律的基本构件中较为重要的部分提出的规范要求：在什么情况下应当列目录，以及编、章、节的排序方式；法律中定义条款、有关基本概念、专业术语等使用和表述；对新法施行（颁布）前相关法律行为、法律关系的效力以及对有关法律主体已经获得的权利的承认、处理等过渡性条款的使用和表述；法律中关于与其他法律的适用关系条款的表述。

（2）法律条文表述规范，对法律条文中经常使用的有关表述作出的规范要求：立法目的与立法依据的表述；引用法律名称的表述；适用其他法律、优先适用其他法律以及优先适用本法几种情况的表述；采用列举“情形”或者“行为”的表述；引用法律条文中“项”的表述。此外，还包括对部门的表述、数字、标点符号的使用等作的规范。

（3）法律常用词语规范，主要是对实践中使用比较混乱、意思相近的、且容易引起歧义的一些法律常用词语的使用作的规范。

（4）法律修改形式规范。目前，对法律的修改主要采用三种修改形式，即修正案、修改法律的决定和法律修订。采用修正案形式的，目前只有宪法和刑法，采用修改法律的决定形式的，占绝大多数；采用法律修订形式的，近些年来逐渐增多。对于这三种形式，在文本表述方面，目前实践中做法不尽一致。例如：法律修正有两种形式，一种是法律修正案，一种是法律修改决定。采用修正案形式的，修正案单独公布。公布修正案，一般不重新公布原法律文本。采用修改决定形式的，根据修改决定，重新公布修改后的法律文本。采用法律修订形式的，公布新的法律文本，法律实施日期为修订后的实施日期。

（5）法律废止形式规范，主要是对在新制定的法律中废止相关法律和单独通过废止相关法律的决定的表述作的规范。

2. 立法语言

立法语言是一个相对独立的语言表述系统，有着自身的规则和规律。立法语言的运用要做到准确、严谨和简明。所谓准确，就是说要用明确肯定的语言表达明晰的概念。所谓严谨，是指用逻辑严密的语言表达法律规范的内容。所谓简明，是指用尽可能简练明白的语言表达法律的内容。

现行的规范性法律文件中普遍存在着语言表述上的问题，这些问题较明显地体现为语言的冲突、语言逻辑的错误、语言内部结构的不规范和语体风格的误区。立法语言失范主要表现在以下几个方面：

（1）语言冲突。例如，在国家赔偿法中“违法”、“非法”、“错误”就交替使用，如“违法拘留或者违法采取限制公民人身自由的行政强制措施的”、“非法拘禁或者以其他方法非法剥夺公民人身自由的”、“对没有犯罪事实或者没有事实证明有犯罪重大嫌疑的人错误拘留的”等，几种表述法同时存在。我们知道，国家赔偿法的原则是违法原则，亦称为“归责”原则，即国家进行赔偿的根据在于经司法确认的行政行为违法。那么，“违法”就应当是具有单义性和固定性的术语，不可更改。而这里用“非法”和“错误”所框范的情形，无疑又都是该法所规定的违法范畴之内的。出现三个不同的词语可能有语言搭配习惯的原因，但在特定的立法表述语境下，汉语搭配习惯不是改变同义术语的理由。根本的问题，还在于语言表述技术的不到位①。

（2）语言逻辑。例如，刑事诉讼法第一百九十一条第三项和第五项：剥夺或者限制了当事人的法定诉讼权利，可能影响公正审判的；其他违反法律规定的诉讼程序，可能影响公正审判的。“剥夺”和“限制”法定诉讼权利及诉讼程序“违反法律规定”，这本身就有了不公正的性质，因而不存在“可能”与否的问题。

（3）数理不通。例如，《关于办理淫秽物品刑事案件具体运用法律的规定》规定：“制作淫秽录像带 5 ~ 10 盒以上”，应“依照刑法第一百七十条的规定追究刑事责任”。这里的“5 ~ 10 盒以上”明显不合数理，因为“以上”、“以下”、“之前”、“之后”等逻辑关系的数理起点只能是确数，而不能是约数。只有“之间”、“之中”、“之际”等逻辑关系才能和约数对应。

（4）语言结构。例如《中华人民共和国宪法》（1982）第八十四条第三款规定：“中华人民共和国主席、副主席都缺位的时候，由全国人民代表大会补选；在补选以前，由全国人民代表大会常务委员会委员长暂时代理主席职位。”这里的“代理职位”就属于动宾搭配不当，正确的搭配应当是“代理职务”。这属于动宾搭配不当。

立法语言缺失可能造成模糊立法意图，影响法律使用，更严重的可能造成纵容违宪违法行为。“提倡义务劳动”这样的不规范的法律规范，可能导致大范围的加班加点，从而使宪法规定的劳动者休息的权利受到侵害②。

立法的表述环节要求立法技术的理论能够更加充实，尤其是在表述规范上能够更加细化、全面。同时，还应通过立法使相应的关于表述方面的规范强制化、稳定化。目前，在世界各国的立法程序中，普遍缺少专门的语言审查程序，这也是立法语言失范化的重要原因之一。因此，要使立法语言从失范化走向规范化，有必要在各国的立法程序中增加一道语言审查程序。语言审查程序大体上应当包

① 刘红婴：立法技术中的几种语言表述问题，北大法学网。

② 刘大生：浅论立法语言规范化——立法语言失范化之评判，法律教育网。

括专家审查、公众审查和机构审查等几个子程序，未能通过语言审查程序的法案不能生效。

第四节　民政事业立法程序

一、民政事业立法程序的概念和作用

（一）民政事业立法程序的概念

由于对立法的内涵和外延理解的不同，有人将立法程序分为广义和狭义两种。广义的立法程序是指中央和地方的国家权力机关和行政机关在制定法律和其他法规方面的程序；狭义上的立法程序专指中央立法机关行使其立法权的程序。这里我们谈的立法程序是广义上的立法程序。

我们了解立法程序概念的基础上，应该进一步把握立法程序的民主性和公开性特征：立法程序的民主性。立法的民意代表性在相当程度上是通过立法程序的民主性彰显和体现的。现代立法程序其实就是一种通过多数表决作出民主决策而使一切法律具有可变性的制度设置。立法程序的公开性。立法程序的公开性要求立法活动，包括提案、质询、讨论、审议和表决等应当让公众知晓；立法听证应当公开进行，尽可能通过新闻媒体对外传播。除涉及国防、外交或其他重大事务不宜公开的外，任何立法会议均应公开举行。除可以自由旁听和采访外，立法会议的一切文件及记录均应公开发表或允许公民自由查阅。立法程序公开的具体方式通常有公布议程、公允公民自由旁听、允许新闻记者自由采访、议事记录公开发表等。立法程序的公开性是公民行使知情权的必然要求。

民政事业立法程序是指中央和地方的国家权力机关以及民政行政机关在制定（包括修改和废止）法律过程中所必须经过的阶段和采取的步骤、方法。民政事业立法涉及的大多是公民的民生和民主问题，关系到社会建设的成败，更要注意它的民主性与公开性特征。

立法程序是有权立法的机关在进行立法活动时必须遵守的程序，绝不是可有可无的，是一套法定的程序。世界各国关于立法程序的法律规定，大多数由本国的宪法或有关的宪法性法律文件加以规定，有些国家颁布有专门的立法法，对立法程序进行专门规定。我国已于 2000 年 3 月正式制定、颁布了《中华人民共和国立法法》，对立法程序作了专门的规定、规范。此外还有一些法律也涉及到立法程序的，如《中华人民共和国宪法》、《全国人民代表大会组织法》、《全国人民代表大会议事规则》、《全国人民代表大会常务委员会议事规则》、《地方组织法》和国务院的《行政法规制定程序条例》、《规章制定程序条例》以及各地人大或常

委会制定的有关立法活动准则的地方性法规等法律文件。

（二）民政事业立法程序的作用

1. 科学规范和民主的立法程序是制定良好且符合社会需要的民政法律的前提和保障。立法是一项复杂的系统工程，它需要一套严密、科学和完整的程序。我们很难想象，通过一套随意的，缺乏民主的程序能制定出一部良好而又符合社会需要的法律来。因此，立法程序是保证立法的成果是否适合社会的发展，是否是一部“良法”的基础。

2. 立法程序直接影响到公众对制定的法律的信任程度。建立一套严密完整、民主科学的立法程序，将会让公众直接感觉到国家始终是法律的作用的，所制定的法律是体现人民的利益的，从而提高对民政法律的信任，自觉的遵守法律。反之，立法程序缺乏民主，随意性强，不按照严密科学的程序制定出来的法律即使在内容上没有多大问题，公众对该法律的信任程度也将会大打折扣，对法律产生一种抵触和排斥的情绪，不利于法律的遵守，立法的效果肯定将受到影响。因此，在一定程度上，立法程序是一个国家民主与法治发展水平的标志。当代社会立法程序已成为各国广为关注和研究的重要问题。

三、民政立法程序

民政事业立法根据立法主体可分为两种：第一种，民政部门配合立法主体做好立法工作。民政部配合全国人大及其常委会、国务院，按照上述立法主体要求起草法律、行政法规的草案并上报，配合做好立项申请、论证、调研等相应工作；由立法权的省、自治区、直辖市以及较大的市、民族自治地方政府的民政部门配合地方人大及其常务委员会和地方人民政府，按照其要求起草地方性法规、自治条例和单行条例的草案并上报，配合做好立项申请、论证、调研等相应工作。第二种，民政部作为立法主体进行立法活动。民政部制定民政部规章。没有立法权的地方的民政部门主要配合做好论证、调研等相应工作，为相应立法积累经验和材料。

民政部政策法规司负责编制五年立法规划和年度立法计划，承担法规起草过程中的牵头组织、协调和监督等工作。各业务主管司（局）应当按照五年立法规划和年度立法计划，统筹安排，做好调研、考察、论证、征求意见和起草等具体工作。依传统的观点认为立法程序应该是包括提出法律方案、审议法律草案、表决和通过法律草案、公布法律四个阶段。我们认为，如果从立法是国家的一项经常性的专门活动的高度来看立法程序，而不仅仅把立法程序看做是通过一部单项法律所要经过的步骤，那么有关机关制定立法规划和起草法律草案的阶段也应属于立法程序所应包括的阶段。

下面以民政部为例，介绍一下民政部配合国务院进行行政法规立法的程序和民政部制定民政规章的程序。

（一）民政部配合国务院进行行政法规立法的程序

1. 编制立法规划。编制立法规划，是民政部根据社会经济发展的需要，民政事业在一段较长时期内的政策、方针和社会发展计划，在对国内外有关立法信息进行分析，进行立法预测的基础上，做出在一定时期内需要完成的立法项目、立法目标、立法形式、立法措施的部署和安排。立法规划对民政部在一定时期内所要完成的立法项目按照一定的类别和顺序予以明确，除非发生特别的情况，则民政的立法工作将按照立法规划的内容来进行。

编制立法规划，可以使民政立法机构的立法活动有组织、有计划、有步骤、有目的地进行，有利于立法工作的科学化、规范化、系统化。立法的质量以及立法的科学化、规范化、系统化，在很大程度上取决于立法规划是否制定的准确、系统、适宜。一部法律法规的规定，是否被纳入立法规划及其在立法规划中处于一个什么样的位置是有一定标准的。一般来说，纳入立法规划的法律法规都是社会发展急切需要法律调整，人民的呼声较高，对其制定的理论准备已相对比较充分。立法规划要充分考虑各种因素，包括有利的因素和不利的因素，进行充分的法律预测，合理地编排制定。因此，社会的需要是立法的基础。

民政部政策法规司根据全国人大和国务院的要求，结合民政部的中心工作，编制五年立法规划和年度立法计划，报部务会议或部长办公室会议审议。

政策法规司编制立法规划主要有两种：第一，编制五年立法规划，各业务司（局）应当对现行法规进行清理，提出五年立法项目建议。建议包括：立法项目名称，必要性、可行性分析及实施方案等有关情况的内容。经政策法规司综合研究，拟定草案，报部务会议审定后，送国务院法制办争取列入立法规划。第二，编制年度立法计划，由各业务司（局）分别在年初提出年度立法项目建议。建议包括：立法项目名称、必要性、可行性、起草的法律依据、政策依据、实践依据、预期目标即实施方案等详细内容。经政策法规司综合研究，拟定民政部年度立法计划，报部长办公会议审定。

五年立法规划和年度立法计划由政策法规司厅负责组织实施。必要时，办公厅可以对年度立法计划作适当调整，报主管部长批准后实施。

2. 起草法律草案。起草法律草案就是对法律草案的拟订。通过对法律草案的拟订，制订出草案具体条文，以供立法机关进行审议表决，这是立法工作的重要环节。一般来说，法律草案的起草工作主要包括提出研究报告，制订草案提纲，拟订草案条文等项具体工作。有的国家对起草法律草案的具体运行通过立法的形式加以确定、规范。我国目前尚无专门的法规对此进行规定，所以相对来说比较灵活，没有形成一套固定的程序。

民政立法内容涉及部内两个或两个以上司（局）职责权限的法规草案，由业务主管司（局）为主、有关司（局）共同负责起草。单项内容的法规草案，由业务主管司（局）负责起草。

以民政部为主，内容涉及其他部（委）业务的法规草案，由业务主管司（局）负责起草，并主动征求有关部门（委）的意见；必要时，吸收有关部门（委）人员共同负责起草。以其他部（委）为主，内容涉及民政部业务的法规草案，由政策法规司根据需要派人参加起草。单项内容的法规草案，由业务主管司（局）负责起草，政策法规司提前介入；综合性的法规草案，政策法规司负责起草，有关司（局）予以配合。

起草法规应当对制定目的、制定依据、适用范围、主管部门、权利与义务、主要内容、法律责任、奖惩办法以及施行日期等内容作出明确规定，内容要切实可行，具有可操作性。在起草法规的时候，应当对现行内容相同的法规及规范性的文件进行清理，该废止的法规及规范性文件应当在法规草案中写明予以废止。

法规起草可以邀请有关专家和吸收本系统地方人员参加。法规草案应当充分征求有关部（委）的意见，对于涉及其他部（委）业务的内容，应当与有关部（委）协商，经过协商意见不一致的，应当在法规草案说明中专门说明情况和理由。法规草案需提交全国性会议讨论的，由政策法规司提出，经部长办公室会议研究决定。

起草行政法规，除应当遵循《中华人民共和国立法法》确定的立法原则，并符合宪法和法律的规定外，还应当符合下列要求：（1）体现改革精神，科学规范行政行为，促进政府职能向经济调节、社会管理、公共服务转变；（2）符合精简、统一、效能的原则，相同或者相近的职能规定由一个行政机关承担，简化行政管理手续；（3）切实保障公民、法人和其他组织的合法权益，在规定其应当履行的义务的同时，应当规定其相应的权利和保障权利实现的途径；（4）体现行政机关的职权与责任相统一的原则，在赋予有关行政机关必要的职权的同时，应当规定其行使职权的条件、程序和应承担的责任。

法律草案起草情况如何，很大程度上决定了以后颁布生效的法律的质量如何，关系十分重大。因此起草法律草案是立法工作中一项非常重要的工作，务必慎重。法律草案的起草一定要建立在固定周密的调查研究基础之上。一方面要广泛收集和研究资料，了解国外对同类问题的法律规定，吸取国外立法不足的教训和成功的经验，避免走弯路；另一方面要对实际情况进行调查，分析具体情况，注意利用本土资源。另外要注意理论研究，为法律草案的起草进行充分的理论准备工作。法律草案起草出来之后，还应广泛地征求各方面的意见，包括主管部门的意见，有关部门的意见，专家学者的意见和广大群众的意见，及时发现草案中所存在的问题并得以纠正。只有这样，才能保证起草的法律草案更具科学性和合理性。

3. 提出法律议案。法律议案又称立法议案，是指依法享有立法提案权的机关或人员按照法定程序向立法机关提出的关于制定、认可、补充、修改或废止某项法律动议（或建议）。

法律草案起草完毕之后，如果不经有提案权的机构或人员向有权机关提出审议和通过该法律草案的动议，则该法律草案不可能最终成为法律而产生效力，也即只有经过有权机关或人员提出法律议案才可能被列入立法机关的议程。当然起草法律草案在时间上不一定都先于提出法律议案。事实上，许多法律都是在有关机构或人员提出议案被列入立法议程之后才开始组织起草法律草案的；而有些法律草案即使被起草出来，也不一定会提起对其进行审议通过的方案。

4. 审议法律草案。经有提案权的主体提出，又已被确定为议程范围的法律草案，即开始了对法律草案的审议阶段。审议法律草案，是指立法机关对已列入会议议程的法律草案进行正式审查和讨论。法律议案提出后，能否通过形成为正式法律，都要根据审议的结果才能确定。所以，审议法律草案是立法程序中重要的阶段，是保证立法质量，促使立法更科学、系统、规范的重要环节。

法规草案报送政策法规司时，应当提供以下材料:（1）法规草案送审稿;（2）法规草案的起草说明，包括立法背景、立法依据、法规的主要内容、可行性分析，以及主要分歧意见的协调情况等;（3）法规草案的调研、专题论证、会议纪要等材料;（4）有关部（委）对法规草案提出的书面意见;（5）参与法规起草工作的专家意见;（6）需要报送的其他材料。

为了坚持保障立法的民主性和科学性，应在立法的审议阶段坚持以下原则和做法:（1）公开审议制。对法律草案的审议有公开审议和秘密审议两种形式。公开审议制是现代文明国家对审议方法的共同选择，在公开审议制下，对法律草案的审议，非立法机关人员也可参与旁听，审议过程可以通过传播媒介进行传播，从而使得审议过程能够使公众知晓，有利于建立人民对法律的信任。（2）回答询问制。在立法机关召开会议审议法律草案时，有关部门该到会，听取代表们所提出的意见，对代表们所提出的询问作出答复。这样，一方面有利于代表们了解法律，另一方面及时听取各方面意见，减少制定出来的法律的部门化色彩。（3）辩论制。在对法律草案进行审议时，对法律草案中存在争议的问题，应该引进辩论的机制，由对该规定持赞同观点的一方与持反对观点的一方互相展开辩论，各自陈述自己赞同或反对的理由，互相进行反驳。改变以往“领导说怎样就怎样”的状况，使立法审议阶段能最大限度地反映民主。

对法律草案的审议，应包括以下内容:（1）立法动机是否正确合理;（2）立法时机是否恰当，该项法律是否具备了立法条件；(3）立法精神和内容，如立法精神是否科学、合理，法律规范的合宪性，权益调整的全面、合理性，法律的时效性。法律规范体系的协调性，等等；(4）立法技术及其他，即立法技术是否恰当、完善，语言逻辑是否准确、规范，结构是否合理，文字表达是否清晰，等等。法律草案审议的结果并不完全一样，可能出现几种情况：提付表决；修改后提付表决；搁置；否定。

5. 表决和上报。法律草案的表决是指立法机关对法律草案表示最终的具有决定意义的态度。经过表决，法律草案获得法定数目以上有表决权者的赞成和肯定，即为通过。如未获得法定的有表决权者的赞成，则为不通过。由此可见，表决和通过是两个不同的概念，法律草案经过表决可能有两种结果：获得通过和未通过。只有获得通过的法律草案，才成为法律。

世界各国通过法律案的基本原则皆是少数服从多数，但根据所通过的法律案性质不同，可以将法律案获得通过的法定人数分为一般多数和绝对多数。一般多数指赞成法律草案的人数达到总人数的一半即为通过；绝对多数则要求法律草案获通过的法定人数多于一般多数所要求的人数，可以要求法定人数达总人数的2/3获通过，也可要求法定人数达3/4始获通过。一般来说，一般法律要求过一般多数即可通过，宪法性文件则要求达绝对多数人数才能通过，以示郑重。

各国法律草案的表决方式以立法成员所采取的立场是否为他人所知的不同方式分为公开表决和秘密表决两种。公开表决方式包括：口头表决、起立、走到会场中的过道、分别进场、点名、举手、发牌、使用电子装置系统，等等；秘密表决的方式包括：无记名投票、利用小球进行秘密投票，等等。

政策法规司将草案递交部务会议审议，并由政策法规司负责人作法规草案说明。报送国务院审查的法律草案和行政法规草案，经部务会议审议通过，由部长签署后上报国务院。

6. 公布和备案。法律的公布是立法机关或国家元首正式通过的法律，以一定形式正式公告社会，以便全社会遵照执行。法律草案经表决通过之后，便成为了正式法律，但这时的法律如没有以特定的方式使公众知其内容，就不能对公众产生约束力，也不能发挥法律的效能。因此，要使表决通过的法律产生法律效力，还必须经过一道法定的程序——公布法律。就立法程序而言，法律的公布是立法的最后一道程序，是必不可少的一道程序，而且是法律生效的关键步骤。

在历史上，统治者为了便于统治人民，不公布法律的内容，“刑不可知，威不可测”，法律从而成为任统治者解说的工具。现代文明国家则都把公布法律作为立法的必经程序，把法律公布与否与国家制度民主与否联系起来。因此，公布法律实际上包含了人类历史对民主、开明的渴求，是社会发展法治化与文明化的必然要求。

经国务院批准，授权民政部公布的行政法规由部长签署命令予以公布。民政部公布的行政法规，政策法规司需要按要求报国务院备案，需要社会和公众知晓的，应当在民政部主办的报刊上全文刊载。法规公布后，由办公厅印制法规本文，存档备查。行政法规的外文翻译文本，由办公厅组织业务司（局）翻译后，按程序报国务院法制办审定。

行政法规在实施过程中行政法规条文本身需要进一步明确界限或者作出补充规定，国务院制定的行政法规由国务院解释，地方行政法规由地方政府解释。行政法规的解释与行政法规具有同等效力。国务院各部门和省、自治区、直辖市人民政府可以向国务院提出行政法规解释要求。对属于行政工作中具体应用行政法规的问题，省、自治区、直辖市人民政府法制机构以及国务院有关部门法制机构请求国务院法制机构解释的，国务院法制机构可以研究答复；其中涉及重大问题的，由国务院法制机构提出意见，报国务院同意后答复。

（二）民政部制定民政行政规章的程序

《中华人民共和国立法法》第七十一条规定："国务院各部、委员会、中国人民银行、审计署和具有行政管理职能的直属机构，可以根据法律和国务院的行政法规、决定、命令，在本部门的权限范围内，制定规章。"据此，民政部可以制定民政规章。民政规章规定的事项应当属于执行法律或者国务院的行政法规、规定、命令的事项。规章的名称一般称"规定"、"办法"，但不得称"条例"。

民政部配合国务院进行行政法规立法的程序和民政部制定民政行政规章的程序在有些内容上是相近或形同的，下面我们介绍民政部制定民政行政规章的程序的时候就不再介绍了。

1. 立项。民政部政策法规司根据各业务司（局）提交的立法建议项目，拟定规划草案，报部务会议审定。报送制定规章的立项申请，应当对制定规章的必要性、所要解决的主要问题、拟确立的主要制度等作出说明。年度规章制定工作计划应当明确规章名称、起草单位、完成时间等。年度规章制定工作计划在执行中，可以根据实际情况予以调整，对拟增加的规章项目应当进行补充论证。

2. 起草。民政规章由民政部政策法规司起草或组织起草，起草规章可以邀请有关专家、组织参加，也可以委托有关专家、组织起草。

起草规章，应当深入调查研究，总结实践经验，广泛听取有关机关、组织和公民的意见。听取意见可以采取书面征求意见、座谈会、论证会、听证会等多种形式。起草的规章直接涉及公民、法人或者其他组织切身利益，有关机关、组织或者公民对其有重大意见分歧的，应当向社会公布，征求社会各界的意见；起草单位也可以举行听证会。听证会依照下列程序组织：（1）听证会公开举行，起草单位应当在举行听证会的30日前公布听证会的时间、地点和内容;（2）参加听证会的有关机关、组织和公民对起草的规章，有权提问和发表意见;（3）听证会应当制作笔录，如实记录发言人的主要观点和理由;（4）起草单位应当认真研究听证会反映的各种意见，起草的规章在报送审查时，应当说明对听证会意见的处理情况及其理由。

起草部门规章，涉及国务院其他部门的职责或者与国务院其他部门关系紧密的起草单位，应当充分征求国务院其他部门的意见。

起草机构应当将规章送审稿及其说明、对规章送审稿主要问题的不同意见和其他有关材料按规定报送审查。报送审查的规章送审稿，应当由起草机构主要负责人签署；几个机构共同起草的规章送审稿，应当由该几个起草机构主要负责人共同签署。规章送审稿的说明应当对制定规章的必要性、规定的主要措施、有关方面的意见等情况作出说明。有关材料主要包括汇总的意见、听证会笔录、调研报告、国内外有关立法资料等。

3. 审查。规章送审由政策法规司负责统一审查。应该主要从以下方面对送审稿进行审查:（1）是否符合宪法、法律、行政的法和其他上位法的规定;（2）是否切实保障公民、法人和其他组织的合法权益，在规定其应当履行的义务的同时，是否规定了其相应的权利和保障权利实现的途径;（3）是否体现了行政机关的职权与责任相统一的原则，在赋予有关行政机关必要的职权的同时，是否规定了其行使职权的条件、程序和应承担的责任;（4）是否体现了改革精神，科学规范了行政行为，促进了政府职能向经济调节、社会管理和公共服务转变;（5）是否符合精简、统一、效能的原则;（6）是否与有关规章协调、衔接;（7）是否正确处理有关机关、组织和公民对规章送审稿主要问题的意见;（8）是否符合立法技术要求;（9）需要审查的其他内容。

规章送审稿有下列情形之一的，法制机构可以缓办或者退回起草单位:（1）制定规章的基本条件尚不成熟的;（2）有关机构或者部门对规章送审稿规定的主要制度存在较大争议，起草机构未与有关机构或者部门协商的;（3）起草单位未将规章送审稿及其说明、对规章送审稿主要问题的不同意见和其他有关材料按规定报送审查;（4）报送审查的规章送审稿，没有起草机构主要负责人签署，要求递交的其他材料不齐全的。

法制机构应当将规章送审稿或者规章送审稿涉及的主要问题发送有关机关、组织和专家征求意见。法制机构应当就规章送审稿涉及的主要问题，深入基层进行实地调查研究，听取基层有关机关、组织和公民的意见。规章送审稿涉及重大问题的，法制机构应当召开由有关单位、专家参加的座谈会、论证会，听取意见，研究论证。规章送审稿直接涉及公民、法人或者其他组织切身利益，有关机关、组织或者公民对其有重大意见分歧，起草单位在起草过程中未向社会公布，也未举行听证会的，法制机构经本部门或者本级人民政府批准，可以向社会公布，也可以举行听证会。

有关机构对规章送审稿涉及的主要措施、管理机制、权限分工等问题有不同意见的，政策法规司应当进行协调，达成一致意见；不能达成一致意见的，应当将主要问题、有关机构的意见和政策法规司的意见上报部务会议决定。

政策法规司应当认真研究各方面的意见，与起草机构协商后，对规章送审稿进行修改，形成规章草案和对草案的说明。说明应当包括制定规章拟解决的主要问题、确立的主要措施以及与有关部门的协调情况等。规章草案和说明由政策法规司主要负责人签署，提出提请部务会议审议的建议。

4. 决定和公布。公民规章应当经部务会议或者委员会会议决定。审议规章草案时，由政策法规司作说明，也可以由起草单位作说明。审议通过后，报请本民政部部长签署命令予以公布。

公布规章的命令应当载明该规章的制定机关、序号、规章名称、通过日期、施行日期、部长署名以及公布日期。部门联合规章由联合制定的部门首长共同署名公布，使用主办机关的命令序号。

民政规章签署公布后，民政公报或者国务院公报和全国范围内发行的有关报纸应当及时予以刊登。民政公报或者国务院公报和地方人民政府公报上刊登的规章文本为标准文本。

规章应当自公布之日 30 日后施行；但是，涉及国家安全以及公布后不立即施行将有碍规章施行的，可以自公布之日起施行。规章应当自公布之日起 30 日内，由政策法规司依照立法法和法规规章备案条例的规定向有关机关备案。

民政规章解释权属于规章制定机关——民政部。规章有下列情况之一的，由民政部解释：（1）规章的规定需要进一步明确具体含义的；（2）规章制定后出现新的情况，需要明确适用规章依据的，规章届时由民政部责成法规司参照规章送审稿审查程序提出意见，报请部务会议批准后公布。规章的解释同规章具有同等效力。

国家机关、社会团体、企业事业组织、公民认为规章同法律、行政法规相抵触的，可以向国务院书面提出审查的建议，由国务院法制机构研究处理。

第五节　民政法律的修改与废止

一、民政法律的修改

民政法律修改是指国家立法机关依照法定程序对现行民政法律的某些部分加以变更、删除或补充的立法活动，其直接目的是为了适应经济社会发展的需要而不断完善现有民政法律。

（一）法律修改的三种形式：修改、修订和修正案

我国立法实践中法律修改主要有三种形式：修订、修改决定和修正案。1996年以前，除1988年宪法修改使用宪法修正案外，其他法律修改主要使用修改决定形式，提请审议时有的草案冠以“某某法（修改草案）”，有的草案冠以“某某法修正案（草案）”，通过时全国人大或其常委会作出“关于修改某某法的决定”。1996年3月刑事诉讼法修正案（草案）提请审议，全国人大通过了修改刑事诉讼法的决定。这次修改法律，修改决定内容很多，重新公布时，在编排校对方面工作量很大，同时也不便于人们学习掌握和对照引用。基于上述原因，对于修改的条文和内容较多、修改幅度较大的法律，不再使用修改决定形式，而开始使用修订形式。1997年对刑法进行全面修改时就采用了修订草案的形式。1999年对刑法个别条文修改时采取修正案形式。此后，法律修改的三种形式逐渐确定下来，沿用至今。现在，修正案形式用于对宪法和刑法的修改，修订形式与修改决定形式用于其他法律的修改；修订形式适用于法律的全面修改；修改决定形式适用于法律的部分修改。

修正案形式的适用范围较为固定，实践中一般不存在争议。对于适用较为普遍的修订形式和修改决定形式，则因对法律原文内容修改幅度的不同，实践中常出现修改形式使用不规范的情况。总结实践经验，修订形式和修改决定形式的不同之处主要有以下四点：

1. 法律修改的前提条件不同。修改决定形式的使用前提，是在法律的基本原则和主要条款基本适应需要，法律的表现形式和内部结构基本合理的情况下，法律的某些方面、某个部分或者某些词句、若干条款不能适应经济社会发展和法制建设的需要。而修订形式的使用通常是基于法律的调整对象发生重大变化，或者人们对法律的认识和要求有明显转变，需要通过全面修改来适应变化较大的新情况。

2. 修改范围和内容不同。修改决定形式的修改范围相对较小，一般是对现行法律的某些方面、某个部分乃至个别条款、词句进行修改。而修订形式的修改范围比较大，包括对有关法律原则条文的修改和创制，法律的调整对象发生变化或

者适用范围需要扩大或缩小，在重要制度方面需要作出新的调整或修改，以及在法律篇章结构上的重大调整变化等。

3. 用主席令公布时的表现形式不同。以修改决定形式进行法律修改后，以主席令公布的法律文本形式是“关于修改某某法的决定”，表述为“关于修改某某法的决定已经某某会议通过，现予公布”。修改决定之后附修正本，即将原法律根据这一决定作相应的修改予以重新公布。修改决定中表述为“某某法根据本决定作相应修改，重新公布”。这种做法是主席令间接公布法律全文。而以修订形式进行法律修改后，以主席令公布的法律文本形式是“某某法”，表述为“现将修订后的某某法公布”，按修改后的条文直接重新全文公布。这种做法是主席令直接公布法律全文。

4. 修改后施行时间不同。采用修改决定形式修改法律后，由于涉及的只是若干条款和部分内容，在通过的修改决定中只规定修改决定的施行时间，该法律的原施行时间不变，也就是说，整部法律的施行时间不变。而采用修订形式修改法律后，由于修改的内容较多，涉及到法律原则、制度的修改，整部法律的施行时间需要重新规定。

（二）民政法律的修订和修改

根据目前我国法律修改的形式，民政法律修改主要采用修订和修改。例如，1998 年正式颁布的村民委员会组织法对推动我国基层群众自治的发展起到了积极作用，但随着社会建设的不断发展和基层民主政治建设的日益推进，法律的部分内容已不能完全适应基层群众自治实践的需要，已难以有效保障基层群众自治的健康发展。2010 年《中华人民共和国村民委员会组织法》由中华人民共和国第十一届全国人民代表大会常务委员会第十七次会议于 10 月 28 日修订通过，自公布之日起施行[①]。2011 年 6 月 30 日，民政部召开新闻发布会，宣布正式启动《中华人民共和国城市居民委员会组织法》修订工作。

民政部关于废止、修改部分规章的决定（部令 38 号）公布了对《革命烈士纪念建筑物管理保护办法》的修改内容：“1. 删除第十三条中的‘在革命烈士纪念建筑物保护单位范围内进行其他建设工程的，应当经原批准单位公布的人民政府和上一级人民政府的民政部门同意。在全国重点革命烈士纪念建筑物保护单位范围内进行其他建设工程，须经省、自治区、直辖市民政厅（局）报经民政部同意。’” 2. 将第十六条中的“《中华人民共和国治安管理处罚条例》”修改为“《中华人民共和国治安管理处罚法》”。

从上面的两个例子可以看出，修订和修改之间的差异。在具备以下条件之一

---

① 中华人民共和国主席令（2010 年第 37 号）。

或以上时，应当采用修订的形式：（1）需要修改的条文所占比例达到50%；（2）直接对有关法律原则条文的重大修改和创制，包括对法律指导思想、法律调整对象、重要制度等需要作出新的调整或修改；（3）原法律的篇章结构需要作重要的调整变化。

民政部在对民政法律修改的时候要注意修改的两个问题：1. 幅度问题。条件成熟时，能够全面修改的就要全面修改；如果实在条件不成熟，可以采取部分修改或个别修改的方式。2. 及时修改的问题。不要等到问题成堆再来“批发性”修改。

二、民政法律的废止

民政法律废止指绝对的终止民政法律的实际效力。法律废止，是直接的立法行为，产生直接的法律后果；而且是对整部法律的完全废除，是整部法律的失效，是整部法律彻底地、不可逆转地、永久地失效。

法律废止有广义和狭义两种理解。狭义的法律废止，是指有权机关或人员，依法定程序将现行有效的法律予以明确废弃，使之失去法律效力的活动。广义的法律废止，除了包括狭义的法律废止外，还包括法律的当然废止。所谓法律的当然废止，是指法律规定有施行期限或者其他施行条件的，当其规定期限届满或施行条件消失时，法律就当然废止，不必经由全部立法程序，只需由立法机关审查公布即可①。

从法律废止时间来看，法律的废止有以下3种情况：1. 法律本身规定了有效期限，期限结束，该法即自动终止；2. 法律为某一特定情况而制定，一旦该情况消失，即应废除该法；3. 以新法取代旧法。有的在新法中明文规定废除旧法。

第六节　提高民政立法质量应当注意的几个问题

胡锦涛总书记在纪念全国人民代表大会成立50周年大会的讲话中强调：“要把提高立法质量摆在更加突出的位置，进一步提高立法工作的水平。”这是对我国立法工作的总要求。随着社会主义法律体系的逐步健全，立法工作的主导思想正在由注重数量向更加注重质量转变。特别是在构建社会主义和谐社会的新形势下，如何切实提高立法质量，制定出真正反映社会和谐发展客观规律的“良法”，是立法工作的重中之重。为了提高民政立法质量，使新时期的民政立法工作上升到一个新的水平，在立法过程中应该注意以下几个问题：

---

① 李林：《立法理论与制度》，中国法制出版社2005年版，第233页。

一、民政立法要紧扣党和国家的工作中心，牢固树立以人为本的立法宗旨

（一）民政立法必须紧紧围绕党和国家建设社会主义和谐社会这一中心，紧密结合改革发展稳定的重大决策，服务于社会主义法制建设的大局，反映党和国家的社会政策，体现社会建设的特点，遵循社会建设的规律。民政立法要围绕党和政府的中心工作选题立项，凡是那些关系改革、发展、稳定大局和贴近中心工作的立法项目以及人民群众关心的热点、难点、焦点问题应当尽快尽早立项。

（二）民政立法是社会主义法制建设的有机组成部分，必须牢固树立以人为本、立法为民的宗旨，将其作为立法的价值取向。要始终把最广大人民的根本利益作为制度设计的出发点和落脚点，着眼于解决人民群众最关心、最直接、最现实的利益问题；民政立法要正确处理人民的全局利益与局部利益、长远利益与眼前利益的关系，对社会关系的调整要更加注重权力和权利的平衡、权力与责任的平衡、权利与义务的平衡，促进社会公平正义，推动社会建设与经济建设、政治建设、文化建设协调发展。

二、民政立法要拓展民主参与渠道，探索立法的后评估工作

（一）民政立法应当发扬社会主义民主，体现人民的意志，保障人民通过各种途径参与立法活动。坚持实行民政立法工作者、实际工作者和专家学者相结合的工作机制，逐步完善公众参与特别是困难群体、弱势群体、特殊群体参与民政立法的机制、程序和方法，拓展民主参与的渠道，采取召开论证会、听证会、座谈会、国际研讨会以及向社会公布法律法规和规章草案等方式，广泛征求各方面的意见。

（二）要积极探索开展民政立法的评估工作，对社会关注程度高的民政法律、法规、规章的实施效果进行评估：建立健全公众对民政法律、法规、规章实施情况的意见和建议跟踪反馈机制，及时分析、总结制度设计本身存在的问题，准确把握修改、废止的时机。

三、科学规范现实存在的社会关系，要解放思想力求创新

社会实践是立法的基础，民政立法要从实际出发，科学、合理的规范社会关系。因此，要求民政立法既要符合全局的需要，又要考虑不同地区的实际情况；既要符合长远的发展方向，又要切合当前的实际情况。民政立法工作应当根据需要规范解决的实际问题，有针对性地展开调查研究，注重广泛听取基层意见，听取管理相对人和不同利益主体的意见。民政法律制度设计要综合利用利益的传导、利益的协调、利益的保障和利益的救济这些机制，处理好公平与效率、政府与市场、权力与责任、公共利益与公民合法权益、加强管理与积极引导、实体与程序、立足现实与改革创新、立法数量与立法质量这八个方面的关系。在此基础上，民政立法还要解放思想、力求创新，克服陈旧思想和落后观念，树立新的思维、新的理念，积极拓展新思路、新视野，善于研究新情况、新问题，并在科学分析、论证的基础上找出解决问题的根本措施。

四、坚持法律体系的完整和统一，对做好民政立法工作至关重要

我们建设的中国特色社会主义法律体系，是以宪法为统率。法律为主干，同时也包括行政法规、地方性法规、自治条例和单行条例、部门规章、地方性法规和规章等在内的协调统一整体。民政立法工作必须坚持中国特色社会主义法律体系的完整和统一，必须在全国法律体系的框架内加强立法。坚持法律的统一要做到三条：一是坚持以宪法为核心和统率。任何法律、行政法法规和地方性法规都不能同宪法相抵触，行政法规不得同法律相抵触，地方性法规、规章不得同法律、行政法规相抵触，法律法规的规定之间要衔接协调，不能相互矛盾；二是依照法定的权限立法，不得超越法定权限。《中华人民共和国立法法》对全国人大及其常委会的专属立法权和行政法规、地方性法规以及规章的立法权限作了明确规定，此外，《中华人民共和国行政处罚法》、《中华人民共和国行政许可法》等单行法律也就行政法规、规章的立法权限作了具体规定。三是遵循法定程序立法，《中华人民共和国立法法》对法律、规章的制定程序作了原则规定，《行政法规制定程序条例》和《规章制定程序条例》对行政法规和规章的制定程序进一步作了细化。

五、努力提升立法人员的素质，熟练运用立法技术

民政立法既是一个高层决策的过程，又是专业性较强的工作，涉及领域广泛。加强民政立法工作，提高民政立法质量，必须有一支政治强、业务精、作风硬、团结进取、廉洁高效的立法工作人员队伍。民政立法工作人员要努力提高自身的政治理论水平和政策水平，深入了解民政工作务实，同时要培养法律思维和能力，熟练掌握立法技术，精通立法体例、结构和语言，不断钻研业务、增长才干，真正为民政立法的专家型人才。

第四章　民政法律制度存在的问题及其完善

通过改革开放以来三十多年的民政法律制度建设，现已初步形成了以宪法为依据、以法律为基础、以法规为支撑、以配套实施规范为补充的制度框架，民政各主要业务总体上做到了有法可依。但是，随着我国经济社会的快速发展，一些法律制度逐渐跟不上时代的需求，一些法律制度需要补充完善，我们只有在实践中不断总结发现问题并探索问题的解决办法，完善现行法律制度，才能够通过民政法制建设，逐步解决民政事业发展中带有根本性、全局性、稳定性和长期性的问题，为保障民生、发展民主、服务社会明确发展方向和根本路径。

第一节　保障基本民生法律制度存在的问题及其完善

民生一词，最早出现在《左传· 宣公十二年》："民生在勤，勤则不匮。"这里的民，就是百姓的意思。而《辞海》中对于民生的解释是"人民的生计"，语境中显然渗透着一种大众情怀。所谓民生，就是人的全部生存权和普遍发展权。目前，我们所说的民生，主要指"民众的基本生存、生活状态，以及民众的基本发展机会、基本发展能力和基本权益保护"，涉及与民众衣食住行及自我价值实现等有关的所有方面。

随着经济社会的发展，以及网络时代的到来，关注民生问题已经成为时代发展的潮流。目前，人们普遍把就业、教育、分配、社保、稳定作为民生问题的重中之重。广义上来看，"保障民生"的具体领域涉及生活保障（最低生活保障制度、最低工资）、就业保障（失业保险、工伤保险、就业救助等）、养老保障（养老保险、"五保供养"、老年人福利）、医疗保障（医疗保险、医疗救助）、住房保障（住房公积金、经济适用房、住房救助）以及特殊对象的保障（灾民保障、儿童保障）等，即囊括了社会保障领域的社会保险、社会救助和社会福利制度。

民政部门涉及的是保障基本民生法律制度，是满足公民的基本生活需求，保障公民生存权的法律制度，是保障人民群众基本生活的底线。那些旨在提高公民基本生活素质、丰富居民物质和文化精神生活需求的制度，不属于基本民生的范畴。目前，民政部门保障基本民生法律制度主要包括：社会救助、灾害救助、社会福利、双拥优抚安置、社会工作法律制度。

一、社会救助法律制度存在问题及其完善

我国宪法第四十五条规定：中华人民共和国公民在年老、疾病或者丧失劳动能力的情况下，有从国家和社会获得物资保障的权利。国家发展为公民享有这些权利所需要的社会保险、社会救济和医疗卫生事业。因此，对贫困人群实施社会救助，保障他们的生存权，这是法律赋予他们的权利，也是国家和政府的责任。在社会经济发展的过程中，确保每一个国民均能免除生存危机，政府有义务根据国家财力和社会经济发展水平来推进社会保障制度建设，其中，优先和重点需要完善的是社会救助制度。在社会保障体系中，最需要保障的是贫困人群和弱势群体，只有通过社会救助，使他们获得物资帮助，才能保障他们的生存权，这是他们立足于社会最基本的权利。

（一）民政部门负责的社会救助内容

民政部门负责的社会救助对象主要包括无依无靠无生活来源的公民、遭受自然灾害严重侵袭而使生活一时陷入拮据状态的公民、生活水平低于当地最低标准的贫困家庭。

伴随着改革开放的进程和我国经济社会发展的水平不断提高，社会救助体系框架已经基本形成。社会救助体系包括四个方面的内容：第一，经常性的社会救助工作。主要是包括城乡最低生活保障、农村五保供养、农村特困户生活救助以及城乡医疗救助等专项救助。第二，紧急救助制度。紧急救助主要是指发生自然灾害情况下的对灾民的紧急救助和应急救助行动。也包括对灾民延续一段困难生活的救助和民房倒房重建与修复工作的救助。第三，临时性的救助。临时性救助主要是指对低收入人群的救助工作和对城市生活无着的流浪乞讨人员，包括流浪儿童的救助。第四，支持倡导开展社会互助活动。通过支持慈善事业的发展，培育和发展公益性的民间组织，以及倡导开展群众之间经常性的互助互济活动，来达到社会互助，对困难群众起到帮扶作用。

现行的社会救助制度虽然并不完善，但从新中国成立初期发展至今，已确立了政府积极救助的理念，形成了社会救助的基本框架，在保障贫困人口的基本生活方面发挥了重要的作用。通过 2010 年民政部的关于城乡低保、农村五保、医疗救助、生活无着人员救助的统计数据，可以看出我国社会救助对于保障贫困人口的重要性。

1. 城市低保方面：全国共有 1145.0 万户、2310.5 万名城市低保对象。全年各级财政共支出城市低保资金 524.7 亿元，比上年增长 8.8%，其中中央财政补助资金为 365.6 亿元，占全部支出资金的 69.7%。城市低保对象中：在职人员

68.2 万人，占总人数的 3.0%；灵活就业人员 432.4 万人，占总人数的 18.7%；老年人 338.6 万人，占总人数的 14.6%；登记失业人员 492.8 万人，占总人数的 21.3%；未登记失业人员 419.9 万人，占总人数的 18.2%；在校生 357.3 万人，占总人数的 15.5%；其他 201.2 万人，占总人数的 8.7%。

2. 农村低保方面：全国有 2528.7 万户、5214.0 万人得到了农村低保，比上年同期增加 454 万人，增长了 9.5%。全年共发放农村低保资金 445 亿元，比上年增长 22.6%，其中中央补助资金 269 亿元，占总支出的 60.4%。2010 年全国农村低保平均标准 117 元 / 人、月，比上年同期提高了 16.2 元，增长了 16.1%。全国农村低保月人均补助水平 74 元，比上年提高 8.8%。

3. 农村五保方面：全国农村得到五保供养的人数为 534.1 万户，556.3 万人，分别比上年同期增长 0.9%和 0.5%。全年各级财政共发放农村五保供养资金 98.1 亿元，比上年增长 11.4%，其中中央财政首次安排五保对象临时物价补贴 3.5 亿元。农村五保集中供养 177.4 万人，集中供养年平均标准为 2951.5 元 / 人，比上年增长 14.1%；农村五保分散供养 378.9 万人，分散供养年平均标准为 2102.1 元 / 人，比上年增长 14.1%。还有 59.5 万居民享受了传统救济。

4. 医疗救助方面：全年累计救助城市居民 1921.3 万人次，其中：民政部门资助参加城镇居民基本医疗保险 1461.2 万人次，人均救助水平 52.0 元；民政部门直接救助城市居民 460.1 万人次，人均医疗救助水平 809.9 元。全年用于城市医疗救助的各级财政性资金 49.5 亿元，比上年增长 20.1%，其中：民政部门资助城镇居民参加基本医疗保险资金 7.6 亿元，比上年增长 31.0%，直接救助 37.3 亿元，比上年增长 18.8%。

全年累计救助贫困农民 5634.6 万人次，其中：民政部门资助参加新型农村合作医疗 4615.4 万人次，人均资助参合水平 30.3 元；民政部门直接救助农村居民 1019.2 万人次，人均救助水平 657.1 元。全年用于农村医疗救助的各级财政性资金支出 83.5 亿元，比上年增长 29.2%，其中：资助参加新型农村合作医疗资金 14.0 亿元，比上年增长 33.3%，直接救助资金 67.0 亿元，比上年增长 35.6%。

5. 生活无着人员救助方面。截至 2010 年底，全国共有生活无着人员救助管理单位 1593 个，床位 5.6 万张，其中救助管理站 1448 个，床位 5 万张。全年救助城市生活无着的流浪乞讨人员 171.9 万人次。

（二）现行社会救助制度存在的主要问题

1. 法律法规欠缺

我国开展社会救助工作已经多年，各方面已取得一定的经验，也制定了一些的法律制度。如：1994 年颁布了《农村五保供养条例》，1997 年颁布了《农村敬老院管理暂行办法》，1999 年 10 月 1 日起施行的《城市居民最低生活保障条例》，

2003 年 8 月开始实施的《城市生活无着的流浪乞讨人员收容救助管理办法》，地方省市制定颁布的《广东省城乡居（村）民最低生活保障制度实施办法》，《广东省社会救济条例》，2010 年民政部修订颁布了《农村五保供养服务机构管理办法》。

以上这些法律制度都在不同的程度、不同的层次、不同的方面规定了社会救助工作的内容和对象，使我国的社会救助工作具有一定的法律权威性。但总的来说，救助立法还存在以下几个方面的问题：

（1）救助立法不健全，缺少综合性的救助法规。中国的社会救济工作是十分繁重的，每年有大量贫困人口需要救济。但现有的救济法规政出多门，立法主体层次高低不同，国务院、民政部、地方人民政府和地方人大都颁布了有关救助工作的法规规章，而且有的地方在救济立法方面走在国家的前面。如广东省在 1998 年 12 月就通过了《广东省社会救济条例》，在 1999 年 7 月 1 日就施行《广东省城乡居（村）民最低生活保障制度实施办法》，这都早于国务院颁布实施的《城市居民最低生活保障条例》。但是，缺乏统一的社会救助法。虽然考虑到有关的部门、各地政府可根据各部门、各地方的情况来制定有关社会救助的具体实施办法，但毕竟还需要一部完善的、统一的、综合性的救助法来指导全国的救助工作，以确立救助工作的法律地位，促进救助工作在我国经济和社会发展中更好地发挥作用。

（2）救助立法不完善，有的方面近乎空白。在已经制定的有关救助的法规中，几乎都是有关灾害救济和城镇居民最低生活保障的制度、政策和措施，以解决贫困人群生活温饱为主，但对于与贫困人群的生活密切相关的住房救助、医疗救助、子女的教育救助等，都缺乏相应的法律规定。《农村五保供养条例》第二条规定："对救济的五保对象在吃、穿、住、医、葬方面给予生活照顾和物资帮助。" 第九条规定："五保对象是未成年人的，还应当保障他们依法接受义务教育。"《城市居民最低生活保障条例》第六条规定："城市居民最低生活保障标准，按照当地维持城市居民基本生活所必需的衣、食、住费用，并适当考虑水电燃煤（煤气）费用以及未成年人的义务教育费确定。" 在以上这些规定中，只是简单的提到了住房、医疗、贫困子女的义务教育，并没有做出有关贫困人群的住房、医疗、贫困子女的义务教育等方面的社会救助的具体法律规定。例如，医疗救助只有一些政策规定，《关于进一步完善城乡医疗救助制度的意见》（民发［2009］81 号）是 2009 年以来医疗救助最重要的政策依据了。

一方面，人大立法少，法规、规章多，法制建设层次低；另一方面，缺乏整体规划、体系残缺不全。无法可依的后果就是不能建立健全的社会救助制度，导致社会救助无法正常、健康的发展，并极易引发新的社会问题。特别是随着社会主义市场经济体制的建立与发展，原有的社会救助越来越暴露出其自身的严重缺陷。与此相应，社会救助的法制化、程序化、规范化的呼声也越来越高，确立一种既适合我国国情又适应市场经济要求的社会救助法律制度已成为历史的必然。

2. 救助经费不足

充足的经费来源是保障社会救助制度正常运转的前提条件，而我国目前的社会救助制度依然有很大的资金缺口。表现在：首先，财政投入不足。国家用于社会救助的资金有限，保障范围小，受益人数少，不具有普遍性；其次，中央与地方责任分担失衡；再次，没有充分利用社会资金。虽然现行的社会救助体系中，社会主体（包括非政府组织、团体、个人等）的救助也占有一席之地，但社会性救助缺乏制度化的运作，难以形成规模。救助经费不足直接导致救助标准过低。

作为社会保障系统的最底层的社会救助，其救济的对象是陷入生存危机的社会最弱势的群体，为了保障他们的生存，为了维护社会公平，政府应承担起社会救济的财政责任，用国家财力来保障救济经费的落实，同时要对救助经费的使用进行有效的监管。因此，在救助立法中，要明确规定由政府承担社会救助的财政责任，国家要成立相应的实施机构和监管机构，以保证救助经费的正当使用。

3. 监督缺乏力度

任何一项制度的实施，必须辅以强有力的监督机制，才能发挥应有的作用。社会救助由于缺乏统一的法律规定，关于监督主体、监督程序、监督措施、法律责任等的规定几乎是一片空白。即使现行的单行法律规范中有一些关于监督的规定，也是零乱、分散，不能形成强有力的监督体系。从而导致社会救助的实施效果大打折扣。以社会救助资金为例，该项资金应列入财政专项资金，实行专款专用，但侵占、挪用社会救助专项资金的现象却屡见报端。出现这种现象固然有多方面的原因，但缺乏有力的监督，为一些违法者大开了方便之门是一个重要原因。

4. 慈善事业急需立法

在政府承担社会救助责任的同时，也应该动员社会力量来支持社会救助工作，其中完善有关捐赠方面的法律制度是非常必要的。我国现有《中华人民共和国公益事业捐赠法》和《救灾捐赠管理暂行办法》。后者是关于救灾方面的法规，前者是关于普遍性的捐赠的法律制度，对捐赠的个人、企业、组织都作出了税收优惠的规定。《中华人民共和国公益事业捐赠法》第二十四条规定：公司和其他企业依照本法的规定捐赠财产用于公益事业，依照法律、法规的规定享受企业所得税方面的优惠。第二十五条规定：自然人和个体工商户依照本法的规定捐赠财产用于公益事业，依照法律、法规的规定享受个人所得税方面的优惠。但这些规定只是规定了税收优惠的税种，没有规定税收优惠的税率以及税收减免的幅度，这样不利于社会捐赠的开展。因此，要完善我国的捐赠立法，对优惠的税种、税率以及减免的税收幅度做出明确具体的规定，以此引导更多的人关心和帮助社会贫困人群的生活，积极捐赠于社会救助事业。

5. 社会救助制度体系缺乏内部整合

社会救助本身是一项系统的制度，既有贫困救助又有灾害救助，既有基本生活救助又有转向救助，内部子系统之间相互补充、相辅相成，在不同方面保障贫困者的基本生活。但社会救助体系内部的不同制度之间却发展不平衡，最低生活保障制度相对比较完善，专项救助则相对滞后。随着各专项救助制度的不断建立，一般救助与专项救助之间出现了矛盾和交叉，出现了有些保障对象既享受一般救助，又享受专项救助的重复救助问题，而有些贫困者却享受不到任何救助，造成的后果是前者的实际生活水平大大高于后者。

（三）现行社会救助制度的完善

1. 完善法律体系

为了规范社会救助制度，应尽快制定一部统一的社会救助法[①]，对社会救助作出全面、具体的规定。

第一，这是保障民生、关爱弱势群体的需要。一方面，这是保障民生的需要。改革开放以后，我国人民的生活水平得到极大提高。但是，由于贫富差距的现象仍然严重存在，自然灾害频发，某些群众因病致贫及天灾人祸等原因，遭受重大人身财产损害，仅依靠自身力量和现有的救助渠道难以摆脱困境，急需获得社会救助。另一方面，这是关爱弱势群体和未成年人的需要。目前社会群体中出现了自救性的乞讨儿童、生活极为困难的残障人士，缺乏生活来源的农村居民，无监护人的孤儿等，这些弱势群体迫切需要给予社会救助。此外，由于父母患病无力抚养子女以及父母不尽监护义务等原因，也造成某些儿童成为社会的边缘群体，亟须获得社会救助。我国是社会主义国家，社会主义制度的优越性就在于对社会弱势群体的最大的关爱和帮助。党始终以把广大人民群众的利益放在首要位置，对弱势群体的关爱，体现了党执政为民的理念。因此，制定社会救助法可以更好地保护弱势群体和未成年人的权利，也体现了我们党和国家对弱势群体和未成年人权益保护的高度重视。

第二，这是化解矛盾、促进和谐的需要。实践中仍然存在不少矛盾和影响

① 2010 年 3 月举行的十一届全国人大三次会议上，汪夏、王保存等 96 名代表提出 3 件议案，要求制定社会救助法。该法被列入十一届全国人大常委会立法规划和 2010 年立法工作计划。2010 年 11 月 25 日《法制晚报》消息，在近日国务院召开的常务会议上，除研究部署稳定物价、保障民生外，还讨论了社会救助法。经过讨论，中央高层认为社会救助法草案并不成熟，“有待进一步研讨”。这意味着社会救助法这部法律近期不能出台了。

社会和谐的因素，其中不少事例是由于受害人缺乏自我救济的能力和稳定的生活来源造成的。例如有的低收入家庭成员患有重大疾病，如果社会不给予关爱和帮助，则可能使其产生对社会的不满情绪。尤其是有些家庭生活极度贫困的人士，因为工作、生活中产生一些纠纷未能够得到解决，又长期得不到社会的关爱，就可能不惜铤而走险，甚至可能产生反社会的情绪。我们近几年来在维护社会稳定中极为注重对纠纷的事后处理，但不少纠纷发生以后，对于那些生活极度困难的人士，如果通过社会救助，就可以起到事先化解矛盾的作用，这样也可以降低维稳成本。因此，通过社会救助办法，关爱这些弱势群体，对于社会矛盾的预防和化解有着积极的作用。

社会救助立法是保障贫困者权利的有效手段。因而，社会救助实践的成功经验需要上升为法律。尽快制定社会救助法，完善我国社会救助体系，这是依法行政的实际需要，也是建设社会主义法治国家、构建和谐社会的重要组成部分。社会救助法应包括规定救助工作主体、救助对象、标准、经费来源、工作程序、途径方式、监督管理、救助罚则。

2. 建立健全资金来源制度

首先，加大政府资金投入力度。健全的资金来源制度既是社会救助制度建立的前提，也是社会救助制度实施的保障。对此应完善现行的税收体制，加强税收征管工作。就社会救助的资金来源而言，可以个人所得税作为调节贫富差距的主要手段。发达国家个人收入所得税的比例通常在40% ~ 50%间，个人收入所得税占国家财政收入的30%左右，而主要用于社会保障的公共支出占国家财政支出的20% ~ 30%。我国个人收入所得税拥有庞大的税源，每年却有相当比例的税款流失，主要原因是征管法规不完善，征管手段落后，为数众多的人未履行纳税义务。建立完善的个人收入所得税制度将为社会救助的实施提供有力的财政支持。

其次，鼓励社会捐赠、社会组织参与。在社会救助中，除了国家和政府承担主要责任外，鼓励民间公益性组织和社区组织的积极参与也是十分必要的。但是，在公众捐赠的激励机制建设方面，在捐赠款物的储存、保管、变现以及分配等方面，目前仍然还有许多工作要做，民间的捐助潜力仍然有待于发掘，捐赠款物的救助作用还有待于继续强化。同时，还应该积极争取国际援助，国际非政府组织在诸多方面都发挥了重要的作用，应积极与这些组织进行沟通和合作，争取支持。

3. 完善公开透明的监督制度

完善监管制度是保证社会救助制度发挥其应有作用的关键一步。首先，应强化现行的监督制度，如严格执行救灾款使用报告制度，社会救助资金的收支情况应当每年向人大作预决算报告，审计、监察部门要定期进行监督检查；同时增强社会救助制度的公开性和透明度，向救助对象和社会公众公开救助政策、法律法规，以及救助范围、程序、标准、负责人名单等，接受群众和社会的监督。其次，实行审批机关与发放机关分离的制度，避免一部门操作容易违法犯罪现象，有利于加强监督。

4. 有机结合一般救助与专项救助

在现行的社会救助体系中，有一个亟须解决的问题，即一般救助与医疗、教育、住房等专项救助如何有机地结合起来。一般救助与专项救助应"有选择地分、有条件地合"，即要按照各种专项社会救助的特点，分别确定好自己的救助对象，这些对象肯定与低保对象存在一定的重合，把这些重合的部分挑出来由一个部门统一进行救助。其余的则由相关部门负责，实行具体救助措施[①]。

要切实保障民生，实现人的全部生存权和普遍发展权必须具备两个基本要素，一是社会生产力较大发展，物质比较充足，社会服务产品比较丰富；二是法律保障体系比较完善，形成公平公正的价值取向和良好的社会秩序。两者缺一不可。我国现阶段民生保障，在物质生活条件普遍得到较大改善并处于稳定提高的状态之下，民生保障的着力点应当放在涉及民生保障方面的法律法规制度建设上，只有这样，才能使民生保障问题得到稳定、可靠、有效地解决。民政部门保障基本民生，也应该将着力点放在法律制度建设方面。

二、灾害救助法律制度存在问题及其完善

自然灾害救助俗称"救灾"，指当社会成员遭受自然灾害袭击而造成生活困难时，国家和社会紧急提供援助的一种社会救助。我国是一个自然灾害频发的国家，频繁的自然灾害使得我国自然灾害救助工作压力剧增。为此，党中央、国务院已把防灾减灾作为实现国民经济社会可持续发展总体目标的重要保障。1998年国务院颁布实施《中华人民共和国减灾规划（1998—2010）》，在各地区、各部门、各行业的共同努力下，国家防灾减灾能力明显提高，自然灾害救助逐渐走上了政府管理与市场运作相结合的道路，明确了生产自救、群众互助的方式，自然灾害救助事业日趋成熟，管理部门的设置更加科学，社会成员的参与更加广泛，救助水平也逐步提高。自此，我国的自然灾害救助体系基本成形，主要包括：组织指挥系统，国家灾情会商机制与预警系统，国家自然灾害救助应急预案系统，国家自然灾害救助应急响应系统，救灾物资储备与救灾装备系统，灾害救助的社会动员系统，全国恢复重建工作管理系统，春荒与冬令救助管理系统，国家减灾组织指导系统，救灾与减灾的科技应用推广系统。

---

① 杨宝山：《专项社会救助对象应当如何确定》，《中国民政》2003年第8期，第4页。

（一）现行灾害救助法律制度存在的问题

根据《宪法》，针对自然灾害应急管理，我国出台了一系列的法规条例，如1995年国务院发布的，同年4月1日起施行《破坏性地震应急条例》，1997年12月发布的《中华人民共和国防震减灾法》、1998年1月发布的《中华人民共和国防洪法》、3月发布的《中华人民共和国防震减灾法》，2006年1月国务院颁布《国家自然灾害救助应急预案》、《国家地震应急预案》，2007年8月颁布的《中华人民共和国突发事件应对法》等法律规范，初步建立起了我国防灾救灾体系，标志着我国防灾救灾法律体系已经有了很大的发展。

灾害救助法律法规的发布实施促使灾害应急管理逐步走向制度化、法律化。

但相关法律法规在灾害救助过程的应用，也暴露出一些问题。

1. 灾害救助主体单一，救助管理体系落后。我国灾害救助主体主要是政府救助。政府是社会救助的第一责任人，现行社会救助的各个环节都体现为完全的政府行为。从救助主体看，主要是行政机关，即除民政部门外，财政、教育、卫生、司法、劳动、法院等部门都承担了相应的救助责任。政府及其职能部门既是救助制度的决策者，也是执行者，还是监督者，集三重职能于一身，贯穿社会救助全过程。救助管理体系落后，政出多门，救灾管理工作条块分割，部门之间职能分散、交叉、缺位问题严重，不利于统一指挥与调度。存在多头救助，重复救助，救助遗漏现象。一些地方的减灾综合协调机制尚不健全，部门间信息共享和协调联动机制、民间组织等社会力量参与减灾的机制还不够完善。

2. 救助机制不健全。表现为：（1）应对灾害的管理机制不健全，灾害管理的应急反应和快速处置能力有待提高。（2）救灾的动员机制不健全，主要是政府救助，缺乏社会动员机制。在我国多年的防灾实践中，中国人民解放军和武警战士一直是抢险救灾的主力军。在灾害发生时，我们仅仅依靠行政力量，对社会力量的调动不足。（3）是救灾资金的来源渠道单一，主要依靠政府财政投入，民间捐助的积极性没有充分调动起来。（4）灾害保险体系十分脆弱，巨灾保险严重缺位，社会共担风险机制没有形成。（5）灾害监测体系还不够健全，预警信息覆盖面和时效性尚待提高，灾情监测、采集和评估体系建设滞后。（6）基层灾害应急预案体系尚需进一步健全，抗灾救灾物资储备体系不够完善，应急通信、指挥和交通装备水平落后。

3. 缺乏减灾综合性法律法规，相关配套政策不够完善，现有的部分法律规范缺乏操作性。目前，没有关于灾害救助的专门立法，灾害救助活动依靠行政手段进行，不利于救灾活动的有利开展；现行法律规定往往比较抽象，不利于实际操作。虽然法律要求各部门配合，但如何配合与协调，没有具体的规定予以明确；灾害保险的作用未得到充分发挥，灾害救助、恢复重建等方面补助标准偏低。进一步完善法律体系。

例如，我国在防范自然灾害方面的法律有 1998 年颁布的防震减灾法和 2007 年颁布的突发事件应对法。防震减灾法出台 10 年来，我国并没有发生较大地震，该法也未得到现实的充分检验。汶川地震暴露出许多问题，比如有关地震灾后过渡性安置、灾后管理、救灾资金和物资的监管等许多内容，都需要进行充实和完善。突发事件应对法中关于灾害预警、救灾和重建制度的建立，也有比较详细的规定，但这是一个一般意义上的法律，对于处理巨灾缺乏法律依据，解决不了地震灾害发生后遇到的大量法律问题。立法上的缺失导致司法的无序和低效，地震局、气象部门、民政部门等各个部门从单一角度认识应对自然灾害，以部门为界划分救助灾情。

（二）现行灾害救助法律制度的完善

自然灾害是一种客观存在，灾害紧急救助能力是衡量救灾工作水平的重要方面，也是救灾工作树立良好社会形象的重要途径。综观我国现有救助法律制度，需要在下列方面进行完善。

1. 制定专门的自然灾害救助法律，加快灾难救助的立法步伐

加强法规建设，是灾害救助工作顺利发展的客观需要。多数发达国家，尤其是灾害多发国家，对应急救助都有详尽的规范，部分国家还专门制定应急救助立法，但我国目前尚没有一部专门的自然灾害救助方面的法律法规。在世界各国应急救灾制度中，美国是法制最完备的一个国家。1950 年《灾害救助法》与《联邦民防法》为基本法，1976 年《全国紧急状态法》与 1988 年《罗伯特·斯坦福救灾与应急救助法》为美国全国适用的法律。同时，各州据《斯坦福法》分别制定各具地方特色的法规作为地方政府救灾行动的依据；各部门根据《全国紧急状态法》，针对不同性质危机制定各种具体应对计划，如恐怖主义、地震、洪灾、建筑物安全等相关问题的专项法案。美国的灾害救助立法经验值得我们借鉴。

目前，从部门的角度看救灾工作，从灾情核查统计上报到灾民生活安排的途径和方法以及救灾款物的管理使用等方面，都已经制定和出台了一系列文件、规定和要求。这些文件、规定和要求虽然还没有上升到法规层次，在实际工作中约束性不强。为此，要认真调查研究，总结经验，以政府规章的形式制定颁布《自然灾害损失情况核查评估办法》、《救灾款物管理使用办法》、《社会捐助管理办法》、《灾民生活救助条例》等，使救灾工作纳入法制化轨道，不断提高救灾工作依法行政水平。

（二）设立防灾救灾的专门机构，合理配置纵向和横向的救助权力

世界各国往往设立有专门机构，专门负责防灾救灾工作。当前我国通常由民政部负责灾民的日常生活救助，其他方面的职责有限。我国以人民军队作为救灾

的主力军，并多以行政手段和动员、平衡、协调方式应对，在救灾活动中，存在政出多门的现象，不利于统一指挥和调度，救灾管理工作条块分割。因此，需要通过法律明确规定各部门的职责，使各自责任义务法定化，并制定严密的分工合作体系。

由于突发事件的确认事关重大，因此确认权集中在中央和地方政府或法定行政人员手中。但是突发事件的确认权也要依据“分级、分期、分类”这一原则合理分配。等级低危害程度不高的突发事件的确认权，如果在设定时过于集中会适得其反。如根据传染病防治法规定，有关传染病认定只有国务院才有权增加甲级传染病，卫生部才有权增加乙级和丙级传染病，省政府没有任何权力根据当地的情况增加新的病种。只有国务院和卫生部才有权来发布公共卫生信息，省市自治区只有获得国务院授权之后才能发布。权力高度集权，往往使得地方传染病难以在地方范围内及时启动公共卫生法律体制，往往需要等到传染病全国化之后，或者受到中央公共权力重视之后才能够真正进入传染病控制的法律轨道。

合理配置横向的救助机构的权力也至关重要。灾难救助是考验政府处理突发事件的综合能力。各部门的权限与衔接可以有效缓解灾难救助的复杂性和难度。例如，当灾难发生时应在多少时限内由事发地机关向有关部门报告，并由哪个部门负责向媒体通报信息，什么行政机关负责汇总信息并将需要解决的主要问题和延伸问题通知给相应的行政部门以便其部署救助计划。尽量避免行政机构职权的职能分散、职能交叉、职能缺位。

（三）以政府为主导、扩大专业救助主体范围

目前，根据我国相关法律的规定，在灾难救助中存在“虚”“实”两位主体，“虚”位主体包括中央和地方各层级的应急委员会，“实”位主体由军队、警察、消防、交通等行政部门实行。在灾难救助发生前，美国、日本对灾难所需救助的物资、人员等与其他行政机关或企业签订纵向与横向协议，确保灾难产生时所需物资、人员的提供与分配。同时，美国国土安全部成立了紧急运行中心。其他的州按照行政区划也建有众多的紧急运行中心，这些中心有些平时只是政府普通的办公室，但灾难来临时三十分钟内即可配齐所有设备。目前，我国政府在灾难救助体系中“虚”位主体日渐形成，但是灾难救助时“实”位主体的分工及相关的救助训练却很少，有时这会造成灾难救助时地区人员分布不均的情况，有些灾区救助人员充足，有些地区救助人员缺少。

除此以外，灾难救助不能仅由政府承担主要责任，还应广泛吸纳社会救助力量，充分发挥非政府组织和社会团体作用。但在我国，专业的社会救助团体较少，且在实践中，政府主要通过接受社会捐款等方式进行救助，重大灾难时我国还接受外国或国际救援团的援助。因此，为更好地有效地进行救助，应由政府倡

导在各地建立培养专业的、科技水平高的救助团体。汶川地震过程中，通信和交通在地震发生初期已局部瘫痪，对某些偏远地区的救助有些是依赖社会中的无线电爱好者进行联系才稳定了受灾民众的情绪。另外，我国在基金会等社会救助团体成立的条件比较严格，依靠国内数量较少的基金会的捐助在一个灾害多发的国家进行救助是远远不能满足要求的。因而，我国应立法并建立相关吸收援助的专门机构和体系，合理分配不同灾区所需物资。美国“911”事件中，最先行动起来的是进行心理慰藉、医疗、难民救助、献血、发动志愿者等方面的志愿团体、社会组织或民间协会。从灾难救助发展趋势来看，由政府主导，政府埋单，社会力量加入的救助主体模式逐渐发展。

（四）健全自然灾害救助体系，完善救助监督体系

完整的自然灾害救助体系应该包括物质救助、精神救助、政策救助和服务救助四种。其一，物质救助。物质救助主要是从满足人们基本生存需求出发，为灾民提供具体的物质保障，使灾民能够维持基本的生活。它又可以分为实物救助和现金救助两种方式。实物救助是指国家和社会救助机构以发放实物的形式帮助灾民解除生存困境。现金救助是指国家和社会救助机构以发放现金的形式，帮助灾民解除生活困难。其二，精神救助。精神救助的具体措施有：现场看望与慰问，对于救灾时间长、范围广的大灾害，国家宣传部门会以各种形式专门对灾区进行报道，传达社会对灾区的关心与帮助，专门针对灾区人民组织文艺演出以鼓舞灾区人民的斗志。其三，政策救助。这种救助方式主要用于灾后救助，对受灾的地区、单位和人员以及社会各界对受灾地区的捐赠给予税收政策方面的照顾。其四，服务救助。即提供满足灾民生存和基本生活需要的服务。

一般来说，对于灾难的救济可以分为短期、中期、长期三个阶段。第一阶段是灾后的一个月时间，这一阶段的主要目标是：“生命救治、临时安置、危机处理以及需求评估”。这一阶段，救助集中在人力支持、物品支持、财力支持、专业团队支持等。灾后救济的第二个阶段大约在1个月后到6个月之间，这段时间的主要目标是“安置服务、情绪安抚、赈灾措施、资源协调”。灾后救助的第三个阶段，大约在半年到三五年，甚至更长的时间段。这个灾后重建阶段，主要的工作目标是：“生活重建、心理重建、关怀弱势以及建立制度”等。灾难救助不仅要保障灾民的生存和健康，还要使灾民恢复正常的生活秩序，这使灾难救助工作在第二阶段和第三阶段的任务十分庞大。这一时期的救助是服务救助、政策救助、精神救助为主，以改善受灾地区的经济、政治、文化、生态等环境为主。因此，这一阶段是资源整合的过程，制度设计的过程。我国在这两个灾难救助阶段的救助设计还是比较薄弱的，因此要设计一个优质的从受灾地区到受灾民众的救助项目、救助内容。

灾难救助制度的形成与发展需要一个漫长的过程。灾难救助过程中人们的道德水平和价值评价也会随着灾难的产生与发展发生变化。灾难固然会为受灾地区和受灾民众带来难以名状的痛苦，同时救助的手段、救助的效果可以增强一个民族、一个国家的凝聚力，可以迅速提升国民的素质。突发事件产生时的非常状态具有其特殊性，这使得非常规与常规的监督体系并行运行、交叉运行。除现有的立法监督、行政监督和司法监督外，对被监督者违法行为进行法律制裁。例如，我国每次灾难救助过程中都会产生挪用救灾物资的问题，甚至汶川地震中还有网友公布行政官员将救助物资据为己有的情况，这在很大程度上打击了社会各界对受灾地区进行捐款捐物的积极性，政府的公信力也会大大降低。事件发生后，虽然行政机关对事件展开了调查，但是并没有公布调查结果，以及相关处理结果，产生了很大的负面影响。对此，我国有刑法中也进行的相应的调整，如将贪污罪的客体范围扩大，其中包括对救助物资的占有和挪用等行为。但是对灾难救助过程中的违法主体的单一调整是不够的，应建立完善的监督体系，利用信息报告和公布体系，对救助物资进行财务管理。对救助过程中行政人员的职责明确规定，防止人员或行政机构的不作为。

（五）建立救灾资金多元投入体制，加快建立巨灾险

我国现有的救灾资金来源渠道过于单一，主要依靠国家财政投入，远远不能适应救灾工作的需要，需要建立多元化的资金筹集渠道。一是国家要将救灾资金纳入预算外支出，建立专项救灾基金，做到专款专用，严禁挪用和用于投资。二是大力拓宽救灾资金来源渠道，建立企业、非政府组织、普通民众、国际社会和灾民自己的社会化救灾资金投入体系。在完善现有的社会捐助、救灾基金、商业保险和国际援助的基础上，还应该探索更多的资金筹集方式。在发挥政府财政投入主渠道作用的同时，应广泛发动和依靠社会力量，拓宽筹集渠道，使灾害救助工作更具开放性①。加快建立巨灾险,完善灾害保险制度。当前我国还没有建立巨灾险，社会保障不健全，需要进步完善②。

三、社会福利法律制度存在问题及其完善

社会福利制度最早可以溯源到17世纪初叶的英国，并与资本主义制度的发展息息相关。1601年，英国颁布《贫穷法》，旨在安抚“圈地运动”中失去土地的农民，在世界上第一次把“济贫”作为国家的职责，这被视为福利制度的雏形。然而在学术界，学者们普遍认为，现代社会福利制度起源于19世纪80年代的德国。在马克思、恩格斯思想的影响下，俾斯麦开始意识到，作为资本主义发

① 黄帝荣：《论我国灾害救助制度的缺陷及其完善》，《湖南科技大学学报》，2010年第3期。

② 范姣艳：《我国自然灾害救助制度探讨》，《法制与社会》，2008年第8期。

展中的固有矛盾，工人与资本家之间的利益冲突，以及由此而产生的频繁的工人运动是资本主义国家统治进一步巩固、经济快速发展的最大问题之所在。面对日益蓬勃的德国工人运动，1881—1889年，俾斯麦政府先后颁布了《社会保险法令》、《疾病保险法》、《灾害保险法》、《残废和老年保险法》，将国家视为工人保障生活水平的社会机构，以此为基础，搭建了现代社会福利制度的最初构架，并延续至今。

新中国成立伊始，我国便着手进行社会主义的社会福利体系。50年代初期，随着《中华人民共和国劳动保险条例》的颁布和实行，以国家保障为主、适应计划经济体制要求的传统社会福利制度建立起来了。针对我国城乡分割的二元经济体制，社会福利也采用了制度性供给与补缺性福利并存的模式。对于城市公民，国家一方面通过"高就业、低工资、高福利"的方式，在城镇企业、机关、事业单位陆续建立了一整套福利制度，以保障就业职工的福利；另一方面，对于城市中无生活来源的未就业人员及孤寡老人、孤残儿童、精神病人及残疾人，通过"民政福利"的方式加以救助。在农村，则采用补缺性集体福利模式，对农村中的孤、老、残、幼等"三无"人员，进行保吃、保穿、保烧，年幼的保证受到教育和年老的保证死后安葬的"五保制度"，依托国家救助和集体经济，使农村的弱势群体在制度上得到社会福利保证。

这种传统的、城乡对比分明、由国家为主导的社会福利模式适应了公有制经济基础之上的计划经济的发展，使人民追求福祉的需要得到了体制和制度上的根本保障，对稳定社会，调动人民积极性进行社会主义建设起到了积极的作用。然而，梯次性的差异社会福利使得福利制度的"社会性"特点被忽视，而社会福利与企业和政府的紧密依附性，造成了企业与政府的沉重负担；同时，社会福利中严重的恩赐色彩，也忽视了对公民权利的关注。

1978年改革开放后，中国经济体制改革与社会转型不断深化，为适应新的社会经济结构，社会福利制度于20世纪80年代中期走上了改革的道路。民政部在改革中提出了"社会福利社会办"的改革思路，原有的以社会救济为特征、政府包办、只面向"三无"对象和"五保户"的模式，向政府负责社会福利费用、全社会兴办社会福利、面向社会上有需求的所有公民、福利机构市场化经营的新型社会福利模式转变。

（一）现行社会福利制度

20世纪90年代以来，我国颁布了一系列法规，建立了具有中国特色的社会主义福利制度。1993年4月，民政部发布了《国家级福利院评定标准》；同年8月，民政部又发布了《社会福利企业规划》。1994年8月23日国务院颁发了《残疾人教育条例》，12月民政部发布了《中国福利彩票管理办法》。1997年4月，民政部与国家计委联合发布《民政事业发展‘九五’计划和2010年远景目标纲要》，并指出残疾人可以由过去单一的在福利企业就业改变为在福利企业或分散就业；1999年12月，民政部又颁布了《社会福利机构管理暂行办法》。2007年2月14日国务院第169次常务会议通过《残疾人就业条例》；2009年4月22日国务院第58次常务会议通过了《彩票管理条条例》。2010年10月8日民政部部务会议通过《农村五保供养服务机构管理办法》（部令37号）。在这些法规的构架下，我国的社会福利制度主要包括以下内容：

1. 城镇居民福利制度。城镇居民福利制度以企业职工福利和居民基本生活福利制度为中心内容。1997年9月2日国务院下发了《关于在全国建立城市居民最低生活保障制度的通知》，在全国建立城市居民最低生活保障制度。这一制度针对的对象为无生活来源、无劳动能力、无法定赡养人或抚养人的居民；领取失业救济金期间或失业救济期满仍未重新就业，家庭人均收入低于最低生活保障标准的居民；在职人员和下岗人员在领取工资、基本生活费后以及退休人员领取退休金后，其家庭人均收入仍低于最低生活保障标准的居民。保障标准由各地民政部门会同当地财政、统计、物价等部门制定，经当地人民政府批准后向社会公布，并且随着生活必需品的价格变化和人民生活水平的提高适时调整。对于居民对于普遍关注的住房福利，自1989年国务院颁布《关于在全国城镇分期分批推行住房改革的实施方案》后，城镇企业职工福利分房开始向住房商品化、私有化方向改革。1994年国务院发布《关于深化城镇住房制度改革的决定》，规定以标准价出售公房。1998年底，中央政府宣布停止企事业单位的福利分房后，职工按标准价购买了住房；同时确立了由单位和职工各缴费50%的住房公积金制度，并为职工建造和出售经济适用房。在部分城市，政府也为居民提供廉租房或房租补贴。我国的医疗福利制度仍然处在改革与转型期。1998年，中国政府颁布了《关于建立城镇职工基本医疗保险制度的决定》，开始在全国建立城镇职工基本医疗保险制度。医疗福利制度实行社会统筹与个人账户相结合的模式，覆盖城镇所有用人单位及其职工。基本医疗保险基金原则上实行地市级统筹，所有企业、国家行政机关、事业单位和其他单位及其职工必须履行缴纳基本医疗保险费的义务。

2000年4月，民政部在广州召开社会福利社会化工作会议，一方面提倡企业职工福利要在企业之外建立一个独立于企业的社会统一管理的社会保险体系；另一方面在政府财政社会福利支出的有限条件下，进行社会筹资，鼓励社会投资福利、福利设施的社会开放服务。在承包责任制的基础上，绝大多数企业和单位打破过去封闭运行的模式，成立了面向社会、有偿服务的劳动服务公司，并逐渐与原单位脱钩，成为独立的经济实体并参与市场竞争。在提高了经济效益同时，也使企业职工的福利制度更加社会化、大众化。

2. 农村福利制度。进入20世纪90年代以后，在农村经济体制改革不断深化的情况下，尤其是在人口老龄化社会即将来临之际，建立并完善农村社会福利机制成为时代的要求，我国的农村福利体制也逐步从集体福利与家庭福利相结合的模式走向制度化、社会化。1992年在全国已经建立以一院（敬老院）、一厂（社会福利工厂）、一会（社会保障基金会）以及群众优待（针对优抚对象）和五保（针对五保对象）统筹为主干的农村基层社会保障网络的乡镇已达1.45万个，约占全国乡镇总数的30%；17.4万个村民委员会建立了救灾扶贫互助基金会，储备资金达16亿元，政府投入的救灾扶贫周转资金近17亿元。在民政部颁布《县级农村社会养老保险基本方案》，开展农村社会养老保险的试点工作的同时，农村合作医疗制度有了巩固与发展，农村最低生活保障制度得以初步建立，国家扶贫攻坚计划持续实施，五保供养制度也几经修订日臻完善。而在非保障性福利中，农村卫生服务体系建设正在加快推进，部分农村地区开始实行免费的义务教育，农村就业问题受到各级政府的广泛关注，并已通过采取一系列措施取得了一定成效，农村公共事业的发展也受到政府的极大重视和支持。

3. 特定弱势人群福利制度。弱势人群是社会福利制度的重点。在我国，针对老年人、残疾人和儿童等特定弱势群体，设立了一系列福利体系。

（1）老年人福利。建立了以收养性福利、娱乐性福利及一般服务性福利为表现形式的老年人福利制度。对无家可归、无依无靠、无生活来源的孤寡老人，通过老年院、养老院、老年公寓、托老院和福利院等机构实行收养性福利；在经济条件较好的地区，也开展由单位或亲属付费的自费收养。在以国家、集体举办的老年福利机构为支柱的前提下，鼓励社会力量举办老年社会福利机构，建立以居家养老为基础、以社区老年人福利服务为依托的老年人社会服务体系。通过老年人大学、活动中心、活动站等组织，为老年人提供各种文化娱乐性服务；建立老年人康复中心、老年医院、老年人咨询中心、老年人交友中心，为老年人提供生活和健康方面的服务设施。

（2）残疾人福利。我国于1990年通过了《中华人民共和国残疾人保障法》，规定了残疾人在康复、教育、劳动就业、文化生活、社会福利等方面的相关要求，并为残疾人福利制度的提供了法律基础。一方面，政府通过采取临时救济和集中供养以及兴办残疾人福利安养机构等措施，对残疾人提供特别救助，保证残疾人的基本生活；另一方面，设立特殊教育机构（包括聋哑学校、低能儿童学校、弱智儿童班等）对特殊对象（包括盲、聋、哑、肢残、弱智等）实施特殊教育，帮助残疾人实现健康改善或重建，增强其社会生活的能力；同时，政府通过兴办福利企业、实施按比例就业和扶持残疾人个体从业等形式，帮助残疾人实现就业，并鼓励、帮助残疾人参加社会保险。

（3）儿童福利。依据《中华人民共和国未成年人保护法》、《中华人民共和国教育法》，国家为残疾儿童、孤儿和弃婴等有特殊困难的儿童提供福利设施和服务，保障其生活、教育和康复，建立了相对完整的儿童福利体系。国家建立儿童福利院，对城市中无家可归、无生活来源、无法定义务抚养人的孤儿和收养自费的家庭无力看管的残疾儿童进行收养，并进行文化和职业技能教育。对于残疾儿童，国家建立残疾儿童康复中心，为其提供门诊和家庭咨询，开展各种功能训练和医疗、教育、职业培训，以减轻残疾程度，恢复自理生活和从事劳动的能力。

（二）我国社会福利制度改革的成效

1. 社会福利制度保障对象覆盖面扩大。近年来，随着我国经济实力的不断增强、社会福利事业的不断发展，社会福利制度的保障对象也得到进一步拓展。如，在老年人福利方面，过去的保障对象仅限于城乡孤寡老人、“三无”老人的基本生活，而当前的服务对象范围已逐步扩大，尤其是实施社会福利社会化政策以来，制度的覆盖面已惠及城乡更大范围内的老年人。目前，全国各地已普遍建立起不同标准的高龄老人津贴制度，北京、上海等有条件的地区还建立了多种形式的保障老年人福利养老金制度。在残疾人社会福利方面，保障对象也由过去只保障“三无”残疾人扩展到面向全社会残疾人。在儿童福利方面，关注对象由过去的福利机构收养的孤儿，向关注整个社会的少年儿童转变。就制度目前实施情况看，服刑人员家中无人照料的未成年子女、受艾滋病影响处于困境的儿童、流浪未成年人等，也都纳入了社会福利事业服务的对象。民政部近几年实施的“残疾孤儿手术康复明天计划”也将资助的范围从福利机构中有手术适应征的孤残儿童，延伸到收入在一定标准下的社会贫困家庭。

2. 社会福利服务的内容更加丰富。在社会福利保障对象覆盖面扩大的同时，其服务内容由过去只关注服务对象基本的抚养、生活照料问题，发展为今天全面关注服务对象的医疗、保健、康复护理及文体娱乐、精神慰藉等方面。如，在儿童福利方面，2004 年 5 月民政部启动了“残疾孤儿手术康复明天计划”，为残疾孤儿的康复实施医疗救助。截至 2007 年底，全国共确定 286 家“明天计划”定点合作医院。其中，部级定点医院 8 家，省级定点医院 278 家，基本形成了部、省两级残疾孤儿手术救治网络，全国共有 1109 家福利机构的 3.5 万多名残疾孤儿得到手术治疗。为此，全国累计投入福利彩票公益金 7 亿元。这一新的救治网络为残疾孤儿提供了国家优质医疗资源，使多数残疾孤儿在最佳时机得到了最佳的治疗与看护。2006 年，民政部等 15 部门出台了《关于加强孤儿救助工作的意见》，使孤儿社会福利由单纯养育向教育、医疗、康复、成年后的住房和就业等多方面拓展。自 2007 年以来，民政部会同相关部门先后启动实施了《“十一五”流浪未成年人救助保护体系建设规划》、《儿童福利机构建设“十一五”规划指导意见》、《儿童福利机构建设蓝天计划》、《农村五保供养服务设施建设霞光计划》、《关于支持社会力量兴办社会福利机构的意见》、《加强孤儿救助工作的意见》等多项政策法规与办法，对推进社会福利机构基础设施的建设和社会福利社会化的发展起到了重要作用。

3. 非营利组织在社会福利事业发展中发挥了重要作用。改革开放 30 多年来，经济、政治、社会体制的深刻变革为我国非营利组织的发展带来了宽松的成长空间。截至 2011 年第一季度，全国有社会团体 24.6 万个，基金会 2243 个，民办非企业 19.9 万个。我国非营利组织越来越多地参与到社会福利事业发展中。非营利组织在社区服务、消除贫困、尊老扶残、保护妇女儿童、帮助下岗职工再就业、教育培训和卫生保健等方面做了大量工作，起到了维护社会公平、促进社会稳定、增进人民福利的重要作用。作为非官方的民间组织，非营利组织弥补了市场经济失灵、政府调控失灵下的福祉“真空区”，推动着我国社会福利事业的蓬勃发展。

（三）现行社会福利制度存在的问题

尽管我国社会福利制度发展迅速，并取得了不可否认的成就，然而，在建设中存在的问题和缺陷也是不容忽视的。

1. 社会福利制度过度政府化，社会福利机构在管理、服务和教育上存在着诸多问题，严重影响了社会福利的发展。受传统观念影响，社会福利制度过于强调政府责任，社会动员不足。政府主导的社会福利模式，一方面加重了政府的负担和风险；另一方面，社会福利资源的垄断和供应模式的单一化抑制了社会中介组织的发展，无法形成独立于国家和企事业单位之外的社会保障体系和社会化服务网络。国家办福利机构服务观念落后，服务内容较少；而受资源限制的民办社会福利机构也无法提供更好的服务。同时，目前从事社会福利服务的人员基本上是国家行政人员，专业化水平不高，我国的社会福利体制建设缺乏一支高素质的人才队伍。

2. 社会福利的供给不足，覆盖面窄，仍不能满足社会发展的需要。社会福利制度发展不平衡，城乡之间、不同阶层不同群体之间的差异显著。经济的快速发展和社会急剧转型凸显了许多社会问题，如失业人口增加、人口老龄化等，现有的社会福利供给虽有所增加，但仍未能满足日益增多的社会福利需求。同时，政府主导的社会福利模式致使社会筹资渠道不够顺畅，使得福利供需矛盾十分突出。仍在实行的城乡有别的户籍制度和以此为基础建立起了城乡二元社会结构，使农村人口的社会保障问题日益突出；在城市，多数职工依据职业享受诸如医疗、养老、住房等社会福利服务；而在农村，则是以国家救济和群众互助为主体，绝大多数农民仍以家庭自我保障为主。同时，即使是在城镇，社会福利制度也存在着严重的不平衡问题。目前的社会福利体制同样也不能覆盖全部的城镇贫困人口；机关事业单位和企业两种组织形式之间，福利标准也存在相当明显的反差。城乡之间与地区之间的发展不平衡，客观上构成制约新型社会福利体系建设的重大因素。

3. 社会福利企业发展遇到困难。我国的社会福利企业兴起于 20 世纪 70 年代末至 80 年代初。当时，全国范围内出现了大批由城市各辖区街道办事处、居民委员会等社区管理组织兴办的社会福利企业。这些社会福利企业的经营模式大多是家庭作坊式，经营范围集中于对日常生活用品的简单加工、制造，吸纳的就业对象通常是有一定劳动能力的残疾者。它的出现对缓解当时物资匮乏、满足人民基本生活需要起到了重要作用，同时也对残疾人就业、社会稳定作出了贡献。进入 20 世纪 90 年代后，社会福利企业的发展遇到了一些困难。首先，企业间竞争日益激烈，社会福利企业开始面临与以往完全不同的外部环境。其次，由于社会福利企业的特殊性质，职工的知识水平普遍较低，在人力资本配备上根本无力与新兴企业竞争。再次，多数社会福利企业采取家庭作坊式生产管理模式，规章制度不健全，责任制不完善，缺乏长远的经营战略和目标，在新产品开发、新技术应用、技术改造、人员培训等方面无法与其他企业竞争。

4. 社会福利制度的立法滞后，缺乏规范性和统一性。在我国，关于社会福利制度的规范性文件主要表现为国务院或民政部颁布的法规，位阶偏低，尚没有一部关于社会福利的专门法出台。虽然诸如老年人权益保障法之类的法律可以视为与社会福利制度相关的立法，但是内容过于概念化和抽象化，对老年人最需要解决的经济保障、医疗保障以及福利服务保障的内容，未能提出具体的规范和规定，在现实中缺乏可操作性。立法的缺失，也在某种程度上导致了社会福利制度建设管理上的混乱，职权的模糊。

（四）现行社会福利制度的完善

目前，我国正处于经济社会转型时期，社会福利制度对保障人民基本需求、保持社会稳定、促进经济增长等方面都有着至关重要的作用。根据对存在问题的分析，我国社会福利制度的完善应该从以下几个方面入手。

1. 培养社会福利制度专业化人才。在社会主义市场经济条件下，政府承担的社会福利职责必须要进行重新界定，政府在社会福利事业管理中的主要职责是统筹规划、政策引导、宏观调控、服务协调和检查监督。因此，政府应从直接管理转变为间接管理，将主要精力集中于制定相关政策和发展规划，从具体事务性管理转变为利用政策法规进行管理。加大资金投入，进一步深化国有社会福利机构的改革，为社会生产优质的公共服务物品。同时引入市场经营原则，有效分配并利用服务资源，积极扶持民营社会福利机构，建立政府、企业、社区、非营利机构等多元参与的社会化社会福利制度。

社会福利制度的管理与建设需要一批专业化程度强的人才，而就目前的现状而言，无论是在国有社会福利机构还是在民营福利机构中，专业社会工作人员匮乏已成为一个突出的问题。高等教育是专业人才培养及输出的重要途径。近几年，部分高校开设了社会工作专业，可是宣传力度却不大，很多学生由于对社会工作领域的陌生而拒绝选择这一专业。因此，发展社会工作专业本科教育，推广社会工作专业硕士生培养，试点社会工作专业博士生的培养工作，显得更为重要。同时，应实行社会工作的职业化，继续完善社会工作资格认证制度，建设专业化的社会福利工作体系。

2. 建立社会福利制度筹资多元化体系。资金短缺是困扰中国社会福利发展的关键问题之一。社会福利事业的发展方向应是采取多元化的筹资策略，建立国家基本投入、企业补充、个人储蓄性保险和其他渠道相结合的筹资制度。这样既可以扩充福利资金的来源，同时又可以降低国家的财政负担。首先，随着经济的发展和国家财力的增加，政府应该不断加大社会福利的财政预算，让全体国民均能够分享到经济发展的成果。其次，充分动员民间的社会财力，完善福利有奖募捐制度，扶持民办福利事业，使社会福利民间化、社会化。最后，推行有偿福利制度。除无依无靠、无生活来源、无抚养关系人的极少数社会成员外，绝大多数社会成员在享受社会福利时均应承担一定的缴费义务，从而缓解社会福利的供需矛盾。

3. 加强农村社会福利制度建设。农村社会福利制度的建设是我国社会福利建设的瓶颈，如何解决消除城乡社会福利体系的分化也一直都是困扰着我国社会福利制度进一步发展的关键问题。政府应在推进新农村建设中增加对农村社会福利建设的投入，同时有步骤有范围地实行户籍制度改革和小城镇试点改革，将广大农民纳入到城市市民普遍享有的社会福利之中，发挥社会福利制度所具有的社会整合与社会团结功能。而针对城镇福利制度发展的不平衡，应进一步深化经济体制改革，将劳动者和企业之间的关系简化为单纯的劳资关系，将以企业为单位的福利项目推向社会，使之成为社会化或社区型的福利设施和福利项目。只有消除了城乡与地区之间的福利差异，才能为我国的社会福利建设创造一个相对公平的发展环境。

4. 完善社会福利立法。在法治社会中，社会福利的社会化、制度化需要立法的保障。以法律的形式保护社会成员的合法权益，是维护社会稳定的重要防线。我国应尽快拟制并颁布《社会福利法》，明确社会成员的权益以及国家、社会的责任，明确各社会福利项目的管理与监督机制等。同时，对已有的法律、法规、政策进行修订，根据社会福利制度中现实表现出的改革要求，逐步完善有利于社会福利整体发展的法律体系。

四、双拥、优抚、安置法律制度存在的问题及其完善

双拥、优抚、安置制度是国家和社会依照法律、法规和有关政策，由政府及其职能部门直接负责实施，以复员退伍军人、伤残军人、现役军人家属及为国捐躯军人家属等为特定保障对象，通过社会优待、社会抚恤、社会安置以及开展拥军优属活动等方式对他们进行物质供给、生活帮助和精神抚慰，以确保他们的无后顾之忧并带有褒扬性质的综合性特殊社会保障法律制度。其对象主要是由退伍军人、伤残军人、现役军人家属和为国捐躯军人家属等组成。

（一）双拥、优抚、安置法律制度的演变

从1927年中国共产党创建了人民军队开始，就一贯重视双拥、优抚和安置工作，创建了与历代剥削阶级有着本质区别的优抚安置制度。1928年6月，党的第六次代表大会通过的《十大纲领》指出："改善兵士生活，发给兵士土地和工作。"1933年，《中华苏维埃共和国地方苏维埃暂行组织法》规定，各级苏维埃政府均应成立相应的优抚组织机构，中央革命军事委员会设立了专门的抚恤委员会，加强对优抚工作的组织领导。之后，在艰苦卓绝的人民战争中，以拥军支前、土地代耕、伤亡抚恤、褒扬优待为内容的全新优抚制度初步确立。

新中国成立62年来，我国一直十分重视双拥、优抚安置立法和相应的法律制度建设。双拥、优抚安置工作成为人民政府的一项常规性工作，1950年经政务院批准，内务部设立了四个业务司局，其中就有优抚司，公布了《革命残废军人优待抚恤暂行条例》、《革命军人牺牲、病故褒恤暂行条例》、《革命烈士家属、革命军人家属优待暂行条例》、《民兵民工伤亡抚恤暂行条例》。这些条例与革命战争年代的优抚法规相比，不仅更加详细地规定了优抚对象应该享有的现金或者实物、劳务待遇，而且在许多民事权益和社会权益方面，为优抚对象规定了优先权①。

党的十一届三中全会以后，党中央、国务院、中央军委多次强调要搞好优抚工作。1978年第7次全国民政会议将优抚工作的方针确定为"政治挂帅、安排生产、群众优待、国家抚恤"。1983年第8次全国民政会议又将其修改为"思想教育、扶持生产、群众优待、国家抚恤"。

在优抚立法方面，1984年5月颁布的《中华人民共和国兵役法》，分别在第五十二条和第五十四条对优抚对象的优抚待遇作了规定。中国政府为保障优抚对象的权益，陆续颁布了《革命烈士褒扬条例》、《军人抚恤优待条例》等法规。国家根据优抚对象的不同及其贡献大小，参照经济、社会发展水平，确立

---

① 这四个条例一直沿用到1988年7月18日国务院发布《军人抚恤优待条例》后才告废止。

不同的优抚层次和标准。对于烈士遗属、牺牲和病故军人遗属、伤残军人等对象实行国家抚恤，对老复员军人等重点优抚对象实行定期定量生活补助；对义务兵家属普遍发放优待金；残疾军人等重点优抚对象享受医疗、住房、交通、教育、就业等方面的社会优待。1985 年 7 月 27 日，中共中央、国务院发出了《关于尊重、爱护军队，积极支持军队改革和建设的通知》，要求切实做好优抚工作。国务院有关部门要求抓紧修订优待、抚恤和安置工作条例、法规。1988 年国务院公布了《军人抚恤优待条例》。该条例在第四章全面地对优抚对象应该享受的优待作了规定，各省、市、自治区根据各地具体情况制定了具体优待办法。1994 年民政部、财政部发布了《关于提高部分优抚对象抚恤补助标准的通知》，这是适应我国社会主义市场经济发展，切实保障抚恤对象生活条件，提高他们生活水平的重要规章。

在安置立法方面，1981 年 10 月 13 日国务院、中央军委发布了《关于军队干部退休的暂行规定》，对退休条件、退休后的生活费待遇、住房、家属安置作了详细规定。1982 年 1 月 4 日国务院、中央军委又对军队干部离休问题作了规定。1987 年 12 月 12 日国务院发布了《退伍义务兵安置条例》，对义务兵安置范围、原则、具体安置办法都作了规定。

改革开放以来，双拥、优抚和安置工作进入了新的发展阶段。党和政府更加重视优抚工作，十分关心优抚对象，站在国家长治久安、民族兴旺发达的高度，把切实维护军人和优抚对象合法权益、促进军队和国防建设作为一项事关全局的政治任务，摆上重要位置。优抚工作紧密围绕党的中心工作，不断向深度和广度延伸，确立了“思想教育、扶持生产、社会优待、国家抚恤、依法保障”的优抚工作方针。2004 年 8 月 1 日，国务院、中央军委批准公布了新《军人抚恤优待条例》，这充分体现了党和政府对军人抚恤优待工作的高度重视，对广大优抚对象的亲切关怀，对于做好新时期军人抚恤优待工作，保障军人的抚恤优待权益，促进国防和军队现代化建设，服务改革发展稳定大局，具有十分重要的作用。2011 年 7 月 26 日国务院令公布《烈士褒扬条例》，30 日国务院、中央军事委员会令公布《关于修改〈军人抚恤优待条例〉的决定》，同时从 8 月 1 日起施行。《关于修改〈军人抚恤优待条例〉的决定》确定现役军人死亡批准为烈士的六种条件，烈士和因公牺牲的现役军人一次性抚恤金标准为上一年度全国城镇居民人均可支配收入的 20 倍加本人 40 个月的工资；因病去世的，为上一年度全国城镇居民人均可支配收入的 2 倍加本人 40 个月的工资。烈士遗属将依照《烈士褒扬条例》的规定享受优待，其中包括烈士褒扬金。该决定对残疾军人、复员军人、带病回乡退伍军人以及因公牺牲军人遗属、病故军人遗属享受医疗、承租或购买住房的优惠、优先待遇，因公牺牲军人、病故军人的子女、兄弟姐妹入伍，残疾军人、因公牺牲军人子女、边远和艰苦地区现役军人的子女就学、入托的优待等，都作了明确规定。

围绕拥军优属、优待抚恤、军休安置、退伍安置四大业务，以《中华人民共和国兵役法》、《退伍义务兵安置条例》、《军人抚恤优待条例》、《烈士褒扬条例》、《烈军属优待暂行条例》、《革命残废军人优待抚恤暂行条例》和《关于进一步做好军队离休退休干部移交政府安置管理工作的意见》、《关于扶持城镇退役士兵自谋职业优惠政策的意见》、《关于军队无军籍退休退职职工安置意见》、《全国双拥工作会议纪要》等一系列法律法规为主体，民政部等军地有关部门配套出台了《军队离退休干部移交政府安置交接工作办法》、《军人残疾等级评定标准》、《一至六级残疾军人医疗保障办法》、《优抚对象及其子女教育优待暂行办法》、《光荣院管理办法》等具体部门规章。目前正在修订或即将出台的还有《中华人民共和国兵役法》、《退役士兵安置条例》及《退役士兵安置改革方案》、《拥军优属拥政爱民工作条例》等相关法律法规政策。各省区市先后出台了相关地方法规、地方规章等配套政策2000多个，现在执行的有700多个。上述政策法规制度的建立和完善，标志着与社会主义市场经济相适应、与国防建设相协调的拥军优抚安置政策法规体系基本形成，为解决拥军优抚安置工作中的难题、保障军人合法权益、促进社会和谐提供了政策依据和制度保障，初步形成了与社会主义市场经济体制相适应的优抚政策法规体系。

（二）现行双拥、优抚、安置法律制度存在的问题

由于双拥、优抚和安置法规在我国法律体系中建立的历史较长，数十年来，拥军优属、优抚安置制度在国家的社会经济生活和政治生活中发挥了很大作用。时至今日，可以说我国已有了比较健全的有中国特色的双拥、优抚、安置法规体系。但是随着社会转型和社会主义市场经济的发展，当前的优抚安置工作面临着严峻的挑战，不少方面还需要切实地加以解决。

1. 部分双拥、优抚、安置的具体制度可操作性不强

在双拥、优抚、安置法律法规中如就业、住房、入学、贷款等，政策性调整多，强制性调整少，可操作性较差，因此影响了保障功能。需要将有关的双拥、优抚、安置制度规定更具体化、明确化。例如，优待对象在一个地区占人口总的比例是比较小的，为他们提供优惠待遇不会因为波及面大而引起大的震动。尤其是在现役军人或伤残亡人员是家庭主要生活来源的提供者的情况下，为他们提供优惠待遇会得到周围人的理解和支持，只要执行政策和法规的人依法办事、做好群众工作，就能保障此项工作的顺利开展。

2. 双拥、优抚、安置制度与市场经济运行规则产生矛盾

随着计划经济向市场经济的转轨，特别是整个社会的快速转型，现阶段优抚

安置政策法规在实践过程中，产生出了不少社会问题、矛盾和冲突，而这些制度上的缺陷日益成为制约优抚安置工作本身良性发展的重要因素。

双拥、优抚、安置工作当下遇到的困难，从根本上讲是计划经济条件下形成的法规政策与市场运行法则间的矛盾与冲突。现行制定于计划经济时期的法规政策，难以有效地解决当下不断涌现的新问题，诸如安置难、退役军人群体上访等新问题。例如，我国的国防法于1997年颁布实施，兵役法是1982年颁布、1998年修改的，近10年未作变动，而这10年恰恰是我国经济社会的重要转型期。随着劳动用工、养老、医疗、失业、住房等各项社会保障制度的建立和完善，计划经济时代的各项优抚安置政策法规和工作模式已不符合时代的要求。在此情形下有些地方从本地经济社会发展实际出发，就优抚对象优抚标准自然增长机制、医疗保障、退役士兵自谋职业等方面进行了一些有益探索，走出了一条有地方特色的优抚安置保障之路，切实有效缓解了优抚安置保障对象的实际困难，取得了一定成效。但是，从法制层面看，地方的改革探索仅仅是在小范围内尝试，缺乏有力的法律支持。特别是退役士兵自谋职业改革，明显突破了现行兵役法的有关规定，急需进一步明确。

另外，在军休安置政策方面，适应军队编制体制调整和后勤保障社会化改革，国家关于军休干部移交安置政策同期出现重大调整，过去的批次集中移交变为了年度分散安置。新时期军休服务管理面临的工作对象迅速增长、新增人员居住分散、流动性增强等一系列新情况新特点，在向工作提出新的更高要求的同时，也使得过去“干休所管理”这一传统政策模式遭遇了困境。因此，建立国家保障与社会化服务相结合的军休服务管理新模式，加快体制创新、制度创新的步伐，是当务之急。

3. 对群众同犯罪分子作斗争而致伤亡的抚恤没有专门立法予以保障

随着精神文明建设的不断深入，社会风气逐步好转，见义勇为行为层出不穷。与此同时因见义勇为而致伤亡的事也屡屡发生。各地政府对见义勇为行为予以支持和鼓励，有些地方给见义勇为而致伤亡的人民群众以一定的物质补偿。但是在有些地方，见义勇为者在伤亡后其本人或家属的抚恤问题得不到很好解决。例如在北京，自1992年以来共评选出“首都见义勇为好市民”126名，其中有近半数不同程度负伤致残。他们面临着医疗、工作和生活等各方面的困难。近两年来已有近百人次来访寻求帮助，但由于没有相应的法律规定，使他们的问题不能得到妥善解决。[①] 这种情况的存在不仅不利于及时保障国家和人民生命财产安全，也不利于弘扬社会正气，与精神文明建设宗旨相悖。

---

①《愿见义勇为蔚然成风》，《中国社会报》1997年5月8日第4版。

为了调动人民群众保卫社会主义建设的积极性，加强社会治安综合治理，1985 年民政部发布了《关于人民群众因维护社会治安同犯罪分子进行斗争而致伤亡的抚恤问题的通知》。该通知对人民群众因维护社会治安同犯罪分子进行斗争而致伤亡的抚恤问题作了如下规定：凡是属于国家机关、党派、团体、企业、事业单位的人员应按所在单位的伤亡抚恤规定办理。无工作单位的农民、学生、城镇居民等，由民政部门参照《民兵民工伤亡抚恤暂行条例》的精神办理。即同犯罪分子斗争致死但不符合批准烈士条件的按照因公牺牲的有关规定办理。负伤致残符合评残条件的，按照参战残废民兵民工的有关规定办理。

但 1985 年的办法和现在的社会环境已经不能吻合，按照上述通知规定对见义勇为者进行抚恤已经不能保证其基本医疗和康复，更不要说以后生活和工作了。因此，国家必须以立法对见义勇为行为以及由此造成伤亡的抚恤问题加以规范，以使见义勇为者获得应有的待遇，以弘扬见义勇为、舍己为人的社会风气。另外，国家机关工作人员、民兵民工因战因公因病致残是在执行职务时所为，而人民群众是在突如其来的犯罪发生时出于对国家与人民生命财产的高度责任感自愿而为并由此造成伤亡，而且不是每个在犯罪行为发生现场的人都能为。对于这些人在参照有关法规给予抚恤外，对他们的这种精神还应予以褒扬。

4. “双拥办”的法律地位需要确定

由于缺乏法律地位，“双拥办”明显区别于国家法定的行政部门，在人员、经费、办公场所等方面很难得到保障。他们工作的好坏完全取决于党委、政府主要领导对双拥工作的重视程度。同时，由于“双拥办”缺乏依法行政的基本资格，在实际工作中，往往处于求人办事的尴尬境地。一些地方，党委、政府主要领导亲自做双拥工作，就会好协调，各部门就会积极响应。如果领导不出面，有些部门就可能只挂帅不出征，“双拥办”的工作就被动。在新形势下，双拥工作担负着服务全面建设小康社会、服务中国特色军事变革、服务社会稳定的重要使命，没有强有力的组织制度保障，推动双拥工作的深入发展就可能成为空谈。

5. 复员退伍军人安置和转业干部安置遇到较大困难

兵役法和安置条例是现行的安置依据，但这与目前的劳动人事制度和企业相关法律不吻合。公司法、企业法、劳动法都对企业用工制度作了规定，企业有用工自主权，行政命令不得强迫进人。企业有了劳动合同自主权，这就使企业劳动用工自主权与政府指令性分配退伍兵任务发生了矛盾。不少企业拒绝接收当地政府分配的安置任务。法律政策实施过程中的矛盾，给复退军人的安置带来了难度。长期以来，退伍军人安置的主渠道是国有企事业单位。在改革开放的形势下这个主渠道发生了变化，一些效益好的企业通过引进外资变成“三资企业”，不接收退伍军人；一些效益低、发展缓慢的企业，吸引劳动力的能力有限。同时，社会就业压力也越来越大，党政机关正在进行机构改革，事业单位也开始推行“聘任制”，城市失业人口增加，扩招的大中专毕业班生也逐渐进入就业高峰期，这一切使安置退伍军人的难度更大。

长期以来退伍军人安置分配方式比较封闭，单一指令，带来对退伍军人的供求情况掌握不够，供需信息沟通不够，计划与实际需要不够吻合，在一定程度上束缚了用人单位接收的积极性，也使有的退伍军人安置不够合理。长期以来，退伍军人的安置工作经费不足，接收、接待、分配期间的管理教育和必要的技能培训得不到经费保证，也一定程度上影响了安置工作的进度。

转业干部也面临同样的难题。近年来国家机关精简，安排转业干部人数有限，并且各国家机关干部配备的专业化要求越来越高，对转业干部也提出了更高要求。按转业干部在部队的职级安排工作越来越困难。

（三）现行双拥、优抚、安置法律制度的完善

当前我国确立了依法行政理念，由此确立了依法优抚安置的法制基础。市场经济是法治经济。实现计划经济体制下主要依靠行政指令性手段组织开展优抚安置工作，向市场经济条件下通过法制途径，依法保障优抚安置对象合法权益的转变，必须确立依法优抚安置的理念，健全相关政策法规体系，做到有法可依，依法行政。

在现阶段，我国应以《军人抚恤优待条例》为基础，坚持“依法行政”理念、“以人为本”思想和“与时俱进”精神，进一步理顺军人抚恤优待与国民经济和社会发展的关系，逐步改进和改革与市场经济相衔接、与社会发展相协调、与法律规范相一致、与优抚对象地位相适应的优抚政策法规体系。从而通过立法解决双拥、优抚、安置工作的难点问题。

健全的双拥、优抚、安置法律法规体系，更具规范性、权威性、稳定性和连续性，更能体现党、国家、军队和人民的意志，更能体现双拥、优抚、安置工作的时代要求和客观规律。建立双拥、优抚、安置法律法规体系的基本目标，要达到使双拥、优抚、安置工作活动有要求、职责有区分、行动有规范、落实有措施、检查有标准。

从总体上看，双拥、优抚、安置法律法制建设与市场经济要求和军队建设需要还有差距，有些工作还缺少基本的法律依据，有些政策法规不配套，不衔接。建立健全市场经济条件下的双拥法律体系，是一项复杂的系统工程，需要各方面的共同努力，特别是军队和地方的密切合作，切实采取措施进行这方面的工作，尽早建立起比较完备的双拥法律体系。

1. 加强双拥、优抚、安置工作的立法

双拥、优抚、安置法律法规等“立法”要以宪法、国防法等为依据，在征

兵、优待、抚恤、安置、国防教育、处理军地纠纷和双拥组织设置管理等方面，形成上下结合、相互衔接的法规体系，对过去提出了要求而未明确标准、经费来源、谁来落实等法规要求，逐一完善起来。从实践需要看，我国在抚恤，优待，安置等方面虽然已有不少的法律法规，但大都不能适应市场经济发展的需要。因此，我们应深入总结吸收全国各时期、各地双拥、优抚、安置的实践经验，充分认清双拥、优抚、安置主体在统筹全局、协调各方和推动双拥工作制度化、经常化中的组织、指导、协调、监督作用，适时制定《中华人民共和国拥军优属、拥政爱民法》明确规定在全国县级以上政府设立双拥办公室和优抚安置办，并给予其准确的法律定位，从而在全国范围建立起完备的双拥、优抚、安置行政法律法规体系，为依法推进双拥工作奠定坚实的组织基础。目前我们在安置工作中执行的法规都是80年代颁布的，施行近20年来，我国的政治、经济和社会生活已进行多次变革，因此，亟须尽快出台《中华人民共和国退役军人安置法》，用专业法律来规范和调整安置这一社会关系。

2. 进一步进行双拥、优抚、安置法律法规等的“修订”和“编纂”

双拥、优抚、安置实践历史悠久，内容丰富，但随着时间推移，部分具体条款已严重滞后。比如对牺牲病故军人及其家属的优待标准，比如军人家属参加单位福利住房分配享受双职工待遇规定等，在不少地方已突破规定标准或舍弃规定在操作。对于原有法规条文的缺遗应进行逐一梳理、论证，根据国家经济社会的发展水平进行科学调整以增强法规政策的科学性和可操作性。

坚持市场化导向，修订完善优抚安置法律法规。首先，建议民政部联合总参谋部对全国的双拥、优抚、安置工作开展深入调研，配合全国人大修订《中华人民共和国兵役法》以及《中华人民共和国国防法》，向国务院提交要求修订《退役士兵安置条例》、起草《拥军优属拥政爱民工作条例》等配套法律法规的草案，抓紧建立与社会主义市场经济相适应的法律法规体系，为优抚安置工作与市场经济体制全面接轨打下政策基础。

将目前零散见诸各行业、各部门有关双拥、优抚、安置工作的法律、行政法规、部门规章和地方性法规、地方性规章编纂起来，集合成一部专门规范双拥工作的综合性、系统性法律文本，使国家和军队、地方各种组织和广大人民群众统一按照一部法规来履行双拥、优抚、安置的基本权利和基本义务，开展双拥、优抚、安置的主体工作和活动。这就需要从国家的层面将地方与军队、上级与基层、不同行业部门的法规资源和立法需求统管起来，以增强双拥、优抚、安置法规的“适体性”、权威性和综合性。

3. 法定双拥、优抚、安置主体基本职能

双拥、优抚、安置工作的职能作用是在实践中不断拓展的，从战争年代动员群众参战支前，到和平时期落实国家优抚政策、处理军政军民关系、普及全民国防教育等，双拥工作不断被赋予新的时代内涵。在长期的实践中，许多双拥、优抚、安置工作是由相关的行政职能部门来做的。但是尚未形成完善的全社会双拥、优抚、安置机制，事实存在民政部门孤军作战的尴尬局面。长期的和平环境使全社会的拥军优属意识有所弱化，人们的思想观念、价值取向与履行国防责任义务之间的矛盾在新时期日益显现。现阶段优抚安置工作，特别是安置方面，随着行政强制性安置职能的弱化，各机关和企事业单位及各类社会组织，受“条条”利益和利润最大化追求的驱动，现行优抚安置的一些规定往往在实际执行时被变通，被打折扣，缺乏有效的制约措施，需要形成一种社会化运作的长效机制，将保障优抚对象的责任法制化、规范化。比如：落实军转干部安置政策，属于各级人事部门职责；落实城镇退役士兵安置政策，属于各级民政部门职责；处理重大军民纠纷问题，属于各级公安部门职责，而“双拥办”更多的是从事协调工作，从而导致难以形成政府抓双拥工作的合力。少数双拥、优抚、安置主体自身也存在软、懒、散的现象，造成经常性的双拥工作不经常、普遍性的双拥任务成为软指标。我们在调查中得出，大多数双拥、优抚、安置办领导职能意识比较强，注意摸规律、定制度，形成了特色鲜明的双拥工作规范，经常性的双拥工作开展得有声有色。也有少数双拥办工作没有规律，完全跟着感觉走。基于以上情况，应尽快研究制定规范双拥工作的法规，全面、科学、准确地明确行政职能和工作范围。特别是要处理好双拥、优抚、安置主体与其他相关职能部门的行政关系，使各级双拥、优抚、安置主体发挥好组织、指导、协调、监督的作用，在统筹全局中有法可依，具有权威性。

4. 双拥、优抚、安置程序法定化

双拥、优抚、安置程序法定化包括优抚安置标准的法定化、优抚安置资金来源及管理的法定化和相关的法律责任法定化。保证双拥、优抚、安置制度具有较高的行政效能。行政管理是以法律作为保障的，行政机关根据法定职能和法律授权，利用法律的国家强制力保证行政管理目标得以实现。当前，双拥工作所处的环境、担负的任务都发生了很大变化，双拥工作在保持了突出的政治性之外，更显示出广泛的社会性，成为各级政府不可回避的工作和全社会应尽的义务。因此，双拥工作不仅需要国家强有力的制度和舆论来推动，同时要有专门的行政部门通过必要的行政执法手段抓落实。改革开放以来，全国各地在双拥实践中形成了许多操作性强、实际效果好的成功工作模式。比如，在全国各省市不断完善的军地联席会议制度，为解决军地发展建设中存在的重大矛盾和问题提供了一个重要行政平台；一些地方推行的党政一把手深入驻地部队现场办公制度，简化了解决问题的程序，提高了双拥工作效率。这些好的制度，应该用法律规范起来，成为各级双拥办必备的行政手段。同时，还可以着眼于充分发挥双拥办的监督职能，建立双拥办向地方人大报告工作制度，对因执法不力严重影响军政军民团结的，双拥办可以提请本级人大追究有关部门和领导的责任等。通过这些法定的、必要的行政手段，弥补双拥办行政职能不到位的缺陷，维护双拥办的权威，使双拥办真正成为对双拥工作实施有效管理的重要行政机构。

5. 明确全社会在双拥工作中承担的法律责任和义务

在市场经济条件下，政府、市场和社会这三大板块的作用相辅相成，现代社会的功能主要由他们承担。随着我国社会经济成分、组织形式、就业方式、利益关系、分配方式等日益多样化，特别是各种新型经济组织和新的社会阶层的产生和壮大，双拥工作的范围和对象发生了新的变化。如何把政府行为与社会行为紧密结合起来，实现双拥工作的社会化和群众化，成为新形势下军地双拥部门亟待研究的重要课题。实践证明，如果没有基本的法律依据，仅仅依靠传统的行政命令等手段，摊派给新型经济组织和新的社会阶层双拥任务，不仅没有积极作用，还会产生不良的社会影响。这在军转干部、退役士兵和随军家属安置过程中体现的尤为明显。比如，有些民营企业拒绝接收军转干部和随军家属，有的接收以后，很快又安排下岗，因此产生了很多影响改革、发展、稳定的重大社会问题。从根本上看，原因不在新型经济组织和新的社会阶层，而是现行的安置手段有悖于市场经济原则。这要求我们在挖掘“两新组织”双拥工作潜力中，要自觉放弃传统的双拥工作思路，顺应法制时代的要求，把双拥工作这项政府的政治任务转化为社会的法律义务。应以国防法、兵役法等国家法律为依据，研究制定新型经济组织和新的社会阶层参双拥工作的法律法规，明确全社会的法律责任和法律义务，使政府行政牵引和政策激励行为转变为新型经济组织和新的社会阶层的法律自觉。这是推动新型经济组织和新的社会阶层依法双拥的必然选择。

按照市场法则建立规范军政军民关系的法律制度。正确处理军政军民关系是双拥工作的一个核心内容。市场经济条件下，军地之间的交往规模、范围和内容发生了新的变化，军政军民关系作为社会关系的组成部分显得更加重要。为适应新的形势，党中央、国务院、中央军委在近十年来，先后十多次下发有关正确处理军地关系、加强军政军民团结的文件，全国 20 多个省、区、市颁布了拥军优属的基本法规，600 多个市、县相继出台了支持部队建设的综合性文件。特别是中央军委颁布实施了《军队参加抢险救灾条例》，为新形势下军地共同处理重大险情、灾情提供了重要法律依据。实践证明，市场经济要求通过法律对包括军政军民关系在内的社会关系的各个层面进行调节，依法交往，资源共享，互利双赢，将成为市场经济条件下处理军地关系的重要指导原则。当前，应重点抓住军地在建设和发展中产生的土地、房产、资源等方面的重大利益矛盾，尽快研究制定体现社会公平、便于实际操作的法规，为解决改革开放以来军地积累的重大利益纠纷谋求一条新路子。此外，应着眼于解决军事斗争准备中部队训练、演习和未来地方政府动员群众参战支前等面临的一系列涉及军地利益的实际问题，从充分保护和激发地方群众的拥军热情出发，加强有关立法的研究，努力把新形势下的军政军民关系引导到法制轨道上来。

6. 按照现代用人制度将安置工作纳入法制轨道

从法律角度来分析，我们现行的安置工作是依据兵役法和《安置条例》进行的，但这又与现实及目前的人事制度发生矛盾。如行政单位，正在进行机构改革，退役士兵无法进入；又如在企业，也是与相关法规不尽吻合。《企业法》、《公司法》、《劳动法》都对企业用工制度作了规定，大都规定了自主用工，不得强迫用行政命令进入，接收单位、部门按相应的法规、政策，是有理由不接收退役兵的。法律和政策完善过程中的矛盾，给安置工作带来了难度。依法规范安置工作，很重要的原则就是要按照现代用人制度的根本要求，以才取人，量才使用。对不符合录用标准的，无论是退役军人，还是随军家属，可不录用，但要在生活上给予他们适当的保障，并通过培训等措施帮助他们再就业。有关部门应加大对立法的研究力度，准确把握市场需求与安置群体的利益平衡点，加快相关法律体系建设，促进安置工作健康、有序地发展。

1995 年《劳动法》和 2008 年《劳动合同法》颁布实施后，劳动合同制度作为市场经济条件下我国的基本用人制度逐步确立起来，用人自主、双向选择、优胜劣汰成为现代企业用人制度的基本规则。原来计划经济时代的计划分配、指令性安置的模式，失去了法律依据。现代用人制度和传统安置模式的矛盾，使军转干部安置、城镇退役士兵安置、随军家属安置，成为军地普遍关心的焦点、难点问题。虽然国家采取了一系列促进安置的政策措施，但安置难的问题依然存在。在调研中发现，扶持城镇退役士兵自谋职业的措施相对运行平稳，实际安置效果在很大程度上取决于当地政府的政策扶持力度。军转干部安置质量一年不如一年。虽然党中央、国务院、中央军委对军转干部安置工作一直高度重视，各地坚持把转业干部安置工作作为一项重要的政治任务来完成，但地方党政机关编制趋向饱和，部队干部自谋职业、自主择业的路子还没有完全走开，安置难的问题日渐突出。随军家属安置情况最差，究其原因，一是社会保障制度不完善，企业不愿接收 30 岁以上的随迁家属；二是促进随军家属自谋职业的减税措施不足以调动企业的积极性；三是军地之间随军家属社会保险接续政策脱节，造成随军家属安置没有必要的保障。未来安置工作的发展趋势是鼓励自谋职业、自主择业，但是目前我国没有这方面的强有力的法律保障，有必要就有关的社保、税收和一次性补助等扶持制度进行调研，通过立法形成比较完备的制度。目前通过行政指令计划安置的办法还不能取消，需要一定的过渡期，这就要求有过渡性质的行政法规对其进行规范，以克服因人而异、因地而异、缺乏保障的现象。

7. 以市场化为导向，制定适应社会发展的退役士兵安置法律

《退伍义务兵安置条例》（国发［1987］106 号）、《中国人民解放军士官退出现役安置暂行办法》（国发［1999］27 号）制定的时间较早，计划经济体制下政府包揽安置的安置模式面临挑战，安置改革势在必行。退役士兵安置改革，应坚持以市场化为改革导向，因地制宜地执行好现行安置政策。

在新的法规未出台之前，过渡时期要严格执行《国务院关于进一步做好城镇退役士兵安置工作的通知》（国发［2005］23 号）。在严格执行安置政策的前提下，要因地制宜地拓宽安置渠道：双向选择、供需见面、鼓励自谋职业是带有改革性质的有效灵活措施，最终使退役士兵安置从计划完全走向市场。争取在不断加大财政投入，整合资源的基础上，主动融入市场应对以货币补偿为本质的退役士兵自谋职业道路进行有益探索，有效变革传统单一主体的安置保障模式，帮助退役士兵树立面向市场就业的新观念，实现指令性计划安置推向竞争性市场安置、就业补偿型向经济补偿型的转型，形成国家、社会、个人互相协调、富有活力的多元安置新格局，为全面实现退役安置工作有机接轨市场经济创造有利条件。

五、社会工作法律制度存在的问题及其完善

社会工作专业是现代社会不可或缺的一项重要制度。作为一门助人自助的专业，社会工作在解决社会问题、促进经济与发展、维护社会稳定与繁荣等方面发挥着重要的功能。

随着经济高速发展，社会变迁不断加快的形势下，党的十六届六中全会明确提出了“建设宏大的社会工作人才队伍”的战略目标，党的十七大报告中也着重提出了要加强以改善民生的基础的社会建设，这些都对我国社会工作的进一步发展提出了新的、更高的要求。

在我国，社会工作是社会建设的重要组成部分，是体现社会主义核心价值，以“助人自助”为宗旨，遵循专业操守，综合运用个案工作、小组工作、社区工作等专业方法，帮助有需要的个人、家庭、群体、组织、社区，整合社会资源，协调社会关系，恢复社会功能，促进社会和谐的职业活动。而当前我国的社会工作的现状却远不能发挥应有的功能，构建以社会工作师法、社会工作组织法、与公民生存发展等基本人权相关的法律为其基本内容的综合统一的社会工作法，在当前有着立法的可能性和必要性。

（一）我国社会工作法律制度的现状

在我国，广义的社会工作包括全部非本职性、公益性的工作；狭义的社会工作指的是专门从事社会服务的职业性的活动①，其服务对象是指直接接受社会工作服务的个人或群体，其服务领域主要包括公共救助、家庭服务、康复服务、学校社会工作、就业服务、乡村社区发展、军队社会工作和社会保险服务等。

虽然目前我国尚没有专门和统一的社会工作法，但我国从1951年起，就先后进行了一系列社会工作立法，涉及劳动保险、公费医疗、干部老弱病残安置、军人抚恤优待、救济救灾、城市社会福利管理、社团登记与管理等方面的内容。同样，散见于不同效力层次的规范性文件中关于社会工作的法律规定也是比较普遍的。社会工作立法的基本内容，甚至在宪法中也有根本性的规定。例如，宪法中“中华人民共和国公民在年老、疾病或者丧失劳动能力的情况下，有从国家和社会获得物质帮助的权利。”此外，法律、行政法规和规章、地方性法规和地方政府规章、自治条例和单行条例等规范性文件中也都有关于社会工作的内容。

目前已有的法律，如《老年人权益保障法》（1999）、《职业病防治法》（2001）、《公益捐赠法》（1999）、《母婴保健法》（1990）、《收养法》（1991）、《未成年人保护法》（1991）、《妇女权益保障法》（1992）、《劳动法》（1994）、《残疾人保障法》（1990）等法律，都从社会工作的某一方面，对保障公民的基本人权，作出了法律的规定。

原劳动和社会保障部《社会工作者国家职业标准》，原人事部、民政部《社会工作者职业水平评价暂行规定》，民政部《社会工作者职业水平证书登记办法》和《社会工作者继续教育办法》等规范性文件的颁布和实施，标志着我国社会工作者职业的正式诞生。但是，由于这几个专门的社会工作法层次较低，都属于行政规章层次，法律效力也比较低，导致我国社会工作职业的社会认可度不高、缺乏职业吸引力、社会工作专业人才流失、社会工作职业服务水平不高的恶性循环，形成了“专业人士不职业，职业人士不专业”的情况。

（二）完善社会工作法律制度的立法

我国的社会工作是社会建设的重要组成部分，作为一项职业活动，必须有法可依。应该尽快制定社会工作法律法规，包括法律、行政法规和行政规章层面的社会工作者职业法规、社会工作内容相关法律法规和社会工作服务机构业务法律法规，特别是以社会保障、社会事业、群众基本生活保障、特殊群体维权法律法规、社会组织、社会管理为基本内容的社会工作法律法规。

1. 社会工作者职业法律法规

① 王思斌主编：《社会工作导论》，高等教育出版社，2004年版第1页。

社会工作者职业法律法规是调整社会工作者职业活动的专门法律法规，包括社会工作者注册、考核和评价、专业教育、专业培训法律法规，等等。即使在短期内无法制定法律层次的社会工作者规范性文件的情况下，可以借鉴香港的经验，暂时先制定行政法规层次的社会工作者规范性文件，以建立科学合理的社会工作者选拔、登记、培养、评价、使用和激励机制，完善社会工作岗位设置和社会工作人才配置机制，明确培育和发展社会公益性民间组织、志愿者队伍的配套政策措施。

2. 社会工作内容法律法规

社会工作内容方面的法律法规应当包括与公民的生存相关的法律，主要有：①社会保障法律法规，包括社会福利、社会保险和慈善事业等方面的法律法规；②社会事业法律法规，包括基本医疗卫生保健、精神卫生和医疗机构等方面的法律法规；③群众基本生活保障法律法规，包括住房保障、公共交通服务等方面的法律法规；④特殊群体维权法律法规，包括老年人权益保障、农民工合法权益保护等方面的法律法规；⑤社会组织法律法规，包括社会组织管理、志愿者服务等方面的法律法规；⑥社会管理法律法规，包括突发事件应对、违法行为教育矫治、人民调解和户籍管理等方面的法律法规。

3. 社会工作服务机构业务法律法规

共同参与、共同发展是社会工作立法所追求的理想目标。截至 2007 年底，中国已经有社会工作服务机构 38 万多个。制定符合我国国情的“社会工作服务机构法”，将促进社会工作服务机构发展和对社会工作服务机构的管理工作纳入法制化轨道，以法律的形式规定社会工作组织的社会地位、运行方式等相关内容，从而促进社会工作向独立性、法人性、非政府性、非营利性方向的发展，更好地保证在社会经济发展的同时，公民的生活得到真正完全的全面改善。只有在社会工作资金投入、专业岗位设置、机构管理和运行、社会工作人才培养、专业技术职务晋升等方面法律化，才能真正全面地促进社会工作的发展，从而为实现社会的公正和谐，发挥出社会工作应有的独特的社会作用。

我们可以借鉴社会工作立法先进国家的经验。美国加利福尼亚州于 1945 年制定了《社会工作注册法》，至 1993 年几乎所有州都建立了社会工作法律制度。英国于 1962 年制定了《卫生访问专员和社会工作员训练法》。如同美国，加拿大没有全国统一的社工立法，其最早的地方立法是 1966 年曼尼托巴省的《注册社会工作者机构社团法》。德国的社会工作立法大约出现在 20 世纪 70 年代，有 16 个州分别定有专门立法，但没有全国统一的法律。日本于 1987 年颁布了《社会福祉士与护理福祉士法》，其后又制定了《社会福祉士及护理福祉士法施行规则》等十余部配套法规。奥地利社会工作法是其 2006 年制定的《社会法典》之一部分[①]。

中国社会工作立法尚属空白，对社会工作者的规范刚刚起步。民政部与国家发改委曾于2006年11月联合出台了《民政事业发展第十一个五年规划》，其中“完善民政法律法规体系”部分明确要求制定“社会工作者条例”，将社会工作者立法列为“十一五”时期民政事业发展的一项重要任务。目前，民政部等部门正在积极推动将《社会工作者条例》列入国务院立法规划。

第二节　发展民主法律制度存在的问题及其完善

法律和制度既是发展基层民主的前提，又为基层民主的健康发展提供坚实保障。民主与法制是相对而生的概念，通过民主的方式制定符合人民意愿的法律，又通过法律限定民主运行的边界。

在中国这样一个人口众多、经济文化相对落后、地域发展不平衡、民主传统十分缺乏、处在重大历史变革时期的国家，推行涉及13亿人日常生产生活切身利益的基层民主，法律和制度起着关键性的保障作用，使民主不致流于人治而陷入狂热，最终对人民利益造成损害。

近30年来，中国基层民主发展的进程，始终伴随着国家法律制度的规范。1978年以来，我国在发展基层民主中积累的一条最重要的成功经验，就是将坚持党的领导、充分发扬民主与严格依法办事三者有机结合起来，以保证人民群众有序的政治参与。与经济体制改革率先在农村破冰一样，基层民主的发展也最早在农村取得突破。地方的创新迅速被中央重视和提升，上升为国家法律，基层民主法律框架逐步搭建。中国第一个村委会诞生两年后，为适应经济体制改革要求和落实基层直接民主的原则，1982年通过的宪法第一百一十一条规定：“城市和农村居民居住地区设立的居民委员会或者村民委员会是基层群众性自治组织。居民委员会、村民委员会的主任、副主任和委员由居民选举。”基层群众自治的精神在宪法中予以体现。

2007年党的十七大报告史无前例地把“基层群众自治制度”与人民代表大会制度、中国共产党领导的多党合作和政治协商制度、民族区域自治制度并列纳入中国特色的政治制度范畴，成为我国社会主义民主政治的四项制度之一，把坚持和完善基层群众自治制度确立作为坚持中国特色社会主义政治发展道路的重要内容，这是对基层群众自治制度地位的重大提升。在这种背景下，深刻认识和研

① 竺效，杨飞：《境外社会工作立法模式研究及其对我国的启示》，《政治与法律》，2008年第10期。

究我国基层群众自治组织建设所处的法律制度环境，并通过相应的立法工作促进基层群众自治组织建设，是当前民政法制工作面临的一项重大而急迫的课题。

一、基层群众自治组织法律制度框架

1982年《宪法》第一百一十一条的规定，为基层群众自治组织奠定了基本的法律框架基础。在这一法律框架基础上，我国先后颁布了《村民委员会组织法（试行）》（1987年）、《城市居民委员会组织法》（1989年）、《村民委员会组织法》（1998年），随之相应地出台了一系列地方性法规、行政规章、大量的非规范性文件，大多数村委会、居委会先后制定了村（居）民公约和和自治章程，为基层群众自治提供了法律制度保障。到目前为止，我国的基层群众自治组织法律制度还在不断丰富和完善，基层群众自治组织法律体系仍处于构建的过程中。现阶段，其基本内容如下：

（一）宪法

宪法关于基层群众自治制度的规定始于现行宪法第二条第一款的规定："中华人民共和国的一切权力属于人民。"这一规定体现了人民主权原则。而社会主义民主赋予广大人民群众的这种民主权利，只有与具体实现形式相结合时才能得到体现。对此，宪法第二条第二款和第三款规定："人民行使国家权力的机关是全国人民代表大会和地方各级人民代表大会。""人民依照法律规定，通过各种途径和形式，管理国家事务，管理经济和文化事业，管理社会事务。"可见中国人民实行民主有两个途径：一是通过全国人民代表大会和地方各级人民代表大会，行使当家做主的权力；二是通过其他各种形式参与管理国家事务、经济文化事业和社会事务。即当代中国民主的实现有两种形式：一方面在国家层面，表现为各级人民代表大会制度、多党合作制度、政治协商制度和民族区域自治制度；另一方面，在基层实行各种直接民主形式，表现为在基层事务上人民享有直接参与权，通过各种自治组织，实行自我管理、自我教育和自我服务。中国基层群众自治属于后者范畴。基层群众自治是社会主义民主的重要内容，反映了社会主义民主的本质。宪法的这一规定为广大基层群众享有日益广泛的自治权利和直接民主权利，在基层实行群众自治提供了根本的法律基础和保障。

宪法第一百一十一条的规定确立了村（居）民委员会作为群众自治组织的性质和地位，确定了村（居）民委员会实行民主选举的重要原则，规定了村（居）民委员会的职责和组织机构。这些规定为中国实行基层群众自治制度及村（居）民委员会的建立提供了最直接、最重要的宪法保障。

（二）法律

法律由全国人民代表大会及其常务委员会依据宪法制定的调整国家、社会和公民生活中某一方面带根本性的社会关系或基本问题的制度规范。法律是效力仅次于宪法的一种制度形式。《村民委员会组织法》和《城市居民委员会组织法》是保障基层群众自治组织和村（居）民自治权利的基本法律。

（三）行政法规

行政法规由国务院根据宪法和法律制定，是为了执行宪法和法律，或就某些社会管理问题制定的制度规范，是效力低于宪法和法律的一种制度形式。例如，《农民承担费用和劳务管理条例》（1991年）、《中华人民共和国土地管理法实施条例》（1998年）、《中华人民共和国国务院物业管理条例》（2003年）。从社会管理看，社会生活是复杂多变的，对于社会生活中出现的新情况、新问题，法律没有进行规定的，需要制定行政法规进行规范和管理。

（四）地方性法规

地方性法规是由省、自治区、直辖市，省、自治区的人民政府所在地的市以及国务院批准的较大市的人大及其常委会根据本行政区域的具体情况和实际需要制定和公布，其效力等级低于宪法、法律和行政法规，高于本级地方政府规章。

涉及基层群众自治的地方性法规，内容较为广泛。在省级和较大市的人民代表大会及其常务委员会制定的地方性法规中，主要包括两类：

第一类，《村民委员会组织法》和《城市居民委员会组织法》的实施办法、选举办法。为了使《宪法》和《村民委员会组织法》、《城市居民委员会组织法》得到有效贯彻，各省、自治区、直辖市的人民代表大会常务委员会依据《村民委员会组织法》第二十九条、《城市居民委员会组织法》第二十二条规定，结合本行政区域的实际情况，制定了村民委员会组织法实施办法和居民委员会组织法实施办法，有的省、自治区、直辖市还制定了专门的选举办法，如《四川省村民委员会选举条例》、《云南省村民委员会选举办法》、《重庆市居民委员会选举办法》、《北京市居民委员会选举办法》。

第二类，村务公开条例、农村集体经济审计条例、农村集体资产管理条例等。基层群众自治的地方性法规，在基层群众自治制度体系中有着十分重要的地位。从基层群众自治发展的实际情况看，由于地方特点和发展水平不同，基层群众自治发展过程中需要优先解决的主要问题也会有所不同。在某一特定的时期内，一些问题对于某些地方来说，具有全局性质，而对于其他地方乃至全国来说，不一定具有全局性质，制定法律的条件还不成熟。在这种情况下，地方性法规可以在一定程度上满足基层群众自治发展对制度的需求，填补制度上的空缺。

（五）行政规章

行政规章指国务院各部委以及各省、自治区、直辖市的人民政府和省、自治区的人民政府所在地的市以及国务院批准的较大市的人民政府根据宪法、法律和行政法规等制定和发布的规范性文件。行政规章分为部门行政规章和地方政府行政规章两种。

涉及基层群众自治的部门行政规章由国务院的相关部门制定，在全国范围内实施。例如，《农业部、监察部关于农村集体经济组织财务公开暂行规定》(1997年)、《民政部、司法部关于进一步加强农村基层民主法制建设的意见》(2003年)、《村集体经济组织会计制度》(2004年，财政部发布)等等，都是部门规章。在全国村务公开协调小组办公室编印的《村务公开和民主管理政策法规实务》中，涉及村民自治的部门行政规章就有63个，分别由民政部、农业部、司法部、公安部、监察部、人事部、财政部、国土资源部、水利部、国家审计署等部门单独或者联合制定，内容包括农村基层组织建设、经济管理、土地管理、社会治安、换届选举、民主法制建设、人民调解等方面。

涉及基层群众自治的政府行政规章由各省、自治区、直辖市的人民政府和省、自治区的人民政府所在地的市以及国务院批准的较大市的人民政府制定，在本行政区内实施。例如，《宁夏回族自治区村务公开办法》(2006年)、《辽宁省村级筹资筹劳管理暂行办法》(2003年)等，都是在本行政区内实施的政府规章。

同地方性法规一样，行政规章在实施法律法规，规范和推进基层群众自治过程中发挥着重要作用。这些地方性法规和行政规章使《村民委员会组织法》和《城市居民委员会组织法》有关基层群众自治和基层民主的规定变得更为具体、更符合各地实际，使国家法律具体化、程序化、操作化，为《村民委员会组织法》、《城市居民委员会组织法》的完善提供了根据和实践经验。

(六)其他规范性文件

其他规范性文件是指除行政法规和规章以外的由行政机关制定的规范性文件。根据颁布的行政主体可以分为四类：第一类，国务院依其职权规定的行政措施，发布的决定与命令，例如《国务院关于加强和改进社区服务工作的意见》(国发[2006]14号)；第二类，国务院各部委及其所属机构依其职权发布的指示与命令，例如《民政部关于在全国推进城市社区建设的意见》(2000年)；第三类，县级以上人民政府及其所属部门依其职权制定的行政规定、行政措施、决定、命令等；第四类，乡、镇人民政府依其职权制定的行政措施、决定等。这四类机关制定的非法律性文件数量很多，内容广泛，涉及基层群众自治的方方面面。

与地方性法规和政府规章一样，其他规范性文件是地域性很强的制度规范，只能在制定机关所辖的行政区域内适用。其他规范性文件，在规范和推进基层群众自治以及基层群众自治制度创新中发挥着十分重要的作用：一是从地方和基层的实际出发，把法律法规和国家政策进一步具体化，使之成为可操作性的制度规定；二是对地方和基层在自治过程中的创新进行规范和推广，扩大创新的深度和广度，巩固和发展、创新的成果；三是为其他地方的民主实践和制度创新提供经验；四是为法律法规的完善提供经验材料。

（七）司法文件

司法文件是最高人民法院就司法中遇到的问题制定的规范性文件，或在适用法律法规过程中就如何具体运用法律、法规问题所作的司法解释，是为了执行宪法和法律而制定或做出的。目前，涉及基层群众自治的司法文件有:《最高人民法院关于审理农业承包合同纠纷案件若干问题的规定》(1999年)、《最高人民法院关于如何处理农村五保对象遗产问题的批复》(1999年)、《最高人民法院关于村民小组组长利用职务便利非法占有公共财物行为如何定性问题的批复》(1999年)。涉及基层群众自治事项的司法文件，在规范基层群众自治、妥善处理基层群众自治过程中出现的矛盾和问题、促进基层群众自治的健康发展方面，发挥了重要作用。

（八）党的文件

党的文件是中国共产党的各级组织制定的文件的总称。党的文件对基层群众自治制度的规定，有以下四种情况：1. 在综合阐述党的主张的文件中对基层群众自治制度作出规定，例如党的全国代表大会的报告和党章等；2. 在关于农业、农村和农村基层组织建设的文件中作出规定，例如《中共中央关于加强农村基层组织建设的通知》(1994年）和《中国共产党农村基层组织工作条例》(1999年）等；3. 在规定其他问题的相关文件中作出规定，例如《中共中央关于加强精神文明建设若干重要问题的决议》(1996年)、《中共中央关于加强和改进党的作风建设的决定》(2001年）和《中共中央关于加强党的执政能力建设的决定》(2004年）等；4. 在与政府联合制定和发布的文件中作出规定，例如《中共中央办公厅、国务院办公厅关于进一步做好村民委员会换届选举工作的通知》(2002年)、《中共中央办公厅、国务院办公厅关于健全和完善村务公开和民主管理制度的意见》(2004年)、《中共中央办公厅、国务院办公厅关于加强和改进村民委员会选举工作的通知》(中办发［2009］20号）等。

以上仅以党中央关于基层群众自治制度的文件进行说明，在党的地方和基层组织制定的文件中，情况也是如此。党的文件关于基层群众自治的规定，主要有两个方面的作用：一是作为执政党，起到带头遵守宪法和法律的先锋模范作用；二是发挥党的领导作用，领导和推进基层群众自治，发展基层民主。

（九）基层群众自治组织的规章制度

基层群众自治组织的规章制度包括村（居）规民约、村（居）民自治章程等，它们是我国基层群众自治的法律制度体系的重要组成部分。村（居）民自治章程是从本社区的实际情况出发，依据法律、法规和政策制定的关于基层群众自治组织活动和村（居）务管理等方面的制度规范。村（居）规民约也是从本村实际出发，根据法律、法规和政策制定的关于社会公德、村风民俗、邻里关系、婚姻家庭和社会治安等方面的制度规范。

这些规章制度种类繁多、形式多样，主要有：1. 自治章程。它一般以村（居）规民约为基础，比较规范和完备，被群众称之为社区中的“小宪法”。2. 村（居）规民约。3. 村（居）务规范管理规定。4. 基层群众自治的各种专门性规章，如“议事规则”、“人民调解制度”等。

村（居）民自治章程和村（居）规民约的适用范围很小，仅限于本村。但是，它是法律法规和政策的具体化，是社会主义道德和社会新风尚的制度化，在实施法律法规、执行政策、规范基层群众自治、发展基层民主和推动和谐社会建设等方面，发挥着十分重要的作用，是社会主义物质文明、精神文明和政治文明建设的重要制度保证。这些规章制度的健全和完善，一方面表明基层群众自治的制度化进程取得了重大进展，另一方面为基层群众自治法制的进一步完善提供了实践经验。

二、基层群众自治组织法律制度存在的问题

当前，我国基层群众自治组织法律制度基本做到了保证基层自治组织建设有法可依，但法制建设的问题依然突出，具体表现在以下两个方面：

（一）部分法律、法规内容比较陈旧，作用有限

1954 年颁布的《城市街道办事处组织条例》，全国人民代表大会常务委员会关于废止部分法律的决定（2009 年 6 月 27 日第十一届全国人民代表大会常务委员会第次会议通过）对其予以废止。许多社区居民委员会反映，1989 年颁布的《社区居民委员会组织法》，其对居民委员会产生和功能等方面的规定已经滞后，不能适应我国城市住房市场改革和商品房大量涌现的要求，不能适应人口流动加剧的现实。例如，《居民委员会组织法》对居委会和业主委员会之间的关系没有作出规定，而实际上二者是具有紧密联系的城市社区群众自治组织。再比如，居委会组织法第八条规定“年满 18 周岁的本居住地区居民”都有选举权和被选举权，这不仅排斥了那些其户口在本居委会辖区、但人不在本居委会辖区居住的居民的选举，也排斥了那些户口不在本居委会辖区、但人在本居委会辖区居住的外来人口的选举权，不利于推动社会主义基层民主自治发展。

（二）法制建设滞后实践需要，一些关键问题缺乏法律制度支持

村民自治虽然总体上做到了有法可依，但在村民自治的具体领域还存在着不少无法可依的现象，立法建制的任务还十分繁重。比如，《村委会组织法》虽然对村民自治的原则有了规定，许多地方也制定了实施办法，但其中有些条款缺乏程序性规定，比如村民选举委员会的推选程序、村委会的罢免程序、村民会议的决策程序、村民代表会议的议事程序、村民会议向村民代表会议的授权程序等，

都需要在完善法律或地方立法时加以规范。

宪法、村民委员会组织法虽然对村民自治进行了法律规定，但是尚缺乏可操作的统一的具体规范。地方出台的实施办法也不同程度存在缺乏内在的科学性和合理性的缺陷。特别是对当前农村的具体实际情况只是作出了原则性的规定，没有作出合理可操作的规定，对一些关键的问题或是没明确或是不符农村的当前发展的现状，村级组织执行有关法律制度时缺乏有效的法律制度支持，如村民委员会选举制度、村民代表会议制度、村规民约的制定和实施、一事一议制度等都存在必备的制度缺陷和强制力的支持。

对一些基层自治中出现的问题，缺乏处罚规定。例如，对村民委员会选举中出现买卖、伪造选票，宗族、派性、黑恶势力控制选举的行为，现有的法律都没有明确的处罚规定。

三、现行基层自治组织法律制度的完善

基层群众自治法制的发展与完善不可能一蹴而就，企图短时间完成基层群众自治法制建设是不切实际的。基层群众自治法律制度构建是一个动态过程，一方面要继续加强相关法律制度的制定，另一方面要对现有法律制度进行完善和修订。关于自治组织法律制度的制定与修订，本课题组的建议如下。

（一）不断完善基层群众自治的相关法律制度

首先，在实行基层民主已经写入了党章的基础上，应该进一步将基层群众自治制度写入宪法，使基层群众自治获得宪法和法律的制度支持。

其次，修订城市居民委员会组织法。城市居民委员会组织法从 1990 年实施到现在已 20 年，虽然对推动我国基层群众自治的发展起到了积极作用，但随着社会建设的不断发展和基层民主政治建设的日益推进，法律的部分内容已不能完全适应基层群众自治实践的需要，已难以有效保障基层群众自治的健康发展。城市居民委员会组织法是根据全国情况制定的，具有普遍指导意义，但在具体细节方面尚欠周密，对选举方式、权利救济等还没有明确的规定，这种具有普遍意义的法律制度还难以有效地指导具体的自治运作。因此，要及时修订，增强其切实可行的程序性内容，形成有利于发展基层群众自治的法制环境。

再次，在地方立法层面，要具体问题具体分析，结合不同的具体实际，不断完善地方法规，加强和细化操作程序，不断制定、完善、创新、落实各项基层群众自治的具体制度，以保证实现人民当家做主的根本目标。

最后，完善与基层群众自治组织发展相配套的法律制度。2010 年 10 月 28 日修订后的村民委员会组织法公布，但城市居民委员会组织法修订草案虽然也早已由民政部报送国务院，但还没有在人大通过。在修订两个组织法的同时，还要制定与之相配套的法律制度，主要包括：村（居）委会选举法、村民会议和村民代表会议组织办法、村务公开条例等。

（二）建立审查基层组织自治章程和村（居）规民约合法性的法律监督机制

基层组织自治章程和村（居）规民约通常集中体现了基层群众自治内容。因此，对村民自治章程和村（居）规民约合法性的监督就成为保障村民自治在法制下健康运作的重要前提。

村民委员会组织法第二十七条规定，村民会议可以制定和修改村民自治章程、村规民约，并报乡、民族乡、镇的人民政府备案。村民自治章程、村规民约以及村民会议或者村民代表会议的决定不得与宪法、法律、法规和国家的政策相抵触，不得有侵犯村民的人身权利、民主权利和合法财产权利的内容。村民自治章程、村规民约以及村民会议或者村民代表会议的决定违反前款规定的，由乡、民族乡、镇的人民政府责令改正。城市居民委员会组织法第十五条规定：居民公约由居民会议讨论制定，报当地人民政府或者它的派出机关备案，由居民委员会监督执行。居民应当遵守居民会议的决议和居民公约。居民公约的内容不得与宪法、法律、法规和国家的政策相抵触。

上述对于基层组织自治章程和村（居）规民约合法性监督的规定，其手段仅仅是将相关规范报不设区的市、市辖区、乡、镇政府备案，这显然是不够的。如果基层组织自治章程和村（居）规民约违反了宪法、法律和法规的规定，并且严重侵犯了宪法、法律和法规所保障的村民依法所享有的合法权益，在法律上如何来撤销违法的基层组织自治章程和村（居）规民约，以及如何来补救因为实施违法的基层组织自治章程和村（居）规民约而给村民的合法权益造成的损害，法律均无明确地规定。上述法律的规定的缺陷在于：一方面把对于基层组织自治章程和村（居）规民约的合法性的判断权交给乡级人民政府，这显然不当。因为乡级人民政府往往缺少必要的监督村民自治章程和村规民约合法性的手段。另一方面，村（居）民在实施基层组织自治章程和村（居）规民约的过程中遭到侵犯的合法权益无法获得诉讼手段的保护。所以，对于基层组织自治章程和村（居）规民约的合法性，至少应当由依法享有立法权的地方政权机构来进行监督。同时，村民应当有权就相关侵犯村民合法权益的事项向人民法院提起侵权诉讼。

如果缺乏对基层组织自治章程和村（居）规民约的合法性的监督，在法律上不给予村（居）民以起诉违法的基层组织自治章程和村（居）规民约的诉讼权利，要想真正发挥基层组织自治章程和村（居）规民约在依法实现基层群众自治、保障基层群众合法权益方面的作用，就是十分困难的。只有在法治的原则下规范基层群众自治的各项制度，才能充分发挥基层群众自治作为中国自治制度中一种重要的自治形式应有的作用。

正如我国现阶段还处在社会主义初级阶段一样，我国社会主义基层民主的发展也还处于初级阶段。从始至终不懈坚持法制化，是三十多年来我国基层直接民主实践积累下来的宝贵经验，同时也为基层民主未来的发展提供了重要启示和坚实保障。

第三节　社会行政事务管理法律制度存在的问题及其完善

建设社会主义和谐社会，必须提高社会事务管理的水平，强化社会事务管理的手段，特别是注重运用法律手段对社会事务进行管理，不断推进国家经济、政治、文化、社会生活的法制化、规范化。

社会包括三大事务：政治事务、经济事务和社会事务。原则上，政治事务由政府垄断；经济事务由营利组织运作；社会事务由社会组织管理。但从世界范围来看，强化对社会事务的监管是一个基本趋势。不同的是，西方发达国家经历的是一个从放任自流到适度监管的过程，我国经历的是从大包大揽到部分放手的过程。不管怎样，可以肯定的是，社会事务绝不仅仅是社会自身的事务，更不可能完全由社会自管，对社会事务的管理始终存在一份政府责任。对社会自身能够管好的社会事务，政府应当放手，由社会自管；对社会自身不能管好的社会事务，政府不能松手，而应当加强监管。就社会事务管理而言，一方面，要坚持公民自治、鼓励公民参与；另一方面，要加快政府职能转变，从全能政府向有限政府转变、从管制向规制转变。“有限政府是指在权力、职能、规范和行为方式上都要受到法律明确规定和社会有效控制的政府”①。因此，在进行社会立法时，要明确政府应当管理的社会事务的具体范围，坚持有所为、有所不为的原则，政府监管之手不能伸得太长，更不能越俎代庖。

社会行政事务管理包括婚姻、收养、殡葬、民间组织、区划地名管理等，这些是民政工作的重要组成部分。长期以来，对社会事务的管理，基本上停留在以“凭经验、按政策”办事的处理模式阶段。党的十五大提出“依法治国、建设社会主义法治国家”的宏伟目标后，社会事务管理方面的法制建设有了较快的发展，制定、修改了若干法律法规，设立了一些规范性流程。但是，总体上看，民政社会事务管理法制建设还存在缺乏宏观理论指导、协调衔接不够、规范针对性不强、与现实相脱节等诸多问题。

一、婚姻登记法律制度存在的问题及其完善

（一）婚姻登记发展历史及其取得的成绩

---

① 王维国等:《现代社会的公共性理念》，知识产权出版社 2008 年版，第 221 页。

1931 年，中央苏维埃颁布《中华苏维埃共和国婚姻条例》规定：男女结婚、离婚，须同到乡苏维埃或城市苏维埃登记。这是我国首次以法律形式规定了婚姻登记制度，将婚姻登记制度纳入法制轨道，标志着我国的婚姻登记制度正式建立。中华人民共和国成立以后，1950 年颁布的婚姻法延续了根据地时期关于婚姻制度的规定，确立了婚姻登记是结婚、离婚的必经法律程序。为落实新的婚姻登记制度，我国原内务部和民政部，在 1955 年和 1980 年、1986 年、1994 年、2003 年先后颁行过 5 个婚姻登记办法。

2003 年的《婚姻登记条例》扩大了公民的个人生活空间，简化和优化了登记手续，由政府的防范式管理变为婚姻当事人责任自负，一方面体现了法律与人情的完美结合，另一方面体现了中国政府人性化管理的施政理念。《婚姻登记条例》的变化折射出了时代的变迁和社会的进步，受到了国内外媒体的高度评价，成为婚姻登记工作历程中的重要里程碑。经过 8 年的实践，其确立的婚姻登记制度在实施过程中也逐渐暴露出一些问题和隐患，影响到了法律的实效。

为了规范婚姻登记，2003 年 9 月 25 日民政部发布了《婚姻登记工作暂行规范》；2006 年 1 月 23 日，民政部和国家档案局联合发布了《婚姻登记档案管理办法》等规范性文件。上述法律法规的颁布和实施，标志着上下配套、协调一致的婚姻法制框架已经初步形成，婚姻事务管理基本做到有法可依。

新中国成立六十多年来，婚姻事务管理法律制度建设始终得到党和政府的高度重视，得到社会各界的广泛支持，取得了引人瞩目的成绩：

1. 依法办理婚姻登记，规范婚姻登记管理制度。婚姻登记确认了当事人的婚姻效力，依法保障了公民婚姻自由的权利，巩固了一夫一妻的社会主义婚姻家庭制度，使自主合法的婚姻占据主导地位。同时，婚姻登记依法行政职能大大增强，“人情登记”、“权利登记”被杜绝，“搭车收费”被严格禁止，婚姻登记的工作效率和合格率大大提高。自婚姻登记规范化活动开展以来，一是健全和完善了婚姻登记工作人员岗位责任制、婚姻登记工作审查制度、专人办理制度、计算机管理制度、证件及印章管理制度、财务制度、检查考核制度和婚姻登记档案管理制度等多项规章制度，用制度来规范工作人员的言行，形成了比较科学规范的工作机制。在婚姻登记中，总结出了“四不登”、“四对口”的工作经验。“四不登”即：不够法定年龄不登，当事人不在场不登；有禁止婚姻和血亲关系的不登；非自愿的不登。“四对口”即：当事人、照片、证件证明材料、申请书对口。二是规范了婚姻登记流程。结合开展政务公开，向社会公布了婚姻登记机关的地址、名称、接待时间，婚姻登记的条件和程序，收费许可证，收费项目标准，监督电话等事项。婚姻登记员着装整洁，挂牌上岗，全面实行内部监督、社会监督、全程监督，有效地杜绝了违法登记的现象发生。

2. 坚持政事分开，规范婚姻服务行为。婚姻服务，是指在婚前、婚中、婚后各个阶段，为当事人提供的多样化、系列化的服务，包括婚姻介绍、婚前教育、婚纱摄影、证件快照、婚庆用品、婚礼婚宴、录像摄像、金银婚庆典等。婚姻服务在社会上早已存在，但一度处于失控和混乱状态。为规范婚姻服务行为，更好地为婚事消费者提供优质服务，根据国家有关规定，民政部发布了《关于加快发展发政婚姻服务业的意见》，确立了自愿、便民利民、行政执法与婚姻服务分开、社会效益和经济效益并重、促进婚姻登记管理机关、因地制宜、依法服务等七项原则，有力地推动婚姻服务朝着健康有序方向发展。

3. 引导婚俗改革，倡导文明新风。婚俗，是婚庆婚礼活动的一种习俗，体现了男女结婚的喜庆吉祥、庄重和对幸福生活的美好祝愿，是一定社会的思想道德观念和生活方式的反映。在建立社会主义婚姻家庭制度中，有关立法部门从移风易俗，建立科学、文明、健康的生活方式和尊重民族风俗习惯出发，积极推进婚俗改革；婚姻登记机关积极引导文明健康的婚庆形式，破除婚姻陋习，树立文明新风，有力地推动了观念更新和社会进步。

（二）婚姻登记管理法律制度存在的问题

现行婚姻管理管理制度，立足于本国立法需求的基础上，充分吸纳了域外先进国家的经验，体现了还权与民、强调自律的管理理念，反映了社会对私域调控模式的嬗变。然而，虽然是否缔结婚姻属于公民的私权范畴，却也与社会发展息息相关，不可能完全脱离政府的管理。就某些问题而言，现行婚姻管理制度在立法上存在矫枉过正的倾向，在执法过程中存在规范冲突的疏漏，从而造成婚姻管理工作在一定程度上的混乱。

1. 取消强制婚检，传染病发生率、新生儿出生缺陷率走高。强制婚检制度肇始于 1986 年 9 月 1 日民政部和卫生部联合发布的《关于婚前健康检查问题的通知》。该通知指出:《婚姻登记办法》规定，患麻风病或性病未经治愈者禁止结婚。结婚当事人在结婚登记前进行健康检查，目的是诊断当事人是否患有禁止结婚的疾病。这是减少出生缺陷，提高人口健康素质的一项重要措施。鉴于各地情况和条件差异较大，在开展步骤上允许有先有后。确定开展婚前健康检查的地方，由指定的妇幼保健部门或医院，指定医生承担，并报当地卫生、民政部门备案。负责检查的医生要亲自填写检查结果和能否结婚的意见，并经所在单位盖章。从此，强制婚检制度在全国逐步开始建立。如果说这一时期强制婚检制度的法律依据还仅仅是规范性文件的话，那么 1994 年《婚姻登记管理条例》的公布则使强制婚检第一次写入行政法规之中。根据《婚姻登记管理条例》第九条第三款规定，在实行婚前健康检查的地方，申请结婚登记的当事人，必须到指定的医疗保健机构进行婚前健康检查，向婚姻登记机关提交婚前健康检查证明。1995 年 6

月 1 日起施行的《母婴保健法》第十二条规定："男女双方在结婚登记时，应当持有婚前医学检查证明或者医学鉴定证明。"这一规定首次以国家法律的形式明确宣告并进一步强化了强制婚检制度。至此，强制婚检成为国家一项正式的法律制度。

强制婚检制度对控制人口数量、提高人口素质和保护公民健康起到相当积极的作用，但在具体实施过程中也存在诸多问题：操作草率、搭车收费、交钱盖章，泄露隐私，检查项目形同虚设，婚前指导难以落实，等等。这样，使得婚检成为一些部门敛财的手段，为越来越多的社会公众所诟病和抵制。有关部门组成的联合调查组指出：婚检对预防出生缺陷作用有限，且婚检存在大量"走过场"的现象；婚前医学检查应当鼓励，但加强婚检工作必须坚持自愿，不必要也不宜实施强制婚检。

为此，2003 年 8 月 8 日国务院公布的《婚姻登记条例》没有要求申请结婚登记的当事人提交婚前检查证明，不再把持有婚前医学检查证明作为结婚登记的必要条件，从而在事实上取消了实施多年的强制婚检制度，进一步放宽了对公民结婚登记的限制。按照立法者的设想，取消强制婚检制度，并不是取消婚检制度，而是把是否做婚前医学检查的权利交给当事人，体现了对公民权利的尊重。婚检作为一项健康检查程序，对于任何一对走向婚姻殿堂的夫妇来说都是必要的。言外之意，即使取消了强制婚检制度，申请结婚的当事人仍然会自愿去医疗机构进行婚检。然而，任何一项制度设计，都离不开规制对象的素质和认知水平的限制。在权利突然下放和回归之后，许多人并没有意识到婚前体检的重要性，纷纷选择不婚检，一度门庭若市的婚检医疗机构一夜之间门可罗雀，从而在全国普遍出现婚检冷落化现象。

据统计，自《婚姻登记条例》取消强制婚检以后，2004 年北京市的婚检率不足 5%，上海市的婚检率仅为 4%，杭州市的婚检率仅为 2%。为扭转婚检猛跌的趋势，不少地方政府纷纷推出免费婚检制度，实行政府埋单。然而一系列的惠民措施并未带来婚检率的明显提高。据统计，实行免费婚检后，2005 年 3 月北京市西城区的婚检率为 30%，2005 年 5 月上海市闸北区的婚检率为 55%，2008 年上半年杭州市的婚检率为 29%。婚检率的直线下降，不仅是数字上的变化，而是带来严峻的社会问题。最为突出的是，一些数量原已得到相对控制的传染病发生率再次回升，传播扩大；新生儿出生缺陷率走高，一些本可避免的新生儿缺陷再次回潮。据统计，2006 年 10 月至 2007 年 9 月，杭州市的 4 个区发现了 57 例先天性新生梅毒患儿；而 2007 年第三季度，竟发现了 26 例。

取消强制婚检的规定还造成与其他法律及其条例内部的冲突。首先，婚姻法第七条明确规定患有医学上认为不应当结婚疾病的，禁止结婚。条例第六条规定："患有医学上认为不应当结婚的疾病的，婚姻登记管理机关不予登记。"那么取消强制婚检，前来登记的男女双方如果没有出具《婚前医学检查证明》，婚姻登记管理机关又如何能够知道他们是否患有医学上认为不应当结婚的疾病呢？既然不知道结婚当事人是否患有医学上认为不应当结婚的疾病，那么婚姻登记管理机关到底该不该给他们进行登记呢？这就使婚姻登记管理机关陷入了一个两难境地。因此，造成了一方面与婚姻法第七条的立法宗旨相违背，另一方面条例内部缺乏协调，出现冲突。其次，条例对"婚前检查"未作规定，而且结婚登记时也不要求出具婚前医学检查证明或者医学鉴定证明。这不仅是对"婚前检查"应有的社会价值的否定，而且也与现行母婴保健法有冲突母婴保健法第十二条明确规定："男女双方在结婚登记时，应当持有婚前医学检查证明或者医学鉴定证明。"由于《母婴保健法》是全国人大常委会通过的法律，而《婚姻登记条例》是国务院公布的行政法规，因此，母婴保健法的法律效力高于《婚姻登记条例》，条例改变母婴保健法的有关规定，不符合立法法的规定。

2. 取消婚姻状况的证明，重婚现象大幅增加。婚姻登记机关在确认当事人婚姻合法有效、发放结婚证件之前，查明当事人真实的婚姻状况，对巩固一夫一妻的婚姻制度是非常重要的。为此，1994 年的《婚姻登记管理条例》第九条第一款规定，当事人申请结婚时，必须提供所在单位、村民委员会或者居民委员会出具的婚姻状况证明。之所以如此规定，主要是因为当事人所在单位、村民委员会或者居民委员会对当事人的婚姻状况最为清楚，由其出具的婚姻状况证明，真实程度较高。但是，《婚姻登记条例》却取消了这一规定，其第五条第一款规定，内地居民办理结婚登记时，仅需提供本人的户口簿、身份证以及本人无配偶以及与对方当事人没有直系血亲和三代以内旁系血亲关系的签字声明。这一简化程序的规定，体现了政府极力改变"严父"角色，尽量减少干预公民私生活的立法导向。然而，确保申请结婚的当事人是"自由身"，不仅涉及双方当事人的合法权益，更关系到一夫一妻制这一社会公共利益。因而，不仅当事人有责任提供真实的婚姻状况证明，公权力部门更有责任核实当事人的婚姻状况。这是因为，虽然在绝大多数情况下，当事人是自己事务的最佳管理者。但是，在申请结婚登记时，当事人的判断却未必完全准确：一方面，囿于信息不对称，一方当事人可能并不完全清楚对方当事人的婚姻状况，而轻信其声明为真；另一方面，个别情况下，一方当事人虽然完全清楚对方当事人声明的虚假性，但因"爱情冲昏头脑"，自愿与其结婚。无论哪一种情况，都有可能造成重婚骗婚现象。可见，仅凭当事人本人的一纸声明而发放结婚证件，存在法律漏洞，有可能被一些不法分子所利用。

事实上，要查明当事人的婚姻状况，最有效的途径是建立准确翔实的婚姻登记档案制度。然而，现在的婚姻登记档案管理工作虽然在向规范化、信息化方面取得了较大的成绩，但也存在一些问题，主要是婚姻状况信息多头掌握、零星分散，给档案管理带来较大的困难。具体地说，目前至少有三个部门涉及公民婚姻状况信息，但都存在一定的漏洞。一是公安部门。公安部门通过公民办理户口登记、变更等手续，掌握部分人口的婚姻状况信息。然而，由于许多婚姻当事人不主动申报婚姻变更状况，户口簿很难全面反映公民真实的婚姻状况。二是民政部门。民政部是负责公民婚姻登记的职能部门，因而对公民结婚和协议离婚的信息掌握比较全面。但是，由于目前婚姻登记工作尚未实现全国联网登记，民政部门掌握的只是各自经办的结婚和协议离婚的信息，对其他人的婚姻状况信息很难掌握。三是人民法院。有的离婚纠纷，是通过法院判决或者调解才解决的，因而法院掌握了这部分人员的婚姻信息；另外，对于失踪人口，只有法院才能宣告其死亡，因而法院也掌握了这部分人员的婚姻信息。由于以上三个部门的信息相互独立，互不畅通，因而要准确掌握一个人的婚姻状况相当困难，也给婚姻登记带来很大的漏洞，直接导致重婚骗婚现象的发生。

3.《婚姻登记条例》在内容方面也存在一些法律缺位，缺乏操作性的问题。

（1）未明确规定办理离婚登记应当收回或者注销结婚证，办理复婚登记应当收回或者注销离婚证。2003年9月27，民政部颁布了《婚姻登记工作暂行规范》（以下简称《暂行规范》）。该规范第五十二条第四款规定颁发离婚证，应当在当事人双方均在场时，在当事人的结婚证上加盖条形印章，其中注明“双方离婚，证件失效。××婚姻登记处”。注销后的结婚证退还当事人。但对于复婚登记时的离婚证却没有明确规定操作事项，于是出现结婚登记中的复婚，由于没有规定要注销其离婚证，造成婚姻当事人持双证（既持有原来的离婚证，又持有现在发的结婚证）现象。在婚姻登记未全国联网的情况下，势必会出现当事人持离婚证到另外的婚姻登记处和第三者结婚的重婚案件。

（2）不能异地办理婚姻登记，不符合社会发展现状，缺乏人性化。条例第四条和第十条规定：内地居民结婚或者离婚，男女双方应当共同到一方当事人常住户口所在地的婚姻登记机关办理婚姻登记。目前我国人口流动频繁，如果双方都到常住户口所在地以外的地方工作，办理婚姻登记就必须回到一方当事人的常住户口所在地，势必给婚姻登记的当事人带来不便，增加当事人婚姻登记的经济成本。建议可以规定“内地居民结婚或者离婚，男女双方既可以共同到一方当事人常住户口所在地的婚姻登记机关办理婚姻登记，也可以共同到一方当事人经常居住地的婚姻登记机关办理婚姻登记。”

（3）未规定婚姻登记员该如何履行审查无民事行为能力人或者限制民事行为能力人的义务。条例第十二条规定：办理离婚登记的当事人有下列情形之一的，婚姻登记机关不予受理。其中第二种情况为“属于无民事行为能力人或者限制民事行为能力人的”。根据民法通则规定，十周岁以上的未成年人及不能完全辨认自己行为的精神病人是限制民事行为能力人；不满十周岁的未成年人及不能辨认自己行为的精神病人是无民事行为能力人，由他的法定代理人代理民事活动。对于年龄限制的无民事行为能力人或者限制民事行为能力人，婚姻登记人员可以通过身份证查验，对于不能辨认自己行为的精神病，婚姻登记人员也可以通过“目测”确定。但是对于不能完全辨认自己行为的精神病人这类限制民事行为能力人，在其能够辨认的时候，婚姻登记人员是无法进行辨认的。这种鉴定需要由有条件的医院或专门的司法鉴定机构完成，婚姻登记机关无法也无权完成此工作。如果因此承担条例第十八条规定的“行政处分”，对婚姻登记部门和婚姻登记员是不公平的。

（4）对替婚、骗婚，冒用他人证件结婚，离婚当事人欺骗取得离婚登记等情况如何处理未作规定。婚姻法和条例中，规定的可撤销婚姻只有一种情况，即因胁迫而结婚的可以撤销。无效婚姻规定有四种情形：①重婚的；②有禁止结婚的亲属关系的；③婚前患有医学上认为不应当结婚的疾病，婚后尚未治愈的；④未到法定婚龄的。建议扩大可撤销婚姻、无效婚姻规定的情形，将上述弄虚作假、骗取婚姻登记的，列为可撤销婚姻或无效婚姻。

（5）关于无效婚姻制度。关于婚姻无效的制度设计，修正的婚姻法采取了双轨制，规定了无效婚姻和可撤销婚姻两种情形，并采取不同的补救措施。对于可撤销婚姻，实行相对无效原则，一方当事人享有一定的选择权，由人民法院或婚姻登记机关确认和宣告。婚姻法第十一条规定：“因胁迫结婚的，受胁迫的一方可以向婚姻登记机关或人民法院请求撤销该婚姻。受胁迫的一方撤销婚姻的请求，应当自结婚登记之日起一年内提出。被非法限制人身自由的当事人请求撤销婚姻的，应当自恢复人身自由之日起一年内提出。”婚姻登记条例第九条规定：“因胁迫结婚的，受胁迫的当事人依据婚姻法第十一条的规定向婚姻登记机关请求撤销其婚姻的，应当出具下列证明材料：（一）本人的身份证、结婚证；（二）能够证明受胁迫结婚的证明材料。婚姻登记机关经审查认为受胁迫结婚的情况属实且不涉及子女抚养、财产及债务问题的，应当撤销该婚姻，宣告结婚证作废。”根据上述规定，对于因胁迫而结婚的，因受胁迫一方当事人的请求，婚姻登记机关可以撤销。

对于无效婚姻，实行绝对无效原则，当事人只能主张无效，而不能有条件地主张有效。关于无效婚姻的有权宣告机构，《中华人民共和国婚姻法修正案（草案）》中曾有规定：“对于无效婚姻，当事人以及利害关系人可以向婚姻登记机关或人民法院提出该婚姻无效，婚姻登记机关或人民法院应当宣告该婚姻无效。”

但在审议时，有常委认为，无效婚姻即使未经宣告也是无效的，规定了程序反而可能引起歧义，因此在最后通过的修改决定中删除了该款内容。《最高人民法院关于适用〈中华人民共和国婚姻法〉若干问题的解释（一）》就有权向人民法院申请宣告婚姻无效的主体、人民法院不予支持的情形以及人民法院对无效婚姻做出的判决的法律效力等问题分别作了规定，这些规定明确了人民法院对无效婚姻的处理权。对于无效婚姻的处理，由于婚姻法第十二条只规定由当事人协议处理同居期间的财产，协议不成时，由人民法院根据照顾无过错方的原则判决，并未明确婚姻登记机关的处理权，加上《婚姻登记条例》也未规定婚姻登记机关对无效婚姻可以自行纠错，因而实践中，对于无效婚姻，事实上只有人民法院才有权宣告无效。然而，将所有涉及婚姻无效的案件均由人民法院受理，既不符合基本的法理，也不利于纠纷的快速解决。

（6）未规定当事人的权利救济途径。条例第十八条规定婚姻登记机关及其婚姻登记员有违法行为，对直接负责的主管人员和其他直接责任人员依法给予行政处分，可见明确了婚姻登记机关行政机关的属性。按照行政诉讼法和行政复议法的规定，应该赋予婚姻登记当事人行政复议权和行政诉讼权，条例在此方面的欠缺，不得不说是一种法律程序的不完整。

（三）现行婚姻登记管理法律制度的完善

1. 免费强制，重新设计我国的婚检制度

（1）在强制与自愿、免费和收费中寻求出路。2003 年《婚姻登记条例》颁布实施时，北京市卫生局向市人大和有关部门提交报告，反映该条例取消强制婚检的规定和母婴保健法及《北京市实施〈中华人民共和国母婴保健法〉办法》中的规定不一致，并询问具体执行步骤和办法。市人大法制办有关人士称，这个问题应该由市政府提出，因为不符合程序所以没有做出答复。即使是符合程序，变更《北京市实施〈中华人民共和国母婴保健法〉办法》关于婚检的规定也是“左右为难”：如果修改为结婚登记无须持有婚检证明，则与全国人大制定的法律《母婴保健法》冲突；如果维持原状则，与国务院制定的法规新《婚姻登记条例》冲突。要结束目前这个尴尬局面应该由全国人大进行释法，对母婴保健法和新《婚姻登记条例》关于婚检的规定的具体适用作出进一步解释。但是没有解释，因此婚检在实践中探索。

2005 年黑龙江省卫生厅修改后的《黑龙江省母婴保健条例》于 6 月 24 日审议通过，并开始施行。该条例的公布施行意味着黑龙江省成为自 2003 年 10 月 1 日实行自愿婚检以来我国第一个恢复强制婚检制度的省份。新修改的《黑龙江省母婴保健条例》又与《婚姻登记条例》发生了冲突，婚姻登记的主管部门民政部门表示事先不知道要修订《黑龙江省母婴保健条例》，而且条例里也没有体现民政部门的意见和态度，其可行性值得商榷。

强制婚检的矛盾，说到底就是公民的健康权与自由权谁应该被优先考虑的法治问题，而要回答这个问题，就需要“合宪性审查”机制的及时介入。我国虽然没有宪法法院和司法审查那样的宪法保障方式，但是并不缺乏立法的违宪审查机制。2004年全国人大常委会法工委增设了一个备案审查室，其重要工作就是要对规范性文件的合宪性进行审查。如果有关法规规章的规定存在违反宪法或者违反法律的情况，全国人大常委会可以按照法定程序撤销相应的规定，也可以要求制定机关自行更改。所以说，只有启动了“合宪性审查”，才能最终终结“婚检尴尬”。

根据我国立法法关于“法律的效力高于行政法规”和“下位法违反上位法规定的”应“予以改变或者撤销”之规定，《婚姻登记条例》应服从母婴保健法的规定，有关部门应主动对其予以修订，以进一步完善我国强制婚检制度，使之成为提高我国人口质量的必不可少的重要措施。

取消强制婚检以后，各地婚检率大大降低，有的地方甚至出现了“零”婚检率。由于婚检率下降所导致的新生儿异常和艾滋病、梅毒、淋病等传染性疾病也有所增加，现状令人十分担忧。于是有人提出婚检免费方式，提高自愿性的婚检率。

浙江省有关部门公布的一组数据显示：新修订的《婚姻登记条例》把婚检从“强制”改为“自愿”后，2004年该省的婚检率由上一年的95%狂跌到1.57%。婚检率的大幅度“跳水”引发一系列社会问题，最为突出的是一些传染性疾病的传播扩大，新生儿出生缺陷率走高。面对如此困境，财力相对雄厚的浙江省决定打出免费牌，但是少人“喝彩”。某大城市2004年10月开始实行免费婚检，然而许多新婚年轻人对政府“埋单”婚检并不领情。一年中，该市登记结婚人数为71294人，但进行婚检的仅有3442人，婚检率只有4.8%；全市13个城区中，有6个区的婚检率跌到了零。

我们发现实施免费婚检后，自觉婚检率不见得大幅提升。于是上海闸北等区采取了婚前体检、婚姻登记和计划生育咨询“一门式”服务，提高了自愿婚检率。为了让更多新人接受婚姻知识，普陀区妇幼保健院的一些婚检项目也将陆续移到婚姻登记中心边上，并设想建立无偿献血车那样的流动体检巴士，为自愿体检的当事人提供最便捷的服务。免费后的婚检率依然是上升有限，能够达到30%左右已经是上限了。上海的做法虽然对提高婚检率效果有限，但是它具有改革价值——有利于政府职能由“建设型”向公共服务型转变。

（2）重新设计我国的婚检制度

那么到底婚检对提高出生人口素质是否重要，是否需要婚检？如果否定，我们就没有必要继续进行探求了。如果肯定，那么面对如此的现状，该如何解决？

婚前检查是为即将步入结婚圣殿的情侣提供的一种健康检查。通过婚检可以了解结婚前男女双方的健康状况，并且可以发现一些身体的异常或疾病，包括：有无男性或女性生殖系统发育异常、慢性病、传染病、性病、遗传病等。婚检时通过询问病史、家族史和医学检查，可以筛出某些先天遗传性疾病和不宜结婚、暂缓结婚、不宜生育的人群。通过婚检还可以提供优生优育指导，建议选择最佳受孕时机，避免计划外妊娠和不必要的人工流产；通过遗传咨询，可以避免生育不健康的儿童。

医学专家认为，目前遗传病有4000余种，没有根本治疗的办法，正威胁着数以千万人的健康，给家庭、国家、民族带来痛苦与沉重的负担。通过婚前体检可以及时发现男、女本人或双方家系中患遗传病的情况，并根据患病的真实情况作遗传风险度测算及遗传方式的分析，进行优生指导。因此，婚前体检是防止遗传病蔓延、控制遗传病的第一关，是提高民族素质的重要措施。

在由国务院妇女儿童工作委员会办公室等部门联合举办的全国“婚前医学检查”研讨会上，全国妇联副主席赵少华指出，婚检是提高出生人口素质，降低出生缺陷的重要防线，希望通过各种措施，使每个公民承担自觉婚检的义务。据推算，如婚检率下降至5%以下，保守估计每年有100万~120万病人漏检，其中指定传染病20万~22万人（其中性病3万~4万人），严重遗传病1万人左右，精神病近2000人，生殖系统疾病45万~52万人，内科疾病29万~35万人。这将严重影响新婚人群及其后代的健康，最终家庭以及社会不得不为此付出沉重的代价。

据此，我们有理由肯定婚检对于提高出生人口素质、降低出生缺陷的重要意义。因此，从提高中华民族人口素质和国家可持续发展的角度，对目前的婚检制度应该进行修正，重新设计我国的婚检制度，其基本原则为“免费强制”。基本制度设计如下：

首先，解决法律冲突，恢复递交婚检证明作为婚姻登记的形式要件。针对《婚姻登记条例》与母婴保健法存在明显的冲突和矛盾，而母婴保健法的法律效力高于《婚姻登记条例》的现状，民政部应该根据母婴保健法的基本原则，结合目前婚前医学检查的实际状况，对《婚姻登记条例》的相关规定作出修改，恢复递交婚检证明作为婚姻登记的形式要件。凡是申请结婚登记的男女双方各自应当向对方、向婚姻登记机构提交《婚前医学检查证明》或者《医学鉴定证明》，这均属各自的责任。在这一责任上双方的权利义务是平等的、对应的。作为法治政府、责任政府、服务政府，应当理直气壮地要求缔结婚约的双方负起平等的责任。事实已经清楚无误地告诉了我们，不管怎样从国外引经据典，“自愿婚检”

的道路在中国，至少在目前的中国社会、经济、文化等条件下走不通。在目前的情况下，只要不强制，无论是加强宣传，还是免费，婚检率在相当一个时期内都无法提高到原来的水平。免费婚检的设计并没有动摇实行强制婚检的依据。要实行免费婚检，也要实行强制婚检。

其次，民政部联合卫生部、计生委等部门制定新的《婚前医学检查的规定》，重新确定婚检的项目。大连市沙河口区及普兰店市等部分妇幼保健院针对不愿进行婚检情况进行了问卷调查，调查显示：90% 以上的人因婚前有性行为或疾病等原因，不愿暴露个人隐私；80% 的人认为自我身体健康，不需进行婚检；31% 的人认为以前曾做过健康体检，无须再做身体检查；23.5% 的人担心查出疾病，影响双方感情和登记结婚；10% 的人明知自己有病，不想让对方知道，因此拒绝婚检。这份调查表明了新人不愿意进行婚检的心态，本着尊重个人隐私、提高出生人口素质原则，可以实行“菜单式”检查，将部分涉及个人隐私的项目设置成可选项目（例如婚前性行为的检查）。

最后，是这项制度实施的基础，就是政府埋单。婚检不同于单纯的个人消费，它更是全社会卫生服务工作的重要一环，应该把婚检作为一种由政府提供的公共卫生服务产品，政府应为免费婚检埋单，这具有提高婚检率的“催化剂”作用。

2. 根据实践修订条例，建立多部门有效协作机制

《婚姻登记条例》实施已经八年有余，在实践中出现了一些影响婚姻登记工作的问题，存在着不少的法律空白，修订条例，消除条例内部矛盾，协调法律、法规之间的冲突，使其更具有操作性，是解决目前婚姻登记工作中大部分问题的根本途径。

建立婚姻登记部门和涉及婚姻登记工作的公安、计生、司法公证等多个部门的有效协调机制，减少工作阻力。例如，建立婚姻登记与户籍管理的有效协作机制会避免目前因婚姻登记管理与户籍管理分离而造成的信息不对称以及由此产生的工作中的诸多漏洞。目前我国婚姻登记管理机关与户籍管理机关是分属民政与公安两个不同部门，按照各自的流程互不关联地工作，各自的信息和资源互相隔离，造成对社会公共服务的局限性和不准确性。因此可以通过建立有效的信息协作机制，在信息管理领域对传统政府管理的机制、运行模式进行局部整合，以实现婚姻登记管理与户籍登记管理合一的良性机制。

3. 加强信息化建设，实行婚姻登记网络化管理

2006 年，32 岁的杭州单身大学教师刘也，在他所在的大学门口的洗衣店结识了比他小三岁的陆芳。两人逐渐产生好感，并很快超出了顾客与洗衣店员工之间的关系，热恋并筹备结婚。两人在杭州市西湖区婚姻登记处办理了结婚登记手续。一个大学教师爱上了只有初中文化的外来打工妹，灰姑娘与王子的爱情故事

轰动了校园，感动了不少大学生。然而，这个爱情童话剧在两年后最终以悲剧落幕。原因是陆芳在长达一年多的时间里，过着“一妻两夫”的生活。因为早在2002年2月28日，陆芳就在安徽庐江老家结了婚，孩子已经近7岁。在办理婚姻登记时，陆芳托人伪造了户籍资料，骗过了婚姻登记机关。与刘也结婚后，陆芳几次回老家与丈夫商议离婚。直到2007年3月，陆芳才与老家的丈夫办理了离婚手续，孩子归她抚养。陆将孩子交托与父母。陆芳直到2008年8月才将户口从安徽转到杭州。在她将户籍材料交到杭州的辖区派出所审查时，警方发现陆芳涉嫌重婚罪。当警察找上门来时，刘也还浑然不知。2009年1月6日，陆芳被杭州市西湖区法院以重婚罪一审判处拘役6个月，缓刑6个月。

类似这样的重婚甚至骗婚事件在中国不断发生。河北省，有一名33岁的男子在6天时间内，连结两次婚，创下了中国内地在最短时间内重婚的纪录。2009年5月，法院以重婚罪一审判处其有期徒刑1年。重庆市黔江区一名程姓农妇在4年间竟先后3次与不同男人登记结婚。据这名农妇交代，她的目的是骗财。

2003年的《婚姻登记条例》实施以后，在全国范围内的重婚和利用结婚行骗的案件不断增多。其主要原因是，《婚姻登记条例》规定，人们办理结婚或离婚登记手续，都不用到单位或户口所在地开证明了。准备结婚的适龄男女，只要符合《婚姻法》规定的结婚条件，双方带着户口本和身份证，去户口所在地的县（区）民政局，双方共同签署“申请结婚登记声明书”，就可以立即办理结婚登记手续，领到结婚证。而需要办理协议离婚手续的男女双方，也是只要带着户口本、身份证、结婚证以及双方签名的离婚协议书，即可到户口所在地的县（区）民政局部门去办理离婚手续了。

在结婚登记实践中，当事人向婚姻登记机关提出申请时所持的户口簿、身份证，只是起到证明个人身份的作用，登记程序完成之后，婚姻登记机关不会在户口簿上进行任何的更改，已结婚的当事人户口簿上显示的仍然是未婚，所以当事人户口簿上的婚姻状况不一定真实。而民政部门与户籍管理部门之间的不沟通、不协调，很容易被别有用心者钻法律空子。

《婚姻登记条例》实际上是把原属登记机关、单位和户籍地派出所的责任转移到男女双方当事人身上。那样无形中就加大了结婚者个人对自己婚姻的责任。比如说，若结婚后一方出现重婚、骗婚之类的情况时，就只能靠自己担着了。但即使重婚者、行骗者受到处罚，可受骗者的损失已经形成，不但在心理、财产上受到损失，而且造成了极坏的社会影响。因此，在登记时遏制这种重婚和以婚姻行骗的行为是至关重要的。

目前县级以上民政部门婚姻登记机关达到2883个，覆盖全国97%的县区。在目前婚姻登记制度下，产生如此现象，根源是因为中国各省之间婚姻登记机关缺乏信息共享，没有联网，如果通过异地办理结婚登记，很容易瞒过登记机关。因此说，信息化建设是有效预防重婚、骗婚等违法行为的重要屏障，

各级民政部门逐渐认识到了管理漏洞，很快达成共识：婚姻登记信息化建设是开展婚姻登记工作的重要载体和实现长远发展的关键平台。于是，上海、北京、山东、陕西等省份纷纷在地方实现信息联网。民政部社会事务司在2009年《关于进一步做好婚姻登记规范化建设工作的通知》民函［2009］113号要求：各地民政部门要加快信息化建设工作的推进速度，特别是尚未实现省内联网的省级民政部门，应加紧解决信息化建设经费问题，积极协调财政、发展改革等部门争取今年的专项经费，或向财政部门申请追加经费，或主动向信息产业等相关部门申请信息化专项经费，以尽快建立省级婚姻登记与管理信息平台。

截至2010年底，全国实现省级联网的省份已由2005年的2个增加到现在的23个。但是目前尚有8个省份没有完成省内信息化联网工作，制约了全国婚姻登记联网的总体进度。在2010年12月28日民政部召开的全国婚姻登记规范化建设十一五总结工作视频会议上，窦玉沛副部长要求：信息化建设是提高登记机关办事效率和质量、满足公众婚姻出证需求的重要依托，是推动婚姻管理和服务改革的技术支撑，也是有效预防重婚、骗婚等违法行为的重要屏障。婚姻信息的全国联网主要取决于各省级民政部门的联网进度，缺一不可。各级民政部门要切实重视这项工作，上下齐心、协同合作，在“十二五”期间实现全国婚姻登记数据联网。民政部即将颁布部、省两级婚姻信息交换共享数据标准，推动已联网省份实现与部级数据中心的交换与共享，并逐步充实全国婚姻登记数据库存量。尚未联网的8个省份要抓紧实现省内联网。已经实现联网的地方要利用信息平台开展政策咨询、网上预约、在线登记、电子档案信息查询和婚姻出证等服务，尽快完成婚姻档案历史数据信息补录工作，打造数字化登记机关。

为了实现婚姻登记信息化管理，各地在民政部的要求下，不断创新。例如，湖南省民政厅自主研发了婚姻登记信息管理系统，不仅实现了婚姻登记信息化，而且与省公民信息管理局公民信息数据库接口对接，成为在全国率先实现省内婚姻登记信息与公民信息管理共享的省份。共享后，一是能有效防止使用假身份证及户籍资料、重（错）号身份证办理婚姻登记的问题；二是减少了婚姻登记员手工信息录入量和录入差错率，加快了办证速度；三是自动生成婚姻登记统计台账数据，可直接将数据导入全国统一的民政财务统计台账系统；四是该系统自动生成人口与计划生育部门需要的婚姻当事人信息表和婚姻档案目录；五是户籍管理部门可直接采集婚姻登记信息修改当事人户籍信息中的婚姻状况。

2010年底，民政部已经开发完成了“全国婚姻登记管理信息系统”和“部、省两级婚姻登记数据交换系统”，初步建成民政部婚姻登记数据中心，启动了部

省两级婚姻信息实时交换与共享的试运行工作。目前，陕西、北京、上海三个试点省市已实现与全国婚姻登记数据中心数据交换和共享，试点省市间已实现婚姻登记信息联网[①]。我们相信，“十二五”期间，全国婚姻登记的网络化管理制度一定能构建完成，搭建起有效预防重婚、骗婚等违法行为的屏障。

二、收养登记法律制度存在的问题及其完善

收养事务管理，是政府通过制定和执行有关收养法律，对整个社会的收养进行指导、调节、监督和处理，以建立符合社会需要的收养制度和收养秩序。收养制度是亲属制度的重要组成部分，也是家庭制度的必要补充，是世界各国普遍实行的一项法律制度。对于收养登记的管理，世界各国均经历了由当事人放任主义向国家监督主义转变。

（一）我国收养法律制度的演变

新中国成立后，我国迅速完成了从新民主主义到社会主义的过渡，并开始进入全面建设社会主义的历史新时期。随着社会主义制度的建立，我国开始进行社会主义法制建设。与其他法律规范不同的是，这个时期的收养制度，除 1950 年婚姻法第十三条涉及以外，其他内容主要是以司法文件的形式颁布的。如《最高人民法院关于收养关系诸问题的几点意见》（发东北分院）涉及收养契约的订立、收养关系的解除、收养不得违背社会公德等问题；1951 年 4 月 17 日发布的《最高人民法院华东分院关于有关亲属继承等问题的批复》涉及养子女能否继承生父母遗产的问题；1951 年 1 月 18 日发布的《最高人民法院华东分院关于有关亲属继承等问题的批复》涉及收养关系的解除、立嗣等问题；1953 年 7 月 14 日发布的《最高人民法院中南分院关于“公公与媳妇”、“继母与儿子”等可否结婚问题的复函》涉及有收养当事人的结婚问题；1956 年 3 月 30 日发布的《最高人民法院关于解除养父子关系的复函》涉及成年养子女收养关系的解除问题；1962 年 9 月 13 日发布的《最高人民法院关于几个继承问题的批复》涉及有扶养关系的继父母与继子女的关系问题；1965 年 4 月 2 日发布的《最高人民法院司法行政厅关于收养子女公证问题的函》涉及收养子女的公证问题。

从 1967 年开始的“文化大革命”到 1978 年十一届三中全会召开之前，历时 10 年之久，社会主义法制建设基本处于停滞阶段，收养法律制度建设也未能幸免。党的十一届三中全会以后，社会主义法制建设重新步入健康发展的轨道，一系列关于涉及收养的法律、通知、办法等规范性文件相继出台。如 1978 年 9 月 15 日公安部发布的《关于户口迁移问题解答》涉及被收养人的落户、收养人的年龄等问题；1982 年司法部发布的《关于办理几项主要公证行为的试行办法》

---

①《民政部关于加快推进全国婚姻登记信息联网工作的通知》（民函〔2011〕63 号）

涉及收养成年子女的规定；1979 年 2 月 2 日发布的《最高人民法院关于贯彻执行民事政策法律的意见》涉及送养人的子女人数、配偶同意等问题；1984 年 8 月 30 日发布的《最高人民法院关于贯彻民事政策法律若干问题的意见》涉及收养的合意、收养关系的解除、事实收养、收养养孙等问题。此外，1980 年婚姻法也涉及养父母与养子女的拟制效力、解销效力问题。该法第二十条规定："国家保护合法的收养关系。养父母和养子女间的权利和义务，适用本法对父母子女关系的有关规定。养子女和生父母间的权利和义务，因收养关系的成立而消除。"

自 20 世纪 90 年代开始，社会主义法制建设进入了一个崭新的发展时期，一大批法律法规相继颁布实施。1991 年 12 月 29 日七届全国人大常委会第二十三次会议通过了《中华人民共和国收养法》，使新中国的收养制度得以法律形式固定下来，标志着收养工作开始全面步入法制化、规范化的轨道。1998 年 11 月 4 日九届全国人大常委会第五次会议又对该法进行了修正，使其更加完善。这种法律全面规定了收养制度的基本内容，包括：收养的基本原则、收养关系的成立、收养的效力、无效收养行为及其法律后果、收养关系的解除及其法律后果、涉外收养等问题。2005 年 4 月 27 日十届全国人大会常委会第十五次会议批准了《跨国收养方面保护儿童及合作公约》，标志着我国收养法律制度建设走向新的一页。

为保证收养法的顺利实施，民政部和有关部门陆续发布了以下规范性文件：1992 年 4 月 1 日民政部发布了《中国公民办理收养登记的若干规定》；1992 年 4 月 10 日民政部发布了《关于外国人在中华人民共和国办理收养登记若干问题的通知》；1992 年 10 月 7 日民政部发布了《关于外国人收养我国社会福利院抚养的儿童若干问题的通知》；1992 年《民政部转发公安部、商业部〈关于被收养子女户口和粮食供应关系迁移问题的通知〉的通知》；1993 年 11 月 10 日司法部、民政部联合发布了《外国人在中华人民共和国收养子女实施办法》；1999 年 5 月 25 日民政部发布了《中国公民收养子女登记办法》、《外国人在中华人民共和国收养子女登记办法》和《华侨以及居住在香港、澳门、台湾地区的中国公民办理收养登记的管辖以及所需要出具的证件和证明材料的规定》；2000 年 3 月 3 日司法部发布了《关于贯彻执行〈中华人民共和国收养法〉若干问题的意见》，2000 年 3 月 24 日民政部发布了《关于开展国内公民"事实收养"调查的通知》；2008 年 1 月 8 日民政部办公厅发布了《关于在办理涉外收养登记时为收养人出具〈跨国收养合格证明〉的通知》和《关于外国人在中华人民共和国收养继子女当事人需要出具的证件和证明材料的通知》，2008 年 9 月 5 日民政部、公安部、司法部等联合发布了《关于解决国内公民私自收养子女有关问题的通知》。

2004 年以来，上海、江苏等省市开始探索引入收养登记调查评估制度。即在收养登记前，由收养登记机关委托专门组织或者专业社会工作者，对收养人家庭情况进行实地调查，并向登记机关提出是否具备收养资格条件的参考意见。

新中国成立以来，我国收养登记工作在四个方面取得了较大发展，有力地保障了未成年人和收养人的合法权益。

1. 健全了收养登记及其相关法律制度。收养是根据法定的条件和程序领养他人子女为自己子女的民事法律行为，其目的旨在产生拟制的法律关系，导致当事人人身关系和民事权利义务关系的变化，为此，必须通过法律制度进行规范。1991 年、1998 年收养法的制定和修改，以及相应的行政法规、规章的制定和修改，建立健全我国的收养制度，使收养这一法律行为纳入了法制轨道。

2. 促进了涉外收养的发展。1998 年修订的收养法确立了“以国内收养为主，国外收养为辅”的收养方针，使收养工作得到了较快的发展，特别是跨国收养得到进一步规范。根据国际跨国收养有关公约的精神，允许适量的跨国收养，有利于保障困境中儿童的合法权益，有利于增进中外民间的友好交往。据统计，自 1999 年至 2008 年，中国公民被外国人收养的共计 87722 人。

3. 增强了群众法制意识。通过法制宣传，群众依法收养的法制意识不断增强。捡拾到弃婴及时报案，送往福利机构的事案逐渐增多。久而久之，人们认识到，“做善事，献爱心”也要依法而行。

4. 解决了事实收养问题。国内公民依法收养意识不断增强，通过办理收养登记，有效地保障了收养关系当事人的合法权益。但目前依然存在国内公民未经登记私自收养子女的情况，因收养关系不能成立，导致已经被抚养的未成年人在落户、入学、继承等方面的合法权益无法得到有效保障。为全面贯彻落实科学发展观，体现以人为本，依法保护当事人的合法权益，进一步做好国内公民收养子女登记工作，2008 年 9 月 5 日，民政部、公安部、司法部、卫生部、人口计生委联合发布了《关于解决国内公民私自收养子女有关问题的通知》（民发［2008］132 号），就解决国内公民私自收养子女问题实事求是地进行了规范，较好地解决长期困扰政府部门的事实收养问题。

（二）现行收养登记法律制度存在的问题

现行收养登记法律制度对规范收养行为发挥了重要的作用，政府在收养登记工作规范与管理方面做出了巨大的努力。但是，随着社会经济的发展，社会公众需求的增加和观念的变化，在实践中又不断暴露新的问题，需要进一步深入研究解决。

1. 我国采用完全收养的单一立法模式，不适应现代收养需求。完全收养是指收养关系成立后，被收养人与其生父母之间的权利义务关系解除，养父母养子女之间发生等同于父母与婚生子女关系。这种完全收养立法模式对放弃亲权的生父母一方是不公平的。因为在很多情况下，生父母因离异无奈放弃亲权，且现今独生子女较多，如果被收养人为未成年人，按规定其与生父母及其近亲属间的权利义务关系，当然也因收养关系的成立而消除，这对已尽抚养义务的生父母来说，未免有失公允。

2. 收养法规存有一定的滞后性，不能适应新时期人们对收养工作的要求和收养工作自身发展的需要。

（1）对收养人的范围的规定过于严格，应在发生地震、洪水等特大自然灾害的条件下以及收养人的第一个子女不能成长为正常劳动力的特殊情况下适当放宽收养人的范围。

（2）《收养法》未把成年人纳入被收养人的范围，无法解决现实生活中收养成年人的问题，从而无法满足老年人希望通过收养成年子女以娱慰晚年的愿望。

（3）收养人与被收养人之间缺乏情感积淀环节，当事人权益保障不完善，收养事后评估缺位。现实生活中存在很多虐待、剥夺被收养人受教育权的情况，缺乏收养成立后的监督机制。

3. 收养登记缺乏实质审查环节，使得收养程序流于形式，不能很好地维护被收养人和收养人的合法权益，甚至给违法犯罪分子可乘之机。社会上存在的私下收养、转送甚至转卖弃婴现象，严重干扰收养工作秩序。

4. 长期以来，“秘密收养”一直是主要的收养方式。收养法第二十二条规定：“收养人、送养人要求保守收养秘密的，其他人应当尊重其意愿，不得泄露。”根据这一规定，收养事实上有公开收养与秘密收养之分。这是因为，收养行为对收养人、送养人以及被收养人的社会生活将产生重大影响，公开收养信息往往不利于被收养儿童与其新家庭建立亲密联系，不利于对非婚生子女的保护。因此，各方当事人，特别是收养人和送养人通常希望禁止公开收养记录等相关信息，这就是收养的保密。秘密收养，有利于收养家庭的安宁，有利于被收养儿童的健康成长。但是，一方面，被收养人往往希望知道自己的真实身世，这便与亲生父母的隐私权发生了冲突，特别是在被收养人是非婚生子女的情况下；另一方面，亲生父母可能希望以各种方式探视送养的子女，这又与收养家庭的生活安宁发生了冲突。如何协调生父母的隐私权、被收养人的知情权、收养家庭的安宁等之间的关系，现行法律没有规定，实践处理不一。

（三）现行收养登记法律制度的完善

针对目前我国收养登记实践中存在的问题，在现有制度基础上进行改革势在必行，且改革的重心应放在收养登记立法的制度弥补方面。

1. 放宽收养成年人的条件，在特殊情况下取消“收养人无子女”的限制条件。

我国收养法应放宽被收养人的范围，允许无子女的老年人收养成年子女。其立法目的在于满足老年人的实际需要，解决老龄化社会的养老问题。而这里所指的“养”不仅仅代表经济上的支持，更多的是对老年人生活上的照料和精神上的慰藉。这一举措不仅可以满足老年人物质和精神上的需要，而且可以减轻国家的经济负担，是一个双赢的举措，具有重要意义。应当注意的是，主张放宽收养成年人的条件，并不是无限制地放宽，而是规定相应的条件。例如，老年人收养婴儿就需要做出限制。

在特殊情况下，取消“收养人无子女”的限制条件，不仅不会影响计划生育工作的贯彻，还会促进计划生育政策的落实。人性化的收养规定与计划生育政策的目的具有同一性。收养是在收养人和被收养人之间建立拟制的父母子女关系，不会增加实际人口的数量。如果法律能准许虽有子女但子女不能成长为健康劳动力的夫妻收养子女的话，既能够满足“幼有所养、老有所终”的人性化要求，又可以缓解再次生育带来的人口增长的压力，还有利于计划生育政策的贯彻落实。例如，汶川地震后大量孤儿需家庭关爱以平复心理伤痛。鉴于这些孤儿的特殊情况，为尽快让这些孩子从地震的阴影里走出来开始新的生活，应赋予孤儿父母的三代以内旁系血亲优先收养权。借鉴收养法关于华侨收养三代以内旁系血亲的子女不受无子女限制的规定，在发生地震等自然灾害的情况下，收养三代以内旁系血亲的子女，收养人可以不受无子女的限制，优先收养。

2. 完善被收养人解除收养关系的请求权。

被收养人是收养法律关系的主体应享有建立收养关系的同意权和解除收养关系的请求权。在完全收养模式下，被收养人绝大部分为未成年人。其中未满10周岁的被收养人，由其父母或监护人代其行使建立收养关系的同意权和解除收养关系的请求权。年满10周岁的限制行为能力人，可自己行使建立收养关系的同意权和解除收养关系的请求权。因为年满10周岁的被收养人对其在养家生活以及与养父母的关系已经有了一定的认知能力，应当由其自己行使建立收养关系的同意权和解除收养关系的请求权。我国现行收养法第十一条规定，收养关系的建立，须收养人和送养人双方自愿。被收养人为14周岁以上未成年人的，应当征得被收养人的同意。可见，我国现行收养立法已经确认年满10周岁的被收养人可以自行行使建立收养关系的同意权。从权益平等的角度，我国收养立法应赋予年满10周岁被收养人解除收养关系的请求权以期更好地维护未成年被收养人的合法权益。

3. 完善违反保密规定的法律责任。

一般情况下，收养人与被收养人没有血缘关系。收养关系依法成立后，从法律上讲，他们形成父母子女关系。但是，从感情上讲，他们只是开始相互了解，与生父母子女的血缘感情相差较大，受外界影响较大。实践中，一些养父母子女间已经建立了一定的感情。但是，当养子女知道自己的真实身份后，就会与养母的关系逐渐淡化，以致最后提出解除收养关系。我国现行收养法关于收养保密问题只有一条禁止性规定，没有相应的制裁措施，缺乏可操作性。为此，建议收养法应作如下规定，收养儿童的秘密受法律保护。收养当事人、进行收养登记的国家公职人员及其他熟悉收养情况的公民均应保守收养秘密。如违反收养人的意愿，泄露收养儿童的秘密，应当承担民事责任。只有法律明确规定违反收养保密规定的法律责任，才能切实有效保障收养人与被收养人的合法权益，才能使权利人在权利遭受损害请求赔偿时，有法可依，有章可循。

4. 收养登记应实行实质性审查，设立收养监督机制。

针对我国收养法定程序流于形式的弊端，增加收养登记的实质审查环节是必要的。实质审查就是对收养人的收养能力进行事先评估和事后评估。立足我国国情，由民政部门负责收养登记的实质审查更为适当。实质审查应在试养期间内进行。收养登记的实质审查内容应当包括调查收养人和被收养人的品德与健康状况，收养人的收养动机、经济状况、抚养教育被收养人的能力及家庭关系，被收养人与收养人相处情况等，以完成收养的事前监督。

民政部门向收养人颁发收养登记证的同时，应建立收养档案，以便日后定期调查。民政部门应定期派出工作人员做好收养关系成立后的监督工作。一个季度做一次调查即可。居委会或村委会应协助民政部门做好收养的监督检查工作。居委会和村委会是基层群众自治性组织，对辖区内各家各户的情况比较了解，有能力协助民政部门做好收养监督检查工作。这一做法便于民政部门及时了解被收养人的学习和生活情况，敦促收养人认真履行监护责任。若发现收养人不履行或不适当履行监护责任，有虐待养子女等侵害被收养人合法权益的情况，居委会或村委会应及时向民政部门报告。民政部门及时向人民法院提请中止监护责任或者变更监护人。此外，居委会和村委会参与到收养监督工作中来，有利于制止事实收养和非法收养行为。居委会和村委会发现辖区中有事实收养和非法收养行为的，应及时向民政部门及相关部门反映情况，并督促符合收养条件的事实收养人到民政部门办理收养登记，以维护收养人和被收养人的合法权益。当然，随着我国社会工作的发展，在城乡社区层面出现专职社工岗位之后，可以从制度上考虑由社工出面来做收养的事后评估[①]。

三、殡葬管理法律制度存在的问题及其完善

新中国成立后，国家开始有计划、有步骤地推动工业化和现代化的进程。传统的丧葬活动被认为与封建迷信联系在一起，并且会造成铺张浪费，因而必须加以改革，否则这些旧社会的遗毒势必会构成现代化事业的发展阻力。殡葬改革有三大任务：一是推行火葬；二是改革土葬；三是提供适应现代社会需要

① 王云斌主编:《婚姻与收养登记》，北京：中国社会出版社，2011 年。

的新的治丧礼仪。1956年4月27日，在中共中央的一次会议上，毛泽东同志提议“所有的人身后都火化，不留遗体，并且不建坟墓”，并带头在“自愿死后遗体火化”的《倡议书》上签名，先后签名的高级干部有151人，从而揭开了大规模的以火葬为主要内容的殡葬改革的序幕。由于推行火葬，提倡新的治丧方式，殡仪馆、火葬场、公墓和骨灰安置处等机构和设施如雨后春笋般出现，因此有必要制定法律法规来管理和规范这些机构的活动。在这种背景下，民政部多次主持召开全国殡葬会议，先后就殡葬行政管理、殡葬服务、殡仪馆、火葬场及公墓的管理与建设、殡葬设备和丧葬用品的生产与销售等方面，制定发布了30多个殡葬管理的部门规章和政策性文件。国务院、省级地方人大及其常委会、省级人民政府也颁布了有关的行政法规、地方性法规以及具有法律性质的决议、指示、通知、意见等。

（一）殡葬管理法律制度发展与现状

1983年6月4日民政部发布了《殡葬事业单位管理暂行办法》，按照经济效益与社会效益并重的原则，对殡葬事业的经营管理进行重大改革，为殡葬事业的发展注入了活力；1985年2月8日国务院颁布了《殡葬管理暂行规定》，这是新中国成立后第一个殡葬管理行政法规，使殡葬管理进入有法可依的时期；1990年民政部制定了《殡仪馆等级评定标准》，针对殡葬业的硬件、软件建设开展测评工作，推进了殡仪馆两个文明建设。

1995年12月11日，民政部发布了《关于加快殡葬事业发展的意见》，对进一步深化殡葬事业改革提出指导意见；1997年7月21日，国务院颁布了《殡葬管理条例》，对殡葬事务管理进行了更为全面的规定，进一步推进了殡葬管理工作的法制化进程。之后，全国有90%的行政区域制定了地方性殡葬管理规定，涉及有殡葬管理、殡葬服务、殡葬设施建设等方面的内容，基本形成了从中央到地方配套的殡葬管理法规体系，有力地推动了殡葬改革工作。1998年5月，国务院办公厅转发了民政部《关于进一步加强公墓管理的意见》，要求有关部门应当有计划、有步骤、有重点地开展清理整顿公墓和治理乱埋乱葬工作，针对乱建公墓现象，采取取缔、迁移及责令恢复地貌等措施，依法查处违法违规行为。殡葬法规体系基本形成，殡葬工作逐步走上规范化、法制化的轨道。

2004年国务院法制办启动《殡葬管理条例》的修订工作；2007年5月通过互联网广泛征求社会各界的意见。2006年至2009年，殡葬管理条例修订一直被列入国务院一档立法计划。目前，《殡葬管理条例》正在进一步修改完善之中。①

① 殡葬管理条例修订自2010年从国务院一档立法计划退为二档后，2011年又再退为三档。这意味着所涉殡葬问题因争议太大已明显放缓修订进程。

自《殡葬管理条例》实施以来，全国大多数地区按照规定，因地制宜、科学合理地划分了火葬区和土葬改革区。各地把解决乱埋乱葬问题作为土葬改革的一项重要任务，积极推行遗体埋葬公墓化，加快土葬改革区内殡仪馆、殡仪服务站、公益性墓地、遗体公墓等基础设施建设，大力倡导平地深埋、不留坟头的生态土葬方式。在殡葬管理和执法方面，“政事不分、管办合一”的局面被逐步打破。从1998年上海市在全国率先将殡葬管理职能与经营权分离，到2003年广州市殡葬管理处正式与殡葬服务中心脱钩，再到2006年浙江省推动殡葬执法队伍建设，殡葬事务行政管理逐步与经营活动脱离，监管职能的发挥更加有效，殡葬执法队伍手段和能力不断得到加强。在坚持基本殡葬服务公益性的同时，殡仪服务市场进一步放开，投资和经营主体日益多元化。同时，通过制定规范殡葬服务价格管理办法、遗体接运规定、殡仪服务单位档案管理办法等，推进服务市场的规范化。

（二）殡葬管理法律制度存在的问题

殡葬法律法规的制定和实施，对深化殡葬改革，促进殡葬事业发展过程中发挥了重要作用。但随着社会经济的发展和人类文明的提高，客观上对殡葬事业提出了更高的要求，现行的制度设计已经明显滞后，一些新的矛盾和问题开始呈现。

1. 片面强调提高火化率，简单划分火葬区和土葬区

《殡葬管理条例》第二条规定了殡葬管理的方针：“积极地、有步骤地实行火葬，改革土葬，节约殡葬用地，革除丧葬陋俗，提倡文明节俭办丧事。”第四条规定：“人口稠密、耕地较少、交通方便的地区，应当实行火葬；暂不具备条件实行火葬的地区，允许土葬。实行火葬和允许土葬的地区，由省、自治区、直辖市人民政府划定，并由本级人民政府民政部门报国务院民政部门备案。”第五条规定：“在实行火葬的地区，国家提倡以骨灰寄存的方式以及其他不占或者少占土地的方式处理骨灰。县级人民政府和设区的市、自治州人民政府应当制定实行火葬的具体规划，将新建和改造殡仪馆、火葬场、骨灰堂纳入城乡建设规划和基本建设计划。在允许土葬的地区，县级人民政府和设区的市、自治州人民政府应当将公墓建设纳入城乡建设规划。”上述规定确立了火葬是我国殡葬改革的基本方向及其实施原则。但在具体执法过程中，却发生了偏差，主要表现在以下两个方面：

一是片面强调提高火化率，将火化等同于火葬。许多地方在推行火葬时存在一手硬、一手软的现象，只重视提高火化率，而忽视火化后的骨灰处理，把火化程序当作了推行火葬的目的，甚至出现假火化现象。火化率虽然提高了，但骨灰盒装棺二次葬的现象十分普遍，不仅没有节约土地、保护资源，反而增加了火化的费用、污染了环境。“只有火化，没有火葬”的现象的存在，使火化的后续问

题没有得到重视，公墓安葬成为骨灰处理的最主要方式，不占地或者少占的地骨灰处理方式基本停留在文件中，殡葬改革的目标被潜在置换，多重目标（仪式简办、尸体火化、集中安葬）被单一执行，导致火化成为殡葬改革的最终目标，殡葬改革的实际推行与国家的政策设计南辕北辙。

二是简单划分火葬区和土葬改革区，没有考虑民众的接受程度。部分省市在划分火葬区和土葬改革区时，存在绝对化和一刀切的做法：要么完全放弃土葬，全部实行火化；要么放任自流，基本不管。相关的政策设计缺乏对不同生活条件、不同地域、不同传统习俗的人群的多样性殡葬需求的调查，以及对基层民众的心理感受的尊重，执法方式又采用运动式的简单粗暴的做法，动辄罚款、“起尸火化”、“扒坟掘墓”，严重伤害了群众的感情，人为造成干群关系紧张对立。

2. 殡葬市场混乱，殡葬服务行业缺乏监管

按照国家相关规定，殡仪馆提供的基本殡葬服务和个性化、选择性服务实行的是政府定价和政府指导价，但社会上一些非正常竞争的殡葬中介机构的服务价格，大都没有经过价格主管部门的审批，存在漫天要价现象。针对这些机构的监管目前还属真空状态，至今没有哪个部门具体负责管理。目前，《殡葬管理条例》等法律法规并没有明确规定殡葬服务的内容和范围，立法滞后是导致殡葬服务缺乏规范化的原因之一。

一个良序运转的殡葬服务行业，必须以有效的政府监督为前提。现行的殡葬管理，在执法监督环节主要存在以下问题。一是执法主体有待明确。《殡葬管理条例》第三条规定：“国务院民政部门负责全国的殡葬管理工作。县级以上地方人民政府民政部门负责本行政区域内的殡葬管理工作。”但在实践中，殡葬管理和行政执法工作是由民政部下属的殡葬管理所具体负责的。由于殡葬管理所和殡葬服务机构是合并在一起的，因而难以保证执法的公平性和公正性。即使实行政企分离、政事分离，也存在一个殡葬管理所对于殡葬管理的权威性和行政执法的严肃性问题。二是处罚力度偏弱。《殡葬管理条例》仅对擅自兴建殡葬设施、超标修建墓穴、违规土葬等六种行为作了处罚规定，而且处罚力度薄弱，可操作性不强，无法满足我国各地殡葬管理的需要。实践中殡葬违规现象的形式呈多样化发展，而且数量逐年上升，但由于缺乏上位法的支撑，各地在制定殡葬地方性法规时无法赋予殡葬管理机构相应的行政处罚权。三是各部门协调不够。殡葬管理工作往往涉及到多个部门，由于条例没有相应的规定，导致民政部门协调起来非常困难，互相推诿、扯皮的现象时有发生。

3. 公墓热持续升温，群众反映强烈

根据《殡葬管理条例》第七条的规定，公墓是与骨灰堂等并列的过渡时期处理骨灰的一种方式，而不是殡葬改革的发展方向。但实践中，由于利益的驱动，

再加上过度放宽了市场准入条件，导致公墓数量增加过快。有的地方甚至把经营公墓作为经济利益的增长点，无视法规政令，任意批建。公墓的超常规发展积聚了大量的风险，引发了不少社会问题。主要问题有：炒卖炒买公墓现象时有发生，引发群众不断上访；经营性公墓完全放开，有偿服务，导致“公墓热”现象持续升温，公墓价格居高不下，群众反映强烈；一些城乡结合部的公益性公墓对村民以外的其他人员提供墓穴用地，以牟取经济利益。

4. 殡葬管理队伍人才缺乏，束缚殡葬事业发展

截至 2008 年年底，全国共有殡仪服务单位 3754 个，其中殡仪馆 1692 个，民政部门直接管理的公墓 1209 个，殡葬管理单位 853 个，职工总数达 7 万多人。随着我国殡仪服务市场的放开，民政系统外直接或间接从事殡仪服务以及殡葬用品生产、销售的人员必然逐步增多，殡葬从业人员队伍还将继续壮大。

但是，长期以来，我国的殡葬管理机构和管理队伍比较薄弱，人才缺乏，无法适应日益繁杂的殡葬事务管理；殡葬业的特殊性使职工多来自农村，整体素质较低，难以适应市场经济发展需求，成为束缚殡葬事业发展的障碍，影响其市场竞争力；高素质、复合型的科技和领导人才是殡葬行业竞争的焦点，有待加强引进或培养；殡仪职工的服务质量和培训提高没有引起足够的重视，对殡仪职工和社会偏见依然存在，殡仪职工的社会地位有待进一步提高。

（三）现行殡葬管理法律制度的完善

1. 坚持多种葬式并存，尊重死者的遗体处置权

现行的“以火葬为导向”的殡葬改革虽然取得了一些成绩，但也确实存在一些值得反思的地方。首先，这一改革在具体操作中已经偏离了方向。火葬改革的最终目标应当是“节地”，即实现遗体的全部火化且不保留骨灰，具体内容至少包括火化和骨灰盒节地处理两个环节。考虑到民众的心理承受能力，借用公墓这种处理骨灰的过渡方式来处理骨灰盒。但各地在具体操作过程中都把强化火化作为殡葬改革的方向和目标，将遗体火化率的高低异化为衡量殡葬改革的硬性指标，而无视火化之后的骨灰盒的处理。在大中城市，公墓保管骨灰的过渡方式被当做最终方式，骨灰保存变得越来越棘手，装骨灰的骨灰盒和由砖块、水泥、大理石等材料建成的墓穴不仅无法自然降解，而且不断蚕食着人类有限的生存空间。在广大农村，火化后的骨灰盒二次装棺土葬的现象十分普遍，且大量占用土地，“节地”的改革目标根本没有实现。

其次，火葬本身也有其固有的弊端。长期以来，认为推行的火葬与文明、节俭、先进、科学相联系，传统的土葬与愚昧、浪费、落后、迷信相联系。然而，事实上，任何事物都有两面性，传统的土葬耗费木材，但却有利于生态保护；严格的火葬不保留骨灰，能够节地，但火化环节却有其弊端。火葬有三个明显的弊

端：一是耗费资源。建火化场需要占用大量土地，浪费土地资源；需要购置火化设备，投资费用惊人。二是火化遗体还消耗了大量的柴油、电能。三是释放出来的有害气体。据澳大利亚墨尔本大学生物学家罗杰教授研究：火化一具遗体会向大气中排放 50 千克二氧化碳。迄今为止，全世界火化死者遗体所产生的二氧化碳在地球变暖过程中起到了推波助澜的作用。虽然全世界每年因火化死者遗体而释放出来的有害气体比工业生产中释放出来的有害气体要少得多，但其危害性却不容忽视。

第三，强制火葬有侵犯人权之虞。从人类殡葬发展史来看，一直是土葬、火葬、水葬、天葬、树葬等多种方式并存的。现代西方发达国家，在遗体处置上也都不做强制规定，而是遵照死者遗愿，允许人们自由选择葬式，前提是要符合生态、环保和节约等可持续发展原则。这是因为，生命是至高无上的，个体拥有选择自己生活方式的权利，对死亡之后遗体处理的权利也应尊重。一个剥夺了死亡之后自主选择尸体处理权利的文化，无论如何都不能算是充满了人文关怀和现代精神的文化。从这个角度看，尊重民众自主选择死亡之后的尸体处理方式，实际上是尊重和保障人权的体现。强制火葬显然忽视了死者及其家属的主观意愿，对死者本人基于自我决定权而在生前做出的处置其遗体的意思表示缺乏应有的尊重和保障。

综上，现行的殡葬改革需要重新调整和定向。基于人多地广的现实国情以及民众的认同度，既不能彻底废除火葬，也不能简单地恢复传统的土葬。在大中城市，可以继续倡导推行火葬；在广大农村，则可改革传统的土葬，实行一种“自然生态葬”，即将逝者遗体用低成本、可降解的环保材料制成的袋、罩等装殓或覆掩后深埋地下，地面不留坟头，以树代碑的殡葬方式。

2. 坚持殡葬服务的公益性，加强政府部门的监管

殡葬服务直接关系到每个人死后的遗体处置以及社会环境的优化，直接关系到社会的政治稳定和文明进步，因而是一种具有特殊公益性的服务。这种特殊性表现在：第一，殡葬服务的基本环节，如遗体运输、遗体处理和火化，公民是必须消费的，不能减少；第二，殡葬服务的价格是非理性的价格，不遵循价格决定价值的规律。

殡葬基本服务既然具有公益性，政府就应承担起对公民应负的责任，保障每个人死后都能得到适当的处置。如果是土葬，就应当保证每个人死后有一块安葬之地；如果是火葬，就应当保证每个人能够承担起火化的费用。因此，对接尸、存尸、火化和骨灰寄存等基本殡葬服务，应当免费，或收取成本费。进一步强化基本殡葬服务公共属性，积极争取公共财政投入，力争把基本殡葬服务项目纳入政府公共产品，切实减轻群众治丧负担。

清明节期间暴露出的殡葬改革不到位、服务不规范、收费不合理等问题，是

困扰殡葬事业发展和殡葬改革进程的长期性问题。因此，建议进一步加强殡葬行风建设，通过开展“殡仪优质服务月”等活动，将清理殡葬服务价格作为突破口点，全面开展殡葬服务价格专项治理；对收费项目不合理、服务内容不明确、服务用品价格虚高等问题进行集中清理整顿，坚决纠正损害群众利益的不正之风，着力解决群众反映强烈的治丧难、治丧贵的问题。

3. 坚持可持续发展原则，创新绿色生态殡葬实现途径

民族文化是历经千百年的演变和传承而流传下来的一些习俗或传统，是一个民族文化个性的体现。“入土为安”是汉民族自古就有的传统，短时间内很难强制性地破除和改变。我国殡葬改革从最初的“火葬、不保留骨灰”向“火化、二次安葬”的异变，正表明法律规则的设定，必须充分尊重、包容、接纳千百年来形成的、具有广泛接受度的民风民俗。今后的殡葬立法应当坚持“以人为本”的科学发展观，确立“让死者得到安息、让生者得到慰藉、让文化得到传承”的立法理念，尊重入土为安的丧葬习俗，倡导以火葬为中心，在允许土葬的同时，渐进地推进安葬方式的多样化。

鉴于植树节与清明节在时间上前后相继，在内涵上相互关联，可以考虑将植树节与清明节结合起来，将全民义务植树活动与生态殡葬文化习俗嫁接整合，使植树与清明联姻，将植树节日活动合理延伸并与清明节日活动内容达到高度统一，通过广泛宣传和大量推出树葬、植树祭扫等生态文明殡葬方式，实现祭扫、踏青、植树有机结合，促进人与人、人与自然的和谐共存，真正打造绿色、人文、和谐殡葬。

4. 加强教育和培训，提高从业人员的素质

针对当前殡葬从业人员素质普遍不高的现状，应采取以下措施努力加以改进：一是实行殡葬行业的职业化制度。殡葬服务是一个具有较高技术含量的职业，必须具有一定的专业知识水平才有资格从事。如防腐员、理容师、殡仪师、火化工等，都要求具备一定的专业知识。对不同的工种应当确定不同的入门标准，以优化殡葬从业人员的结构。二是加强从业人员的业务培训。可以通过开办培训班、研修班的形式，对殡葬从业人员每年进行定期培训，以不断提高其业务素质。

目前我国北京社会管理职业学院、长沙民政职业技术学院、重庆城市管理职业学院、武汉民政职业学院四所民政类高职院校和江西、福建、河南、辽宁省中等专业学校开设“现代殡仪技术与管理”专业。2008 年开始，民政部原社会福利和社会事务司与民政部管理干部学院联合举办成人教育性质的“殡葬管理和服务”专业证书班，具体分为行政管理、殡仪服务、墓地管理三个专业方向。根据不同的专业方向，设置了不同的课程。通过两年的学习，学员将掌握基本的管理

理论、相关法律知识、殡葬工作的理论和方法，学员的工作能力、创新能力、服务水平和应急管理水平都将有所提高，并获得系统内承认的大专学历证书。

加强殡葬人力资源建设是落实人才强国战略、全面建设小康社会的需要，是殡葬事业发展的需要，同时也是殡葬从业者主动适应社会，提高自身素质和竞争力的需要。近年来，通过开展殡葬职业教育和培训以及实施殡葬行业职业技能鉴定，殡葬人力资源建设取得了显著的成就，殡葬从业人员队伍不断壮大，从业人员素质不断提高，殡葬技能人才建设体制机制逐步建立健全。

5. 明确殡葬行业的罚则，提高执法监督的水平

在政企分离、政事分离之后，立法应当明确殡葬管理所的执法职权，以便对殡葬服务机构的经营活动进行监督管理，确保依法经营和保护消费者的正当权益。这些职权包括：一是知情权，即有权获取经营资料和经营信息；二是现场检查权，即有权进入现场进行例行的或即时的检查；三是调查取证权，即对消费者控告的事项或者违法违规的行为，进行调查取证；四是处罚权，即对违法行为处以相应的行政罚；五是许可权，即对申请殡葬服务许可进行审定。对殡葬服务行业的违法违规行为，则应根据现实情况，分门别类，全面梳理，并确定相应的罚则，同时，注意与其他法律法规保持协调一致。

殡葬管理涉及许多行政部门，因此应当明确相应部门的职责，如对无名尸体的身份鉴定，应当由公安部门负责；对殡葬收费，应当由物价部门审批；对违法土葬，应当由国土部门强制执行。涉及不同部门权责的事项，应当在法律中予以明确，以保证各部门在具体执法时能够互相配合、协调一致。

四、社会组织管理法律制度存在的问题及其完善

社会组织（亦称民间组织），具有民间性、非营利性、公益性等主要特征，包括社会团体、民办非企业单位和基金会。这三类组织是民法通则中除国家机关、事业单位以及企业法人以外，由民政部门的管理机构依法给出身份的另三种法人形态。

社会团体是指按照会员共同意愿开展活动的非营利性会员制社会组织，具体分行业性（如信息服务业行业协会）、专业性（如计划生育协会）、学术性（如物理学会）、联合性四类社团（如侨商会）等。民办非企业单位是指利用非国有资产举办的、从事非营利性社会管理和公共服务活动的民办事业单位，具体分为十类（主要是民办的学校、医院、文化馆、科研中心、体育机构、职业培训机构、福利机构、评估服务机构、法律服务机构等）。基金会是指以从事公益事业为目的，利用社会捐赠的资金和财产成立的非营利性法人，具体分公募基金会（如慈善基金会）和非公募基金会（如吴孟超医学科技基金会）两类。

（一）社会组织管理法律制度的演进

新中国成立以后，党和政府取缔了一些具有反革命性质和带有封建迷信色彩的慈善组织，解散了旧商会。除了将一部分政治趋向比较强的民间组织纳入民主党派外，还建立了工商联合会、中国福利会、红十字会等。1950 年制定了《社会团体登记暂行办法》，确立了管理民间组织的基本原则。总体上看，这一时期民间组织的数量有限，种类单一，并没有存在大量的法律框架外的草根组织。究其原因，主要是严格的计划体系下的政府包揽了经济、社会管理事务，因而没有社会、市场中介组织存在和发展的空间。据统计，1965 年全国性社会团体由解放初期的 44 个增长到近 100 个，地方性社会团体发展到 6000 多个[①]。

“文革”期间，我国民间组织的发展基本上处于停滞阶段，高度统一的意识形态和终身雇佣制几乎使民间组织没有足够的生存空间，新的社团无法成立，关于民间组织制度的法制建设自然也无从谈起。

十一届三中全会以后，我国开始由传统的计划经济向市场经济转变，政府对社会的管理层次由微观转向宏观，管理方式由直接转向间接，管理范围由经济领域转向社会领域，强调要将政府不能管、管不了和管不好的职能交给市场和社会，从而为民间组织的发展提供了生长空间。1989 年 10 月 25 日，国务院颁布了《社会团体登记管理条例》。为贯彻执行该条例，1989 年 12 月 30 日，民政部发布了《关于〈社会团体登记管理条例〉有关问题的通知》。1993 年 10 月 18 日，民政部、公安部联合发布了《社会团体印章管理规定》。该条例的出台使在法律框架内的社会团体得到规范清理，但由于设立门槛过高，因而数量增长趋于缓慢，但法律框架外的草根组织却大量发展。

随着国家政治改革和经济改革的深入，相关的法律法规相继出台，民间组织在规范中求发展，在发展中求规范，发展速度进入了快车道。1998 年 10 月 25 日，国务院重新修订颁布了《社会团体登记管理条例》，同时颁布了《民办非企业单位登记管理暂行条例》。这两个条例确立了对民间组织实行“登记管理机关”和“业务主管单位”双重审核、双重负责、双重监管的原则。为保证这两个条例的贯彻执行，1999 年 12 月 28 日，民政部发布了《民办非企业单位登记暂行办法》、《民办非企业单位名称管理暂行规定》；2000 年 1 月 19 日，民政部发布了《民办非企业单位印章管理规定》；2000 年 4 月 10 日，民政部发布了《取缔非法民间组织暂行办法》；2007 年 8 月 16 日，民政部发布了《关于推进民间组织评估工作的指导意见》。在这一期间，我国民间组织在数量上增长迅速。2001 年底登记确认的仅有 8.2 万个，截至 2011 年第一季度，社会组织数量增长至 44.7243 万个，其中社会团体 24.6 万个，民办非企业 19.9 万个，基金会 2243 个。

① 吴忠泽:《民间组织管理》，载《清华大学发展研究通讯》1999 年第 13 期，第 2 页。

改革开放以来，我国社会组织建设取得了很大成就，社会组织在经济、政治、文化、社会、教育、科技等各个领域发挥着独特而重要的作用，已经成为沟通党和政府与人民群众的桥梁和纽带，成为我国经济社会发展中一支不容忽视的力量。

第一，社会组织建设制度环境逐渐完善。有关社会组织登记管理的法律法规相继出台，以《社会团体登记管理条例》、《基金会管理条例》和《民办非企业单位登记管理暂行条例》等若干规章和规范性文件为架构的登记管理制度初步形成。以《企业所得税法》及实施条例、《公益事业捐赠法》、《民办教育促进法》等一批法律和相关政策法规为框架的社会组织配套政策不断健全完善。特别是党的十七大第一次将社会组织作为“发展基层民主，保障人民享有更多更切实的民主权利”的重要内容，要求必须发挥社会组织在扩大群众参与、反映群众诉求方面的积极作用，增强社会自治功能。民间组织管理的法律制度的建立和完善，激励了民众参与社会事务的积极性，推进了民间组织规范有序发展。

第二，社会组织发展步伐逐步加快。十一届三中全会之前，社会组织的地位并没有得到应有的重视，发展缓慢，类别单一。十一届三中全会以来，特别是进入新世纪，随着我国市场经济体制的逐步建立，民主法制建设的推进，民众参与社会管理和公共服务的热情不断提升，登记成立社会组织的数量逐年增加。截至2010年底，全国依法登记的社会组织43.9万多个；同时，在各级民政部门备案的农村专业经济协会4万多个、城市社区社会组织20万多个。

第三，社会组织管理体制机制不断创新。初步健全和完善登记管理机关、业务主管单位为主，相关部门分工负责、共同配合的综合管理体制。行业协会改革发展取得新突破，新型政社关系实践取得新进展，转制民办非企业单位登记管理工作进行新探索，基金会的管理方式和监督机制不断完善，社会组织登记管理机关自身建设得到加强。社会组织依法监管不断改进，年度检查、财务审计、信息公开和社会评估等规范措施稳步推进，行政管理、社会监督和社会组织自律的管理格局初步形成。

第四，社会组织积极作用日益彰显。社会组织涉及和深入社会生活的各个层面，在促进经济发展、繁荣社会事业、参与公共管理、开展公益活动和扩大对外交往等方面都显示出越来越重要的作用。

第五，社会组织自身建设不断加强。社会组织的法人治理机制初步建立，领导班子建设日渐加强，从业人员年龄知识结构不断优化，非营利组织会计制度广泛执行，自律意识和诚信观念不断加强，逐步涌现出一批制约机制健全、管理运行科学、社会公信力和影响力高的社会组织。

第六，不断创新培育民间组织发展的手段。民间组织管理部门坚持与时俱进，不断创新，及时研究新情况，形成新思路，制定新政策，解决新问题，努力为民间组织的健康发展创造良好的社会环境。为了适应市场经济的要求，民政部与发改委等部门共同起草了《关于促进行业协会商会发展指导性意见》；为了培育发展农村专业经济协会，出台了《关于加强基层农村专业经济协会培育发展和登记管理工作指导意见》；为了培育发展公益慈善类民间组织，出台了《促进慈善类民间组织发展的通知》。这些规范性文件的发布，有力地促进了民间组织的发展。

第七，登记管理工作基本规范化。民间组织管理部门结合工作实际对社会团体和民办非企业单位进行了复查登记，对一些民间组织进行了清理整顿。同时，认真学习贯彻行政许可法、政府信息公开法等行政法律法规，坚持依法行政，精简不必要的工作环节，规范各项服务工作，开通了民间组织网站，提高了登记管理的服务水平和工作效率。

第八，执法监督水平不断提高。民间组织管理部门坚持培育发展和监督管理并重的方针，在规范民间组织年检工作、严厉打击非法民间组织和民间组织非法活动的同时，积极探索改进新的监督管理方式。2004 年 8 月 18 日，财政部发布了《民间非营利组织会计制度》，以规范民间组织的财务管理；2006 年 1 月 12 日，民政部发布了《基金会信息公布办法》，以提高公益类民间组织的透明度，增强其社会公信力；2007 年 8 月 16 日，民政部发布了《全国性民间组织评估实施办法》，以增强民间组织服务社会功能，提高民间组织社会公信力，促进民间组织健康有序地发展。

（二）现行社会组织管理存在的问题

社会组织在社会建设的方方面面发挥着越来越重要的作用，但由于我国目前仍然处于转型时期，一些社会机制并未充分发育成熟，对社会组织的规范管理也需要一个经验积累的过程，有关社会组织的法律制度还存在许多需要进一步完善的地方。总体上看，与我国经济社会发展的新形势和构建和谐社会的新要求还有差距。

1. 对社会组织的地位作用认识不够到位。一些地方和部门在理解社会组织的地位、作用问题上存在认识上的偏差，对社会组织的发展规律认识不足，对新形势下社会组织发展的意义、发展趋势以及功能作用认识不到位，还没有把社会组织真正纳入经济社会发展的总体布局，没有把社会组织培育发展工作纳入议事日程。

2. 登记注册限制过多。根据《社会团体登记管理条例》的规定，要成立社团组织，必须符合以下条件：一是必须找到一个政府部门作为其业务主管部门；二是必须有一定的资金。如全国性的社团需要 10 万元以上的注册资金，地方性和跨行政区域的社团需要 3 万元以上的注册资金。在实际操作中，地方登记管理机关出于多方面的考虑，还存在提高注册资金要求的现象。如 1999 年民政部发布的《民办非企业单位登记暂行办法》，对注册资金没有明确规定；2004 年《浙江省民办非企业单位管理暂行办法》规定，法人类民办非企业单位在省登记管理机关申请登记的，其注册资金不少于 20 万元；在设区的市登记管理机关申请登记的，其注册资金不少于 10 万元；在县（市、区）登记管理机关申请登记的，其注册资金不少于 3 万元。

3. 双重管理体制控制过严。根据现行法律法规，国家对社会团体和民办非企业单位实行登记管理机关和业务主管机关双重负责的管理体制。登记管理机关负责社会组织的登记审批，指导检查监督社会组织的各项活动，依法查处违法违纪行为；业务主管机关承担社会组织的申请登记、思想政治、党建、财务与人事管理、对外交往以及活动开展等工作。双重管理体制将社会组织的筹备、成立、运行以至于最后解体都纳入政府管理体系，是当今世界上对社会组织管理最为严厉的措施之一。对社会组织实行登记管理部门和业务主管单位双重负责的体制设计，造成社会组织进入社会的门槛过高，使许多具有“合理性”的组织无法取得“合法性”外衣而游离在制度保护之外，影响了社会组织的设立和作用发挥；大量社会需要的组织找不到业务主管单位而无法登记；以事业单位为主体的公共服务提供方式，满足不了日益多元化的公共需求；在监管方面，存在监督力量薄弱、监管乏力的问题。

4. 民办非企业单位的营利化倾向严重。营利化倾向，是指民间组织通过举办实体等方式运作于市场，脱离其成员，其最终趋向目标是市场营利组织。民间组织的特征之一是非营利性，从《民办非企业单位登记管理暂行条例》的规定来看，非营利性是民办非企业单位的一个重要标志。但实际情况是，在民办非企业单位中普遍存在公益性要求与营利性动机并存的现象。一方面，一些民办非企业单位的公益性行为往往和较高的营利性动机交织在一起；另一方面，公众对民办非企业单位的公益性感受不明显，甚至有较多的负面评价。事实上，也确有不少民办非企业单位借“非营利之名”，谋“避税”、“营利”之实。民办非企业单位营利化倾向的原因，主要有：一是产权不清。公益产权与经营者的个人产权不清，许多民间组织在享受非营利组织税收优惠的同时却将所获利润用于个人分红；集体产权与管理者产权不清，一些民间组织将工作重心放在进入市场搞实体，以谋取日常工作人员的利益。二是被动归类。实践中，一个民间组织是否作为非营利性的民办非企业单位存在，并非完全出于自己的选择或资金的来源，而是依据其活动领域，如提供教育、医疗服务的民办机构，通常被统一划归为民办非企业单位。然而，事实上，有些组织是愿意被划归为企业的。强行划归并不意味着这些企业就是公益组织，就不会营利。相反，强行划归不仅使这些组织失去激励机制，也为从事营利化活动埋下隐患。三是法规不严。现有的法律法规没有在民办非企业单位如何确保其公益性和非营利性上作出严格的规定，使民办非企业单位营利化倾向有了操作空间。“非营利性”的判断标准也不明确，从而留下法律漏洞。

5. 民间组织的“半官方性”突出。一些民间组织其实是政府组建的，在运作网络、资金来源、公众信任度等方面，都依赖于政府，实质上是作为政府的附属机构在发挥作用，严重偏离了民间组织的本质属性。这些组织把政府部门作为资源提供者，并主要为政府部门工作；政府部门则把民间组织看成是附属机构，安排富余人员去民间组织工作，介入民间组织的内部事务和管理。这些民间组织从属或挂靠于政府部门，寻求与权力中枢有直接联系的个人的参与，以获取政府认可、政策扶持和资金支持，因而不可避免地对政府存在极强的依赖性；政府部门通过发起创办民间组织变相地截留对社会资源进行分配的权力，阻碍政府职能向外转移，干预本应由民间管理的事务，从而达到获取与控制的目的。这种依赖—控制关系，即使民间组织丧失了民间性、独立性、自治性，失去了自身活力和在社会管理中的独特作用，逐渐演变为“准政府组织”，也使政府职能转换进程滞缓，政府形象受损。

6. 民间组织资金普遍受限。资金是民间组织最基本的生存和发展资源。民间组织拥有一定的资金才能购买相应的设备、租用办公和活动场所、支付工作人员的工资，以及开展各种活动。缺乏资金的民间组织不仅难以吸引高素质的人才，甚至无法开展正常的活动，严重影响生存和发展。民间组织获取资金的渠道主要有：政府资助；社会赞助；服务性收入；机构资助；外国援助。在发达国家，民间组织获得不同形式的政府资助的数额占其总经费的 30% ~ 40%。具体形式包括：直接拨款、项目补助、业务委托、定向采购、税收减免等。而在我国，只有少数核准登记、被认为能够给政府“帮忙”的民间组织（如农业行业协会、农村经济合作社、部分民办学校和民办养老机构）得到了不同形式的政府资助，大多数机构都得不到政府资助，大量体制外的草根民间组织则更是被排除在政府视野之外。

7. 社会组织法规体系尚不健全。现行关于民间组织的基本法律法规，主要是有关社会团体、民办非企业单位和基金会的管理办法。但事实上，这三类民间组织的情况十分复杂，迫切需要针对各类社会组织的特殊情况制定更加具体的法律法规体系，如行业协会就有其特殊性。此外，一些关于民间组织发展的法律法规也亟须建立，如社会公共领域对民间组织的准入制度、政府有关社会管理职能向社会组织的转移、政府公共服务向民间组织的采购、民间组织的税收优惠政策、对志愿者及其活动的认可及推动政策、收支管理、募捐与捐助政策、对民间组织引导与培育制度、评价与监督体系等。法律制度不健全使民间组织的运作缺乏规范性，既不利于政府对民间组织的管理，也不利于社会对民间组织的监督，民间组织的社会信誉度也难以确立。

社会组织的立法层次低，政策环境不完备，内容不完善。目前社会组织的法规和规章主要以程序性规范为主，实体性规范明显不足，在税收优惠、财政资助、人事管理、社会保险等方面缺乏健全的政策规定，面临注册难、定位难、信任难、参与难、监管难、吸引人才资金难等难题。

8. 社会组织内部规范不够健全。有的社会组织规章制度不完善，有些甚至只有不规范的口头规定；或虽有完善的制度，但由于专职人员过少、财力不足等原因，其目标和宗旨难以有效实现。有的社会组织无论从章程的制定、人事权、日常决策权，还是内部运行机制、激励机制、监督机制等方面，都带有明显的行政化倾向。

9. 社会组织队伍素质有待提高。目前我国大量的社会组织从政府部门中脱胎出来，其机构、人员、设施等大都来源于政府，主要领导大多由政府部门的领导或政府机关改革分流出来的官员担任，形成与政府部门千丝万缕的联系，导致对政府的依赖性较强，自治程度较低；有的社会组织工作人员素质不高，有的未经过专业训练，具备公共管理知识、具有宏观协调能力的高素质专业人员短缺。

10. 政府监管效果不理想。对社会组织管理强调政府监管、社会组织自律和社会监督有机结合的重要性，但实际上社会组织只由政府监管并且效果很不理想。登记管理机关的主要问题是力量不足，没有能力进行监督。业务主管单位受部门利益的驱使，也没有履行监督职责，具体表现为与政府职能转移相关的社会组织大多是由业务主管单位直接创办，甚至与相应的政府职能部门合署办公，“两块牌子，一个实体”，由职能部门直接控制；与政府职能转移无关但有收入（包括捐赠收入和营业收入）的社会组织，业务主管单位往往积极监管并提供“保护”；与政府职能转移无关又无收入或收入勉强维持自身存活的社会组织，业务主管单位往往采取“多一事不如少一事”的态度，尽可能地回避政治风险。这种局面使业务主管单位的监管毫无意义，也使其与登记管理机关之间的协同管理无法实现。

（三）现行社会组织管理法律制度的完善

针对民间组织管理存在的突出问题，必须落实科学发展观，坚持“培育发展和监督管理并重”的工作方针，采取引导、规范、服务和监督相结合的手段，加快立法步伐，加强政策扶持，推动民间组织良性发展。

1. 厘清认识误差，深化社会组织管理体制改革

公民社会是西方的“舶来品”，并且公民社会对政府来说是一把双刃剑，处理得好就成为政府的合作伙伴，处理得不好就成为政府的强大对手。因此虽然得

到越来越多的专家、学者和有远见的政府官员的重视，但仍有一些党政领导和普通群众对公民社会的崛起缺乏正确的认识：一是把社会组织看成是抵制或对抗政府的异己力量，怕削弱中国共产党的执政能力；二是把民间组织当做是政府部门的附属单位，影响了民间组织功能的充分发挥；三是漠视中国迅速崛起的事实，影响社会组织的发展速度。因此，需要不断完善中国公民社会理论，提高社会组织的地位，大力宣传社会组织的作用。

继续深化社会组织管理体制改革，建立社会组织发展的科学治理体制。以工商经济类、社会福利类、公益慈善类社会组织实行由民政部门直接登记管理的体制为突破口，不断改革社会组织管理体制，从而促进社会组织快速发展。理顺社会组织与政府的关系，建立合理科学的治理体制：政府要还独立的人事任免权于社会组织；改变传统的财政拨款方式，采取补贴部分资金和提供优惠政策、特许经营等方式向民间组织购买服务；按照精简和归类治理的原则，对社会组织业务主管部门体制进行整合，分类指导，不断完善社会组织治理体系；建立健全社会组织监管机构的协调机制，规范社会组织监管机制，统一治理和监督社会组织的培育和发展。

2. 放松前置审批，强化法律追惩

前置审批和法律追惩是两种不同的监管模式，前者着眼于事前预防，防患于未然；后者着眼于事后惩治，以儆效尤。从世界范围来看，发达国家通常采取后一种管理模式，即对民间组织的成立采取备案制而非审批制，民间组织在有关管理部门申报、备案后，即可开展活动。政府主要是依法对组织的活动本身进行监管，对触犯法律的民间组织予以惩治。客观地说，由于民间组织的民间性、广泛性，这种监管模式较之前置审批模式，更具有可行性。我国过严的民间组织前置审批程序成为大量民间组织难以逾越的第一道屏障，这既不利于民间组织的发展，也逼使许多民间组织无法登记而转入“地下”活动，政府对这些草根民间组织也无从进行有效监管。前置审批实际上是一种管制型的监管模式，即通过附加许多严格的程序限制条件，迫使许多社会组织无法登记而在非法状态下生存。这种模式不仅带来监管的漏洞，而且也导致执法的随意。现行民间组织登记管理制度的门槛限制，使大多数草根民间组织只得到社会合法性，而缺乏政治合法性。其结果，这些草根民间组织通常只在社区备个案，其发展基本上取决于基层政府及其派出机构的态度：如果态度积极，这些组织的活动就好开展，人员好组织，经费好筹集；反之，这些组织的活动就难开展，应有的社会作用就难发挥，面临生存困境。对这些草根民间组织的“管理缺位”问题也比较突出：要么管理主体不明，要么未纳入规范管理的轨道，要么投入管理力量不足，要么管理手段缺乏，对其具体活动难以掌握，难以保证其活动的公益性、服务性和合法性。因此，应当改进现行一刀切的前置审批制度，区分不同的民间组织设定不同的审批条件。原则上应当放松，特别是对一些纯属公益性的民间组织，不应像设立公司那样，规定较高的注册资金。

3. 创新管理模式，改革管理体制

各界对民间组织法制环境批评最多的，莫过于双重管理体制。针对双重管理体制的弊端，有三种解决方案。一种意见认为，应当取消双重管理模式，业务主管单位全面退出管理，给予民间组织更大的自主空间；另一种意见认为，不能断然取消双重管理体制，而应采取一些过渡措施，对民间组织管理体制进行变革；第三种意见认为，应当在立法层面建立一种新的民间组织登记管理模式——“分级分层管理”，将政府对民间组织的管理分为民间组织普遍备案制、登记许可、公益认可三个层次，解决民间组织双重管理体制的“出生瓶颈”弊端。综合利弊分析，第三种意见较为可取。改革开放以来，许多社会领域诞生了各种不同类型的民间组织，政府对民间组织的认识和态度也经历了一个不断发展变化的过程：从最初对民间组织持不信任和警惕防范的态度以及以限制和控制为主的政策取向，转变到对民间组织作为社会中介组织的作用的正面评价以及以支持和推动为主的政策取向。从这一发展变化来看，应当转变管理理念，以推动促进民间组织发展为目标进行具体的制度设计，为民间组织发展松绑。具体而言，对于一些公益性、非营利性、非政治性民间组织，如社区服务组织、行业协会、农村经济合作社、慈善组织、各类民办非企业单位等，要逐步取消双重管理体制，是否有业务主管单位不再作为注册登记的必备条件；而对于那些具有一定的政治、宗教色彩和具有一定涉外关系的民间组织，从国家安全角度考虑，可以继续保留双重管理体制。正在起草的《民办事业单位登记管理条例》在这个问题上已有所突破，其第七条规定：“法律、行政法规或者国务院规定设立民办事业单位须经有关行政机关批准的，举办者应当在获得批准后到同级登记管理机关申请登记。”第八条规定：“设立民办事业单位不需经有关行政机关批准的，举办者应当到登记管理机关申请登记。……”根据上述修改，除另有规定外，对于大量的民办非企业单位，虽然仍然保留业务主管单位，但由于民政部门集业务主管单位和监督管理单位于一身，实质上等于废止了业务主管单位。

4. 区分是否营利，重新界定民办非企业单位

民办非企业单位这一否定式定义存在两个问题：一是难以适应时代发展的需要。社会资金来源日趋复杂，“民”与“公”的资产混同，难以强行区分；二是非企业的称谓难以准确表达其内涵和外延，不利于国际交流。正在修订的《民办事业单位登记管理条例》将民办非企业单位改为“民办事业单位”，有其可取之处，但由于未对民办事业单位进行概念界定，只停留在称谓的变更，因而仍有其

不足。因此，应当对民办非企业单位进行界定，即以公益性、互益性、非营利性的角度来界定，而不应以资金来源人为地区分为“公”与“私”的民间组织。实际上，民办非企业单位不管营利与否，都可以归属为社会服务组织，其教育国民、传播文化、救死扶伤、公共服务等方面的作用是不言而喻的。公益服务也并不是非营利组织的专利，即使是营利组织，同样可以开展一些公益活动，不能把公益性与非营利性的概念混为一谈。民办非企业单位逐步实现分化后，将出现非营利性社会服务组织和营利性社会服务组织。通过适时疏导一些民办非企业单位登记为营利性的社会服务组织，摘掉非营利的帽子，可以有效杜绝“公益组织营利化倾向”。管理部门应当严格规范和把好登记准入关：对于登记为非营利性的公益组织，应当取消个人、合伙性质，真正实现该类组织社会所有的产权关系；对于登记为营利性的公益组织，如一些营利性的医院、学校，则应当加强价格、税收等方面的规制和调节。针对两类不同的公益组织，给予不同的规范管理。这样，既便于民间组织，特别是营利性的社会服务组织，名正言顺地从事社会活动，也便于政府进行有效监管。

5. 加快政事分开，创新组织载体

民间组织发展的最大体制性障碍，是国家对社会公益事业的大包大揽，没有给民间组织举办社会公益事业留出空间，或者变相地控制民间组织的运作，没有真正与民间组织脱钩。为此，必须加快事业单位改革，根据社会职能、经费来源的不同，将事业单位进行转制或调整，打破政府包办社会公益事业的格局。民间资本进入社会事业领域，是社会事业不断发展的需求与政府现实的财政困难的矛盾冲突的结果。随着民间资本在社会事业领域的不断进入，民办事业单位这种新的社会组织逐步获得社会认同和行政合法性。当前，民间组织的半官方化现象，也只有通过不断深化事业单位改革，才能真正解决。同时，在制度设计上，可以考虑成立“民间组织服务中心”之类的民间机构，通过民间组织管理民间组织，并通过政府购买服务的方式，委托其承担民间组织管理中的一些事务性和服务性的工作，如组织培训、咨询接待、部分年检工作等。这样，既可以满足民间组织自身需要服务的社会需求，也可以促使民间组织登记管理部门转变政府职能，提升管理服务水平，还可以加强民间组织自律，促使其自我完善。

6. 健全法律体系，完备配套政策

完备的社会组织管理的法律体系不仅包括宪法层面对社会组织的保护，也不仅是相关法律对社会组织权利和义务的笼统规定，还应该包括社会组织管理的基本法这个处于宪法和法规之间的中间形态的法律，我国目前缺少这样一部对社会组织权利和义务都进行明确界定的基本法。目前，迫切需要建立健全我国社会组织法律体系，为发展社会组织提供切实制度保障。首先，尽快制定一部与宪法相衔接的社会组织基本法，从法律层面明确社会组织在实体上的权利、义务、地位和作用。在基本法之下，还应在对社会组织进行科学分类的基础上，有针对性地颁布直接对不同类型社会组织从登记到监督等各个环节有约束力的条例和规章制度。从宪法到基本法，再到社会组织管理的规章条例，构成完整的法律法规体系，使所有社会组织都被纳入依法管理和分类管理的框架体系之中。其次，抓紧制定社会组织行为法，解决社会组织具体治理无法可依的问题。最后，加快修订社会组织治理法律法规中已不适用的相关规定。

一个民间组织要取得持续的发展，除了社会资助、自身高水平的运作和管理以外，更需要政府的政策扶持。为此，首先，要加快税收优惠政策的制定。按照国际惯例，非营利性组织都享有税收减免权。公益性的民间组织除了应当享有国家规定的公益事业统一税收优惠政策外，还应当再次享受非营利性组织的税收优惠政策。其次，要出台统一的各类民间组织票据管理办法，规定专用的税务、结算等票据的格式和使用规则，促使其更顺畅地开展业务。再次，要对民间组织的人事制度和福利制度进行合理的引导，使其工作人员的档案管理规范化，社会福利有必要的保障。又次，要在财政预算中建立专门的扶持民间组织发展的资金，对公益性较强的民间组织给予优惠或免息贷款，特别是对承担九年义务教育的民办教育机构要给予最起码的成本补偿。最后，要采取切实有效的措施保证政府扶持得到落实，如政府项目优先取得、用地用房优先审批、水电价格优惠等。

7. 推进内部治理，加强外部监管。首先，要推进民间组织的内部治理。要建立完善民间组织内部机构，制定决策机关的组织活动规则，充分发挥董事会或理事会等决策机构的作用；规模较大的民间组织要建立健全监事制度，保证监事能够顺利履行监督权利；要建立单位员工代表大会制，调动其参与民主决策、民主管理和民主监督的积极性；要引导民间组织开展承诺服务，公开披露重大信息，开展评估工作，不断提高社会公信力。其次，要加强民间组织的外部监管。登记管理机关和业务主管单位要采取日常监管与年度检查相结合的办法，切实履行行政监管职能，加强监管力度；要完善民间组织重大活动报告制度，界定重大活动的内容，明确报告的义务和程序；要构建多元的诚信指标体系和评估体系，让社会公众了解监督的内容和评估的标准。当然，在当前法制环境不够健全的情况下，民间组织管理部门要确立一个评判民间组织行为的基本准则：凡是有利于促进社会建设的组织和行为，即使缺乏法律依据，也要给予更多的理解、宽容和支持；凡是不利于社会建设发展的组织和行为，在现有法律框架内应当从严把关，严格监管。

五、区划地名管理法律制度存在的问题及其完善

（一）我国行政区划法律制度的规定

区划地名管理包括行政区划管理、行政区域界线的勘定和管理和地名管理三项内容。

行政区划就是国家对地方行政区域、行政建制的划分与设置，如省、市、州、县、乡、镇等。行政区划管理工作，主要是对行政区划变更方案的提出和审批，内容一般包括行政建制的设置和撤销、行政区域的调整及界线变更、行政隶属关系及行政等级的变更及更名、行政机关驻地迁移，等等；同时，还要通过制定政策、法规等方式，对各级、各地的行政区划管理工作进行规范和指导。行政区划管理是国家行政管理的重要手段，是政权建设的基础和重要组成部分。行政区域的划分要适应经济和社会发展的需要，以政治、经济、社会等客观条件为根本依据，遵循有利于国家行政管理、有利于经济建设、有利于各族人民大团结、有利于调动各方面积极性、有利于保持社会稳定等基本原则。

行政区域界线，是指国务院或者省、自治区、直辖市人民政府批准的行政区域毗邻的各有关人民政府行使行政区域管辖权的分界线，是国家依法实施经济和社会行政分级管理的依据。我国有近 6 万公里的省级陆地行政区域界线和 41 万公里的县级行政区域界线，有史以来从未全面法定过。在全面勘界之前，行政区域界线是由大量的历史习惯线、部分法定线和一些争议线组成，地图上采用权宜划法来表示。由于行政区域界线未经依法勘定，特别是由于部分地区界线不清，导致边界争议不断发生，影响了这些地区的社会稳定、民族团结和经济发展。为从根本上解决边界争议，国务院决定，从 1996 年起，用 5 年的时间完成省、县两级陆地行政区域界线的勘界工作。勘界是以行政区域管辖的现状为基础，依照有关规定明确行政区域界线的位置，在实地树立界桩，形成准确反映实际边界走向的文件、资料和地形图，按照规定的程序将省、县两级行政区域界线确定下来。国务院民政部门负责全国行政区域界线管理工作。为加强领导，国务院成立勘界工作联席会议制度，组织协调全国省县两级勘界工作。日常工作由民政部全国勘界工作办公室负责。目前，我国已建立了行政区域界线信息管理系统。

地名管理是国家有关行政管理部门依据地名管理法规，对地理实体进行科学的命名、更名，并采取必要的手段和措施推行地名标准化的行政管理工作。地名管理的最终目标是实现地名标准化，就是杜绝“一地多名”、“一名多地”以及地名书写、拼写不规范等混乱现象，向社会提供标准化的地名，以利于社会经济发展和人们日常生活的需要。

我国宪法第三十、三十一条规定了我国行政区划的体系结构为“全国分为省、自治区、直辖市；省、自治区分为自治州、县、自治县、市；县、自治县分为乡、民族乡、镇。直辖市和较大的市分为区、县。自治州分为县、自治县、市”，“国家在必要时设立特别行政区”。第 62 条第 12、13 项，第 89 条第 15 项，

第 107 条第 3 款规定了行政区划的设置权限，即全国人大批准设置省、自治区、直辖市，决定特别行政区的设立及其制度；国务院批准省、自治区、直辖市的区域划分，批准自治州、县、自治县、市的建置和区域划分；省、直辖市决定乡、民族乡、镇的建置和区域划分。

除了宪法以外，我国行政区划方面的法律法规规章主要有:《中华人民共和国地方各级人民代表大会和地方各级人民政府组织法》(以下简称《地方组织法》), 1985 年《国务院关于行政区划管理的规定》, 1986 年《地名管理条例》, 1989 年《行政区域边界争议处理条例》, 1996 年《地名管理条例实施细则》, 2002 年《行政区域界限管理条例》, 2006 年国务院《地方工作志条例》, 2008 年民政部《行政区域界线界桩管理办法》, 等等。另外，据民政部 2006 年区划地名工作要点,《行政区划管理条例》还在起草过程中，有关专家正在就行政区划变更报批的程序等问题进行论证。

(二) 区划地名管理法律制度存在的问题

1.《宪法》关于行政区划的规定有待完善

(1) 行政区划层级规定的不足

宪法第 30 条规定了我国以三级为主的多级层次地方行政层级体制，而事实上，由于大部分地区实行市领导县（市）体制，故我国目前实际上实行的是省—市—县（市）—乡四级为主的多级层级制。如果仔细看下宪法第 30 条的部分规定，即全国分为省、自治区、直辖市，省、自治区分为自治州、县、自治县、市，直辖市和较大的市分为区、县，自治州分为县、自治县、市，就会发现我国宪法没有市管市的规定，因而使得市管市的存在没有宪法的依据。那么市管县体制是否有宪法依据呢？由于我国宪法第 30 条中只规定了省、自治区分为自治州、县、自治县、市，直辖市、较大的市分为区、县。因此，宪法中规定的省、市、县、乡的四级制中的市仅仅是指较大的市 [①]，并不包括所有的地级市。可见，除了较大的市管辖县符合宪法之外，其他的市管县是没有宪法依据的。然而，较大的市以外的市管县的存在并非朝夕之事，从 1983 年我国开始大规模推行市管县体制，而市管县的存在一直是没有宪法依据的。对于这么一个长期而又普遍的现象，我国的宪法却一直没有给予其合法的地位，也没有将其确认为违宪而予以撤销。这不能不说是宪法规定的不足，也是对宪法的庄严性、至高无上性的挑战，

① 我国宪法中虽然使用了“较大的市”这一概念，但并没有给出它的定义。《中华人民共和国立法法》第六十三条规定了“较大的市”的定义：本法所称较大的市是指省、自治区的人民政府所在地的市，经济特区所在地的市和经国务院批准的较大的市。经国务院批准的较大的市有 18 个，再加上省会城市 27 个、经济特区城市 4 个，我国共有较大的市 49 个。因此，按《中华人民共和国立法法》的规定，我国最多只能有 49 个市领导县。但事实上，我国市领导县的数量远远超出 49 个。

给法治国家、宪政国家的建设带来了很大的阻碍。

（2）行政区划设置权限规定的不足

就宪法第六十二、八十九、一百零七条对行政区划设置权限的规定来看，省级地方政权的设置权限归全国人大，其他地方各级政权的设置则由国务院和省级行政机关负责，而与各级的国家权力机关无关，属于纯粹的行政事务。省、自治区和直辖市是我国的第一级行政区划单位，直接受中央的领导。这一级行政区划的变动关系到中央和地方、地方和地方之间的相互利益，涉及中央对地方管理，因此省一级的建置需要由全国人大决定。而将省级以下的地方政权的设置权交由具体负责执行和管理的行政机关，无形中扩大了行政权限。在地方政权的设置标准不明确的情况下，被赋予设置权限的行政机关很有可能随意设置，然后通过行政立法对所设的地方政权实施管理，以此来和权力机关争夺权力。为此，笔者以为省级以下的地方政权单位的设置也应由权力机关来决定。

2. 现有的区划地名法律法规的数量过少，层次偏低及过于陈旧

总的来说，我国现有的区划地名法律法规的数量过少，层次偏低及过于陈旧。如 1993 年《国务院批转民政部关于调整设市标准报告的通知》、2000 年民政部《关于全国城市设置标准地名标志的通知》等，属于行政法规、规章之外的规范性文件。这些文件虽然具有约束力，但不是经过特定的法律制定程序，而且没有以令状等形式颁布，因此不是法律。就现有的法律规范来看，除了《宪法》和《地方组织法》两部法律外，其他的都是法规、规章，层次明显偏低。几部主要的法规，如《国务院关于行政区划管理的规定》等，都是 20 世纪 80 年代制定的，如今已经过去 20 多年。国家经济等各方面都有了较大发展，社会环境也发生很大变化，但是我们仍在沿用已经明显跟不上时代步伐的法规。由于法规过时，致使实践操作无法可依，混乱的现象比比皆是。另外，现有的与行政区划有关的法律法规比较零散、不成体系，主要是针对行政区划某一部分具体情况的规定，缺乏系统的、专门规定行政区划各方面的法律法规。

《国务院关于行政区划管理的规定》只有十条，全文仅千余字，内容相当简略。首先，主要是规定了行政区划变更的审批主体和权限的划分及行政区划变更报批的内容，而没有实质条件和法律责任的规定。其次，该规定过于笼统，缺乏可操作性。条文中使用了大量的模糊的词语，如“必须变更时”、“重大变更”、“特殊情况地区”、“部分行政区域的变更”等等，这些都没有明确的标准。作为我国目前行政区划管理方面的唯一一部行政法规，该规定的不足显然会使行政区划管理实践带来无法可依、有法难依的尴尬局面。再次，该规定的行政区划变更过程缺乏民意基础，没有给予受行政区划变更影响的民众以参与权。

3. 地名管理法规体系尚不健全

在我国地名管理法规中，目前缺少由国家最高权力机构制定的地名管理法。没有国家地名管理法就使得地名管理法规缺乏使用的权威性和适用的广泛性。目前各地方还没有完全制定出地方地名管理规定和办法。在有些地区虽已有地方地名规定和办法，但还存在不完善之处。在已有的地名管理法规中，对地名管理范围涵盖不够，缺少许多应有的内容，尤其是在处罚方法上还显得力度不够。地名管理法规之间，地名管理法规与其他专门法律法规之间也有不协调的地方。

社会主义建设事业的迅速发展的同时，地名管理法规发展滞后，不能适应社会发展。《地名管理条例》(以下简称《条例》)，从颁布到现在，也已经二十几年了。这期间，一方面，《条例》及地方各级政府制定的相应法规，在地名管理中发挥了重要作用；另一面，《条例》和地方性法规又不能及时反映形势的发展，及时吸收地名学研究的新成果。如人们正试图通过"地名商品化"，"地名与企业联姻"，"地名有偿服务"等尝试命名使地名与市场经济接轨，取得社会和经济两个方面的效益。而现行的《条例》和地方性法规，受制定时的客观条件的限制，是不可能反映出这些新的成果、新的情况、新的要求的。《条例》和地方性地名管理法规的制定与颁布，结束了地名管理"无法可依"的局面。但是，仅有《条例》和地方性法规，而无相应的实施细则或司法解释与之配套。在实践中，许多地名管理中的实际问题，由于在《条例》或需地方性法规中，找不出具体的或者可以类推的规定，又无与之相应的细则或司法解释，而使广大的地名工作者感到确认难、执法难。

(三)现行区划地名管理法律制度的完善

自新中国成立以来，我国行政区划调整与变更中出现过不少大的失误和反复，其中很重要的一个原因就是缺乏科学理论的指导、有法难依、无法可依、有法不依。改革开放至今，我国在行政区划的调整与变更中比先前出现的失误和反复明显减少，其中一个很重要的原因就在于吸取了过去的教训，加强了行政区划调整和变更的战略研究和有关法律法规的工作。历史的经验和教训告诉我们，在新的环境和条件下，怎样把我国的行政区划改革与完善建立在科学、法制的基础上，使行政区划管理步入科学化、规范化和法制化的轨道，已成为行政区划变革的迫切需要。

1. 完善我国宪法中的相关规定

(1)实行省管县，取消市管县体制。优点在于：首先，符合宪法的规定，能够做到在现有宪法的框架内完善行政区划体制，能够很好地解决较大的市以外的其他市管县与宪法的冲突。其次，省直管县较之市管县确实有其可取之处：实行"省管县"，中央和省就可以根据具体情况有针对性地制定经济和社会发展政策，更好地扶助农村地区经济发展；实行“省管县”，下放给县乡的各种权益也就不易被市级政府所截留；实行“省管县”，由于信息传递层次少，信息失落失真的可能性较小，这样一来有利于保证国家政令的统一，提高行政效率，二来决策层能够尽快地对信息加以处理，并及时采取相应的纠偏措施；实行“省管县”，能够让省集中更多的财力，增强宏观调控能力；实行“省管县”，有利于调动县的积极性。

（2）修改关于行政区划设置权限的规定。我国宪法第104条规定，县级以上的地方各级人民代表大会常务委员会讨论、决定本行政区域内各方面工作的重大事项。这也就是说县级以上地方政权单位管辖范围内的重大事项由相应的各级人大常委会决定。行政区划关系到地方国家机关的设置，关系到权力和资源的再分配，关系到受行政区划变更影响地区的群众的切身利益。行政区划的设置是行政区划最基础，也是最关键的一环，行政区划的管理及其变动都是在此基础上进行的。从这个角度来说，地方政权单位的设置权限应该属于宪法第104条中所指的“重大事项”。因此，县级以上的地方政权管辖范围内的行政区划的设置决定权应该属于其对应的各级人大常委会。然而，宪法第89条第15项却规定了国务院批准自治州、县、自治县、市的建置和区域划分。显然，这两条规定是互相冲突的。行政区划的设置事关重大，涉及面甚广，应该通过民主、法制的程序来决定。各级人大及其常委会是我国的民意机关，在其决定的过程中可以广泛采纳民意，从而作出科学、合理的决定。为此，应该将行政区划的设置权限交由权力机关执行，而具体的管理和执行则交由行政机关执行。故建议将宪法相应的规定修改为：全国人大批准省、自治区、直辖市的设置和区域划分，决定特别行政区的设立及其制度；全国人大常委会批准自治州、县、自治县、自治州、市的建置和区域划分；省人大常委会、直辖市人大常委会决定乡、民族乡、镇的建置和区域划分；国务院和省级人民政府承担相应的管理和执行职责。

2. 制定行政区划法，构建行政区划法律体系

改革开放以来，尽管对行政区划已有了一些法律规定，但就总体而言，行政区划中的许多重大问题没有在法律法规中作出规定，现有的法律文件中并没有全面反映应有的法律精神，只是把行政区划管理看做是纯政府内部的事情，没有充分考虑民主的参与和地方的利益。为促进行政区划的行政调控到法律调控的转型，有必要制定一部综合性的对行政区划重大问题进行全方位规定的《行政区划法》，在法律层级上，行政区划法应位于国务院组织法与地方组织法之下，并配套制定相关的实施细则，如《城市设置标准条例》等。缺乏完备的法律规范，对行政区划的法律调控就是空话。马纳新在他的《论完善我国行政区划法的基本原则和基本对策》一文中，提出了比较完整的方案，可作为参考。他认为，行政

区划法的内容可包括:(1)总则，即行政区划法的基本原则和基本制度;(2)行政区划体系，即行政区划的层次、幅度和大小;(3)行政区划的设立与变更，包括新设或撤并行政区划、调整行政区域隶属关系的实质性条件与权限、程序性规定;(4)行政区政府驻地管理，包括政府驻地的定义、设置与变更;(5)行政区划名称管理;(6)行政区划辖域调整及边界管理;(7)行政区划标准化;(8)法律的实施与监督。

在立法中一定要关注实施程序的设定，要考虑三个方面：一是要建立一套民主的、开放的程序，保证民众和地方的参与，以充分考虑民众的利益和地方发展的需求；二是要设置科学的调查和论证程序，保证行政区划的调整科学合理；三是要设立相应的纠纷解决机制和救济程序。在实施手段方面，需要在传统行政审批的同时加入调查论证和成本效益分析的方法。行政区划的调整需要以理性为前提，需要考虑各种影响因素和多方面的利益，需要科学论证。

3. 全面加强地名管理法制建设

我国现行的《地名管理条例》自颁布实施至今二十多年了，目前，在地名管理体制、管理范围、管理方式等方面都存在着不适应新形势的问题。由于地名的广泛性，在管理上涉及多个部门，在应用上遍布全社会，而过时的地名管理法规在一些问题上的不确定性，造成了管理部门之间的相互扯皮和相互牵制的现象，也造成了民间随意使用地名甚至任意冠名的现象。这些现象如不及时得到纠正，势必干扰地名的正常管理秩序，使那些与现代社会文化很不协调的盲目冠名现象任意滋长。因此，加强地名管理法制建设，完善地名管理法规是当务之急。做好这项工作需要注意以下三个问题。第一，要搞好地名管理立法的预测和规划工作。这是做好地名管理立法工作的前提。地名管理立法规划应确定远期战略目标和近期奋斗目标。所谓远期战略目标，是为制定地名管理法做好充分准备；所谓近期奋斗目标，是完善现行的条例和地方法规，使之适应社会主义市场经济发展的需要。同时还要注意地名管理法规体系的科学配套。第二，地名管理、立法要坚持法制统一原则。我国的立法体制是统一的，又是多层次的。有关部门在拟定、完善地名管理法规时，必须以宪法、法律为依据，并且要注意协调好新立法规与已颁布法规之间的关系，大配套与小配套之间的关系，不能顾此失彼、前后矛盾。第三，地名管理立法要强调科学性。立法的及时性、协调性、配套性、稳定性和预见性，必须建立在立法科学性的基础上。它包括立法计划的科学性、立法内容的科学性、立法程序的科学性和法律条文语言的规范性等。地名管理立法只有建立在科学性基础上，才能保证其可行性、稳定性。

第五章 民政规章和规范性文件清理

为落实党的十五大提出的新时期立法工作总目标——2010 年形成中国特色社会主义法律体系，2010 年 4 月 20 日，国务院办公厅下发了《国务院办公厅关于做好规章清理工作有关问题的通知》(国办发［2010］第 28 号)。任务是围绕确保到 2010 年形成中国特色社会主义法律体系的要求，通过对现行规章进行一次集中清理，查找出存在的明显不适应、不一致、不协调的突出问题，根据不同情况，区别轻重缓急，分类进行处理，保证国家社会主义法制的统一和中国特色社会主义法律体系的科学统一，更好地服务于我国经济社会的发展。民政部成立了规章和规范性文件清理工作办公室，研究部署和实施清理工作。关于规章的制定、发布、备案，立法法和《规章制定程序条例》以及《民政部立法工作程序规定》作了相关规定，而规范性文件的含义、制发主体、制发程序和权限以及审查机制等，尚无全面、统一的规定。做好清理工作，必须要明晰规范性文件的相关问题。因此，本章的一个重点就是探讨规范性文件的相关问题。

第一节 行政规范性文件

一、行政规范性文件的概念

行政规范性文件是指行政机关及被授权组织为实施法律和执行政策，在法定权限范围内制定的除行政法规和规章之外的决定、命令等普遍性行为规则的总称，俗称“红头文件”。

规范性文件要与规范性法律文件区分开。规范性法律文件是指国家机关或国家机关授权的组织依法制定并发布的，以条文的形式规定一定的行为准则，具有普遍约束力、能作为法律适用依据的法律文件。除法律外，行政法规、部门规章和地方政府规章属于此类。

行政规范性文件的有如下五个特征：1. 法定主体，必须是行政机关和法律、法规授权的具有管理公共事务职能的组织才有权制定规范性文件，这些有行政职权的单位又称为行政主体；2. 依法制定，各行政主体制定的规范性文件必须在其法定职权范围内，并且制定过程也必须合乎有关程序性规定；3. 规范性文件针对的对象具有抽象性和不特定性，它不针对某一具体的行政相对人，但能够在一定的时间和范围内对公民、法人和其他组织产生普遍约束力；4. 规范性文件具有反复适用性，规范性文件在同一事务上对于不同的对象可以反复适用，而不是适用一次后就归于终结；5. 规范性文件具有对外性，规范性文件是各级行政机关在行政管理中广泛运用的一种手段，是行政机关对外作出的抽象行政行为；阶段性整顿工作方案涉及公民、法人和其他组织权利、义务的，应当属于规范性文件。规范本机关、本系统内部工作制度、管理制度的文件，人事任免决定，向上级行政机关的请示和报告，以及有关具体事项的布告、通告、决定、批复等，不适用本规定而规范行政机关内部的行为，不属于规范性文件的范围。

规范性文件"准行政立法"活动，是行政立法的试验田，是我国法制建设的组成部分。就规范性文件规定的内容而言，一种情况是法律、法规、规章尚未触及的领域，而实际工作中，又需要有普遍约束力的行政公文来调整。这种情况下制定的规范性文件，在实施中，边执行，边探索、完善，时机成熟，即可制定为法律、法规、规章。另一种情况是有的法律、法规、规章就某一方面的规定不完善或存在欠缺，规范性文件予以拾漏补缺，便于行政机关或有关组织依法行使职权时的具体操作；或者规定贯彻法律、行政法规、规章的具体办法和措施。第一种情况是进行行政立法活动的重要素材来源，第二种情况对完善现行的法律、行政法规、规章具有重要意义。

二、制定行政规范性文件的法律依据

根据我国宪法、国务院组织法和地方组织法的规定："国务院根据宪法和法律，规定行政措施，制定行政法规，发布决定和命令"（宪法第 89 条）；"各部、委员会根据法律和国务院的行政法规、决定、命令，在本部门的权限内，发布命令、指示和规章"（宪法第九十条）；"县级以上地方各级人民政府执行本级人民代表大会及其常务委员会的决议以及上级国家行政机关的决定和命令，规定行政措施，发布决定和命令"（地方组织法第五十一条）；"乡、民族乡、镇的人民政府执行本级人民代表大会的决议和上级国家行政机关的决定和命令，发布决定和命令"（地方组织法第五十二条）。

国务院《国家行政机关公文处理办法》规定："命令"用于发布重要行政法规和规章；采取重大强制性行政措施；任免、奖惩有关人员；撤销下级机关不适当的决定等。"决定"用于"对重大事项或重大行动做出安排"。宪法及地方组织法规定的"发布决定和命令"、"发布命令、指示"中的"采取重大强制性行政措施"和"对重大事项或重大行动做出安排"，实际上就是行政机关制定和发布规范性文件。

三、行政规范性文件制定的主体资格

从宪法及地方组织法的规定看，国务院及各部、委、地方各级人民政府均可制定规范性文件。国务院直属局、国有公司及其他直属机构以及地方人民政府的工作部门能否制定规范性文件没有规定，这也是目前争论的一个焦点问题。

根据目前我国实际工作的现状，笔者认为其也可以制定相关的规范性文件。在实际工作中，国务院直属局、国有公司及其他直属机构、地方人民政府的工作部门，承担着大量的行政管理工作，制定了大量的规范性文件以弥补法律、行政法规、规章的不足。

就规范性文件的制定权限，法律、法规、规章直接确权固然重要，但并非必要的或唯一的条件。一个机关或单位能否制定、发布规范性文件，关键在于该机关、单位是否为依法成立的独立国家行政机关或是否享有一定的行政管理职能。按此条件，国务院直属局、地方人民政府独立的工作部门均具有规范性文件的制定权限；国务院直属的国有公司及其他直属机构，在其管辖的范围内享有一定的行政管理职能，因而也具有规范性文件的制定权限。国家行政机关内部设定的机构（包括派出机构）因其不能独立对外行使行政管理职能而不具有规范性文件的制定权限，它只能以其从属的行政机关的名义行使行政机关管理职能，制定规范性文件。

在实践中街道办事处和临时性机构能不能成为规范性文件的制定主体一直也存在着争议。关于街道办事处的制定主体问题，有的实践部门的同志主张街道办事处可以制定规范性文件。其理由是：街道办事处是本市人大常委会地方性法规授权组织，既然街道办事处是依据法规、规章的规定进行行政管理的组织，在具体的行政管理工作中，就可能制定一些具有普遍约束力的规范性文件。实践中街道办事处为了行政管理的需要，客观上曾制定了一定数量的规范性文件。而专家学者和部分实践部门的同志主张街道办事处不能制定规范性文件。其理由是：街道办事处在组织法中没有法定地位，应当以区县政府的名义进行行政管理，不能以自己独立的名义对外发布规范性文件。笔者认同第二种观点，街道办事处作为区县政府的派出机关，应当执行区县政府制定的规范性文件；街道办事处管辖面积并不是很大，从控制规范性文件过多过滥的指导思想出发，街道办事处也没有必要独立制定规范性文件。

关于临时性机构的制定主体问题。一种意见主张临时性机构可以制定规范性文件。其理由是：实际工作中市和区县政府都成立了不少临时性机构，这些临时性机构为解决行政管理中的问题，起到了重要的作用，这些临时性机构也在不断地制定规范性文件，有时临时性机构制定的规范性文件权威还要高于政府部门制定的规范性文件。如果禁止临时性机构制定规范性文件，恐怕会对今后的行政管理产生不利影响。另一种意见认为临时性机构不得以自己独立名义对外制定发布规范性文件，因为根据“职权法定”原则，行政管理权应当由各行政管理部门依法行使，临时性机构在法律上并没有法定主体地位和法定职权，因此就不能实施对行政相对人权利义务产生影响的抽象行政行为，其职能应当主要体现在内部指挥、协调、决策方面。笔者倾向于第二种观点，即临时性机构不得制定规范性文件。在实践中，如临时性机构确有必要发文，一般应上报上级政府，由上级政府以自己名义发文或者转发文。

四、行政规范性文件的制定

（一）行政规范性文件的名称和制定原则

规范性文件的名称可以使用“办法”、“规定”、“决定”、“规则”、“细则”、“通告”、“公告”、“通知”等，但不得使用“条例”。

制定规范性文件应当遵循合法、合理、公开、精简、统一和效率的原则，并符合下列要求：(1) 保障公民、法人和其他组织的合法权益，在规定义务的同时，应当规定其相应的权利和保障权利实现的途径；(2) 体现行政机关职权和责任的统一，在规定行政机关职权时，应当规定其行使职权的条件、程序和责任；(3) 符合经济社会发展的客观规律，科学规范行政行为，促进政府职能向经济调节、市场监管、社会管理和公共服务转变；(4) 符合行政职能的配置原则，避免和减少职能交叉，简化行政管理手续，便利公民、法人和其他组织。

（二）规范性文件不得设定的内容

1. 不得设定行政许可以及面向社会实施的非行政许可审批。我国行政许可法第十七条规定“其他规范性文件一律不得设定行政许可”。

2. 不得设定行政处罚。行政处罚法第十四条明确规定除法律、法规、规章外，其他规范性文件不得设定行政处罚。

3. 不得设定行政强制。行政强制是国家机关为实现行政目的或者当行政相对人不履行法定义务时，针对相对人的人身、财产或者行为而采取的单方面法律行为。因此，不允许在规范性文件中设定行政强制的内容。

4. 除国家物价部门、财政部门以及各省级政府以及财政和物价部门按照法定权限设定的收费事项外，其他各级政府和部门都不得设定行政事业性收费。

5. 不得设定行政征用，规范性文件无权限制或处分行政相对人的法定权益。

6. 不得设定依法应当由法律、法规、规章或者上级机关设定的其他内容。

7. 没有法律、法规、规章为依据，规范性文件不得规定限制公民、法人和其他组织的权利或者增加公民、法人和其他组织的义务的内容。

（三）规范性文件的文书格式

规范性文件文稿应当结构严谨、条理清楚、用词准确、文字简明，符合立法技术要求。

1. 名称：规范性文件的名称一般可称实施办法、实施细则、决定、规定、办法、暂行规定、暂行（试行）办法、通告、通知、意见等。

（1）依照法律、法规、规章和上级规范性文件制定的具体实施措施，称“实施办法”、“实施细则”。

（2）根据法律、法规、规章和上级规范性文件，结合本部门、本地实际制定的文件称“决定”、“规定”、“办法”。对暂不成熟又急需制定施行的文件，称“暂行规定”、“暂行办法”或“试行办法”。

（3）涉及法律、法规、规章和上级规范性文件，且内容较专一和简单，需公众周知的文件，称“通告”。

（4）为加强对某一行业领域的管理，急需制定涉及公民权利和义务，具有普遍约束力的文件，称“通知”、“意见”等。

2. 规范性文件的内容可用条文表述，每条可以分为款、项、目；款不冠数字，项和目冠数字。规范性文件的一般条款顺序为：

a. 总则

（1）设立依据（为……目的，依据……（法规、文件）制定本办法（细则））；

（2）文件规范对象（本办法适用于……）；

（3）基本原则；

（4）关键词解释（本办法所称 ×× 是指……）；

（5）主管部门（×× 部门负责……管理工作）；

b. 适用范围

（1）适用范围（…符合下列条件的必须……）；

（2）排除范围（有下列情形之一的，可以……）；

c. 规范内容（应遵循的具体行为规范，规定授权性和禁止性内容）

d. 监督条款（各部门职责权限、违反有关规定应承担的责任、奖惩办法等）

这部分内容往往较为薄弱，很多部门起草文件时习惯性地强调行政管理相对人的义务，而对部门应当承担的义务和责任规定比较少，对于行政管理相对人的救济渠道也是少有规定。

e. 附则（施行日期以及应当废止的有关规范性文件等）

在制定规范性文件时可以根据具体情况对章节进行调整，内容较简单的可以不设章节，但条款应按此顺序排列。

（四）规范性文件的审核

规范性文件必须进行合法性审核。那么，由谁来认定是否规范性文件，是保证规范性文件进行合法性审核的关键。过去往往是由规范性文件制定机关的主管领导或者其办公部门、办公机构的领导认定，使得复杂一些的规范性文件没有被认定，造成漏审、漏备的现象比较普遍，有些问题文件不能及时得到纠正。鉴于法制机构专门从事政府或者部门法制工作，其中有一项业务就是对规范性文件进行合法性审核，能较为准确地把握规范性文件的概念。同时，对认定的规范性文件能一并进行合法性审核，可以减少工作环节，提高工作效率。因此，由本级政府或政府部门的法制机构进行合法性审核较为适宜。

（五）规范性文件的制定必须坚持“公开征求意见”和“集体讨论通过”

制定对公民、法人或者其他组织的权利义务产生直接影响的规范性文件，要公开征求意见，由法制机构进行合法性审查，并经政府常务会议或者部门领导班子会议集体讨论决定；未经公开征求意见、合法性审查、集体讨论的，不得发布施行。起草部门起草作为行政管理依据的规范性文件，应当采取多种形式广泛听取对规范性文件的意见，对“涉及重大事项或者关系人民群众切身利益的，起草部门应当采取召开座谈会、论证会、听证会或者将起草的规范性文件向社会公布等方式征求意见”，以求充分发扬民主，反映最广大人民的根本利益。同时，建立健全专家咨询论证制度，充分发挥专家学者在政府立法中的作用。

（六）规范性文件的有效期限

“有效期制度”，类似于国外的日落条款，能及时废除已不适合时代与发展的行政规范性文件，使之及时退出行政管理工作范畴。实行“有效期制度”有如下三个方面的必要性：1. 有些“红头文件”的出台时间久远，由于没有及时被废止，导致被无限期推行，结果造成据其作出的行政行为有悖于当前现实，以今天的情状衡量明显不合时宜。这种情形的出现不管是由于疏忽所造成，还是缘于其他动机，都不符合与时俱进的行政行为要求，而红头文件过期作废制度的出台，无疑能有效防范落后于时代及发展变化的行政行为的出现。2. 有利于行政相对人通过了解行政规范性文件的有效期，而对自己的行为建立稳定的心理预期。有效规避红头文件的随意废改可能给其工作与生活带来的麻烦与风险。3. 能防范有关部门利用红头文件维护部门利益，损害行政相对人权益。比如有些红头文件曾经对政府有关部门补偿及国有企业的有关赔偿金额作出规定，但随着时间的推移、普遍收入增长及物价上涨，原先规定的赔偿金额已经明显缺乏补偿或赔偿的意义。由于红头文件不会自动失效，于是有关部门与企业便可能利用原先规定，来达到逃避增加补偿或赔偿金额的目的。

关于规范性文件的有效期限，在实践中已有了一些探索。如《广州市行政规范性文件管理规定》规定，2006 年 1 月 1 日起对新发布的红头文件实行“定期死亡”制度：新发布的红头文件只在有效期内有效，过期立即作废，有效期从发布之日起最长不得超过5年。

五、规范性文件的备案和备案审查制度

《关于做好规章清理工作有关问题的通知》(国办发〔2010〕第28号)第十条要求强化规章和规范性文件备案审查。严格执行法规规章备案条例和有关规范性文件备案的规定，加强备案审查工作，做到有件必备、有错必纠，切实维护法制统一和政令畅通。要重点加强对违法增加公民、法人和其他组织义务或者影响其合法权益，搞地方或行业保护等内容的规章和规范性文件的备案审查工作。建立规范性文件备案登记、公布、情况通报和监督检查制度，加强备案工作信息化建设。对公民、法人和其他组织提出的审查建议，要按照有关规定认真研究办理。对违法的规章和规范性文件，要及时报请有权机关依法予以撤销并向社会公布。备案监督机构要定期向社会公布通过备案审查的规章和规范性文件目录。

根据各部门、各地实践，制定机关报送规范性文件备案，应当将规范性文件备案报告、规范性文件正式文本(附电子文本)和规范性文件说明装订成册，一式二份径送备案审查机关的法制机构。规范性文件说明应当包括以下五方面内容：一是制定该文件的必要性和可行性；二是所依据的法律、法规、规章和相关政策以及上级机关有关规定；三是拟解决的主要问题以及采取的主要措施；四是对有分歧意见的协调处理情况和其他需要说明的问题；五是制定机关法制机构对该文件的审核意见。

规范性文件备案审查也称事后审查，是备案审查机关(含实行垂直管理部门的上级主管部门)的法制机构对规范性文件制定机关报送备案的规范性文件依法进行审查监督的行为。根据《纲要》的要求，对行政机关制定的规范性文件必须做到“有件必备、有备必审、有错必纠”。规范性文件备案审查的主要内容是：(1)制定机关是否具有相应的法定职权；(2)是否与法律、法规、规章相抵触；(3)是否与相关政策以及上级机关有关规定相违背。备案审查的目的，就是为了纠正违法或者不当的规范性文件，维护法制的统一。

报送备案的规范性文件存在超越制定机关法定职权，与法律、法规、规章相抵触的，与相关政策以及上级机关有关规定相违背问题的，备案审查机关的法制机构应当向制定机关提出自行修改或者撤销的审查处理意见，或者提请备案审查机关撤销该文件。

(一)百姓可以对规范性文件提起审查

建立受理、处理公民、法人或者其他组织提出的审查规范性文件建议的制度，认真接受群众监督。因此，公民、法人和其他组织认为规范性文件有违法内容的，可以向备案审查机关的法制机构提出书面审查申请，能够提供需要审查的

文件或者其复印件的，应当提供；备案审查机关法制机构受理审查申请，应当自接到书面申请之日起六十日内依法处理，并将处理情况告知申请人；情况复杂，六十日内无法处理完毕的，经备案审查机关法制机构负责人批准，可以延长三十日，但不含需要有关部门协助审查所需的时间。将公民、法人和其他组织对规范性文件提出的意见和异议，作为备案审查机关审查规范性文件程序的启动方式之一，将规范性文件置于广大管理相对人的监督之下，能够大大拓宽发现违法文件的渠道。

（二）对备案规范性文件作出处理

经审查，规范性文件合法、合理、体例规范的，由国务院部门、地方级政府或工作部门的法制机构整理归档，并明确告知报送部门。经审查规范性文件存在问题的，按下列办法处理：（1）同法律、法规、规章和上级机关的规范性文件相抵触的，由本级行政机关撤销、改变，或者责令制定规范性文件的行政机关自行撤销或纠正。（2）行政机关的部门制定的规范性文件同本级行政机关其他部门制定的规范性文件相矛盾的，由本级行政机关的法制机构协调；经协调不能取得一致的，由本级行政机关法制机构提出意见，报本级行政机关决定。（3）行政机关部门制定的规范性文件同上级行政机关有关部门制定的规范性文件不一致的，由本级行政机关责成制定规范性文件的本级行政机关部门报请上级行政机关有关部门处理。（4）规范性文件不符合效力区域的实际情况，或可行性不强的，应在规定的时间内，由本级行政机关法制机构提出书面意见，告知制定规范性文件的行政机关撤销或修改，或直接发文撤销。（5）格式体例不规范、遣词造句不准确、意思表达不清晰的，由本级行政机关法制部门提出书面意见，告制定规范性文件的行政机关按规定进行处理，并限期回告处理结果。

六、规范性文件管理的约束制度

严格管理规范性文件制定、实施，必须要有相关的约束制度，才能够起到规范作用。对下列情形可以进行责任追究：一是无权机关制定规范性文件的；二是规范性文件设定禁止内容的；三是涉及重大事项或者关系人民群众切身利益的规范性文件，未召开座谈会、论证会、听证会或者向社会征求意见造成严重影响的；四是未经其法制机构合法性审核或者未采纳其法制机构合法性审核意见，导致发布的规范性文件内容违法；五是规范性文件未向社会公布即作为实施行政管理依据；六是发布规范性文件不报送备案；七是未按照规定的时限和格式将规范性文件报送备案或者抄报的；八是未按照规定将发文目录报送备查的；九是制定机关对问题文件未按照规定时限处理的；十是对报送备案的规范性文件未依法审查的；十一是备案审查机关的法制机构对确认存在问题的规范性文件未予纠正的；十二是备案审查机关的法制机构对公民、法人和其他组织提出意见的规范性文件逾期未处理造成影响的。

处理方式主要有责令改正或者纠正、给予通报批评、撤销该文件，给予直接负责的主管人员和其他直接责任人员行政处分。其中的行政处分，应当按照国务院《行政机关公务员处分条例》规定的“警告、记过、记大过、降级、撤职、开除”种类处理。这六个种类都有可能在追究有关人员的行政责任中适用。

七、规范性文件在行政复议和行政诉讼中有着重要的法律地位

行政复议法第七条规定：“公民、法人或者其他组织认为行政机关的具体行政行为所依据的下列规定不合法，在对具体行政行为申请行政复议时，可以一并向行政复议机关提出对该规定的审查申请：（1）国务院部门的规定；（2）县级以上地方各级人民政府及其工作部门的规定；（3）乡、镇人民政府的规定。前款所列规定不含国务院部、委员会规章和地方人民政府规章，指的就是规范性文件。也说明了在行政复议活动中，规范性文件作为复议机关审理复议案件的依据，被赋予了重要的行政法律地位。”

行政诉讼法对规范性文件在行政审判中如何对待没有规定，那么，在行政诉讼中，规范性文件的地位如何呢？一直存在争议。有的学者认为，既然行政诉讼法没有提及规范性文件在审判中的地位，那么法院办案可以不予承认。有的学者认为，根据规范性文件在行政管理活动中的重要地位，行政审判中如果不承认规范性文件，就会使行政管理活动与司法活动脱节，影响行政管理活动的正常进行。因此，对规范性文件不存在承认不承认的问题，而应当研究的是如何承认的问题。2009 年这个争议停止了，因为最高人民法院为进一步规范裁判文书引用法律、法规等规范性法律文件的工作，提高裁判质量，确保司法统一，维护法律权威，根据《中华人民共和国立法法》等法律规定，制定《关于裁判文书引用法律、法规等规范性法律文件的规定》（2009 年 10 月 26 日最高人民法院公告法释［2009］14 号公布，自 2009 年 11 月 4 日起施行）。其中第六条规定：对于本规定第三条、第四条、第五条规定之外的规范性文件，根据审理案件的需要，经审查认定为合法有效的，可以作为裁判说理的依据。　第三、四、五条规定刑事裁判文书、民事裁判文书、行政裁判文书应当引用法律、法律解释或者司法解释。

对于应当适用的行政法规、地方性法规或者自治条例和单行条例，对于应当适用的地方性法规、自治条例和单行条例、国务院或者国务院授权的部门公布的行政法规解释或者行政规章，可以直接引用。虽然规范性文件不可以直接引用，但是经审查认定为合法有效的，可以作为裁判说理的依据，承认了其相应的法律效力，充分说明了规范性文件的重要性。

第二节　民政规章和规范性文件

一、民政规章

民政规章是指民政部门在其职权范围内，为执行法律、法规，需要制定的事项或属于本部门行政管理事项而制定的规范性文件。规章按其制定机关不同可分为行政规章和部门规章。省、自治区、直辖市人民政府及省、自治区政府所在地的市和经国务院批准的较大的市的人民政府制定的规章为地方政府规章，国务院组成部门及直属机构制定的规章为部门规章。民政部门制定的规章统称为民政部门规章。

民政部根据立法法和国务院制定的《规章制定程序条例》制定了《民政部立法工作程序规定》，规范了民政立法的程序，关于规章的制定主体、制定程序、发布形式、行文方式、普遍约束力等都做了详细规定。因此，民政规章的相关法律规定还是很全面和规范的。

二、民政规范性文件

民政规范性文件是指除民政规章以外，民政机关为行使行政管理职能而依法制定和发布的具有普遍约束力的决定、决议、命令等。制定和发布规范性文件是民政机关为依法行使行政管理职能而经常使用的重要手段。规范性文件作为行政法律的重要组成部分，是随着政府法制工作的发展，近几年才提出来的。《行政复议条例》将规范性文件作为行政复议活动的重要依据，赋予了规范性文件重要的法律地位。由于这类行政规范性文件数量多，涉及面广，是行政管理权和行政强制力的体现，直接关系到公共利益、社会秩序和公民的切身利益，因而日益受到公众的关注。目前，我国法律法规对于规范性文件的含义、制发主体、制发程序和权限以及审查机制等，尚无全面、统一的规定。

2011 年 6 月 10 日中华人民共和国民政部令第 42 号公布了《民政部规范性文件制定与审查办法》，自 2011 年 8 月 1 日起施行。

1. 民政部规范性文件的制定和管理部门

民政部规范性文件管理工作由办公厅负责；部业务司（局）负责职责范围内的规范性文件的起草、清理等工作，并对规范性文件的解释、修改和废止提出建议。涉及部内多个司（局）业务的，由主办司（局）负责组织相关业务司（局）起草。制定规范性文件需要事先请示国务院同意的，应当报请国务院批准后再起草。部政策法规司负责规范性文件的合法性审查、备案等工作。

（二）民政规范性文件的格式要求

（1）表述要求：规范性文件可以用条款形式表述，也可以用段落形式表述；

（2）名称要求：规范性文件名称可以使用“规定”、“办法”、“细则”、“规则”、“通知”、“意见”等，但不得使用“条例”、“批复”、“报告”。

（3）内容要求：起草规范性文件，应当根据内容需要，在规范性文件中明确制定目的和依据、适用范围、适用主体、主要措施、施行日期等内容。对有特定含义或者特定适用范围的术语，应当在规范性文件中作出界定，指明其特定的、确切的含义。

（三）民政规范性文件不得设定的事项

1. 与法律、行政法规、规章和国务院决定、命令相抵触的事项；

2. 行政处罚、行政许可、行政审批、行政强制、行政事业性收费、机构编制以及其他不得由规范性文件创设的事项；

3. 违法增加行政相对人义务或者限制行政相对人合法权益的事项；

4. 超越民政部职能职权范围的事项。

（四）起草民政规范性文件的基本要求

1. 听取社会意见并进行社会风险评估

听取社会意见可以采取书面征求意见、座谈会、论证会、听证会等形式。涉及公众切身利益，或者社会关注度高的规范性文件，应当向社会公开征求意见。

司（局）起草规范性文件根据需要可以提出举行听证的建议，经办公厅审核，报主管部长批准后举行听证会。相关业务司（局）负责聘请听证会代表，聘请的听证代表应当具有一定的广泛性、代表性。代表的产生也可以采取自愿报名、单位推荐、委托社会团体选拔等方式。听证会代表应当亲自参加听证，如实反映社会各方面对法规草案内容的意见，遵守听证规则，保守国家秘密。

民政部应当在举行听证会 30 日前公布听证会的时间、地点和内容。一般情况下，应当在举行听证会 10 日前将聘请书和听证材料送达听证会代表。

听证会按照以下程序进行：主持人宣布会场规则；规范性文件草案起草司（局）说明法规草案的内容、背景；听证会代表对草案内容进行质证和辩论；听证会代表对听证会笔录进行审阅并签名；主持人宣布听证会中止、延期或者结束。

规范性文件草案起草司（局）应当认真研究听证会反映的各种意见，草案报送审批时，应当说明对听证会意见的处理情况及其理由。

2. 听取其他相关部门意见

规范性文件内容涉及国务院其他部门职能范围的，应当征求相关部门意见。

3. 对需要废止的规范性文件作出规定起草规范性文件，应当对需要废止的现行规范性文件或者相关条款作出明确规定。

（五）合法性审查

规范性文件起草工作完成后，在报请审议前，起草司（局）应当将规范性文件送审稿及其起草说明送政策法规司进行合法性审查。

起草说明，应当包括下列内容：（1）制定该文件的必要性和可行性；（2）所依据的法律、行政法规、规章和有关文件；（3）拟解决的主要问题以及采取的主要措施；（4）征求意见、对分歧意见的协调处理以及社会风险评估等情况；（5）其他需要说明的问题。

政策法规司收到规范性文件送审稿后，一般应当在7个工作日内提出审查意见。合法性审查的内容包括：（1）是否符合法定职权和程序；（2）是否与法律、行政法规、规章和国务院决定、命令相抵触；（3）是否有规范性文件不得创设的内容；（4）是否与民政部现行规范性文件相衔接；（5）其他需要审查的事项。

经审查无异议，政策法规司应当作出合法性审查通过的审查意见。规范性文件送审稿存在重大缺陷或者较大争议，不符合本办法要求的，政策法规司可以作出审查不予通过意见并说明理由和依据。

（六）审议与公布

规范性文件应当提交部长办公会议或者部务会议审议。审议规范性文件，由起草司（局）作说明，政策法规司就合法性审查情况作说明。

规范性文件经审议通过后，由起草司（局）正式行文，送政策法规司会签后，按照部公文办理程序报请部长或者部长委托的其他部领导签发。规范性文件需要送国务院其他部门会签的，或者需要报请国务院批准的，按照相关规定办理。

有下列情形之一的，经部长批准可以简化制定程序：（1）依据法律、行政法规授权例行调整和发布标准的；（2）执行国务院的紧急命令、决定，需要立即制定和实施规范性文件的；（3）为应对和处置自然灾害等突发事件，需要立即制定和实施规范性文件的。

依照前款规定简化制定程序的，起草司（局）形成规范性文件送审稿，会签政策法规司后直接报请部长签发。

规范性文件应当以民政部公告形式发布，经部长批准，也可以其他方式发布。规范性文件自公布之日起施行，也可以确定自公布之日起一定期间后施行。

（七）规范性文件的解释、清理、修改和废止

（1）规范性文件的解释，由原起草司（局）负责起草，经政策法规司会签后按照部公文办理程序报请部长签发。规范性文件解释事关重大的应当提交部长办公会议或者部务会议审议。规范性文件的解释与规范性文件具有同等效力。

（2）规范性文件的日常清理由起草司（局）负责，集中清理按照国务院的相

关规定由部统一部署。清理后继续有效、废止和失效的规范性文件目录，应当向社会公布。

（3）修改或者废止规范性文件，由原起草司（局）提出，按照规范性文件的制定程序办理。

（4）规范性文件有效期限一般不得超过5年。名称冠以“暂行”、“试行”的，有效期限不超过2年。规范性文件在有效期届满后，需要继续实施的，应当在有效期届满前进行清理，并向社会公布继续有效的规范性文件目录。

第三节　民政规章和规范性文件清理

我国是一个法律基础比较薄弱的国家，政府的行政管理过去主要是依靠政策性文件和行政惯例。1979年以来，我国进行了大规模的立法活动，但至今并未达到高度完备状态，政府管理活动在一定范围内仍然依靠规范性文件进行。同时，我国幅员辽阔，各地的经济文化等方面发展不平衡，制定的法律、法规不可能包罗万象。尤其是具体行政事务千变万化，完全依靠法律、法规、规章来调整行政管理事务是不现实的。规范性文件与法律、法规、规章相比有较强的灵活性，制定方便，修改、废除程序简单，因此，在现在和将来的行政管理活动中，规范性文件仍将大量存在，并起重要作用。规章是民政部门针对本行业除法律、法规最重要的法律性文件，对民政工作的法制化至关重要，也是数量较大的。民政规章、规范性文件随着历史的前进、经济社会的发展，一些不再适应时代要求、工作需要，一些到了规定时间，需要不断地进行清理，避免过时的“旧法”影响民政工作的开展，削弱民政对象的权利和加重其义务。按照下位法必须符合上位法的原则，根据法律修改和废止的情况，及时对规章和规范性文件进行清理，既是保证我国社会主义法制统一的客观要求，也是确保形成中国特色社会主义法律体系目标实现的必然要求。民政部于1993年（见附录5）、2000年（见附录6）和2007年组织过三次规章和规范性文件的清理，但都集中在规章清理或是针对特定问题的专项清理。国务院办公厅于2009年4月29日下发了《关于做好规章清理工作有关问题的通知》（国办发［2010］第28号，下简称《通知》），部署各省、自治区、直辖市人民政府，国务院各部委、各直属机构开展规章的清理工作。任务是围绕形成中国特色社会主义法律体系的要求，通过对现行规章进行一次集中清理，查找出存在的明显不适应、不一致、不协调的突出问题，根据不同情况，区别轻重缓急，分类进行处理，保证国家社会主义法制的统一和中国特色社会主义法律体系的科学统一和谐，更好地服务于我国经济社会的发展。规章清理工作主要是围绕以下三类问题对规章进行研究梳理，分别作出废止、宣布失效或者修改等处理：一是规章已经明显不适应经济社会发展要求的；二是规章与上位法的规定不一致的；三是规章之间明显不协调的。各地方、各部门在清理工作中发现规章还有其他问题的，也可以一并予以处理。

民政部根据《通知》的要求和部长的批示，部规章和规范性文件清理工作领导小组办公室决定在清理规章的同时，将数量众多的规范性文件也一同进行清理。经过认真准备，于2010年9月正式启动规章和规范性文件清理工作。为做好规章和规范性文件的清理工作，编印了《民政部现行规章汇编》和《民政部规章清理工作有关文件依据汇编》，摘发了国务院行政审批制度改革、行政许可实施过程中涉及民政部门的项目统计等资料。并以部办公厅名义下发了《关于规章和规范性文件清理工作有关问题的通知》（民办函［2010］第189号），明确规定了清理工作的范围、任务、方式和时限，要求按照“谁制定、谁清理”的原则组织实施。

一、本次清理工作的特点

（一）清理面广。本次清理是对民政部制定的现行有效的全部规章和规范性文件的全面清理，规模大，清理面广。从文件制定时间看，最早的是1952年发布的《革命残废军人、革命残废工作人员、民兵、民工伤口复发治疗办法》（内优（52）字第246号），最新的则是2010年12月，时间跨度长达半个多世纪。从文件涉及领域看，包括民间组织管理、优抚安置、救灾、社会救助、基层政权和社区建设、区划地名、社会福利、慈善事业、婚姻登记、收养登记、殡葬管理、规划财务、华侨农场、社会工作、纪检监察、福利彩票等16个工作领域，几乎涵盖所有民政业务。到2010年底，现行有效规章共计34件，各司局还报送了其他5部文件作为规章；14个司局和事业单位共提交拟作为规范性文件清理的文件1184份，其中321份文件是与60多个部门的联合发文。经过办公厅初审，已初步认定规范性文件136份。

（二）审核难度高。主要体现在：一是规范性文件的认定缺乏明确、统一的标准。与规章清理工作不同，目前国家尚未制定有关规范性文件方面的法律法规，民政部也没有关于规范性文件制发、审核、清理等方面的制度（当时《民政部规范性文件制定与审查办法》尚未出台）。二是部分司局、单位提交的拟作为规范性文件缺项较多。据统计，在所有1184份文件中，有200余份缺少文本，且没有制定电子文档。三是时间跨度大、涉及领域广，加上部分文件具敏感性，对审核人员的业务、政治等各方面素质要求较高。

二、确定了民政部规范性文件应具备的要件

应当同时具备以下四个要件：（1）为执行法律、法规、规章和国务院文件的规定，以及履行法定职责的文件；（2）依照法定权限和程序制定并公布的文件（3）涉及行政相对人权利和义务的文件；（4）具有普遍约束力、正式公布并能反复适用的文件。

其他文件，包括中共中央、国务院以及中办、国办转发民政部文件，民政部转发国务院或者其他部门的文件，报送上级的请示或报告，报送其他部门的平行函件，联合发文中其他部门文号的文件，涉及民政部机关及民政系统自身建设的内部工作管理制度以及人事、财务、外事、纪检监察等内部事项管理的文件，其他不涉及行政相对人权利和义务、不具有普遍约束力或者不可以反复适用的文件，都不属于规范性文件。答复地方民政部门请示文件的批复、复函、函，原则上不属于规范性文件。

对经过认定的规范性文件作如下处理：符合保留标准的，予以保留，拟宣布继续有效；对于存在与法律、法规、规章不一致，缺乏法律依据，已过适用时效等问题的规范性文件，拟宣布废止。被废止的规范性文件涉及的相关制度确有必要继续实施的，应当另行制定发布规范性文件。

三、清理结果

（一）规章

截至2010年底，纳入清理范围的规章34件，经认定，建议废止1件；建议继续有效36件（表5.1），其中9件需要对与现行法律、行政法规表述不一致的条文进行文字修改（废止和修改的规章见附录4：民政部关于废止、修改部分规章的决定［部令38号］）。

表5.1　民政部现行有效规章目录

序号	名称	发布机关、文号、公布施行日期
1	关于《国务院、中央军委关于军队干部退休的暂行规定》的实施细则	民政部、总政治部，民［1983］安56号，［1983］政干字第20号，1983年6月21日发布，自1983年10月1日起施行
2	关于义务兵提前退出现役的暂行规定	民政部、公安部、总参谋部、总政治部，民［1988］安字18号，1988年5月28日发布施行
3	军队离休退休干部休养所暂行规定	1990年7月18日中华人民共和国民政部令第3号公布，自1990年9月1日起施行

（续表）

序号	名称	发布机关、文号、公布施行日期
4	公墓管理暂行办法	民事发［1992］24号，1992年8月25日发布施行
5	关于尸体运输管理的若干规定	民政部、公安部、外交部、铁道部、交通部、卫生部、海关总署、民用航空局，民事发［1993］2号，1993年3月30日公布施行
6	社会团体印章管理规定	1993年10月18日中华人民共和国民政部、公安部令第1号公布，自1993年10月18日起施行
7	中国与毗邻国边民婚姻登记管理试行办法	1995年2月17日中华人民共和国民政部令第1号公布，自1995年2月17日起施行
8	革命烈士纪念建筑物管理保护办法	1995年7月20日中华人民共和国民政部令第2号公布，自1995年7月20日起施行
9	地名管理条例实施细则	民行发［1996］17号，1996年6月18日发布并施行
10	华侨以及居住在香港、澳门、台湾地区的中国公民办理收养登记的管辖以及所需要出具的证件和证明材料的规定	1999年5月25日中华人民共和国民政部令第16号公布，自1999年5月25日起施行
11	社会团体设立专项基金管理机构暂行规定	民发［1999］50号，1999年9月17日发布施行
12	民政信访工作办法	1999年12月23日中华人民共和国民政部令第17号公布，自1999年12月23日起施行
13	民政部行政复议与行政应诉办法	民发［1999］123号，1999年12月23日发布施行
14	民办非企业单位登记暂行办法	1999年12月28日中华人民共和国民政部令第18号公布，自1999年12月28日起施行
15	民办非企业单位名称管理暂行规定	民发［1999］129号，1999年12月28日发布施行
16	社会福利机构管理暂行办法	1999年12月30日中华人民共和国民政部令第19号公布，自1999年12月30日起施行

（续表）

序号	名称	发布机关、文号、公布施行日期
17	民办非企业单位印章管理规定	2000年1月19日中华人民共和国民政部令第20号公布，自2000年1月19日起施行
18	取缔非法民间组织暂行办法	2000年4月10日中华人民共和国民政部令第21号公布，自2000年4月10日起施行
19	社会团体分支机构、代表机构登记办法	2001年7月30日中华人民共和国民政部令第23号公布，自2001年7月30日起施行
20	城市生活无着的流浪乞讨人员救助管理办法实施细则	2003年7月21日中华人民共和国民政部令第24号公布，自2003年8月1日起施行
21	民政部门实施行政许可办法	2004年6月8日中华人民共和国民政部令第25号公布，自2004年7月1日起施行
22	基金会名称管理规定	2004年6月21日中华人民共和国民政部令第26号公布，自2004年6月21日起施行
23	民办非企业单位年度检查办法	2005年4月7日中华人民共和国民政部令第27号公布，自2004年6月1日起施行
24	省级行政区域界线联合检查实施办法	2005年6月28日中华人民共和国民政部令第28号公布，自2005年6月28日起施行
25	假肢和矫形器（辅助器具）生产装配企业资格认定办法	2005年10月12日中华人民共和国民政部令第29号公布，自2005年10月12日起施行
26	基金会年度检查办法	2006年1月12日中华人民共和国民政部令第30号公布，自2006年1月12日起施行
27	基金会信息公布办法	2006年1月12日中华人民共和国民政部令第31号公布，自2006年1月12日起施行
28	婚姻登记档案管理办法	2006年1月23日中华人民共和国民政部令第32号公布，自2006年1月23日起施行
29	假肢与矫形器（辅助器具）制作师执业资格注册办法	2006年2月9日中华人民共和国民政部令第33号公布，自2006年2月9日起施行
30	伤残抚恤管理办法	2007年7月31日中华人民共和国民政部令第34号公布，自2007年8月1日起施行

（续表）

序号	名称	发布机关、文号、公布施行日期
31	救灾捐赠管理办法	2008 年 4 月 28 日中华人民共和国民政部令第 35 号公布，自 2008 年 4 月 28 日起施行
32	行政区域界线界桩管理办法	2008 年 8 月 22 日中华人民共和国民政部令第 36 号公布，自 2008 年 9 月 1 日起施行
33	农村五保供养服务机构管理办法	2010 年 10 月 22 日中华人民共和国民政部令第 37 号公布，自 2011 年 1 月 1 日起施行
34	民政部关于废止、修改部分规章的决定	2010 年 12 月 27 日中华人民共和国民政部令第 38 号公布施行
35	社会组织评估管理办法	2010 年 12 月 27 日中华人民共和国民政部令第 39 号公布，自 2011 年 3 月 1 日起施行
36	光荣院管理办法	2010 年 12 月 25 日中华人民共和国民政部令第 40 号公布，自 2011 年 3 月 1 日起施行

（二）规范性文件

民政部 14 个司局和事业单位共提交拟作为规范性文件清理的 1184 份，经协商确定：民政部规范性文件 202 份，其中建议继续有效的 130 份（表 5.2），建议废止的 72 份（表 5.3）。

通过规范性文件的清理，发现在文件管理、公文质量等方面存在不少问题，如文件制定缺少必经环节，特别是未经合法性审查；公文错字漏句，文件名称、发文时间、文号等有误或者空缺等，与国务院要求着力加强依法行政工作的新形势不相适应。民政部以这次清理工作为契机，深入研究民政规范性文件概念和内涵，建立健全部规范性文件起草、论证、合法性审核、审议、发布等制度和程序。为确保民政部制定的规范性文件合法、合规、合理，2011 年 6 月 10 日民政部令第 42 号公布了《民政部规范性文件制定与审查办法》，自 2011 年 8 月 1 日起施行。

表 5.2 继续有效的规范性文件目录

序号	名称	发文日期和文号
	民间组织管理	
1	民政部、国家计生委关于乡（镇）、城市街道计划生育协会复查登记有关问题的通知	1992 年 1 月 14 日 民社函［1992］11 号
2	民政部关于在社团清理整顿工作中对校友会问题处理的通知	1992 年 4 月 21 日 民社函［1992］120 号
3	民政部关于对《国务院办公厅关于部门领导同志不兼任社会团体领导职务问题的通知》有关内容解释的通知	1994 年 5 月 27 日 民社函［1994］127 号
4	民政部关于全国性社会团体委托管理有关问题的通知	1994 年 10 月 10 日 民社发［1994］29 号
5	民政部办公厅关于对职工消费合作社及职工消费合作社协会登记问题的答复意见	1997 年 8 月 21 日 厅办函［1997］220 号
6	民政部关于印发《民政部主管的社会团体管理暂行办法》的通知	1998 年 6 月 12 日 民社发［1998］6 号
7	民政部关于对《中共中央办公厅、国务院办公厅关于党政机关领导干部不兼任社会团体领导职务的通知》有关问题的解释	1998 年 11 月 3 日 民社函［1998］224 号
8	民政部关于印发《民办非企业单位名称管理暂行规定》的通知	1999 年 10 月 9 日 民发［1999］129 号
9	民政部关于重新确认社会团体业务主管单位的通知	2000 年 2 月 23 日 民发［2000］41 号
10	民政部关于申请筹备成立社会团体验资问题的通知	2000 年 4 月 26 日 民函［2000］51 号
11	民政部关于成立以人名命名的社会团体问题的通知	2000 年 7 月 21 日 民发［2000］168 号
12	民政部、卫生部关于城镇非营利性医疗机构进行民办非企业单位登记有关问题的通知	2000 年 12 月 5 日 民发［2000］253 号
13	民政部关于对部分团体免予社团登记有关问题的通知	2000 年 12 月 5 日 民发［2000］256 号

（续表）

序号	名称	发文日期和文号
14	民政部关于对部分团体免予社团登记的通知	2000 年 12 月 5 日 民发［2000］257 号
15	民政部、人事部关于全国性社会团体专职工作人员人事管理问题的通知	2000 年 12 月 7 日 民发［2000］263 号
16	民政部、劳动和社会保障部关于印发《职业培训类民办非企业单位登记办法》（试行）的通知	2001 年 9 月 29 日 民发［2001］297 号
17	民政部、教育部关于印发《教育类民办非企业单位登记办法》（试行）的通知	2001 年 10 月 19 日 民发［2001］306 号
18	民政部关于全国性社会团体异地设立分支（代表）机构问题的通知	2002 年 3 月 20 日 民发［2002］52 号
19	民政部关于进一步做好“老乡会”“校友会”“战友会”等社团组织管理工作的通知	2002 年 3 月 27 日 民发［2002］59 号
20	民政部办公厅关于异地商会登记有关问题的意见	2003 年 1 月 27 日 民办函［2003］16 号
21	民政部、财政部关于调整社会团体会费政策等有关问题的通知	2003 年 7 月 30 日 民发［2003］95 号
22	民政部关于《民办非企业单位名称管理暂行规定》有关问题的通知	2003 年 7 月 30 日 民函［2003］152 号
23	民政部关于印发《关于加强农村专业经济协会培育发展和登记管理工作的指导意见》的通知	2003 年 10 月 29 日 民发［2003］148 号
24	民政部关于对中外合作办学机构登记有关问题的通知	2003 年 12 月 12 日 民函［2003］263 号
25	民政部关于印发《基金会章程示范文本》的通知	2004 年 5 月 27 日 民函［2004］124 号
26	民政部关于现职国家工作人员不得兼任基金会负责人有关问题的通知	2004 年 10 月 28 日 民函［2004］270 号
27	民政部关于民办学校民事主体资格变更有关问题的通知	2005 年 9 月 12 日 民函［2005］237 号

（续表）

序号	名称	发文日期和文号
28	民政部关于印发《基金会年度工作报告格式文本》和《基金会年度工作报告信息公布格式文本》的通知	2006 年 1 月 20 日 民函［2006］23 号
29	民政部、财政部关于进一步明确社会团体会费政策的通知	2006 年 7 月 25 日 民发［2006］123 号
30	民政部关于印发《全国性民间组织评估实施办法》的通知	2007 年 8 月 16 日 民函［2007］232 号
31	民政部办公厅关于印发《民政部主管非公募基金会管理规定》的通知	2007 年 9 月 11 日 民办发［2007］4 号
32	民政部关于社会团体登记管理有关问题的通知	2007 年 9 月 12 日 民函［2007］263 号
33	民政部办公厅关于印发《民政部主管境外基金会代表机构管理规定》的通知	2007 年 10 月 18 日 民办函［2007］239 号
34	民政部、国家发展改革委、监察部、财政部、国家税务总局、国务院纠风办关于规范社会团体收费行为有关问题的通知	2007 年 11 月 21 日 民发［2007］167 号
35	民政部、外交部、公安部、劳动和社会保障部关于基金会、境外基金会代表机构办理外国人就业和居留有关问题的通知	2007 年 11 月 24 日 民发［2007］169 号
36	民政部关于进一步做好民办高校登记管理工作的通知	2007 年 11 月 26 日 民函［2007］328 号
37	民政部办公厅关于印发基金会公益性捐赠税前扣除资格审核工作实施方案的通知	2009 年 3 月 10 日 民办发［2009］10 号
38	民政部关于基金会等社会组织不得提供公益捐赠回扣有关问题的通知	2009 年 4 月 21 日 民发［2009］54 号
39	民政部关于印发《社会团体公益性捐赠税前扣除资格认定工作指引》的通知	2009 年 07 月 15 日 民发［2009］100 号
40	关于印发《社会组织登记档案管理办法》的通知	2010 年 7 月 15 日 民发［2010］101 号

（续表）

序号	名称	发文日期和文号
	优抚安置	
41	民政部、财政部关于执行《国家机关事业单位工作人员死亡后遗属生活困难补助暂行规定》的通知	1980年2月13日 民发［1980］年5号 财事［1980］年34号
42	民政部关于贯彻执行《革命烈士褒扬条例》若干具体问题的解释	1980年9月3日 民发［1980］63号
43	关于批发革命残废军人休养院等四项优抚事业单位管理工作暂行办法（草案）的通知	1982年2月1日 民［1982］优8号
44	民政部关于对《革命烈士褒扬条例》第三条第（四）项“因执行革命任务遭敌人杀害”的解释	1982年4月23日 民［1982］优26号
45	民政部关于对《革命烈士褒扬条例》第三条第（四）项“因执行革命任务遭敌人杀害”的补充解释	1983年8月19日 民［1983］优46号
46	民政部关于印发对《退伍义务兵安置条例》若干规定的说明的通知	1988年5月27日 民［1988］安字19号
47	民政部、公安部、总参谋部、总政治部关于义务兵提前退出现役的暂行规定	1988年5月28日 民［1988］安字18号
48	民政部、公安部关于公安边防、消防部队和警卫系统抚恤优待工作有关问题的通知	1997年1月7日 民优发［1997］5号
49	民政部、教育部、总政治部关于印发《优抚对象及其子女教育优待暂行办法》的通知	2004年10月21日 民发［2004］192号
50	民政部、财政部、劳动和社会保障部关于印发《一至六级残疾军人医疗保障办法》的通知	2005年12月21日 民发［2005］199号
51	民政部关于重新印发《军人残疾等级评定标准（试行）》的通知	2006年7月11日 民发［2006］110号
52	民政部、财政部、劳动和社会保障部、卫生部关于印发《优抚对象医疗保障办法的通知》	2007年7月6日 民发［2007］101号
53	民政部关于带病回乡退伍军人认定及待遇问题的通知	2009年11月23日 民发［2009］166号

（续表）

序号	名称	发文日期和文号
54	关于印发《伤残抚恤人员档案管理办法》的通知	2010 年 3 月 17 日 民发［2010］32 号
	救灾工作	
55	民政部、财政部关于进一步加强救灾款使用管理工作的通知	1999 年 2 月 23 日 民救发［1999］7 号
56	民政部、财政部关于印发《中央级救灾储备物资管理办法》的通知	2002 年 12 月 20 日 民发［2002］193 号
57	关于进一步规范境外救灾捐赠物资进口管理的通知	2003 年 3 月 6 日 民发［2003］30 号
58	民政部关于印发《春荒、冬令灾民生活救助工作规程》、《灾害应急救助工作规程》、《灾区民房恢复重建管理工作规程》的通知	2004 年 11 月 8 日 民函［2004］282 号
59	民政部关于印发《自然灾害情况统计制度》的通知	2008 年 5 月 7 日 民函［2008］119 号
60	民政部关于印发《汶川地震抗震救灾生活类物资分配办法》的通知	2008 年 6 月 1 日 民发［2008］74 号
61	民政部关于印发《汶川地震抗震救灾资金物资管理使用信息公开办法》的通知	2008 年 6 月 1 日 民发［2008］75 号
62	民政部、国家发展改革委、财政部、教育部、卫生部印发《关于汶川地震抗震救灾捐赠资金使用有关问题的意见》的通知	2008 年 10 月 20 日 民发［2008］150 号
63	民政部关于印发救灾应急工作规程的通知	2009 年 6 月 23 日 民发［2009］89 号
64	民政部、发展改革委、监察部、财政部、审计署关于进一步做好汶川地震抗震救灾捐赠资金使用情况反馈工作的通知	2009 年 9 月 7 日 民电［2009］114 号
65	民政部关于印发《受灾人员冬春生活救助工作规程》的通知	2009 年 10 月 10 日 民发［2009］141 号

（续表）

序号	名称	发文日期和文号
66	民政部、财政部、国家粮食局关于青海玉树地震灾区困难群众实施临时生活救助有关问题的通知	2010年4月16日 民发［2010］49号
67	民政部关于切实做好玉树“4•14”地震救灾款物管理使用的通知	2010年4月20日 民电［2010］53号
68	民政部、住房和城乡建设部、商务部关于青海玉树地震受灾群众过渡性安置工作指导意见	2010年4月23日 民电［2010］54号
69	民政部、财政部、国家粮食局关于玉树地震四川受灾地区困难群众实施临时生活救助有关问题的通知	2010年5月4日 民发［2010］61号
70	民政部、财政部、国家粮食局关于实施玉树地震灾区困难群众后续生活救助有关问题的通知	2010年6月23日 民发［2010］89号
71	民政部、发展改革委、监察部、财政部、审计署关于印发《青海玉树地震抗震救灾捐赠资金管理使用实施办法》的通知	2010年7月7日 民电［2010］89号
社会救助		
72	民政部、卫生部、财政部关于实施农村医疗救助的意见	2003年11月18日 民发［2003］158号
73	民政部关于按照国务院要求在春节前将农垦森工企业困难职工家庭全部纳入城市低保范围的紧急通知	2004年1月2日 民电［2004］2号
74	民政部关于加强对生活困难的艾滋病患者、患者家属和患者遗孤救助工作的通知	2004年5月15日 民函［2004］111号
75	民政部、教育部关于进一步做好城乡特殊困难未成年人教育救助工作的通知	2004年8月27日 民发［2004］151号
76	民政部办公厅关于发布农村五保供养证式样的通知	2006年3月29日 民办函［2006］52号
77	民政部发展改革委财政部关于贯彻落实《农村五保供养工作条例》的通知	2006年9月6日 民发［2006］146号
78	民政部关于进一步建立健全临时救助制度的通知	2007年6月15日 民发［2007］92号

（续表）

序号	名称	发文日期和文号
79	关于加强最低生活保障档案管理的通知	2008年1月9日 民办发［2008］2号
80	民政部、国家发展改革委、公安部、财政部、人力资源社会保障部、住房城乡建设部、人民银行、税务总局、工商行政总局、统计局、证监会关于印发《城市低收入家庭认定办法》的通知	2008年10月22日 民发［2008］156号
81	民政部、财政部、卫生部、人力资源和社会保障部关于进一步完善城乡医疗救助制度的意见	2009年6月11日 民发［2009］81号
区划地名		
82	民政部、国家档案局关于印发《地名档案管理办法》的通知	2001年7月10日 民发［2001］176号
83	民政部全国勘界工作办公室关于印发《省级行政区域界线信息管理系统数据使用管理暂行办法》的通知	2003年11月13日 民勘办发［2003］22号
社会福利		
84	家庭寄养管理暂行办法	2003年10月27日 民发［2003］144号
85	民政部、教育部关于进一步做好城乡特殊困难未成年人教育救助工作的通知	2004年8月27日 民发［2004］151号
86	民政部关于印发《福利企业资格认定办法》的通知	2007年6月29日 民发［2007］103号
殡葬管理		
87	民政部、国务院侨务办公室关于华侨去世后回国安葬问题的通知	1984年5月28日 民［1984］民20号
88	民政部关于台湾同胞回大陆办理丧葬问题的通知	1988年3月16日 民［1988］民字8号
89	民政部关于禁止利用骨灰存放设施进行不正当营销活动的通知	1997年12月21日 民电［1997］231号

（续表）

序号	名称	发文日期和文号
90	民政部关于进一步查禁利用骨灰存放设施进行不正当营销活动的通知	1998 年 5 月 12 日 民电［1998］第 102 号
91	民政部关于贯彻落实进一步加强公墓管理的通知	1998 年 6 月 18 日 民事函［1998］132 号
92	民政部关于贯彻执行《殡葬管理条例》中几个具体问题的解释	1998 年 9 月 16 日 民事发［1998］10 号
93	民政部、海关总署、国家出入境检验检疫局关于遗体运输入出境事宜有关问题的通知	1998 年 9 月 22 日 民事发［1998］11 号
94	民政部、国家民委、卫生部关于国务院《殡葬管理条例》中尊重少数民族的丧葬习俗规定的解释	1999 年 6 月 10 日 民事发［1999］17 号
95	民政部、国务院侨办、国务院港澳办、国务院台办、国家民委、国家文物局关于特殊坟墓处理问题的通知	2000 年 4 月 17 日 民发［2000］93 号
96	民政部关于进一步加强公墓管理的紧急通知	2001 年 12 月 21 日 民电［2001］185 号
97	民政部关于坚决查禁违禁销售公墓穴位和骨灰格位的紧急通知	2002 年 4 月 16 日 民发［2002］77 号
98	民政部、外交部、公安部关于外国人在华死亡后处理程序有关问题的实施意见	2008 年 3 月 14 日 民发［2008］39 号
99	民政部、发改委、公安部、国土资源部、环境保护部、住房城乡建设部、工商总局、国家林业局关于进一步规范和加强公墓建设管理的通知	2008 年 12 月 26 日 民发［2008］203 号
100	民政部关于清理整顿公墓有关问题的通知	2009 年 7 月 3 日 民发［2009］92 号
101	民政部关于进一步深化殡葬改革促进殡葬事业科学发展的指导意见	2009 年 12 月 3 日 民发［2009］170 号
102	关于印发《殡葬服务单位业务档案管理办法》的通知	2010 年 12 月 1 日 民发［2010］164 号

（续表）

序号	名称	发文日期和文号
	救助管理	
103	民政部、财政部关于做好城市生活无着的流浪乞讨人员中特殊困难救助对象跨省返乡工作的通知	2004 年 5 月 28 日 民函［2004］128 号
104	民政部、公安部、财政部、劳动保障部、建设部、卫生部关于进一步做好城市流浪乞讨人员中的危重病人、精神病人救助工作的指导意见	2006 年 1 月 4 日 民发［2006］6 号
105	民政部、中央综治委预防青少年违法犯罪工作领导小组、中央综治办、中央文明办、中央编办、最高人民法院、最高人民检察院、发展改革委、教育部、公安部、司法部、财政部、劳动保障部、铁道部、交通部、卫生部、共青团中央、全国妇联、中国残联关于加强流浪未成年人工作的意见	2006 年 1 月 18 日 民发［2006］11 号
106	民政部关于进一步加强救助管理工作的通知	2009 年 4 月 28 日 民函［2009］114 号
107	民政部、财政部、公安部、住房城乡建设部、卫生部关于进一步加强城市街头流浪乞讨人员救助管理和流浪未成年人解救保护工作的通知	2009 年 7 月 16 日 民发［2009］102 号
	婚姻登记	
108	民政部、司法部关于去台人员与其留在大陆的配偶之间婚姻关系问题处理意见的通知	1988 年 4 月 16 日 民［1988］民字 14 号
109	民政部关于印发《婚姻登记工作暂行规范》的通知	2003 年 9 月 24 日 民发［2003］127 号
110	民政部关于社会福利机构涉外送养工作的若干规定	2003 年 9 月 4 日 民发［2003］112 号
111	民政部办公厅关于启用新式婚姻登记证等问题的通知	2003 年 10 月 31 日 民办函［2004］15 号
112	民政部关于贯彻执行《婚姻登记条例》若干问题的意见	2004 年 3 月 29 日 民函［2004］76 号
113	民政部办公厅关于印转美国驻华使领馆变更单身证明式样的通知	2006 年 11 月 17 日 民办函［2006］240 号

（续表）

序号	名称	发文日期和文号
114	民政部关于进一步加强涉外、涉港澳台居民及华侨婚姻登记管理工作的通知	2007年11月14日 民函［2007］314号
115	民政部关于外国人、华侨提供的无配偶证明认定问题的通知	2008年2月15日 民函［2008］49号
116	民政部办公厅关于韩国公民无配偶证明样式变更的通知	2008年4月9日 民办函［2008］78号
117	民政部办公厅关于爱尔兰公民无配偶证明样式变更的通知	2008年6月5日 民办函［2008］129号
118	民政部办公厅关于暂未领取居民身份证军人办理婚姻登记问题的处理意见	2010年4月13日 民办函［2010］80号
	收养登记	
119	关于印发《收养登记档案管理暂行办法》的通知	2003年12月17日 民发［2003］181号
120	民政部办公厅关于澳门居民中的中国公民在内地办理收养登记有关事宜的通知	2005年12月12日 民办发［2005］14号
121	民政部办公厅关于不再将X射线胸部检查列入被送养儿童常规体检项目的通知	2006年4月20日 民办函［2006］71号
122	民政部办公厅关于启用新式《收养登记证》的通知	2006年10月12日 民办函［2006］203号
123	民政部办公厅关于在办理涉外收养登记时为收养人出具《跨国收养合格证明》的通知	2008年1月8日 民办函［2008］3号
124	民政部办公厅关于外国人在中华人民共和国收养继子女当事人需要出具的证件和证明材料的通知	2008年1月8日 民办函［2008］4号
125	民政部关于印发《收养登记工作规范》的通知	2008年8月25日 民发［2008］118号
126	民政部、公安部、司法部、卫生部、人口计生委关于解决国内公民私自收养子女有关问题的通知	2008年9月5日 民发［2008］132号
127	民政部办公厅关于生父母一方为非中国内地居民送养内地子女有关问题的意见	2009年9月24日 民办发［2009］26号

（续表）

序号	名称	发文日期和文号
社会工作		
128	民政部关于印发社会工作者职业水平证书登记办法的通知	2009 年 4 月 8 日 民发［2006］44 号
129	民政部关于印发社会工作者继续教育办法的通知	2009 年 9 月 7 日 民发［2009］123 号
其他		
130	关于进一步做好华侨农场救灾和低保工作的通知	2008 年 3 月 24 日 民发［2008］43 号

表 5.3　废止的规范性文件目录

序号	名称	发文日期和文号
民间组织管理		
1	民政部关于工商业联合会登记问题的通知	1990 年 3 月 28 日 民社函［1990］54 号
2	民政部、中国贸促会关于中国国际贸易促进委员会各分会、支会、行业分会申请办理社会团体登记有关事项的通知	1990 年 4 月 2 日 民社发［1990］13 号
3	民政部、中国人民银行关于社会团体开立银行账户有关问题的通知	1990 年 9 月 26 日 民社函［1990］203 号
4	民政部关于严禁擅自扩大不登记社团范围的通知	1992 年 2 月 18 日 民社发［1992］4 号
5	民政部关于对全国性和跨省（自治区、直辖市）性社会团体在会址以外地区设立分支机构或派出机构及其管理问题的通知	1992 年 7 月 7 日 民社发［1992］16 号
6	民政部关于申请社会团体编制有关事项的通知	1992 年 7 月 27 日 民社函［1992］240 号
7	民政部关于进行全国性社会团体收取会费标准审定工作的通知	1994 年 1 月 19 日 民社函［1994］23 号

（续表）

序号	名称	发文日期和文号
8	民政部关于做好社会团体监督管理工作有关问题的通知	1994年3月29日 民社函［1994］74号
9	民政部、财政部、对外贸易经济合作部关于进出口商会收取会费标准问题的通知	1994年11月10日 民社函［1994］274号
10	民政部、国家工商行政管理局关于社会团体开展经营活动有关问题的通知	1995年7月10日 民社发［1995］14号
11	民政部关于在清理整顿工作中对社会团体进行财务审计的通知	1997年4月15日 民社函［1997］73号
12	民政部关于查处非法社团组织的通知	1997年5月14日 民社函［1997］91号
13	民政部关于清理整顿社会团体审定和换发证书工作的通知	1998年11月3日 民社发［1998］13号
14	民政部关于社会团体清理整顿审定工作有关问题的通知	1999年6月1日 民社函［1999］97号
15	民政部关于社会团体清理整顿审定工作有关问题的通知	1999年7月13日 民发［1999］6号
16	民政部、中国人民银行关于民办非企业单位开立银行账户有关问题的通知	1999年10月9日 民发［1999］65号
17	民政部关于印发《关于开展民办非企业单位复查登记工作意见》的通知	1999年12月30日 民发［1999］133号
18	民政部办公厅关于暂停对企业内部职工持股会进行社团法人登记的函	2000年7月6日 民办函［2000］110号
19	民政部关于印发《全国性社会团体分支机构代表机构复查登记工作方案》的通知	2001年9月30日 民发［2001］298号
20	民政部关于印发《基金会换发登记证书方案》的通知	2004年5月28日 民函［2004］125号
21	民政部关于做好社团组织评比达标表彰活动清理工作的通知	2007年1月9日 民函［2007］1号

（续表）

序号	名称	发文日期和文号
优抚安置		
22	革命残废军人、革命残废工作人员、民兵、民工伤口复发治疗办法	1952年3月13日 内优［52］字第246号
23	内务部、劳动部关于经济建设工程民工伤亡抚恤问题的暂行规定	1954年6月12日 内优劳［54］字第229号
24	民政部、财政部印发《关于改进优抚对象定期定量补助工作的规定》的通知	1979年10月30日 民发［1979］60号 ［79］财事字355号
25	民政部关于换发、补发《革命烈士证明书》工作的通知	1982年8月13日 民［1982］优67号
26	民政部关于革命残废军人伤口复发死亡抚恤办法的通知	1983年1月15日 民［1983］优3号
27	民政部关于对在战备飞行训练或在执行试飞任务中牺牲的部队飞行人员可以追认为革命烈士的通知	1985年10月8日 民［1985］优55号
28	民政部优抚局关于革命烈士一次抚恤金按其牺牲时四十个月工资计发如何具体掌握的说明	1985年12月10日 ［85］民优字第60号
29	民政部关于颁发《革命伤残军人评定伤残等级的条件》的通知	1989年4月15日 民［1989］优字18号
30	民政部关于颁发《关于贯彻执行〈军人抚恤优待条例〉若干具体问题的解释》的通知	1989年4月17日 民［1989］优字19号
31	民政部关于转发总政治部、总后勤部《军队评定伤残等级工作管理办法》的通知	1989年11月26日 民优发［1989］52号
32	民政部、公安部关于加强人民警察伤亡抚恤工作的通知	1996年6月12日 民优发［1996］15号
33	民政部、劳动和社会保障部、卫生部、总后勤部关于印发《军人残疾等级评定标准（试行）》的通知	2004年11月10日 民发［2004］195号

（续表）

序号	名称	发文日期和文号
救灾工作		
34	内务部、农业部、中央气象局关于预防晚霜冻害的联合通知	1955年3月29日 内救联［55］字第21号
35	内务部关于加强发放夏荒救济款具体领导的通知	1955年6月2日
36	内务部关于切实做好水灾的紧急救济工作	1955年7月5日
37	民政部关于加强救灾扶贫周转金管理工作的通知	1996年6月20日 民电［1996］131号
38	灾情统计、核定、报告暂行办法	1997年3月28日 民救发［1997］8号
39	民政部关于制发《自然灾害统计调查制度》的通知	2001年4月5日 民发［2001］83号
40	民政部办公厅关于印发《民政部应对突发性自然灾害工作规程》的通知	2003年6月17日 民办发［2003］8号
41	民政部、财政部《关于调整中央级救灾储备物资代储单位有关事宜的通知》	2003年6月25日 民发［2003］74号
42	民政部办公厅关于印发《民政部应对自然灾害工作规程》（修订稿）的通知	2004年6月23日 民办函［2004］138号
43	民政部关于印发《民政部自然灾害救助应急工作规程》的通知	2008年3月13日 民发［2008］35号
44	民政部、财政部、国家粮食局关于对汶川地震灾区困难群众实施临时生活救助有关问题的通知	2008年5月20日 民发［2008］66号
45	民政部关于对口支援四川汶川特大地震灾区的紧急通知	2008年5月22日 民电［2008］88号
46	民政部、财政部关于对汶川地震灾区困难群众实施后续生活救助有关问题的通知	2008年7月18日 民发［2008］104号

（续表）

序号	名称	发文日期和文号
区划地名		
47	中国地名委员会、国家档案局关于颁发《全国地名档案管理暂行办法》和《地名档案保管期限表》的通知	1983年5月5日 ［83］中地字第10号 国档发［1983］19号
48	民政部关于加强城镇建筑物名称管理的通知	1996年10月21日 民行函［1996］252号
49	民政部办公厅关于认真做好地名标志设置管理工作的通知	2001年4月11日 民办发［2001］4号
社会福利		
50	民政部关于印发《城市社会福利事业单位管理工作试行办法》的通知	1982年4月14日 民［1982］城24号
51	民政部办公厅关于加强残疾人轮椅车质量管理的通知	1987年12月11日 民［1987］城字12号
52	民政部、国家税务局关于加强社会福利企业年检工作的通知	1992年11月24日 民福函［1992］381号
53	民政部关于认定假肢与矫形器制作师执业资格有关问题的通知	1997年11月7日 民福函［1997］208号
福利彩票		
54	民政部、国家计委、财政部、中国人民银行、审计署、中国工商银行、中国农业银行关于做好社会福利有奖募捐工作的联合通知	1987年7月13日 民［1987］捐字29号
55	民政部关于印发《中国福利彩票管理办法》的通知	1994年12月2日 民办发［1994］34号
56	民政部关于印发《福利彩票发行机构财务管理制度》和《福利彩票发行机构会计核算制度》的通知	1995年8月5日 民计发［1995］16号
57	民政部关于印发中国福利彩票发行与销售管理暂行办法的通知	1998年9月 民办发［1998］12号

（续表）

序号	名称	发文日期和文号
58	民政部关于印发《中国福利彩票（电脑传统型）发行规则》的通知	2001 年 4 月 27 日 民发［2001］108 号
殡葬管理		
59	民政部印发《关于加强公墓管理的报告》的通知	1988 年 4 月 29 日 民［1988］民字 15 号
60	民政部、公安部、国家工商行政管理局、国务院宗教事务局关于制止丧葬中的封建迷信活动的通知	1989 年 5 月 29 日 民［1989］事字 27 号
61	民政部、国家土地管理局关于制止丧葬滥占土地私建坟墓的通知	1990 年 12 月 26 日 民事函［1990］281 号
62	民政部关于兴建中外合资公墓有关问题的通知	1992 年 11 月 9 日 民事发［1992］370 号
63	民政部、国家土地管理局关于清理整顿非法经营性公墓的通知	1995 年 3 月 23 日 民事发［1995］8 号
64	民政部关于中外合资公墓的兴建和管理有关问题的通知	1995 年 7 月 31 日 民事函［1995］164 号
婚姻登记		
65	民政部关于解决外流妇女婚姻登记出证问题的通知	1990 年 9 月 15 日 民婚发［1990］22 号
66	民政部办公厅关于应聘在香港工作的我国原海外留学人员在内地办理婚姻登记有关问题的通知	1996 年 11 月 8 日 厅办函［1996］218 号
67	民政部办公厅关于处理重婚问题的意见	1998 年 7 月 9 日 厅办函［1998］112 号
68	民政部关于认定台湾地区有关法院离婚判决书和离婚调解书效力的通知	1999 年 1 月 12 日 民基函［1999］4 号
69	民政部办公厅转发外交部领事司关于婚姻状况证明事的通知	2000 年 7 月 11 日 民办函［2000］115 号
70	民政部办公厅转发外交部领事司关于为所谓“事实婚姻者”出具婚姻状况证明事的通知	2000 年 7 月 14 日 民办函［2000］116 号

（续表）

序号	名称	发文日期和文号
71	民政部办公厅关于执行《关于离婚当事人申请再婚登记的补充规定》若干问题的解释	2000 年 7 月 19 日 民办函［2000］129 号
	收养登记	
72	民政部办公厅关于启用新式收养登记证书的通知	1999 年 7 月 7 日 民办函［1999］3 号

第六章 民政行政审批制度改革

行政审批制度改革是政府的一场“自我革命”，是行政管理体制改革的突破口，涉及政府部门职能定位和权力调整，涉及管理理念和管理方式的更新与变革。自2001年国务院作出全面部署以来，行政审批制度改革健康有序地向前推进，取得了重要进展和明显成效，在国内外产生了良好反响。民政部门根据国务院布置，依据合法、合理、效能、责任、监督五原则配合国务院行政审批改革机构积极清理行政审批项目，从2001年第一轮到2010年的第五轮清理，共取消24项行政审批项目。

第一节 行政审批制度和行政审批制度改革

一、行政审批制度

（一）行政审批的概念

行政审批，是指行政审批机关（包括有行政审批权的其他组织）根据自然人、法人或者其他组织依法提出的申请，经依法审查，准予其从事特定活动、认可其资格资质、确认特定民事关系或者特定民事权利能力和行为能力的行为[①]。

行政审批的形式多样、名称不一，有审批、核准、批准、审核、同意、注册、许可、认证、登记、鉴证等。只要自然人、法人或者其他组织等相对人实施某一行为、确认特定民事关系或者取得某种资格资质及特定民事权利能力和行为能力，必须经过行政机关同意的，都属于行政审批范围。

（二）行政审批的特征

1. 行政审批的主体是行政机关、法律法规授权的组织、规章委托的组织。一般的社会团体和行业协会向自然人、法人和组织颁发的资格证及许可性文件的行为，不是行政许可行为。自然人、法人和其他组织之间一方允许另一方从事某种活动的行为，如房屋租赁、专利使用，更不能称为行政许可，而是平等民事主体

① 关于印发《关于贯彻行政审批制度改革的五项原则需要把握的几个问题》的通知（国审改发［2001］1号）

之间的许可行为。

2. 行政审批是为实现行政管理目的服务的。行政管理的根本目的，是维护公共利益和公共秩序，推动经济和社会的健康有序发展。行政审批权是公权力而非部门的权力，更不是个人的权力。因此，它不能从公民、法人身上谋取利益。利用审批、发证之机向被许可人索取好处，就从根本上改变了审批权作为公权力的性质。

3. 行政审批主要是为了限制不利于公共利益的行为，防止公民和法人对权利和自由的滥用。如行政机关发放营业执照，从表面上看，是允许公民、法人从事经营活动的书面证明，而实质上是对未获执照的公民、法人随意从事经营活动的禁止、限制。有了执照，意味着禁止、限制的解除。非经行政机关允许，从事经营活动，即属无照经营的违法行为。超范围经营法律也不允许。这是行政审批本质的一个重要体现。

4. 行政审批是一项权力，更是一种职责和义务。行政机关所面对的申请人绝大多数是权利人，而不单纯是受管理人。权利人只有在行使权利时有违法违规行为时，才能成为行政管理的制裁对象；权利人没有违法时，就是行政机关的服务对象。现行法律法规规定：凡是申请人提出申请的，行政机关必须在法定时间内进行审查并做出答复。对符合条件、标准、资质的，必须予以许可；不予批准的，要说明理由。对已批准的，既要保证被许可人合法权利不受干预，又要监督他们按许可的条件、范围，合法地生产、经营、服务。这说明，把行政许可只看成是本行政机关的权力、可以任意行使，是与行政审批的性质完全相悖的。

5. 行政审批属于事前管理。在行政管理过程中，通常表现为事前、事中、事后的管理。由于某些事项通过事后补救难以消除影响或者需要付出更大代价的事项，就需要国家设立行政审批进行事前管理和监督。国家一旦对某一事项实施行政许可，就意味着对该事项的管理方式前移，防止人们任意、自由地从事这一事项。

6. 审批权具有时效性。行政审批通常分为一次性许可、短期许可和长期许可。行政许可一般在规定取得许可条件和应达到一定技术标准或具有相应资质的同时，还规定有定期审验制度。

7. 行政审批具有一定的自由裁量权。就是行政机关在法律、法规规定的原则和幅度内，拥有根据实际情况有选择地做出给予批准或不予批准的权力。这是由于行政许可的范围广泛、种类又多样，申请人的条件、资质又比较复杂，法律法规不可能对每类许可的程序和时限都做出详尽的规定。为了体现行政许可行为的公平、合理和正义，行政机关可以根据实际情况和自己的意志判断，在法律规定的程序、时限内灵活地加以处理。

二、新中国成立后行政审批制度的形成与发展

行政审批制度脱胎于战争时期的军事管理制度，出现于计划经济体制中。1953 年我国开始“第一个五年计划”的时候就开始全面建立计划经济体制。在计划经济条件下，政府垄断了所有社会资源，企业从事生产经营所需要的资源都只能依赖政府的配置。在这一时期审批是政府管理经济社会的手段和方式之一，但是政府主要是通过行政命令和行政指导的方式参与经济活动和实现社会管制。只有在极少数的领域、部门和事务上，才运用行政审批的手段，而且随意性也很大，就其规模和程度来说，都是极其微弱的。

改革开放之后，行政命令和行政指导的社会管制方式越来越不适应社会发展需要，转而出现了行政审批制度。也就是说，在从计划经济向市场经济转型的过程中，直接的行政命令、行政指导等手段开始弱化，代之而起的是行政审批行为的大量出现。自 1978 年党的十一届三中全会以后，改革开放逐步在各个领域全面推行。伴随着审批经济的不断削弱、市场主体地位的不断提升和加强，也就开始了行政审批制度的改革。但由于当时我国的主要精力放在经济体制改革，致使行政审批制度的改革和发展缺乏确立明确的指导思想，也没有整体的规划和统一的部署，大致上是遇到了什么问题就解决什么问题[①]。进入九十年代，我国行政管理事务也越来越繁多复杂。随着行政审批的领域也逐渐增多，行政审批越来越受到重视。政府在个体和企业营业、药品管理、食品卫生管理、娱乐场所管理、注册会计师开业管理、出租车运营管理、出入境管理、电视剧制作和有线电视管理、危险物品管理、机动车管理、自然资源管理和生态保护、土地和房屋管理等几十个领域相继建立了许可证制度。截至 1992 年底，列入发证目录的生产许可证的产品就有 487 种，涉及企业 45000 家 6 万张生产许可证[②]。到 1996 年行政审批制度体系已经建立起来并且日益成熟，审批范围涉及社会生活的方方面面。

但随着我国社会主义市场经济的不断发展，原有行政审批制度的弊端日渐突出：一是审批事项过多过滥，妨碍市场机制作用的有效发挥；二是审批程序烦琐，审批时限长、效率低，不能为群众提供优质高效的服务；三是管理方式陈旧单一，重审批轻监管，甚至以审批代替监管；四是责权脱节，审批权力与责任脱离、与权力主体利益挂钩的现象比较严重；五是审批引发的乱收费问题突出；六是审批行为不规范，自由裁量权大，办事透明度低，缺乏有效的监督制约，导致许多腐败问题。这些现象损害了政府的形象和人民群众的利益，妨碍了经济社会

① 荣仕星．关于我国行政审批制度改革的若干思考［J］．中共中央党校学报，2004,（2）．

② 高帆，李岳德．市场经济与行政许可制度［J］．中国法学，1994,（3）．

的全面发展。因此，改革行政审批制度势在必行，必须减少和规范行政审批。

三、行政审批制度改革的开端与发展

1997 年深圳市政府根据发展社会主义市场经济的要求就对审批事项进行了调研和清理。1998 年 2 月正式公布《深圳市行政审批制度改革实施方案》，1999 年 2 月深圳市政府以 83 号政府令发布《深圳市审批制度改革若干规定》，在全国率先开始行政审批制度改革，将审批项目减少 42.4%。这对其他城市开展行政审批制度改革有较大影响，在一定程度上起到了示范作用[①]。随之，行政审批改革的风潮席卷全国：宁波市于 1998 年 9 月开始行政审批的清理、改革工作；北京市在学习和借鉴深圳市经验基础上，于 2000 年 1 月开始对该市行政许可审批开展清理工作。

随后全国 20 多个地方政府对行政审批制度纷纷开始进行了改革，通过清理、审批、核准事项，取得了大幅度精简。但是由于缺乏统一的领导和部署，出现了许多问题。比如：改革过程中缺乏规范，推行标准不统一，上下左右不同步等。为了解决问题，进一步推进改革，2001 年 9 月，国务院成立了李岚清同志为组长的国务院行政审批改革领导小组，10 月 18 日出台了《关于行政审批制度改革工作的实施意见》；10 月 24 日国务院召开了电视电话会议，对在全国范围内推行行政审批改革工作做了统一部署[②]。全国各省、自治区、直辖市相继进行了改革，对省一级审批项目初步进行了清理和精简。

2000 年 12 月中共中央纪委五次会议提出改革行政审批制度的意见。2001 年 9 月，国务院成立行政审批制度改革工作领导小组（简称“国务院领导小组”），主要负责全国行政审批制度改革工作。10 月国务院批转监察部、国务院法制办、国务院体改办、中央编办《关于行政审批制度改革工作的实施意见》，这标志着我国行政审批制度改革全面展开。

国务院审改办先后四次组织国务院各部门对审批项目进行清理，摸清了国务院部门审批项目的底数。为了确保审核工作严格规范、积极稳妥地进行，国务院审改办先后在原国家经贸委和商务部开展了审核试点工作，摸索总结了审批项目审核和处理工作的有效做法；制定了《项目审核工作规程》，明确了审核的具体环节及操作要点；对资质资格类审批项目、前置性审批项目，以及涉及多个部门的审批项目的处理，提出了操作性比较强的办法；实行严格的责任制，采取审核承办人初核、审核小组集体讨论、办公室研究审议的办法，各负其责，层层把

---

① 李文良 . 中国政府职能转变问题报告［M］. 北京 : 中国发展出版社 , 2003.

② 国务院行政审批改革工作领导小组办公室 . 行政审批制度改革［M］. 北京 : 中国方正出版社 , 2004.

关。对复杂疑难项目，组织专家学者、相关单位和管理相对人进行多角度论证；对涉及多个部门的审批项目，组织座谈讨论，并发函征求相关部门的意见；对部门之间有分歧的项目，反复听取意见，加强沟通协调。

行政审批制度改革工作领导小组在对国务院部门行政审批项目进行了全面彻底的清理，将所有行政审批项目及其设定依据仔细进行梳理和分析后。国务院对各地区、各部门进行统一部署，积极稳妥地推行行政审批制度改革，取得了阶段性成效[①]。截至2002年初，国务院65个有行政审批职能的部门和单位共清理出行政审批项目4147项。2002年11月1日第一批取消行政审批项目789项[②]，2003年2月27日第二批取消和调整行政审批项目488项[③]（取消406项行政审批项目，另将82项行政审批项目作改变管理方式处理，移交行业组织或社会中介机构管理），2004年5月19日第三批取消和调整行政审批项目495项[④]（取消的行政审批项目409项；改变管理方式，不再作为行政审批，由行业组织或中介机构自律管理的39项；下放管理层级的47项）。

四、《行政许可法》使行政审批分为行政许可审批和非行政许可审批

2003年8月27日，《中华人民共和国行政许可法》经第十届全国人民代表大会常务委员会第四次会议批准，从2004年7月1日实施，标志着行政审批进入有法可依的时代。

行政许可是国家对社会、经济事务事先进行调节和控制的一种法律手段。行政审批则是国家管理、控制经济及社会生活的一种行政手段。在计划经济体制下，行政许可的作用基本上被行政审批所替代，行政许可与行政审批之间并没有明确的界定和区分。受此影响，人们习惯上总把“行政审批”等同于“行政许可”。例如，有关部门向人大常委会关于行政许可法（草案）的说明材料开头就讲，“所谓的行政许可就是人们通常所讲的行政审批”。

但实际上，自《行政许可法》颁布施行后，“行政审批”和“行政许可”这两个术语是应该可以区分和界定的。这就是，“行政审批”是一个外延更大的概念，它包括“行政许可审批”和“非行政许可审批”。其中：行政许可是指属于行政许可法调整的行政审批。《行政许可法》规定，“行政许可是指行政机关根据公民、法人或者其他组织的申请，经依法审查，准予其从事特定活动的行为。”非行政许可审批是指不属于行政许可法调整的行政审批。主要包括行政机关内部

① 关于印发《关于搞好行政审批审核和处理工作意见》的通知（国审改发［2002］1号）。

②《国务院关于取消第一批行政审批项目的决定》（国发［2002］24号）。

③《国务院关于取消第二批行政审批项目和改变一批行政审批项目管理方式的决定》（国发［2003］5号）。

④《国务院关于第三批取消和调整行政审批项目的决定》（国发［2004］16号）。

审批（即有关行政机关对其他机关或者对其直接管理的事业单位的人事、财务、外事等事项的审批）、政府行使产权人对有关资产管理的审批、政府财政优惠待遇审批（主要是政府基金使用、税费减免、进入政府产业园区等事项）、授予荣誉称号审批和宗教民族政策性事项审批等。

为了保证行政许可法的顺利实施，保证其权威性。按照《中华人民共和国行政许可法》和行政审批制度改革的有关规定，国务院对所属各部门的行政审批项目进行了全面清理。由法律、行政法规设定的行政许可项目，依法继续实施；对法律、行政法规以外的规范性文件设定，但确需保留且符合《中华人民共和国行政许可法》第十二条规定事项的行政审批项目，根据《中华人民共和国行政许可法》第十四条第二款的规定，决定予以保留并设定行政许可，共500项。为此国务院公布《国务院对确需保留的行政审批项目设定行政许可的决定》（国务院令第412号），和《行政许可法》一样，从2004年7月1日起施行。

一个月以后的2004年8月2日，在国务院令第412号基础上，对其他行政审批项目进行了严格审核和充分论证，根据现阶段政府全面履行职能和有效实施管理的需要，经国务院同意，对其中的211项暂予保留。这些项目，主要是政府的内部管理事项，不属于行政许可；随着社会主义市场经济体制的逐步完善，今后还将逐步取消或作必要的调整[①]。这也使得非行政许可概念开始正式出现。

按照国务院的统一部署和行政审批制度改革的要求，国务院行政审批制度改革工作领导小组依据行政许可法的规定，组织对国务院部门的行政审批项目进行了第四轮集中清理。经严格审核和论证，国务院决定第四批取消和调整186项行政审批项目。其中，取消的行政审批项目128项，调整的行政审批项目58项（下放管理层级29项、改变实施部门8项、合并同类事项21项）。另有7项拟取消或者调整的行政审批项目是由有关法律设立的，国务院将依照法定程序提请全国人大常委会审议修订相关法律规定[②]。

2009年开始，行政审批制度改革工作部际联席会议依据行政许可法等法律法规的规定，组织对国务院部门的行政审批项目进行了第五轮集中清理。经严格审核论证，国务院决定第五批取消和下放管理层级行政审批项目184项。其中，取消的行政审批项目113项，下放管理层级的行政审批项目71项[③]。

五、非行政许可审批的界定及规范

《中华人民共和国行政许可法》第二条对行政许可的概念给予了界定，即

① 国务院办公厅关于保留部分非行政许可审批项目的通知（国办发［2004］62号）。

② 国务院关于第四批取消和调整行政审批项目的决定（国发［2007］33号）。

③ 国务院关于第五批取消和下放管理层级行政审批项目的决定（国发［2010］21号）。

“指行政机关根据公民、法人或者其他组织的申请，经依法审查，准予其从事特定活动的行为。”对于“非行政许可”未予提及，在理论界也鲜有论述。但“非行政许可”这一概念却在实务界广泛使用。当前，在我国各级行政管理中存在大量的非行政许可审批项目，并成为对社会、经济事务实行事前监督管理的重要手段之一。然而，由于设定、实施没有统一的法律规范，非行政许可审批项目各部门、各地方存在设定主体混乱、认定标准不一、数目相差悬殊、名称使用不规范、缺乏必要监管等问题，破坏了行政法制的统一，影响了行政审批的正确实施，削弱了行政许可法律制度的实施效果。因此，不对非行政许可加以规范，就难以有效消除影响社会、经济健康发展的“体制性障碍”。

（一）非行政许可概念的出现

1. 前三批取消和调整行政许可项目中没有出现非行政许可项目。改革开放以前，我国长期处于计划经济体制之下，行政审批作为行政管理的重要手段随着政府稳定秩序、保障计划和配置资源的宗旨得到广泛运用。行政审批项目逐渐增多，数量日益增大，呈现出不断膨胀的趋势。改革开放之后，我国以政府职能转变为中心，先后进行多次政府机构改革和国有企业改革，围绕中央与地方政府的权力分配和政府与企业的权力归属，转变政府职能、调整政府机构、精简政府人员、下放企业权力。在此过程中，行政审批作为重要的衔接性管理手段自然成为调整和改革的重点。其目标就是尽量减少对具体管理事务的限制和企业的直接管理，以方便行政相对人，提高工作效率为目标。

1997 年行政审批制度改革在深圳试点。2001 年，国务院成立行政审批制度改革工作领导小组（简称“国务院领导小组”），主要负责全国行政审批制度改革工作，对国务院部门行政审批项目进行了全面彻底的清理，将所有行政审批项目及其设定依据仔细进行梳理和分析。各地区、各部门按照国务院的统一部署，积极稳妥地推行行政审批制度改革,取得了阶段性成效[①]。2002 年至 2004 年国务院三批清理共取消和调整行政审批项目 1772 项。

2. 行政许可法颁布和实施前后，非行政许可概念开始大量出现。2003 年 8 月 27 日，全国人大常委会颁布《行政许可法》，并于 2004 年 7 月 1 日正式实施。《行政许可法》的颁布和实施对加强和完善我国行政审批制度，进一步推动行政审批制度改革发挥了重要作用，是我国行政审批改革进程中新的里程碑。

据笔者查阅，首先提出“非行政许可审批”概念的是国务院行政审批制度改革工作领导小组办公室主任、监察部副部长李玉赋同志。2003 年他在《严格规范扎实做好行政审批项目清理工作》的讲话中最早将行政审批项目分为行政许

① 关于印发《关于搞好行政审批审核和处理工作意见》的通知（国审改发［2002］1 号）。

可审批项目和非行政许可审批项目。他在讲话中强调："要对本部门审批项目及其设定依据作进一步的清理、甄别、校对，并分清行政许可项目和非行政许可项目，做到一个不漏、一个不错……"[①] 在《行政许可法》颁布后的 1 年后，2004 年李玉赋在接受《瞭望新闻周刊》专访时提到："有约 500 多项审批项目，属于内部行政行为，涉及政府多方面的管理事务。这些项目尽管不在《行政许可法》的调整范围之内，但却是政府实施管理的必要措施和手段，其中有不少审批事项涉密程度高，政治性和政策性强，关系到国家安全和社会政治稳定。这部分项目拟以非行政许可的审批项目，以内部文件的方式予以保留。"[②] 他首次使用"非行政许可的审批项目"这一概念。

在《行政许可法》颁布和实施前后，开始出现了所谓的"非许可类行政审批"、"非行政许可的审批项目"的说法，后来又有了"不属于行政许可的行政审批"、"不作为行政许可的行政审批"、"不作为行政审批的事项"、"不属于行政许可法调整的其他行政审批（简称'其他审批'）"、"涉密类行政审批"等一系列与行政许可的概念相并列的非许可的行政审批的概念。

3. 非行政许可概念出现是出于历史原因和行政管理现实的需要。

从非行政许可产生的时间可以判断，"非行政许可"这一概念的产生，不是由于理论上对行政许可与行政审批的含义认识不统一造成的，而是出于行政管理现实的需要。其产生和大量存在主要基于两个原因：一是已经存在的不符合行政许可条件的审批，由于行政管理的需要，不能马上取消。计划经济时代建立起的"管制政府"模式，广泛地将行政审批用作政府配置资源的手段，行政审批涉及经济和社会事务的方方面面。在现实生活中存在一种倾向，一讲行政管理，就要审批[③]。造成行政审批过多、过滥，有些行政审批事项并没有法律依据，或者虽有规定但不够详尽、程序缺失。有些行政审批只是依据行政机关的内部规定或习惯做法。因此，《行政许可法》出台后，在某些领域如果根据《行政许可法》的规定，严格清理行政审批项目，可能会因后续监管措施跟不上，造成管理脱节、出现管理真空，导致社会经济秩序的混乱。因此，有大量沿用下来的行政审批事项需要以非行政许可审批项目的形式继续存在。二是不具备成熟的市场机制和完善的社会调控机制，政府不敢"放手"。社会和经济管理不仅需要改进行政管理制

---

① 李仁主、杨美亮：《李玉赋：严格规范扎实做好行政审批项目清理工作》，中国广播网，2003 年 12 月 29 日。

② 海霞、韩冰洁：《瞭望周刊独家披露 :1900 项剩余行政审批项目如何处理》，中广网 2004 年 6 月 16 日。

③ 杨景宇 2002 年 8 月 23 日在第九届全国人民代表大会常务委员会第二十九次会议上所作的《关于〈中华人民共和国行政许可法（草案）〉的说明》。

度本身，还要依赖于成熟的市场机制和社会调控机制。虽然我国市场经济体制已基本确立，但转轨远未完成，政府职能转变还没有完全到位，配套制度滞后。另外，我国社会组织不发达、相关法律不完备，行业管理不规范和缺乏自律，不具备承担一些非行政许可审批管理事项的能力和条件。

也正是出于以上原因，行政许可法第三条第二款规定："有关行政机关对其他机关或者对其直接管理的事业单位的人事、财务、外事等事项的审批，不适用本法。"这一规定在法律上为"非行政许可"概念的产生和扩张留出了空间。

2004年8月2日《国务院办公厅关于保留部分非行政许可审批项目的通知》（国办发［2004］62号）第一次以规范性文件的形式肯定了"非行政许可"，保留的非行政许可审批项目目录包括211项，并成为地方政府清理非行政许可审批的重要标准和依据。通知中并没有对"非行政许可"的概念作出严格界定，而是用概括性的语言划定其范围，即"这些项目，主要是政府内部管理事项，不属于行政许可。"

（二）非行政许可概念的界定

1. 非行政许可概念界定不清，影响了行政许可法的实施效果

国办发［2004］62号文件中提到，"经国务院同意，对其中的211项（非行政许可审批项目）暂予保留。这些项目，主要是政府的内部管理事项，不属于行政许可；随着社会主义市场经济体制的逐步完善，今后还将逐步取消或作必要的调整。"无论是国务院规范性文件还是李玉赋主任2004年接受专访时的讲话，其中都包含着"非行政许可审批主要是指内部行政审批"的意思。这也正好吻合行政许可法第三条第二款"有关行政机关对其他机关或者对其直接管理的事业单位的人事、财务、外事等事项的审批，不适用本法"的规定。

然而，认真分析国办发［2004］62号文件非行政许可审批目录的结果是其内容不限于行政机关内部管理事项，其中掺杂着行政许可项目。例如，"增值税一般纳税人资格认定"、"暂住证核发"、"参加基本养老保险的职工提前退休审批"等的审批，其适用范围、效力作用的对象范围明显不是行政系统内部，此类行政审批不属于行政机关的内部行为。再如，非行政许可审批项目中的"文物系统风险单位安全技术防范工程设计方案审批和工程验收"，与《国务院决定对确需保留的行政审批项目设定行政许可的目录》[①]行政许可项目中的"金融机构营业场所、金库安全防范设施建设方案审批及工程验收"、"军工产品储存库风险等级认定和技术防范工程方案审核及工程验收"、"邮政局（所）安全防范设施设计审核及工程验收"是性质完全一样的审批项目。

①《国务院对确需保留的行政审批项目设定行政许可的决定》，2004年国务院令第412号。

这种界分不清，一方面使得部分行政许可事项以非行政许可审批项目的名义，安全地游离于行政许可法的调整范围之外，规避《行政许可法》的制约；另一方面各地、各部门纷纷效仿国务院的做法，大量“繁殖”非行政许可项目。非行政许可从一定程度上阻碍了行政许可法健康有序地运转和执行，为一些“利益集团”提供了寻找法律漏洞的机会。尽管在此后的行政审批制度改革过程中，国务院意识到问题的存在，加强行政许可法的落实，进一步取消和调整行政审批项目。同时，采取了有效措施对假借“非行政许可”之名增设行政审批项目的现象进行清理和整顿。但是，各地区和各部门的现实制度已然成为既定事实，并且在实际工作中予以执行，简单的行政命令并无法直接、快速、有效地取消和调整。

2. 非行政许可的实然定义界定，主要为项目清理和保障法律的实施

从上面分析可以看出，如何界定“非行政许可”的内涵成为目前理论和实务中的首要问题。关于非行政许可的概念没有法律规定，一些研究者根据国办发[2004]62号文件非行政许可审批目录的项目范围进行归纳，概括出其基本内涵。例如：周怡萍根据国办发[2004]62号文件对于非行政许可审批事项的列举，据此归纳，认为非行政许可是指行政机关依法对其他机关或者其直接管理的事业单位在内部行政组织管理过程中所作的审批、基于行政隶属关系的内部审批行政行为、行政管理中的控制性计划和规划的审批；行政机关作为产权人进行资产管理等非行政权性质的审批；行政机关关于民族、宗教等政策性行政管理事项审批；以及行政机关根据公民、法人或其他组织的申请，经依法审查，在特定情况下赋予其一定的物质权益或精神利益（即依申请的行政给付、行政奖励），或者对法律地位、权利义务和相关的法律事实进行甄别予以确定、认可、证明、登记并宣告，或者不禁止其继续从事特定活动的行为。

对于这种具有代表性的内涵界定，笔者认为其只是一种对非行政许可现状认可下的概括性描述。因为国办发[2004]62号文件所列非行政许可审批项目是在行政许可法出台后，对以前历史遗留下的一些许可无法一下停止和取消下的“妥协”结果，文件也明确表明“随着社会主义市场经济体制的逐步完善，今后还将逐步取消或作必要的调整。”因此，基于国办发[2004]62号文件所列非行政许可审批项目界定非行政许可审批的内涵是不能准确反映非行政许可设定的原意和不符合行政审批改革发展趋势的。

那么，应该从哪些方面把握非行政许可的内涵呢？首先，应该溯源非行政许可出现的法律本意。关于非行政许可审批的内涵，比较重要的规定一是国办发[2004]62号文件对非行政许可审批作出的列举和说明；二是行政许可法第三条第二款的规定。关于认真贯彻行政许可法进一步做好行政审批项目清理和处理工作的通知（国审改办发[2003]3号）文件，为依法编制公布保留的行政许可项

目目录，要求各部门要对照《行政许可法》第二、第三条规定，对本部门 2001 年上报的审批项目（已经公布取消或者改变管理方式的除外）和本次清理上报的审批项目进行复核，分行政许可项目与非行政许可项目两类，分别填报《行政许可项目表》和《非行政许可项目表》。其次，根据行政审批改革的要求和发展趋势，现存的非行政许可是要逐步取消和调整的。因此，这个概念的界定要能明显区分行政许可审批项目和非行政许可审批项目，以利于对项目进行进一步清理和保障行政许可法的健康有序的实施。

因此，笔者对非行政许可审批的内涵作出初步界定：非行政许可，即行政许可以外的许可，包括行政机关及其授权的组织对其他机关或者对其直接管理的事业单位的人事、财务、外事等事项的许可行为。该界定仅是根据现阶段的法律文件对非行政许可审批作出的实然定义，并非属于应然范畴。

（三）非行政许可项目的规范

非行政许可项目繁杂、涉及面广，如果行政许可项目与非行政许可项目混杂在一起，区分不清，就会带来很多现实问题，从而侵犯行政相对人的合法权益，影响行政许可法的实施效果。例如，对违反行政许可项目管理规定的行政处罚，国家部委规章和较大市人民政府规章不能作为适用依据；对违反非行政许可审批项目管理规定的行政处罚，国家部委规章和较大市人民政府规章能作为适用依据。有的部门为了为其乱处罚辩护，就将行政许可项目诡辩为非行政许可审批项目。再如，对行政许可项目的收费，要有法律、行政法规依据；对非行政许可审批项目的收费，只要有省物价部门文件依据就可以。有的部门为了乱收费，就将行政许可项目错误定性，从而规避法律违法收费。还有，行政许可项目可以提出行政复议和行政诉讼；非行政许可审批项目（主要是内部行政行为）不可以提出行政复议和行政诉讼。有的部门为了避免被告，就将行政许可项目界定为内部非行政许可审批项目。因此，进一步规范非行政许可审批行为，对保障公民和组织的合法权益，促进依法行政有重要作用。

为规范非行政许可项目的设立、审批，笔者认为应该从以下四个方面入手：

1. 界定非行政许可内涵是规范非行政许可设立和审批的前提。国办发[2004]62 号文件所列非行政许可审批项目，已经在历次的行政审批制度改革中逐渐减少，但由于对于非行政审批内涵没有统一界定，给部门和地方留下了“后门”。只有从国务院层面上，明确非行政许可内涵，才能够遏制不断增长的非行政许可审批项目。

（1）明确非行政许可的主体和对象。非行政许可的主体是行政机关或其授权的组织，对象是其他机关或者其直接管理的事业单位的人事、财务、外事等事项。

（2）明确非行政许可设立依据。非行政许可是一种行政审批权，应由法律、法规、规章来设定，并作为其权力依据。可参照设定行政许可项目的做法。法律、行政法规、地方性法规可以设定非行政许可。因行政管理的需要，省、自治区、直辖市人民政府规章可以设定临时性的非行政许可。临时性的非行政许可实施满一年需要继续实施的，应当提请本级人民代表大会及其常务委员会制定地方性法规。

界定了非行政许可的标准，才能够控制其项目范围。因此，规范非行政许可审批，一定要从源头把好关，才能够为其规范化打好基础。当前的非行政审批清理，重点要审查非行政许可审批事项是否有明确的法律依据，是否履行了法定程序，是否合情合理、具有可操作性，如不符合上述条件，一律应予取消或调整。

2. 严格非行政许可审批事项的实施是规范非行政许可审批的基础。实施非行政许可审批的机关应包括法定行政机关、法定授权组织、受委托的行政机关。而非行政许可审批的实施主体和非行政许可审批事项，也应按照实施行政许可的要求，由县级以上政府审核公示通过后，以公告形式予以公布。在实施的主体上，也应根据精简、统一、效能的原则，可以依法决定由一个行政机关行使非行政许可审批权，也可以纳入行政服务中心实行集中办理、统一办理和联合办理。在实施的程序上，要建立书面（包括电子邮件）形式提出申请、免费提供申请格式文本、一次性告知、当场受理等方便申请人办事的申请受理机制，建立依法审查申请材料、依法进行检验检测、当场决定和在法定期限内决定等便捷高效的审查决定机制，完善法律文书送达、法律权利和救济途径告知、审批事项和审批决定公布等法律程序，切实规范非行政许可审批的实施程序。

3. 对非行政许可审批事项多环节监督是规范非行政许可审批的关键。规范非行政许可审批行为不是简单的量的减少，而要有质的提高，尤其是事后监督。行政机关要建立健全非行政许可审批公示制度，将审批事项的名称、依据、申请条件、审批程序、审批期限、收费标准、审批结果等逐项公开、对关系国计民生和社会公众利益等重大非行政许可审批事项，要积极推行社会听证制度；对专业性和技术性较强的非行政许可审批事项，要进行咨询论证。同时，要制定操作性强、透明度高的审批操作规程，减少审批环节，简化审批手续，改进审批方式。

4. 设置专门机构审核非行政许可项目是规范非行政许可审批的保障。对确需新设的审批事项，必须由指定的机构负责审核并纳入相应的监督管理之中。按照“谁审批，谁负责”的原则，建立和完善非行政许可审批责任追究制度和信息反馈机制，最大限度地减少审批人的自由裁量权和审批随意性。为建立和完善行为规范、运转协调、公正透明、廉洁高效的行政管理体制奠定更加坚实的基础。

第二节 民政行政审批制度改革

2001年9月，国务院对全面推进行政审批制度改革作出部署，成立了国务院行政审批制度改革工作领导小组，并在监察部设立了国务院行政审批制度改革工作领导小组办公室（简称“国务院审改办”），承担日常工作。历届政府始终把行政审批制度改革作为政府工作的一项重要内容来抓。这些年来，历次中央纪委全会都对行政审批制度改革提出了明确要求。各地区各部门按照国务院的统一部署和要求，精心组织，大胆实践，积极探索，勇于创新，行政审批制度改革取得了重要进展。

民政部的前身是成立于1949年的“中央人民政府内务部”，1954年改称“中华人民共和国内务部”，1969年撤销。1978年设立“中华人民共和国民政部”。在历次国务院机构改革中，民政部都是保留单位，其基本职能一直没有改变，“上为中央分忧，下为百姓解愁”的宗旨没有改变，社会稳定机制的作用没有改变，发展社会主义民主、维护社会主义法制、改善优抚救济对象的生活、促进国防建设、移风易俗、建立新型的社会主义人际关系的功能没有改变。特别是在建立社会主义市场经济的过程中，民政部门通过对社会收入的再分配，在帮助社会弱势群体解决生活困难，化解社会矛盾方面，发挥着越来越重要的作用。1988年和1993年国务院两次机构改革都确定“民政部是国务院主管社会行政事务的职能部门”；1998年的职能定位除了规定民政部是主管社会行政事务的政府职能部门之外，在政府部门序列上将民政部列入“国家政务部门”，这表明民政部门行政管理职能有进一步强化的趋势。

民政工作直接为人民群众服务、为人民群众排忧解难，是党和国家一项非常重要的工作，是政府履行公共服务和社会管理职能的重要方面，在构建社会主义和谐社会中发挥着十分重要的作用。温家宝总理说，当人民群众遇到困难时，想到的第一个部门就是民政部门，要找的第一个干部就是民政干部。当前和今后一个时期民政工作的主要任务：一是搞好困难救助。帮助农村的五保户和低收入群体，城市的低保户和失业人员，特别要关心失去生活能力的残疾人。二是做好救灾工作。我国幅员辽阔，每年灾害不断，给人民群众的生命财产安全造成重大损失，救灾始终是民政部门极为重要的任务。三是加强城市社区工作。社区是整个社会的细胞。社区要为群众提供生活、医疗、文化、体育、就业、学习等方面的服务。四是推进农村基层民主建设。搞好村级直接选举，实行村民自治，保障农民的民主权利。五是开展拥军优属。要逐步建立完善退役士兵安置制度，将伤残军人、军烈属等重点优抚对象优先纳入社会保障范围。深入开展群众性拥军活动，巩固和发展军政军民团结。

作为与人民群众打交道最多的政府部门，民政部门时时刻刻为民所想，在进行社会事务管理中，把能够提供便捷的为民服务作为工作考核的一个重要指标。自从2001年国务院开始进行行政审批以来，民政部门都是积极行动，精心组织。

一、组织民政系统认真学习行政审批制度改革的指导思想、总体要求和基本原则

认真学习2001年10月18日国务院下发的监察部、国务院法制办、国务院体改办、中央编办的《关于行政审批制度改革工作的实施意见》，以经济事务的行政审批为重点，兼顾其他方面的部署，突出抓好民政部的工作落实，在各地各级民政部门中组织学习国务院关于行政审批的文件精神，积极推行行政审批制度改革。

（一）行政审批制度改革的指导思想

以党的十五大和十五届五中全会、六中全会精神为指导，按照江泽民同志“七一”重要讲话和“三个代表”重要思想的要求，解放思想，实事求是，以充分发挥市场在资源配置中的基础性作用为基点，把制度创新摆在突出位置，努力突破影响生产力发展的体制性障碍，加强和改善宏观调控，规范行政行为，提高行政效率，促进经济发展，推进政府机关的廉政勤政建设。

（二）行政审批制度改革的总体要求

不符合政企分开和政事分开原则、妨碍市场开放和公平竞争以及实际上难以发挥有效作用的行政审批，坚决予以取消；可以用市场机制代替行政审批，通过市场机制运作。对于确需保留的行政审批，要建立健全监督制约机制，做到审批程序严密、审批环节减少、审批效率明显提高，行政审批责任追究制得到严格执行。

（三）行政审批制度改革应遵循的原则

1. 合法原则。行政审批作为一项重要的行政权力，直接涉及公民、法人和其他组织的合法权益，关系政府职能的转变和社会主义市场经济的发展。设定行政审批应当遵循我国的立法体制和依法行政的要求，符合法定权限和法定程序。法律、行政法规、地方性法规和依照法定职权、程序制定的规章可以设定行政审批。鉴于目前有关立法还不够完善，国务院各部门可根据国务院的决定、命令和要求设定行政审批，并以部门文件形式予以公布；其他机关、文件设定的行政审批应当取消。

2. 合理原则。设定行政审批，要符合社会主义市场经济发展的要求，有利于政府实施有效管理。凡是通过市场机制能够解决的，应当由市场机制去解决；通过市场机制难以解决，但通过公正、规范的中介组织、行业自律能够解决的，应当通过中介组织和行业自律去解决。有关经营性土地使用权出让、建设工程招标投标、政府采购和产权交易等事项，必须通过市场机制来运作。对虽符合合法原则，但不符合上述要求的行政审批，也应当取消。

3. 效能原则。要合理划分和调整部门之间的行政审批职能，简化程序，减少环节，加强并改善管理，提高效率，强化服务。一个部门应当实行一个“窗口”对外；涉及几个部门的行政审批，应当由国务院规定的主要负责部门牵头，会同其他有关部门共同研究决定后办理；实施行政审批要规定合理时限，提高工作效率，在限定期限内办结。

4. 责任原则。按照“谁审批、谁负责”的原则，在赋予行政机关行政审批权时，要规定其相应的责任。行政机关实施行政审批，应当依法对审批对象实施有效监督，并承担相应责任。行政机关不按规定的审批条件、程序实施行政审批，甚至越权审批、滥用职权、徇私舞弊，以及对被许可人不依法履行监督责任或者监督不力、对违法行为不予查处的，审批机关主管有关工作的领导和直接责任人员必须承担相应的法律责任。

5. 监督原则。赋予行政机关行政审批权，要按照公开、公平、公正的原则，明确行政审批的条件、程序，并建立便于公民、法人和其他组织监督的制度。行政审批的内容、对象、条件、程序必须公开；未经公开的，不得作为行政审批的依据。行使行政审批权的行政机关应当建立健全有关制度，依法加强对被许可人是否按照取得行政许可时确定的条件、程序从事有关活动的监督检查①。

二、保持上下衔接，形成民政部与地方民政部良性互动的格局

2005 年，伴随国务院审改办适时将工作重点从国务院部门转到省级人民政府，民政部也将工作重点下移到地方各级民政部门，加强了对地方行政审批制度改革工作的指导与协调。通过督促检查、政策指导等方式，抓好行政审批项目取消和调整的上下衔接。按照统一部署和要求，各级民政部门对照国务院部门取消和调整的审批项目，从审批部门、审批对象、审批依据、审批内容等方面进行全面核对，根据不同情况对审批项目分类作了处理，较好地落实了国务院关于取消和调整审批项目的决定，上下衔接工作比较到位，形成了行政审批制度改革上下衔接、整体推进的良好态势。

例如，台州天台县民政局提出了四项深化行政审批改革措施：1. 健全民主决策机制。完善公众参与、专家咨询、合法行政审查、集体讨论决策的决策机制。认真落实党政领导干部问责制，细化问责程序，强化责任追究。通过各种途径和

① 国务院批转关于行政审批制度改革工作实施意见的通知（国发［2001］33 号）。

形式加强干部的政治、业务和现代经济、科技、社会管理、法律等知识。坚持理论联系实际，用科学的理论武装头脑，指导实践，推动工作中的民主决策。2. 完善行政审批方式。按照县委、县政府统一安排，积极完成行政审批职能整合和集中改革工作。将所有行政审批项目全部纳入县便民服务中心的民政窗口集中办理，实行一站式办结。按照“审批高效化、管理规范化、服务优质化”的要求，研究制定行政审批程序、细化行政审批规定和人员岗位职责规定等，进一步提高民政行政审批效率。3. 推进“五公开”阳光政务。在行政审批方面，实现“五公开”，即公开审批项目、公开审批程序、公开审批时限、公开收费标准、公开审批责任人，提升规范化服务水平。重点围绕“权、钱、人”的管理和使用等环节，行政审批程序、收费标准、办结时限实行上墙公示，确保群众有知情权。推行“一评、二查、三公示、五不批”制度，杜绝不正之风。同时，认真解决群众反映的热点难点问题，最大限度为群众办好事、办实事，增强群众满意率。4. 全面规范行政行为。深入贯彻落实《国务院全面推进依法行政实施纲要》和省委关于建设“法治浙江”的决定，依据县依法行政评议考核目标要求，落实工作责任，认真贯彻执行行政许可法，进一步规范行政许可、行政处罚、行政复议、行政诉讼及规范性文件制定、备案等行为，使行政行为主体资格合法、事实依据充分、法律依据充足、程序合法到位。

三、针对民政行政审批项目，总结“四查”方法

一是对照中央文件精神和相关法律法规规定查。根据党中央、国务院有关文件精神，对照审查有关部门的审批项目，看是否符合中央精神。对照法律法规和国务院决定，审查有关审批项目是否具备法定依据，以及项目名称、范围、实施机关等是否符合法律法规规定。

二是对照转变政府职能、促进经济、社会发展的需要查。根据党中央、国务院关于深化行政管理体制改革、转变政府职能、建设服务政府，中央政府要进一步减少和下放具体管理事项，把更多的精力转到制定战略规划、政策法规和标准规范上的要求，对照审查有关项目，看是否能够通过制定战略规划、政策法规、标准规范、产业政策、行业规划等形式进行管理，从而提出取消或调整建议。

三是广泛听取专家意见查。征求行政审批制度改革工作专家的意见，按照专家的专业背景，给他们提供一些项目，请他们帮助审核，提出审核意见。同时，在审核论证过程中，遇到疑难复杂的审批项目，也可以经领导同意后，邀请相关专家提出审核意见。此外，还要注意搜集有关权威专家关于深化行政管理体制改革、精简和规范行政审批项目的理论文章，以供学习参考。

四是深挖项目内涵查。审批项目专业性很强，涉及设定依据、审批范围、审批程序、实施机关、实际效果以及和其他部门相关项目的关系等很多专业问题，一定要把项目搞透彻，这样提出的审核意见才有说服力。特别是对大项目下隐含的多个小项目，要善于深入挖掘，摸清底数，有针对性地提出审核论证意见

四、创新管理方式，行政审批项目取消和调整的后续监管得到加强

针对一些审批项目取消和调整后可能出现的问题，民政部按照国务院审改领导小组提出的加强后续监管的意见，积极探索新的管理方式和管理手段，制定并组织实施相应的管理规范和标准；对转为日常监管的事项，采取事中检查、事后稽查处罚等办法，加大监管力度；对不再实施审批，转由行业组织或社会中介组织自律管理的事项，积极稳妥地做好移交工作。各级民政部门在取消和调整行政审批项目的基础上，建立和完善行政审批的运行、管理和监督机制，加强对保留审批事项的监督制约，规范审批行为。不少地方结合政务公开，对保留的审批事项建立健全审批公示制度；对关系国计民生和社会公众利益等重大审批事项，推行社会听证制度；制定操作性强、透明度高的审批操作规程，减少审批人的自由裁量权和随意性；按照“谁审批，谁负责”的原则，建立行政审批责任追究制度。一些地方还积极探索利用现代网络技术对行政审批进行监督的机制，及时发现和纠正违规与不当的审批行为。

五、不断学习国务院关于审改政策规定，组织开展课题研究

国务院审改领导小组及其办公室先后制定了《关于行政审批制度改革工作的实施意见》、《关于贯彻行政审批制度改革的五项原则需要把握的几个问题》、《关于搞好行政审批项目审核和处理工作的意见》、《关于搞好已调整行政审批项目后续工作的意见》、《关于进一步推进省级政府行政审批制度改革的意见》、《关于进一步深化行政审批制度改革的意见》等30多个政策规定和相关文件。民政部门在认真学习上述政策文件的同时，组织开展课题研究，为深入推进民政行政审批制度改革提供了理论支持。承担课题研究任务的各个单位，精心组织，认真实施，抓住行政审批制度改革涉及的重大理论和实践问题，经过多方面、多视角、多层次的综合研究和深入探索，提出了基本的思路和对策，形成了具有前瞻性、系统性和可操作性的课题研究报告，为深入推进行政审批制度改革提供了理论支持。

六、到2010年经过五轮的行政审批项目清理，民政部门共取消了24项行政审批项目（见下列图表）

国务院决定取消的第一批行政审批项目目录（民政部，3项）[①]

编号	取消的行政审批项目	行政审批项目设立依据
139	社会团体收取会费标准审批	《民政部、财政部关于社会团体收取会费的通知》（民社发［1992］27号）
140	向国际社会提供灾情审批	《民政部关于印发〈灾情统计、核定、报告暂行办法〉的通知》（民救发［1997］8号）
141	成立国内婚姻介绍机构审批	《国务院办公厅关于加强涉外婚姻介绍管理的通知》（国办发［1994］104号）

国务院决定取消的第二批行政审批项目目录（民政部，11项）[②]

编号	取消的行政审批项目	行政审批项目设立依据
46	代销中国福利彩票	《民政部关于印发中国福利彩票发行与销售管理暂行办法》（民办发［1998］12号）
47	社会团体刻制印章	《社会团体印章管理规定》（民政部、公安部令1993年第1号
48	社会团体设立企业	《民政部、国家工商行政管理局关于社会团体开展经营活动有关问题的通知》（民社发［1995］14号）
49	外国商会聘请外籍	《劳动和社会保障部办公厅关于加强外国人在中国就业管理工作有关问题的通知》（劳社厅发［1998］19号）
50	民办非企业单位刻制印章审批	《民办非企业单位登记管理暂行条例》（国务院令第251号）；《民办非企业单位登记暂行办法》（民政部令1999年第18号）；《民办非企业单位印章管理规定》（民政部、公安部令2000年第20号）
51	在地方各级革命烈在地方各级革命烈士纪念建筑物保护单位范围内进行其他建设工程审批	《革命烈士纪念建筑物管理保护办法》（民政部令1995年第2号）

①《国务院关于取消第一批行政审批项目的决定》（国发［2002］24号）附件：国务院决定取消的第一批行政审批项目目录（789项）。

② 国务院关于取消第二批行政审批项目和改变一批行政审批项目管理方式的决定（国发［2003］5号）附件：1. 国务院决定取消的第二批行政审批项目目录(406项)。2. 国务院决定改变管理方式的行政审批项目目录（82项）。

（续表）

编号	取消的行政审批项目	行政审批项目设立依据
52	社会福利企业因合并、分离、转让而终止的审批	《民政部、国家计委、财政部、劳动部、物资部、国家工商行政管理局、中国残疾人联合会关于发布〈社会福利企业管理暂行办法〉的通知》（民福发［1990］21号）
53	社会福利企业法定代表人或主要负责人委任、选举、招聘或罢免的备案	《民政部、国家计委、财政部、劳动部、物资部、国家工商行政管理局、中国残疾人联合会关于发布〈社会福利企业管理暂行办法〉的通知》（民福发［1990］21号）
54	社会福利企业招用残疾人员的残疾状况鉴定核准	《民政部、国家计委、财政部、劳动部、物资部、国家工商行政管理局、中国残疾人联合会关于发布〈社会福利企业管理暂行办法〉的通知》（民福发［1990］21号）;《民政部、劳动部、卫生部、中国残疾人联合会关于发布〈社会福利企业招用残疾职工的暂行规定〉的通知》（民［1989］福字37号）
55	社会福利企业辞退残疾职工备案	《民政部、劳动部、卫生部、中国残疾人联合会关于发布〈社会福利企业招用残疾职工的暂行规定〉的通知》（民［1989］福字37号）
56	举办社会福利性募捐义演核准	《营业性演出管理条例》（国务院令第229号）;《社会福利性募捐义演管理暂行办法》（民政部令1994年第2号）

国务院决定取消的第三批行政审批项目目录（民政部，8项）[①]

编号	取消的行政审批项目	行政审批项目设立依据
60	生产、销售丧葬用品审批	《民政部、公安部、国家工商行政管理局、国务院宗教事务局关于制止丧葬中的封建迷信活动的通知》（民［1989］事字27号）

① 国务院关于第三批取消和调整行政审批项目的决定（国发［2004］16号）附件：1. 国务院决定取消的行政审批项目目录(385项)；国务院决定改变管理方式、不再作为行政审批、实行自律管理的行政审批项目目录(39项)；3. 国务院决定下放管理层级的行政审批项目目录（46项）。

（续表）

编号	取消的行政审批项目	行政审批项目设立依据
61	公墓单位跨省设立销售机构审批	《国务院办公厅转发民政部关于进一步加强公墓管理意见的通知》（国办发［1998］25 号）
62	生产标准地名标志产品的企业资质认定	《民政部办公厅关于认真做好地名标志设置管理工作的通知》（民办发［2001］4 号）
63	地名标志产品生产企业指定	《民政部全国地名标志设置管理工作办公室关于实行地名标志产品生产资质管理的通知》（民地标发［2001］1 号）
64	创办、撤销农村敬老院审批	《农村敬老院管理暂行办法》（民政部令第 1 号）
65	全国性社会团体编制数额核定	《中央组织部、民政部、人事部、财政部、劳动部关于全国性的社会团体编制及其有关问题的暂行规定》（民社发［1991］8 号）
66	省级范围内福利彩票销售额度审批	《民政部关于印发中国福利彩票发行与销售管理暂行办法的通知》（民办发［1998］12 号）
67	城镇建筑物名称审核	《民政部关于加强城镇建筑物名称管理的通知》（民行函［1996］252 号）

国务院决定取消的第五批行政审批项目目录（民政部，2 项）[①]

编号	取消的行政审批项目	行政审批项目设立依据
19	利用外资建设殡葬设施审批	《殡葬管理条例》（国务院令第 225 号）
20	与境外合资、合作举办社会福利机构审批	《国务院对确需保留的行政审批项目设定行政许可的决定》（国务院令第 412 号）

① 国务院关于第五批取消和下放管理层级行政审批项目的决定（国发［2010］21 号）附件：1. 国务院决定取消的行政审批项目目录（113 项）；2. 国务院决定下放管理层级的行政审批项目目录（71 项）。

六、民政部现存的行政许可项目目录

（一）行政许可项目

序号	项目名称	设定依据	审批机关
1	基金会及其分支机构、代表机构设立、变更、注销审批	《基金会管理条例》（国务院令第400号）第六条：“国务院民政部门和省、自治区、直辖市人民政府民政部门是基金会的登记管理机关。”第八条：“设立基金会，应当具备下列条件：……”第十一条：“登记管理机关应当自收到本条例第九条所列全部有效文件之日起60日内，作出准予或者不予登记的决定。准予登记的，发给《基金会法人登记证书》；不予登记的，应当书面说明理由。基金会设立登记的事项包括：名称、住所、类型、宗旨、公益活动的业务范围、原始基金数额和法定代表人。”第十五条：“基金会、基金会分支机构、基金会代表机构和境外基金会代表机构的登记事项需要变更的，应当向登记管理机关申请变更登记。基金会修改章程，应当征得其业务主管单位的同意，并报登记管理机关核准。”第十七条：“基金会撤销其分支机构、代表机构的，应当向登记管理机关办理分支机构、代表机构的注销登记。基金会注销的，其分支机构、代表机构同时注销。”	民政部或省级人民政府民政部门
2	外国商会成立、变更、注销登记	《外国商会管理暂行规定》（国务院令第36号）第九条：“成立外国商会的申请经审查机关审查同意后，应当持审查同意的证件，依照本规定和有关法律、法规的规定，向中华人民共和国民政部（以下简称登记管理机关）办理登记。外国商会经核准登记并签发登记证书，即为成立。”第十二条：“外国商会需要修改其章程、更换会长、副会长以及常务干事或者改变办公地址时，应当依照本规定第七条、第八条和第九条规定的程序经审查同意，并办理变更登记。”第十四条：“外国商会解散，应当持该外国商会会长签署的申请注销登记报告和清理债务完结的证明，向登记管理机关办理注销登记，并报审查机关备案。”	民政部

（续表）

序号	项目名称	设定依据	审批机关
3	社会团体及分支机构、代表机构设立、变更、注销登记	《社会团体登记管理条例》（国务院令第250号）第三条："成立社会团体，应当经其业务主管单位审查同意，并依照本条例的规定进行登记。"第十九条："社会团体成立后拟设立分支机构、代表机构的，应当经业务主管单位审查同意，向登记管理机关提交有关分支机构、代表机构的名称、业务范围、场所和主要负责人等情况的文件，申请登记。"第二十条："社会团体的登记事项、备案事项需要变更的，应当自业务主管单位审查同意之日起30日内，向登记管理机关申请变更登记、变更备案（以下统称变更登记）。社会团体修改章程，应当自业务主管单位审查同意之日起30日内，报登记管理机关核准。"第二十一条："社会团体有下列情形之一的，应当在业务主管单位审查同意后，向登记管理机关申请注销登记、注销备案（以下统称注销登记）：……"第二十四条："社会团体撤销其所属分支机构、代表机构的，经业务主管单位审查同意后，办理注销手续。社会团体注销的，其所属分支机构、代表机构同时注销。"	各级人民政府民政部门
4	民办非企业单位成立、变更、注销登记	《民办非企业单位登记管理暂行条例》（国务院令第251号）第三条："成立民办非企业单位，应当经其业务主管单位审查同意，并依照本条例的规定登记。"第五条："国务院民政部门和县级以上地方各级人民政府民政部门是本级人民政府的民办非企业单位登记管理机关（以下简称登记管理机关）。"第十五条："民办非企业单位的登记事项需要变更的，应当自业务主管单位审查同意之日起30日内，向登记管理机关申请变更登记。民办非企业单位修改章程，应当自业务主管单位审查同意之日起30日内，报登记管理机关核准。"第十六条："民办非企业单位自行解散的，分立、合并的，或者由于其他原因需要注销登记的，应当向登记管理机关办理注销登记。"	民政部或县级以上地方各级人民政府民政部门

（续表）

序号	项目名称	设定依据	审批机关
5	殡仪服务站、骨灰堂建设审批	《殡葬管理条例》（国务院令第225号）第八条："建设殡仪馆、火葬场，由县级人民政府和设区的市、自治州人民政府的民政部门提出方案，报本级人民政府审批；建设殡仪服务站、骨灰堂，由县级人民政府和设区的市、自治州人民政府的民政部门审批。"	县级人民政府和设区的市、自治州人民政府民政部门
6	公墓建设审批	《殡葬管理条例》（国务院令第225号）第八条："建设公墓，经县级人民政府和设区的市、自治州人民政府的民政部门审核同意后，报省、自治区、直辖市人民政府民政部门审批。利用外资建设殡葬设施，经省、自治区、直辖市人民政府民政部门审核同意后，报国务院民政部门审批。农村为村民设置公益性墓地，经乡级人民政府审核同意后，报县级人民政府民政部门审批。"	省、自治区、直辖市人民政府民政部门
7	假肢和矫形器（辅助器具）生产装配企业资格认定	《国务院对确需保留的行政审批项目设定行政许可的决定》（国务院令第412号）附件第67项。	省级人民政府民政部门
8	假肢与矫形器（辅助器具）制作师执业资格注册	《国务院对确需保留的行政审批项目设定行政许可的决定》（国务院令第412号）附件第68项。	民政部

（二）非行政许可审批项目

序号	项目名称	设定依据	审批机关
1	法律规定自批准之日起即具有法人资格的社会团体及其设立分支机构、代表机构备案	《社会团体登记管理条例》（国务院令第250号）第十七条：“依照法律规定，自批准成立之日起即具有法人资格的社会团体，应当自批准成立之日起60日内向登记管理机关备案。登记管理机关自收到备案文件之日起30日内发给《社会团体法人登记证书》。社会团体备案事项，除本条例第十六条所列事项外，还应当包括业务主管单位依法出具的批准文件。”第十九条：“社会团体成立后拟设立分支机构、代表机构的，应当经业务主管单位审查同意，向登记管理机关提交有关分支机构、代表机构的名称、业务范围、场所和主要负责人等情况的文件，申请登记。社会团体的分支机构、代表机构是社会团体的组成部分，不具有法人资格，应当按照其所属于的社会团体的章程所规定的宗旨和业务范围，在该社会团体授权的范围内开展活动、发展会员。社会团体的分支机构不得再设立分支机构。社会团体不得设立地域性的分支机构。”	相应等级人民政府民政部门
2	城市居民最低生活保障待遇批准	《城市居民最低生活保障条例》（国务院令第271号）第四条：“……县级人民政府民政部门以及街道办事处和镇人民政府（以下统称管理审批机关）负责城市居民最低生活保障的具体管理审批工作……”第七条：“……城市居民最低生活保障待遇，由其所在地的街道办事处或者镇人民政府初审，并将有关材料和初审意见报送县级人民政府民政部门审批……”	县级人民政府民政部门
3	农村为村民设置公益性墓地审批	《殡葬管理条例》（国务院令第225号）第八条：“……农村为村民设置公益性墓地，经乡级人民政府审核同意后，报县级人民政府民政部门审批。”	县级人民政府民政部门
4	民政系统福利康复机构进口残疾人免税专用品批准	《残疾人专用品免征进口税收暂行规定》（国务院1997年1月12日批准，海关总署1997年4月10日发布）第三条：“有关单位进口的国内不能生产的下列残疾人专用品，按隶属关系经民政部或者残疾人联合会批准，并报海关总署审核后，免征进口关税和进口环节增值税、消费税……”	民政部

（续表）

序号	项目名称	设定依据	审批机关
5	建立天主教区登记	《国务院办公厅关于保留部分非行政许可审批项目的通知》（国办发［2004］62号）附件第42项。	省级人民政府民政部门
6	企业申请福利企业资格检查确认	《福利企业资格认定办法》（民发［2007］103号）第五条："企业申请福利企业资格认定，应当向当地县级以上人民政府民政部门（以下简称认定机关）提出认定申请，具体认定机关由省、自治区、直辖市民政厅（局）和新疆生产建设兵团民政局确定，报民政部备案。"	省级人民政府民政部门和新疆生产建设兵团民政局
7	社会福利基金资助项目审批	《国务院办公厅关于保留部分非行政许可审批项目的通知》（国办发［2004］62号）附件第43项。	地（市）级以上人民政府民政部门

第七章 民政行政协议理论研究与实务分析

改革开放30年，我国经济社会持续发展，但由于历史原因或自然条件，出现了区域发展不平衡问题。为统筹区域发展，2007年以来，国务院批准了一系列区域发展规划，区域经济一体化已经成为我国经济社会发展的基本趋势，长三角地区、珠三角地区、环渤海经济圈等一系列区域经济合作相继展开。在区域合作的实践中，各经济区域内部成员之间为了实现合作，缔结了数以千计的行政协议，内容广泛涉及交通、能源、贸易、农业、投资、旅游、就业服务、信息化、科教文化、环境保护及公共卫生等各个生活领域，具体表现形式为“意见”、“协议（书）”、“宣言”、“提案”、“意向书”、“议定书”、“倡议书”、“章程”、“纪要”、“方案”、“备忘录”以及“计划”，等等。无论是以什么形式出现，这些契约都是经过联席会议磋商、协调而缔结的，同时，他们都是由处于平等地位的地方政府及其职能部门缔结的，我们可以称之为行政协议。由此看来，行政协议事实上已经成为我国实现区域合作和解决区际争端的最为重要的法治协调机制之一。

但是，当我们寻找行政机关缔结行政协议的法律依据时发现，现有的宪法、法律、法规都没有关于此的规定，再去翻阅大陆出版的行政法教材也没有关于此的论述，最近几年才出现少量关于行政协议的论文和著作。接下来寻找研究民政部门签订行政协议的论述，干脆没有发现。这一章，笔者将就行政协议和民政行政协议进行研究。

第一节 行政协议出现的背景与我国行政协议的现状

一、行政协议的出现背景

行政协议在目前的区域经济合作中得到广泛运用，成为经济区域内部成员之间解决争端、加强协调、促进合作的重要的机制之一，这种状况是与我国经济发展过程中出现的矛盾分不开的。

中国多年来一直以行政单元作为组织经济发展的单位，有省、市（地）、县等层次。这种以行政区为单位组织经济发展的现象被称之为“行政区（域）经济”。行政区经济有两个突出的特点：第一，经济活动的组织是在特定的行政区范围内，无论一个行政区域规模大小，其政府都有法定的经济管理职权，对区域内的经济进行管理和控制。第二，行政区域政府对辖区经济发展的自组织，行政区域政府按照中央政府要求，对辖区的经济发展有自组织职能，行政区域有自身相应的区域利益，有其特定的行政组织（一级政府）做依托。各级地方政府在完成国家的经济计划、组织本地经济发展等方面作出了巨大的贡献，但也出现了地方利益与国家利益不一致和地方之间的利益冲突这两种消极现象。在走向市场经济的过程中，由于中央向地方放权，地方的经济自主权逐渐扩大，地方的经济利益开始出现并不断被强化。由于各个地方政府都倾向于把地方利益放在首位，使得行政区经济带有明显的封闭性。其弊端主要有：第一，导致国内市场的分割，地区经济封锁行为保护本地生产效率低的企业，不利于市场调节作用的发挥，也妨碍了国内统一市场的形成；第二，重复建设，除了本地力求产业齐全的动机之外，地方政府为提高经济增长速度，纷纷把经济的重点放在相同的产业或产品上；第三，阻碍经济的区域化，地方政府出于本地的利益，封锁市场，禁止外地商品流入，设关卡，防止本地资源外出。

在市场经济尚未高度发展的状况下，要突破行政区经济的樊篱，单纯依靠市场自身的整合机制是不够的，必须通过区域内地方政府之间进行横向的行政性、制度性的合作，建立相应的区域协调机制，以有效平衡经济一体与地方利益分立的矛盾。随着市场化改革的逐步推进，以往形成的行政区经济开始被打破。但取而代之的首先不是一个唯一的全国市场，而是若干经济区域。突破行政区经济的是若干经济区域，这些经济区域的范围均超过行政区划的单个基本单位——省、市（地）、县。截至目前，在全国范围内已经形成了若干大的经济中心，围绕着他们正在形成经济区域。多数省的内部也出现了一个以上的经济中心，相应的小范围经济区域也在形成。

各经济区域内部成员之间为了实现合作，缔结了大量的政府合作协议，这种地方政府之间的新型协议通常被称为行政协议。美国出现行政协议的背景也和我国有类似之处。近年来，美国食品安全事故层出不穷，根据美国联邦疾病控制中心的估计，每年约有 9000 人死亡，3300 万人次因此而引发疾病。在审视这些事件之后，政府官员与专家们认为，美国国家食品安全监管体系的“诸侯割据”式结构，系监管不力的主要原因。在美国，大约有 15 个联邦机构在 30 多部法律之下各自展开工作。许多官员与评论者纷纷建议将这些联邦机构整合成一个单一的食品安全监管机构。这些建议从食品与药品管理局（FDA）和美国农业部（USDA）分立时就已经存在并延续至今。特别是进入到 21 世纪以来，尤其是在世界其他国家开始统一整合食品安全监管机构的背景之下，许多学者认为联邦政府更应该采取行动，将分散的机构予以合并。“当食品安全出现危机时，公众从来没有像现在这样急需对安全进行确认。准确地说，当前的规制结构阻碍了有效的行动。因为很少有一个独立的机关拥有完全的管辖权从而应对食品安全领域出现的重大问题……公众经常面对的是冗长的延误，重叠的官僚体系，如此这般将协作回应的企图一一击破。”但尽管如此，美国联邦并没有轻易地采取所谓的“大部制”来解决食品安全监管权力分散的问题，而是通过加强行政合作，特别是行政协议的方式来消除弊端。如 USDA、FDA、环境保护署（EPA）、国家海产渔业局（NMFS）这 4 个行政机关就食品安全监管达成了 71 份跨部门的合作协议。其中 1/3（24 份）的协议主要的目的在于减少职能的重叠，提高效能与有效利用资源[①]。

由于行政事务的复杂性以及交叉关联的现象逐渐增多，美国联邦行政机关如今较多地使用了“行政协议”的方式以增强行政机关之间互相合作，进而使政府运转正常。这些协议主要以备忘录的形式确定两个以上的行政机关共同工作或者关联工作的界分，共同承担责任。

二、我国行政协议的现状

（一）国家主导经济区域的设立

我国的经济区域是国家发展经济战略，经济区域的设置需要统一规划，协调发展。以我国最早的珠江三角洲经济区为例，1980 年 8 月 26 日，五届全国人大常委会第十五次会议批准国务院提出的《中华人民共和国广东省经济特区条例》，正式宣布在深圳、珠海、汕头、厦门成立经济特区。当时批准的珠海经济特区面积为 6.8 平方公里。1983 年 6 月 29 日，经国务院批准，珠海经济特区范围扩大为 15.16 平方公里；1988 年再次扩大至 121 平方公里。2009 年，横琴纳入珠海经济特区范围，珠海经济特区总面积扩大为 227.46 平方公里。2010 年 8 月 26 日，经国务院批准，从 2010 年 10 月 1 日起，将珠海经济特区范围正式扩大到全市。

2009 年 1 月 8 日，国家发展和改革委员会在国务院新闻办举行的新闻发布会上公布《珠江三角洲地区改革发展规划纲要（2008—2020 年）》。规划范围以广东省的广州、深圳、珠海、佛山、江门、东莞、中山、惠州和肇庆市为主体，辐射泛珠江三角洲区域，并将与港澳紧密合作的相关内容纳入规划，促进珠三角进一步发挥对全国的辐射带动作用和先行示范作用。珠三角经济区的战略定位是：探索科学发展模式试验区、深化改革先行区、扩大开放的重要国际门户、世界先进制造业和现代服务业基地及全国重要的经济中心。《珠江三角洲地区改革发展规划纲要》颁布实施后，珠三角同城化的速度在不断加快，如在珠江口东岸

① 高秦伟：“美国法上的行政协议及其启示”，《现代法学》，2010 年第 1 期。

的三个城市深圳、东莞、惠州正在积极打造半小时半径的“深莞惠经济圈”。

2010年1月7日，广东省委十届六次全会公布了最新的《珠三角绿道[①]网总体规划纲要》。纲要提出，广东将在3年内建设6条长度不一的“绿色道路”，链接广佛肇、深莞惠、珠中江三大都市区，全长1690公里，服务人口超过2500万人。2010年3月22日，珠三角绿道网建设正式启动。

珠江三角洲地区是我国改革开放的先行地区，是我国重要的经济中心区域，在全国经济社会发展和改革开放大局中具有突出的带动作用和举足轻重的战略地位。改革开放以来，在党中央、国务院的正确领导下，珠江三角洲地区锐意改革，率先开放，开拓进取，实现了经济社会发展的历史性跨越，为全国改革开放和社会主义现代化建设作出了重大贡献。当前，国内外经济形势发生深刻变化，珠江三角洲地区正处在经济结构转型和发展方式转变的关键时期，进一步的发展既面临严峻挑战，也孕育着重大机遇。目前的珠江三角洲以广东省的广州、深圳、珠海、佛山、江门、东莞、中山、惠州和肇庆市为主体，辐射泛珠江三角洲区域，并将与港澳紧密合作。

从中可以看出我国的经济区设立及其发展规划都是国家主导的。2009年国务院批复了多个上升为国家战略的区域经济发展规划。这个数量是过去三四年的总和，出台速度和力度前所未有。根据已经批复的区域经济发展规划，已包括以下经济区域：长三角、珠三角、北部湾、环渤海、海峡西岸、东北三省、中部和西部，再加上刚刚获批的黄三角，我国新的区域经济版图逐渐成形。在这一年，国家先后批复了10个区域发展规划。从1月的《珠江三角洲地区改革发展规划纲要》发端，陆续出台《关于支持福建省加快建设海峡西岸经济区的若干意见》、《江苏沿海地区发展规划》、《关中——天水经济区发展规划》、《辽宁沿海经济带发展规划》、《横琴总体发展规划》、《中国图们江区域合作开发规划纲要》、《促进中部地区崛起规划》、《黄河三角洲高效生态经济区发展规划》、《沈阳铁西装备制造聚集区产业发展规划》。

从已公布的规划看，中国经济现已形成东、中、西部、东北老工业基地四大板块。根据不同禀赋特点，又划分出若干个经济圈、经济带，比如长三角、珠三角等。更进一步，细分出若干个经济区，如海峡西岸经济区、关中—天水经济区、珠海横琴新区、图们江沿边开放区、辽宁沿海经济带等。

（二）政府机关之间自发订立行政协议

---

① “绿道”是一种线性绿色开敞空间，通常沿着河滨、溪谷、山脊、风景道路、铁路、沟渠等自然和人工廊道建设，内设可供游人和骑车者进入的景观线路，连接主要的公园、自然保护区、风景名胜区、历史古迹和城乡居民居住区。绿道网的建设在美国、德国、日本等较发达国家已有成功先例。

伴随着经济全球化的步伐，我国开始探索区域经济一体化，从南方珠三角到北部环渤海，从长三角，到东三省。经济一体化进程，不仅是适应经济全球化和国内市场统一的需要，而且还有相似的历史和文化背景以及相近的经济结构和发展水平作为支撑。但是，要推进这种一体化，仅靠相似的经济基础和社会背景是远远不够的，还需要协调一致的法制作为保障。但是，目前尚没有统一的规范地方政府合作行为的法律法规，无法提供区域经济一体化所需的相应制度平台。于是，地方政府之间自发采取的自主参与、协商一致、共同承诺的磋商沟通机制，以及由此形成的政府行政协议，便成为经济区域内地方政府之间缓解利益冲突、增进合作与协调、实现共同发展的有效路径。经过实践，在现有的体制条件下，行政协议是在没有改变现有的法律框架，包括行政区划的情况下，最为现实和实用的方式。

在我国的区域合作实践中，行政协议具体表现形式为“(实施)意见”、“协议(书)”、“宣言”、“提案”、“意向书”、“议定书”、“备忘录”、“倡议书”、“章程”、“纪要”、“方案”以及“计划”，等等。例如:《关于加强沪浙两地教育交流合作的意见》、《关于“泛珠三角经济圈”信息产业及信息化合作的协议》、《环渤海信息产业合作框架协议》、《京津冀人才开发一体化合作协议书》、《长江三角洲人才开发一体化共同宣言》、《长三角旅游城市合作宣言》、《环渤海 11 城市旅游区域合作框架协议》、《穗港关于联合投资推广的合作协议》、《泛珠三角城市投资促进机构合作宣言》、《泛珠三角区域农业合作协议》、《关于长三角食用农产品标准化互认(合作)的协议》、《泛珠三角区域外经贸合作备忘录》、《泛珠三角区域商会合作框架协议》、《“十一五”云电送粤框架协议》等。

(三)我国目前的行政协议主要条款

从我国已缔结的行政协议来看，内容过于原则或抽象，很多情况下仅仅只是一种意向或共识，各方也很少有具体的或者操作性强的实施细则，因而我们不能够对行政协议的履行抱有太大希望。这就需要对行政协议的条款进行合理的设计。

目前的行政协议主要包括以下条款：

1. 标题部分。行政协议的标题部分主要包括地区、涉及主题和协议名称三部分。例如，《环渤海信息产业合作框架协议》、《长江三角洲人才开发一体化共同宣言》、《泛珠三角区域外经贸合作备忘录》。

2. 介绍部分。行政协议的第二部分往往都是介绍性条款，以此来辨别参与的成员方、签订协议的目的或意义。例如，《长江三角洲人才开发一体化共同宣言》介绍部分是这样的：今天，我们上海市人事局、江苏省人事厅和浙江省人事厅及江苏省、浙江省所属的 19 个城市的政府人事部门行政首长共聚上海，举办首届长江三角洲人才开发一体化论坛，就长江三角洲区域人才开发面临的机遇和挑战进行深入研讨。基于在人才资源开发方面共同的利益诉求和目标预期，我们就推进长江三角洲人才开发一体化达成重要共识，并发表如下宣言。《环渤海信息产业合作框架协议》合作的意义：世界经济发展全球化、区域化进程不断加快，“泛珠三角”、“长三角”区域经济快速融合和发展，科学发展观和“五个统筹”的提出和落实，使环渤海地区的发展面临难得的机遇和巨大的挑战。作为信息产业聚集的环渤海地区，必须顺应新形势，理顺发展的新思路，谋求新的合作模式，优势互补，实现共同协调发展的目标。

3. 基本原则。《泛珠三角区域合作框架协议》第一条就规定了合作原则：遵循自愿参与、市场主导、开放公平、优势互补、互利共赢的原则，充分利用国内国外两个市场、两种资源，拓宽发展空间，提高开放水平，增强泛珠三角区域参与国际合作和竞争的能力，实现区域协调发展和可持续发展。《环渤海信息产业合作框架协议》中规定的原则为:（1）自愿参与原则：合作各方按照各自发展的需要自愿参加环渤海地区信息产业区域合作。（2）市场主导原则：政府推动，市场运作。政府应创造良好发展环境，引导区域合作发展的方向。企业是实施区域合作的主体，政府鼓励企业根据自身发展要求寻求合作发展。（3）优势互补原则：充分利用各方的优势条件，调动各方的积极性，发挥各方在资源、科技、人才、企业的优势，加强优势集成和互补。（4）开放合作原则：坚持合作的透明、开放、非排他性和非歧视性，以相互吸取经验，促进共同发展。（5）互利多赢原则：整体上提高区域对外开放、对内拓展水平，提高资源配置效率和经济运行质量，营造经济发展的多赢格局。

4. 合作机制。为加强相互之间的协商和衔接，保证合作项目的落实，各方协商同意，建立合作协调机制。《泛珠三角区域合作框架协议》的合作协议包括沟通制度、协调制度和联动制动。（1）建立厅级领导沟通制度。每年举行一次联席会议，交流外经贸发展情况和思路，协调推进区域外经贸合作;（2）建立办公室主任协调制度。负责落实厅长联席会议决定的事项，协调推进合作项目的开展，提出下一届厅长联席会议的轮值省区和会议地点;（3）建立业务处室联动制度。各方主要业务部门加强相互间的沟通与衔接，对具体合作项目及相关事宜提出工作措施并抓好落实。

5. 合作内容。这部分是双方签订协议的核心部分。《泛珠三角区域外经贸合作备忘录》第三条为合作内容（1）积极推进内地与香港、澳门建立更紧密经贸关系安排的实施，加快落实九省区与港澳在货物贸易、服务贸易、贸易投资便利化等方面的交流与合作。（2）充分利用中国—东盟博览会、昆交会等平台，加强泛珠三角区域各成员与东盟各国之间的经贸交流与合作，推进贸易投资便利化，扩大双边贸易与相互投资。（3）发挥各自的优势和特色，加强对外贸易、招商引资、国际经济技术合作等项目的交流与合作，联合开拓国际市场，联合开展招商引资和劳务合作、对外投资，构筑泛珠三角区域发展的整体品牌，增强区域的国际竞争力。（4）兼顾泛珠三角区域整体利益和局部利益，创造更加公平、文明、高效的贸易投资环境，避免对外贸易、吸收外资、国际经济技术合作的恶性竞争；推动有关商会、行业协会的合作，加强服务与管理，以更科学的观念和更有效的手段，建立开放、有序的市场。（5）建立进出口公平贸易情况通报机制，加强反倾销、反补贴、保障措施等相关工作的交流与合作。（6）加强外经贸信息、研究成果和人员培训等方面的沟通与交流，合作开展对外经济贸易领域的专题研究、研讨会等活动。

这部分也有的是以提出存在的问题以及解决方案形式出现。例如，在《长江三角洲人才开发一体化共同宣言》中，认为长三角在人才开发过程中存在“分割、本位的单个省市却难以有效提供和开发其所需的高端、紧缺、急需或各自重点产业所需的人才”的问题。提出必须确立“多赢、共赢”思维，实现人才信息资源、人事制度改革成果共享。提出了如下领域推进人才开发一体化具体的方案：（1）逐步统一长江三角洲地区人才市场在准入标准、设立程序、营运规则等方面的规定，推进和实行区域内人才流动政策、吸引政策、培训政策和社会保障制度等方面一体化的政策框架，降低区域内人才流动和开发成本，逐步搭建长江三角洲区域一体化的人才交流互动平台，促进人才自主、自由的流动。（2）共同构建公平竞争的人才法制环境和人才生态环境，防止过度竞争和无序竞争，并联手进行区域性人才市场监管和人力资源保护，从而真正实现人才的跨区域资源配置和资源共享。（3）充分运用网络技术，构建以人才信息系统为主干的长江三角洲人才征信系统。健全人才信息交换和发布机制，逐步实现全区域人才信息联网，构筑畅通、快捷的人才信息平台。（4）推进资格证书的互认或衔接，实现教育、培训、考试的资源互通、共享及在服务标准上的统一。以互设分支机构，互派学者、科研专家交流等多种形式，共同培养各地的紧缺、急需人才，逐步形成人才共育的全新格局。（5）共同探索建立长江三角洲地区公务员能力建设框架，开发和运用长江三角洲地区公务员测评、考试、录用、培训等方面的技术资源，建立长江三角洲地区公务员之间的挂职交流制度，相互学习行政管理和公共服务方面的先进经验，提高公务员整体能力水平。（6）适应长江三角洲地区企事业单位和各类人才的不同需要，拓展人事人才服务领域和内容。通过互相的异地人事代理等人才服务项目，搭建区域内共通的人才服务框架，形成区域内统一的公共人事服务体系。

6. 各成员方的权利与义务。这是协议当中最为重要的一部分，成员方的权利义务应当写得明确具体。但这部分在很多协议了却是空白或是很少提到，这也是不能保证执行的原因之一。《穗港关于联合投资推广的合作协议》中不是很明确的约定了双方的义务:（1）双方定期召开投资促进工作会议。双方每年举行两次工作会议，通报双方投资促进计划和沟通实施情况，制订工作措施，解决合作过程中的有关问题。（2）在双方的海外办事处摆放对方的宣传资料，并提供咨询指引服务。（3）在双方网站上设立网站链接。（4）双方同意在适当情况及没有利益冲突的前提下，邀请对方参与本方组织的海外推广活动，并每年联合组织一至两次投资推广活动，包括洽谈会、研讨会等。

7. 名词介绍。对协议里面设计的一些专用名词作出明确解释，方便公众了解。《环渤海信息产业合作框架协议》对环渤海地区的解释为“包括北京市、天津市、河北省、辽宁省、山东省、山西省和内蒙古自治区等五省二市，是我国传统的电子工业基地和城市聚集区。”《泛珠三角区域外经贸合作备忘录》对泛珠三角区域解释为“包括福建、江西、湖南、广东、广西、海南、四川、贵州、云南九个省区和香港、澳门两个特别行政区（简称 9＋2）。”

8. 签名以及日期。从实践来看，签名往往由行政协议成员的首长来进行，这可以说是一个行政惯例，而时间的确定很大程度上可以决定行政协议的生效时间。例如，《穗港关于联合投资推广的合作协议》自签署之日起生效，签署方为广州市对外贸易经济合作局代表、香港投资推广署代表。

第二节　关于行政协议的几个问题

一、行政协议的概念

（一）大陆行政协议概念的出现与争论

1. 行政协定

通过资料收集，见到的大陆最早关于行政协议方面的论述是云南大学法律系杨临宏的《行政协定刍议》[①]，虽然名称不同，但其内涵一致。其中介绍到“在行政法律关系主体的行为中包含着三种不同的双方行为，即行政主体与行政相对人间相互意思表示一致达成协议的行为、行政主体相互间意思表示一致达成协议的行为和行政相对人间相互意思表示一致达成协议的行为。目前，我国行政法学界所研究的只是前一种双方行政行为，即行政合同行为；对于后两种双方行政行为则尚未有学者进行研究，可以说还是行政法学界的一块处女地。所以，笔者在写

① 杨临宏:《行政协定刍议》,《行政法学研究》1998 年第 1 期。

作本文时只能借助台湾学者对行政协定的研究成果（事实上台湾学者对此问题的研究成果也寥若晨星，研究也尚未深入）。”

台湾学者关于行政协定的各种观点如下：

黄异认为：“所谓行政协定，是指行政主体间或行政机关间就行政事项之处理，相互缔订之合意。”[①] 张镜影认为：“行政协定，一称合同行为，或称集合行为。此乃在行政关系中，多数当事人为达共同目的起见，各自表示意思，依其结合而成立之行为也。此种行为，仅于法令认许之场合始得为之。”[②] 涂怀莹认为：“行政法上多数当事人，为达到共同目的，个别的意思表示，而依其表示结合成立之单一行政法效果之行政行为，又称之为‘公法上之协定’或‘行政契约’。”[③] 张载宇认为：“行政协定，系在行政法关系中，多数当事人为达共同目的，各为意思表示，因其合致而成立的共同行政行为。”[④]

杨临宏认为，行政协定是指行政主体之间为有效地行使国家行政权力，实现国家行政管理职能，明确各自的职责权限而互相意思表示一致达成协议的双方行政行为。

2. 行政协议

行政协议的概念是叶必丰教授在上海市法学会立项课题的研究成果《长三角经济一体化背景下的法制协调》中提出的概念[⑤]。其中有两处出现行政协议，一是“通过近多年的实践和探索，目前长三角的法制协调机制主要有以下两种，即行政协议制度和磋商沟通制度。”二是“长三角行政协议在内容上充分体现了求同存异和互信互让，只载明近期能够实现的一体化事项，所达成的共识，往往是一种努力的方向和所需要采取的措施。”这篇文章中的“行政协议”是与“行政契约”混用的，他认为行政契约“在长三角的经济一体化和法制协调中具有重要地位。它的缔结主体，是长三角地区的行政机关，即省、市人民政府或职能部门，是一种对等性行政契约；缔结形式是行政首长联席会议，包括长三角16市的市长联席会议、经协委（办）主任联席会议和职能部门行政首长联席会议。”

此后，行政协议的概念被广泛接受。特别是何渊博士近几年较集中地对行政协议进行了研究。何渊博士的论文《论行政协议》将行政协议定义为“两个或者两个以上的行政主体或行政机关，为了提高行使国家权力的效率，也为了实现行

---

① 黄异：《行政法总论》，三民书局股份有限公司1996年增订新版，第122页。

② 张镜影：《行政契约与行政协定》，载刁荣华主编：《现代行政法基本论》，1985年5月第1版，第100页。

③ 涂怀莹：《行政法原理（增修第5版）》，五南图书出版公司1989年9月版，第615页。

④ 张载宇：《行政法要论》，汉林出版社1977年8月第6版，第389—390页。

⑤ 叶必丰：《上海交通大学学报》（哲社版）2004年第6期。

政管理的效果，而互相意思表示一致而达成协议的双方行为，它本质是一种对等性行政契约。行政契约可以分为对等性行政契约与不对等性行政契约，不对等性行政契约指的是行政合同，而对等性行政契约就是行政协议。也就是说作为上位概念的行政契约，下位概念包括了行政协议与行政合同两种形式。”

高秦伟《美国法上的行政协议及其启示——兼与何渊博士商榷》[①]对这一定义提出质疑，持不同意见。他认为，“这一定义并未能全面揭示行政协议的本质问题，由此可能会导致行政机关在制定行政协议的过程中滥用行政权力，对行政相对人的合法权益造成不利影响，甚至侵害人民权益的情况发生。”他具体分析如下：

第一，对于“行政契约说”，应该讲何渊界分为对等性行政契约与不对等性行政契约是有积极意义的，对于我们厘清行政契约、行政合同等相关概念及其形态是有益的。但是仅仅强调“行政协议实质上是双方合意行为”[②],以缔结契约的方式来约束行政协议的制定、认识行政协议的法律性质可能有失偏颇，因为行政协议对外也产生法律效力；行政契约与行政协议的重要区别就在于行政契约仅对订立方发生效力，而行政协议不仅对协议订立方发生效力同时也对于第三方发生效果，如何关注第三方、其他行政相对人的利益均是疑点。

第二，依据参与制定行政协议的主体或者参与签订行政契约的主体地位而将行政契约区分为对等性行政契约与不对等性行政契约，似乎过于简单与形式化。行政契约是否对等，应该结合合同的具体规定而不是先验地从主体的名目来判断，这种方法也是解决行政合同产生问题时具体适用的基本准则，而何渊并没有注意到这一点。

第三，将“行政契约”与“行政合同”划分为两种不同的概念与形式，无助于我们进一步探讨中国行政合同的理论及其进行制度建构。在法律概念上，“契约”、“合同”是两个名称不一，但内容完全相同的术语[③]，如果到了行政法领域，将两者截然分开并相互对立，一方面无法自圆其说，另一方面也无法使行政法学与民法学等学科展开正常的对话。而从其他发达国家的情况来看，行政契约本身就是包括了行政主体相互间及行政主体和公民相互间，为了达成一定的行政目的而缔结的契约[④]。当然，中国学者中也有人将行政合同仅视做行政主体为了行使行政职能、实现特定的行政管理目标，而与公民、法人和其他组织，经过协商，相

①《现代法学》2010年第1期。

② 何渊：行政协议：行政程序法的新疆域，华东政法大学学报，2008第1期。

③ 邢鸿飞：行政契约//应松年：当代中国行政法，北京：中国方正出版社，2004年。

④［韩］金东熙：行政法Ⅰ；赵峰，译；北京，中国人民大学出版社，2008，163页。

互意思表示一致所达成的协议[①]。但如据此有人否认政府间通过行政契约的方式就跨区域事务处理进行合作的可能，其认为政府之间的行政协议不是一种行政契约，行政契约中必须有一方当事人是行政相对人[②]，这种想法也是不正确的。

第四，从契约或者合同的标的来说，应该涉及的是合同双方的权利与义务。“一般说来，行政主体的行政职权和相对人的行政权利义务，都是由行政法律规范及有关行政政策规定的。这种法定的权利与义务，具有抽象和概括的特点。行政契约就是将这些具有法定性、抽象性、概括性的权利和义务具体化、明确化的重要手段，它将契约当事人所固有的行政法上的权利与义务，具体落实到相对人身上，并督促相对人切实履行。”[③]而从何渊所举的例子以及目前中国行政协议实践来看，所涉内容涵盖了行政管理的所有领域，且多为抽象性的规范，这与合同所指涉的标的要具体化、特定化的要求完全相反。

他也认为由于中国目前行政协议实践相对复杂，完全否认何渊的观点也可能重蹈何渊之覆辙，如江阴市与靖江市共同签署《关于建立江阴经济开发区靖江园区的协议》，就是典型的行政合同。因此，他主张有必要对行政机关之间签署的行政协议进行细化研究，应该与行政立法、行政计划、行政协助等行为结合起来探讨，而不应强调其仅仅是行政契约。也可能是何渊博士在认识上有所变化，虽然仍然坚持“行政契约说”，并在以后的文章中主张应在行政程序法的框架内对行政协议制度进行设计。这种设计融合了行政契约与行政立法的程序要求，应该具有可取之处。

一个科学合理的行政协议的定义，要能够反映出行政协议所具有的下列特征：第一，行政协议是一种双方行政行为，体现和反映双方行政主体的意思，能够将其与行政主体所作的单方行政行为区别开；第二，行政协议是行政主体之间发生的行政行为，一方面能够将行政主体与行政相对人之间的双方行政行为区别开，另一方面能够将行政主体基于行政命令而发生的行政行为区别开；第三，行政协议是行政主体之间经过协商后，意思表示一致的行政行为，能够将行政主体采用行政强制手段推行的行政行为区别开；第四，行政协议是双方行政主体都行使行政权力的行为，目的是为了实现行政管理，明确行政主体之间的职责权限，能够将行政机关以私法主体身份出现从事的双方私法行为区别开。

（二）行政协议与行政合同的区别

1. 行政合同

① 罗豪才：行政法学，北京：北京大学出版社，1996，258页。

② 刘雄智．地方政府横向合作的行政法思考——以跨地区型公共事务治理为视角．中国政法大学硕士学位论文，2007，23—25页。

③ 邢鸿飞：行政契约//应松年．当代中国行政法．北京：中国方正出版社，2004，995页。

行政合同是行政主体为了行使行政职能，实现特定的行政管理目标，而与相对人经过协商，意思表示一致所达成的协议。如某政府与农民签订的征购棉花、粮食的合同；某科研所与市科技局签订的科研合同。

行政合同一般具有五个特点：当事人一方必定是行政主体；签订合同的目的是为了行使行政职能；双方意思表示一致；在行政合同的履行、变更或解除中，行政享有行政优益权（监督指导权，如订货合同中派员到生产地监督；强制决定权，强制措施迫使相对人履行义务；单方面变更或解除合同权，不能变更与公共利益无关的条款）；行政合同纠纷通常通过行政法的救济途径解决。

我国常见的行政合同：政府采购合同、科研合同、国家订购合同、公用征收合同、公益事业建设投资合同、土地等国有资源的使用和开发利用合同、企业承包管理合同等。

行政合同的终止原因有履行完毕或期限届满、协商解除、公益需要单方面解除、因不可抗力履行已不可能、行政机关因相对方过错宣布解除合同、法院判决解除合同等方式。

纠纷解决一般通过行政诉讼或行政复议途径。在法国，合同的当事人不履行合同设定的义务，引起的争议通过行政诉讼解决。在德国，行政机关没有权力通过行政权确认或强制实现其合同请求权，如行政合同当事人不履行合同设定的义务，只能向行政法院提起行政诉讼（也适用于违法的赔偿请求权）。同时德国联邦最高法院对《行政法院法》第 40 条有关公法合同的规定作了严格解释，并肯定了公法合同的争议也可通过民事诉讼途径解决。在我国一般通过行政诉讼或行政复议途径解决。行政复议和行政诉讼制度是单向性救济结构，不能适应行政合同纠纷的需要。建议应规定包括允许行政机关起诉的条件、调解原则、举证责任、确认合同效力以及对违约责任处理的裁决形式等内容。

2. 行政合同与民事合同的区别

（1）行政合同的当事人必有一方是行政主体，而民事合同的主体则不包括行政主体;（2）行政合同签订的目的是为了行使行政职能，实现特定的国家行政管理目标；而民事合同订立的目的是为了当事人自身的经济利益;（3）行政合同双方当事人地位不完全平等，在合同的履行、变更或解除中，行政主体享有行政优益权;（4）行政合同纠纷通过行政法的救济途径解决，由人民法院行政审判庭负责审理，而民事合同纠纷通过民法途径解决，由民事审判庭审理。

3. 行政协议与行政合同的区别

行政协议和行政合同都是具有法律效力的双方行政行为，且做出这两种行政行为都是为了行使行政职能，实现特定的行政管理目标，都要经双方协商一致，最后达成合议才能成立。这是行政协议与行政合同共同之处。但行政协议与行政合同也存在着明显的区别[①]。

第一，主体上的差别。行政合同发生在行政主体与行政相对人之间，而行政协议发生在行政主体相互之间。

第二，优益权上的差别。在行政合同中，行政主体一方拥有行政优益权，即行政主体单方面选择行政相对人而与之签订行政合同，行政主体在合同履行过程中享有监督权或指挥权；行政主体根据公共需要，在情势变更时可单方面变更或解除合同；行政主体享有对对方违约行为的制裁权。而在行政协议中，由于双方当事人都是代表国家行使行政权力的行政主体，双方在履行行政协议过程中的相互关系要复杂一些。如果行政协议是由相同级别的行政机关或不具有从属关系的其他行政主体之间签订的，双方都不享有优益权，其职责权限应当完全根据协议的内容执行；如果行政协议是在具有上下级隶属关系的行政主体间所签订的，则级别高的行政主体有权监督检查下级机关执行协议的情况，级别低的行政主体则必须接受上级机关的监督检查，但也有权要求级别高的行政主体履行行政协议或者根据情势变更原则向级别高的行政主体提出取消、变更或补充行政协议的要求；如果行政协议是行政机关与具有从属关系的法律法规授权的行政主体之间签订的，则行政机关有权对法律法规授权的组织履行行政协议的情况进行监督检查。

第三，内容上的差别。行政合同只能对行政主体与行政相对人之间的权利义务作出规定，不能涉及对国家行政权力的处分问题，即行政主体不能通过行政合同将自己的行政权部分或全部地转移给相对人；而行政协议中则可以对国家的行政权进行适当的处分，使本来不具有行政主体资格的人获得执行法律的资格。如上级机关通过协议将自己的权力交给下级机关行使，行政机关通过协议将自己的职权委托给其他组织行使，等等。

第四，效力上的差别。行政合同的效力只是对签订行政合同的行政主体与行政相对人具有法律上的约束力，双方在合同中不能约定任何有关第三人权利义务的条款；而行政协议的效力不仅约束签订行政协议的双方行政主体，而且还及于第三人。前者如粮食订购合同，只涉及国家粮食主管部门和农户之间的权利义务关系；后者如行政机关之间就事项主管权达成的协议，不仅对行政主体有约束力，而且与此有关的行政相对人也必须服从。如公安机关、工商机关、物价主管机关、市容管理部门等就占道经营由某一机关实施处罚的协议，不仅对这些机关有约束力，社会公众也必须遵守，无权以某一机关无管辖权为由进行抗辩。

---

① 杨临宏:《行政协定刍议》,《行政法学研究》1998 年第 1 期。

二、建立我国的行政协议法律制度

（一）我国没有美国宪法中的协议条款

目前，我国在区域经济一体化带来的行政协议方面的实践和探索，虽然如火如荼，但是我国的法律里却没有相关规定，没有类似美国宪法中的协议条款。

美国宪法中的协议条款，从协议的条款的产生到具体的司法实践，都反映了法律对于美国的行政协议即洲际协议的约束与规范。

在美国，洲际协议是实现洲际合作和解决洲际争端的最为重要的法律机制，与我国区域政府合作中的行政协议制度有很多类似之处。但其经过几百年的发展，在法律依据、缔结程序、管理机构、争端解决方面已经发展的较为成熟。下面将简要介绍洲际协议宪法上的依据——协议条款。

协议条款，即美国宪法第 1 条第 10 款第 3 项所规定的“任何一州，未经国会同意，……不得与它州或外国缔结协议或联盟。”这一规定实际是以否定未经国会同意的洲际协议的方式，来肯定得到国会批准同意的洲际行政协议的法律效力。

正如目前我国区域政府合作下的行政协议缺乏直接、明确的法律上的依据一样，美国洲际协议发展之初也未有宪法上的依据。美国早期的洲际协议是一项用来解决边界问题的法律机制：由于当时的美国处于殖民时代，广泛存在的女王特许状，使得各殖民地的边界变更引起边界争端，必须得到女王的批准才能发生法律效力，且只应用于解决边界争端的洲际协议由此产生。直到 20 世纪 20 年代，洲际协议才开始广泛地适用于自然资源的保护、刑事管辖权、公共事业的管制、税收和洲际审计等领域。也正是这一时期，随着洲际协议的不断增多，洲际协议及其洲际合作出现混乱的趋势，亟须法律的约束，宪法中的协议条款由此出台。之后的 30 年间，是美国经济迅速发展的时期，洲际协议更加受到重视与广泛运用，被看做是政府间合作的有效途径。

协议条款诞生之初，基于“国会的同意”这一条件限制的规定，有人认为与其说是授予各个州签订洲际协议的权力，不如说没有国会的同意，各州无权签订任何协议。实际上，通过实践中法院对案件的判决，可以得出这样的结论：协议条款仅仅是授权与规范条款，并非限制性条款，只有那些试图改变政治控制或权力以至于影响宪法权威的，也就是那些影响联邦中的“政治平衡”的洲际协议才需要得到国会的同意。其中的典型案例是弗吉尼亚诉田纳西州，在法院的判决中不仅证明了不是所有的洲际协议都需得到国会的批准，且国会的批准不仅可以是明示的，还可以是暗示的。以“国会的同意”作为洲际协议的规范条件，其最主要的目的是保证那些可能影响政治平衡的洲际协议不违背国家意志或损害全美国的根本利益。因此，对于大多数不涉及影响政治平衡的洲际协议来说，“国会的同意”并不是其生效的必经程序。在很多时候，美国的多数州在对待是否事先申请国会批准的问题上，多采用较为保守的做法，凡是有可能涉及到政治平衡的洲际协议都会事先请求国会予以批准，以免带来不必要的麻烦。

综上所述，首先，美国洲际协议的产生与发展之初，与我国目前实践中的区域政府合作下的行政协议一样，同样没有法律上的依据。经过一段时间的发展，协议条款才出现在宪法中。其次，洲际协议的签订如果有可能影响到政治平衡，则必须得到国会的批准才能生效。

（二）建立我国的行政协议法律制度

行政协议机制的产生，是行政实践创新的结果，相对于实践的发展，规范行政协议制度的法制表现出其滞后性。随着行政协议数量的日益增多，机制的逐渐成熟，如此众多的行政协议的缔结，表明行政协议制度的发展已经进入到一个迫切需要法制予以规范的阶段。迫切需要及时建立相对应的法律依据以规范和保障其进一步发展。

美国宪法中协议条款的出台，正是由于洲际协议及其洲际合作迅速发展以致达到混乱的局面。我国对于行政协议的法律规范应当吸取其教训，在其发展还未至混乱时为其提供直接的法律依据以达到规范与保障其发展的目的。

综合考虑我国立法特点，对行政协议的法律规范应当是系统的、有层次的，能够基本对应我国的法律规范体系。

第一步，可以根据行政协议发展的进程，递进式设立相关法律依据。目前情况下可以像美国一样，通过宪法修正案的形式修改宪法，规定“行政协议条款”，赋予地方政府及其职能部门行政协议缔结权。

第二步，在宪法对“行政协议”的合法性做出原则上的规定以后，通过其他基本法律对之加以详细、具体的规定。宪法的原则性规定只能为行政协议制度提供宪法上的肯定，难以对其有效、合法实施进行进一步的保障，可以通过诸如宪法性法律、行政类法律对于行政协议制度作出具体规定。

比方说，可以通过《地方各级人民代表大会和地方各级人民政府组织法》这样的宪法性法律加以规定。可以采用西班牙将行政协议的相关内容规定在其《西班牙公共行政机关及共同的行政程序法》中的“关于公共行政机关及其相互间的关系”的做法。但是鉴于目前我国的行政程序法还在酝酿当中，而通过《地方各级人民代表大会和地方各级人民政府组织法》反映地方政府之间关系的法律来规定区域政府合作下的行政协议，再恰当不过了。可以通过修改《地方各级人民代表大会和地方各级人民政府组织法》，为行政协议机制专门规定相关条文，对于行政协议的缔结主体、缔结程序、协议内容、法律效力、履行及争端解决方式等内容作出具体、详细的规定，保障行政协议这一新型实践机制的有效发展与运行。我们还可以借鉴日本法律的做法。日本《地方自治法》第 252 条规定，地方政府可以与另一地方政府签订协议，将一部分事务委托给另一个地方政府处理，地方政府间通过协议设立协议会来处理地方跨区事务，联络、协调和制定跨区域的计划，地方政府之间可通过协议共同设立委员会并安排专职委员；第 284 条第 2 款规定，地方政府之间可通过协议，共同设立一个专门处理地方政府部分事务的组织[①]。

第三步也可采取在一些单行法律中，对具体领域的行政协议制度做出规定的方式。考虑到行政协议涉及领域的不同，其内容上会涉及到这一领域内更为详细、专业的问题，因此可在相关单行法律中对行政协议制度加以规定。例如，《中华人民共和国环境保护法》中已有对跨区域环境问题进行协商的法律依据，但并未规定行政协议方式。该法第十五条规定："跨行政区的环境污染和环境破坏的防治工作，由有关地方人民政府协商解决，或者由上级人民政府协调解决，做出规定。"因此，可在该项规定基础上建议建立跨行政区的环境领域行政协议制度，作为协商解决环境污染和环境破坏的防治工作方式之一。这样一来，不仅有效解决了环境领域行政协议的法律依据问题，也可针对本领域行政协议内容的特殊性、专业性做出具体、明确的规定。

当然，也有的学者提出："鉴于我国行政协议已经比较普遍，与行政合同结合制定会增加许多变数，我国行政程序法的出台还需要相当长的时间，我们也可以制定单行的行政协议法。通过制定和实施行政协议法，在进一步总结经验的基础上，再纳入统一的行政程序法并废止行政协议法，是比较合理的选择。"[②]但笔者认为，根据我国的立法程序和速度，在已经立法立项了的行政程序法中加以规定，速度更快一些。而且，《湖南省行政程序规定》的第二十条和第二十一条的规定，已经可以看出可作为行政协议法律依据的端倪了。

三、建立行政协议制度的价值

行政协议是适应行政管理现实的客观需要而产生的。由于现代行政管理具有跨行业、跨地区、跨部门、多层次、多交叉等诸多特点，行政权力在行使过程中，目标分散、权力重叠、利益相争、互相推诿公务、推脱责任、影响效率的现象都会出现。笔者认为，建立和完善行政协议制度除了可以丰富我国行政法律理论，更具实用价值：

（一）协力实现行政目标，提高效率

---

① 傅钧文:《日本跨区域行政协调制度安排及其启示》,《日本学报》, 2005，第 3 期。

② 叶必丰:《我国区域经济一体化背景下的行政协议——以长三角区域为样本》，载《法学研究》2006 年第 2 期。

对国家事务和社会公共事务进行有效的管理，提高行政效率，是国家行政管理的基本目标之一。但由于现代行政管理的复杂性，有时单靠一个行政主体的力量难以为继，力不从心，必须由不同地区、不同层级、不同行业的行政主体通力合作才能实现，通过签订行政协议的方法，让诸多的行政主体能够协调一致，互相配合。

（二）促进行政合作、实现共同发展

由于各地区的地理条件、发展水平、资源环境等因素的不同，导致地区发展也不平衡，优势与劣势并存。各地方政府通过签署行政协议来实现行政合作，发挥自己的优势弥补他方的劣势，发展区域经济和规模效益、有效配置资源，最终实现共同发展。

（三）加强法制协调，化解纠纷矛盾

学者们普遍关注行政主体与行政相对人一方的纠纷，而对行政主体内部的纠纷问题少有提及。其实，行政主体内部的纠纷是普遍存在的。一是河流、矿山、草原、森林等自然资源所有权或使用权纠纷；二是行政职权职责冲突纠纷，一般表现为有利彼此争夺，无利相互推诿；三是行政区划争议纠纷。这些纠纷的解决都需要一种解决工具，政府间行政协议是一种简便、快捷的方式。比如在行政区域边界争议中就鼓励争议双方签订协议。1989 年国务院颁布的《行政区域边界争议处理条例》第三条规定：处理因行政区域界线不明确而发生的边界争议，应当由争议双方人民政府从实际出发，兼顾当地双方群众的生产和生活，实事求是，互谅互让地协商解决。事实上，解决争议的途径有多种，如立法调整、司法裁判和行政协调。但行政协议这种方式既能完整表达双方或多方主体的意志，又有一定的约束力，而且没有改变现有的法律制度、法律框架，包括行政区划等。因此，政府协议这种以区域平等与区域合作为理念而发展起来的新的行政行为模式，在解决行政主体内部纠纷领域越来越普遍地得到适用。

按照我国的立法体制，各省甚至不少市级人民政府都具有制定地方规章的立法权限。这种制度安排虽然可以发挥各个地方的积极性，却又可能带来仅从本地区特殊性考虑的负面影响，从而使法治的推进形成一种以地域为中心的分割现象。近年来，一系列社会事件使得区域内法制协作备受关注，迫切需要加强省际、市际、县际之间区域合作与协调，否则将妨碍行政效能的实现，导致更强的地方保护主义。国际经验表明，区域经济一体化进程发展的快慢与是否有完善的协议和相应的保障措施直接相关。在区域合作的进程中，区域政府之间针对区域整体发展所达成的共识，必须要以制度性的合作协议来保证[①]。

---

① 喻少如：《区域经济合作中的行政协议》，《求索》，2007，第 11 期。

四、行政协议的履行及其争端解决

（一）行政协议的履行

在美国，洲际协议的管理模式主要有以下三种。其一，既有机构模式，即由各州现有的行政机构来管理。例如，有关简单的农业资源分配的协议，就由各州农业部门的官员来具体实施洲际协议。其二，协议官员模式，即由成员州的行政首长特别任命一名协议官员。该官员的职责只有一个，那就是处理有关洲际协议的事务，特别是与其他成员州的相对应的协议官员加强联系。其三，洲际机构模式，即通过州立法的方式产生专门的洲际机构来管理洲际协议，并由法律详细规定洲际机构的经费来源、成员配置模式及产生方式、所具有的职权以及内部事务的管理，等等。

依据《西班牙公共行政机关及共同的行政程序法》的规定，西班牙的行政协议的履行也有其法律依据："一、如果协议的操作需要成立一个共同的机构，它可以采取具有法人资格的联合委员会的形式进行；二、联合委员会章程应确立其宗旨，以及组织、运转和财务制度细则；三、决策机构应由所有参加联合委员会的单位代表根据有关章程确定的比例组成；四、可通过适用于参加联合委员会的行政机关的法律所规定的任何方式，提供委托范围内的服务。"①

从我国区域政府合作下行政协议的缔结情况看来，根据缔结主体范围的不同，所缔结的行政协议涉及的内容范围也有所不同，且协议内容涉及的行政管理领域也有所差异。另外，由于各个区域社会政治、经济、文化等发展程度的不同，所缔结的政府合作协议在履行过程中的难易程度也会有不同。因此，不可能采取一种单一的履行方式，应根据不同的具体情况，确定行政协议的履行方式。目前，我国行政机关之间签订的行政协议主要采用以下两种履行方式：

1. 现有相关政府职能部门履行行政协议。由于某些行政协议涉及的行政区域范围较为广泛，很难在现有行政机构基础上设置一个更高级别的管理机构来具体负责如此广泛范围内的行政协议。且区域内各地方政府本身也有相关职能部门，由其来负责行政协议的具体履行，不仅能够更加直接、有效地履行行政协议，还能够有利于行政成本的节约。例如，《泛珠三角地区环境保护合作协议》的缔结主体是包括香港和澳门特别行政区在内的11个省级政府的环境保护部门，涉及的行政区划范围已将近中国领土的近1/3，如果要在这11个省级政府环境保护部门之外再设置一个统一的履行机构，负责该行政协议的具体执行，无疑是不现实的。行政首长联席会议下常设的秘书处主要负责休会期间的日常工作，秘书处的

---

① 许可祝等译：《西班牙公共行政机关及共同的行政程序法》（1992年）。应松年主编：《外国行政程序法汇编》，中国法制出版社1999年版，第277页。

成员为联系会议成员单位具体负责处室的成员。这实际上就是利用现有的政府环保部门来负责《泛珠三角区域环境保护合作协议》的履行。至于由这些部门的相关负责人组成秘书处，是为了保证各地方政府环保部门履行工作的协调性。

2. 根据法律授权与相关协议设立一个跨区域的协议管理机构。协议管理机构的建立有三种情况：（1）行政协议涉及行政区划范围并不广泛，或行政协议本身内容较为复杂，现有政府职能部门难以兼顾而达成协议目标的情况下，应根据法律的规定设定一个跨区域性的协议管理机构来具体负责行政协议的履行。（2）行政协议的缔结主体范围较小，为了保障行政协议的有效履行和目标的尽快实现，可以根据法律的授权产生一个专门的管理机构负责行政协议的履行事项。（3）该区域内各个缔结主体由于发展程度上的差异性以及协议本身涉及内容实现较为困难。现有政府及其职能部门工作人员难以兼顾履行该协议的履行，为了不影响协议目标的实现，需要设立一个具有较高权威的、专业性的管理机构来负责协议的履行。需要强调的一点是，这样的统一管理机构的设置应当具有法律上的依据，其产生方式、具有职权、组成人员、存续期限等都应当有法律的明确规定。比如《长三角地区道路交通运输一体化发展议定书》第二部分专门规定了合作机制，包括协调委员会的设立、组成，主席的轮值，会议的举行，秘书处和协调委员会的职责等内容。再如《环渤海信息产业合作框架协议》规定建立环渤海信息产业联席会议制度，内容包括名称、性质、会员、任务、内容、会期、会址、办事机构、程序等。

（二）行政协议的争端解决

行政协议在本质上是一种合同，如果成员方拒不履行协议义务的，或者履行义务时违反协议约定的，也构成违约，应当承担违约责任。因此，责任条款是强化行政协议效力的必备条款之一。从美国的经验来看，主要包括调解、仲裁以及通过司法程序来解决。20 世纪 20 年代，调解和仲裁开始适用于洲际协议领域。其适用的理由与民事领域基本相同，那就是，为那些没有必要诉诸于法院的洲际纠纷提供一种低成本并高效率的解决机制。

在我国已签署的行政协议中，找不到有关违约责任的规定。从理论上讲，行政协议虽然也具有拘束力，可以拘束各成员方的行为，但不是强制性的。任何一方成员不得随意解除或终止该行政契约，应当是某种合作的停止、某种优惠的取消，即违约方因为不履行义务而不能享受其权利。因此，主要是这种成员基于对共同体的责任和有诺必践原则所产生的自我拘束力。

除了自我约束以外，还体现为成员方内部的民意压力。凡涉及大家的事都应让大家知道和参与，是一个宪政原则。各地、各级政府机关不能一相情愿地推行经济一体化，在哪些方面、什么时候推行一体化，都应充分尊重民意。因此，行政协议的缔结，都应事先公布方案，让大家充分了解，并应通过座谈会、论证会等形式广泛听取各界民众的意见，也可以根据《立法法》和《规章制定程序条例》的规定采取听证会的形式听取意见。某些重大行政契约的缔结，还应根据宪法和地方组织法的规定，分别报经同级人大常委会批准。对那些约定某些事项需在契约生效后由人大制定为地方性法规的行政契约，更应报经同级人大常委会批准。

目前解决纠纷的方式主要有两种：

1. 上级行政机关解决。当各缔约机关因履行行政协议而产生纠纷时，由他们的共同上级行政机关裁决。从我国现有的行政实践来看，这是一种最常见的处理行政权限纠纷的程序。行政纠纷通过行政程序优先解决的方案是最适合的一种方式。对于行政协议纠纷的解决同样如此。如果行政协议的履行不是涉及了相对人和第三方的利益，行政协议的纠纷完全可以被看做行政机关内部的纠纷。具体而言，对各部、各委员会之间以及地方各级国家行政机关之间因履行行政协议而产生的纠纷，国务院具有行政裁决权；对于所属各工作部门和下级人民政府之间因履行行政协议而产生的纠纷，上级人民政府具有裁决权。对于国务院和上级人民政府都有裁决权的，可以首先由直接的上级人民政府管辖，但国务院有最终的决定权。在实践中，对于行政协议的纠纷，既可以由各级政府办公厅（室）或监察机关等来具体协调解决，必要时才由行政首长出面解决，也可以由各级政府的法制办具体承办或协调解决。该机制的最大优势在于，通过该机制产生的解决方案具有极强的权威性或强制性，有利于行政协议纠纷的解决，从而最终有利于行政协议内容的实现。在我国的政治生活中，上下级行政机关之间是领导与被领导的关系，其主导理念就是命令与服从。由此，上级机关对行政协议纠纷的处理方案往往可以很容易得到作为行政协议缔约方的下级行政机关的尊重，并能够得到切实的履行。上级行政机关裁决的方案是我国最为重要的行政协议纠纷解决机制。

2. 缔约机关自行解决。因履行行政协议而产生纠纷时，由各缔约机关之间自行协调解决。这种方式在解决行政权限冲突的实践中得到广泛使用，各级政府尤其是国务院，成立了大量的部际协调组织。这种协调组织主要是协商处理“齐抓共管事项”，同时也协商解决部门之间的权限争议。同样，对于行政协议纠纷而言，行政机关之间自行协调解决机制也应当起到重要作用。

第三节　民政行政协议

为统筹区域发展，2007 年以来国务院批准了一系列区域发展规划，启动了多个综合配套改革试验区建设。在这些区域发展规划和综合配套改革中，都包含了对民政工作的要求。在这样的背景下，民政部启动了设立综合观察点（设立民政工作综合观察点也是通过签订协议方式确定的）和签订部省（市）合作协议工作。对于部省（市）合作协议，民政部的原则是，只要国务院规划有要求，地方党委政府有积极性，民政部都积极给予支持。从2008年12月至2011年2月，民政部先后与16个省市签订了合作协议或备忘录，确立了8个民政工作改革创新综合观察点。

一、民政部签署行政协议和确定民政工作综合观察点情况

签订合作协议、备忘录，确立民政工作改革创新综合观察点是民政部立足全局、着眼长远做出的重要决策。主要基于四点考虑：一是为了落实国务院要求和顺应地方政府意愿、服务国家区域发展战略；二是为了优化民政事业发展布局、加强民政工作分类指导；三是为了实现民政工作重点突破、整体推进；四是为了给各地民政部门营造更加有利的工作氛围和保障条件，推动民政事业加快发展。

（一）民政部与地方政府签署的协议

按照2011年2月22日窦玉沛副部长在深圳民政工作改革创新先行先试座谈会上的讲话，民政部先后与16个省市签订了合作协议或备忘录。但笔者只找到与15个省市签订合作协议和备忘录的资料。根据2010年5月14日民政部在京召开部省（市）合作协议落实工作座谈会的资料，四川省民政厅发言内容为“成都市统筹城乡民政事业改革发展的背景、探索与思路”，里面讲到“为贯彻落实国务院关于支持成都市统筹城乡综合配套改革试验区建设的总体部署，民政部、四川省人民政府、成都市人民政府协商决定，共建成都市统筹城乡民政事业改革发展示范区，近期安排签署部省（市）备忘录。”笔者分析四川省应该是16个签订合作协议或备忘录的省市之一。下面是民政部与其他15个省市签订合作协议或备忘录的情况介绍。

1. 2008年2月25日，国家民政部与湖北省政府签订《合作共建武汉城市圈创新型民政事业发展示范区协议》，就支持建立武汉城市圈救灾减灾应急救援体系、社会福利服务体系、城乡社区服务体系、优抚安置服务体系、城乡一体社会救助体系等方面达成框架协议。

2. 2008年11月18日，民政部与重庆市政府签订《共建统筹城乡民政事业发展示范区合作备忘录》，将共建统筹城乡民政事业发展示范区，探索建立包括城乡统筹的灾害救助应急体系、困难群众救助体系、优抚安置服务体系、社区服务平台以及与统筹城乡发展相适应的行政区划格局。2011年3月28日，民政部又与重庆市政府签署《共建重庆城市管理职业学院协议》，双方将通过部市共建的合作模式促进重庆城市管理职业学院改革发展，力争将重庆建成辐射西部的民

政管理人才培养高地。

3. 2009 年 7 月 20 日，民政部和深圳市政府签订《推进民政事业综合配套改革合作协议》。这是深圳市为落实《珠江三角洲地区改革发展规划纲要》和《深圳市综合配套改革总体方案》与国家部委正式签订的首个“部市”合作协议。根据协议，民政部一些重大改革项目和措施将在深圳先行试验，对深圳市有条件、有基础、有能力做好的民政改革事项单独安排先行先试工作。协议内容包括合作内容可以概括为：先行推进两项改革，率先建立两项制度，健全完善两个体系。即探索基层管理体制改革和社会组织登记管理改革；建立现代社会工作制度和普惠型的社会福利制度；建立完善综合性社会救助体系和慈善事业发展体系等 34 项，以改善民生、发展民主、服务社会为主线，充分发挥深圳先发优势、区位优势和特区立法优势，发挥深圳“试验田”功能，以社区体制、社会组织、社会工作、社会福利、社会救助和社会慈善等重点领域为切入点和突破口，进行体制创新、制度设计和重大举措的先行先试。

4. 2009 年 7 月 20 日，民政部与广东省人民政府《签署共同推进珠江三角洲地区民政工作改革发展协议》。根据协议，民政部与广东省人民政府按照科学论证、统筹规划，突出重点、注重创新，立足实际、着眼长远，区域先行、逐步推广的原则，贯彻落实《珠江三角洲地区改革发展规划纲要（2008 — 2020 年）》，在进一步推进社会组织改革与发展、深化社区建设和基层管理与服务体制改革、率先建立现代社会工作制度、探索建立普惠型社会福利制度、加快健全救灾救助体系、建立完善优抚安置双拥服务体系、做好行政区划和行政管理体制改革相关工作、完善促进慈善事业发展的体制机制等八个方面加强合作，先行先试。

5. 2009 年 10 月 20 日，民政部和福建省人民政府签订《关于加快推进海峡西岸经济区民政事业发展的合作协议》合作协议。双方将认真贯彻落实国务院《关于支持福建省加快建设海峡西岸经济区的若干意见》，加快推进海峡西岸经济区民政事业发展，为服务经济发展、促进社会和谐、增进两岸交流发挥更大作用。

6. 2010 年 1 月 6 日民政部与湖南省政府签署《共同推进长株潭（3+5）城市群“两型”社会民政事业改革发展合作协议》。着力推进民政领域重点业务和关键环节的改革创新，充分发挥民政工作服务“两型社会”建设的重要基础性作用，是此次部省合作协议签署的主要目的。根据合作协议，民政部将支持湖南省加强城乡社会建设，打造“两型社会”建设的基础平台；增强社会组织服务“两型社会”建设的功能；加强自然灾害应急救援体系建设；加强对产业转型升级中困难职工的生活补助；推进绿色殡葬事业发展；推动优化行政区划格局；加强社会工作人才队伍和城乡社区志愿者队伍建设；加快社会福利事业发展，推进优抚安置服务机制创新等。

7. 2010年3月8日下午，陕西省政府与民政部签署《贯彻实施关中—天水经济区发展规划、加快推进陕西民政事业发展合作协议》。《关中—天水经济区发展规划》的实施，使以西安为中心的关中地区发展上升为国家战略的组成部分。规划颁布以来，陕西省同国家有关部委进行了积极对接，与民政部签署合作协议是其中一项重要内容。按照协议约定，民政部将和陕西省围绕实施《规划》，在建立科学合理的行政区划格局、完善城乡社会救助体系、健全减灾救灾体系等九个方面加强合作。

8. 2010年7月3日，民政部与江苏省签署《共同推进江苏民政事业率先发展合作协议》。按照这一协议，民政部将与江苏省政府共同破解民政事业发展中的困难和问题，加强重点难点民政工作的改革试验，着力推进民政工作体制机制创新，加快构建现代民政新格局，为全国民政事业的创新发展探索路径、积累经验。

9. 2010年7月5日，民政部与上海市政府签订《共建国家现代民政示范区合作协议》，标志着民政部与上海的合作进入到一个新阶段，必将为上海民政事业发展提供新的机遇和空间。上海将以落实此次合作协议为契机，更加主动地对接国家战略和服务经济社会发展大局，围绕社会建设领域改革发展中的难点和瓶颈问题，进一步解放思想、先行先试，不断加大社会创新力度，争取在若干重要领域和关键环节取得新突破，力争为全国民政事业改革发展探索规律提供示范。

10. 2010年8月12日，民政部与吉林省人民政府签订《合作建设长吉图现代民政先导区签署合作协议》。实施部省合作协议，是部、省双方贯彻落实国务院批复的《中国图们江区域合作开发规划纲要》、促进图们江区域合作开发战略深入实施的积极行动，是合力推动长吉图地区（吉林省长春市、吉林市部分区域和图们江的简称，是中国参与图们江区域合作开发的核心地区）乃至吉林全省民政事业改革发展、促进吉林经济社会发展的重要举措，也是加强和改进对地方民政工作的分类指导、推进全国民政事业协调发展的有益尝试。

11. 2010年9月9日，民政部和山东省人民政府签署《共同推进黄河三角洲高效生态经济区民政事业发展合作协议》。根据合作协议，民政部、山东省将重点在强化民政公共服务设施建设、提高社会救助水平、推进城乡社区建设、落实双拥优抚安置政策、加快社会福利和慈善事业发展、完善地名公共服务、加强社会组织培育监管等方面进行合作，探索形成民政事业改革发展的区域优势，推动山东民政事业创新发展，为促进黄河三角洲高效生态经济区开发建设、山东经济文化强省建设和全国民政事业改革创新作出新的贡献。

12. 2010年9月10日，民政部与安徽省政府在合肥签署了《共同推进皖江城市带承接产业转移示范区民政事业改革发展协议》。这是加强部省合作、支持安徽皖江示范区建设发展的实际行动，也是发挥示范区先行先试作用、推动全国民政事业创新发展的有益尝试。民政部将从政策研究、法规制定、项目扶持等方面，加大对示范区民政工作的指导，为安徽民政事业科学发展提供积极支持，创造有利条件。

13. 2010年9月15日民政部与海南省政府签署了《关于共同推进海南民政事业改革发展，促进海南国际旅游岛建设发展的合作协议》。根据协议，民政部将加强对海南民政事业发展规划编制工作的指导，在制定和实施国家民政事业发展"十二五"规划时，充分考虑海南民政工作的实际，给予支持。海南在加大对民政事业发展的保障力度，确保民政工作与国际旅游岛建设同步推进过程中，民政部将从政策、资金、项目等方面适当加大对海南民政事业的倾斜力度，充分发挥民政工作在促进国际旅游岛建设发展中的服务保障作用。

14. 2010年11月30日，民政部与江西省人民政府正式签署《共同推进鄱阳湖生态经济区民政事业改革发展协议》，将重点健全城乡社会救助体系，提高减灾救灾能力，建立适度普惠型社会福利制度，完善优抚安置保障体系，探索社区、社会组织、社会工作联动机制，创新民政专项社会事务管理机制，加强民政基层基础建设。

15. 2010年12月27日，民政部与天津市人民政府签署《共同推进滨海新区民政事业创新发展合作协议》。这次双方签署合作协议，主要是共同落实好国务院《关于推进天津滨海新区开发开放有关问题的意见》和国务院批准的《滨海新区综合配套改革试验总体方案》。民政部将以政策制定、规划编制、项目扶持、人才培养、经验推广为重点，从完善城乡社区管理体制和运行机制、建立城乡一体的社会救助体系、增强灾害应急救援能力、创新拥军优属模式和退役士兵安置机制、完善普惠型老年福利政策、探索引导社会组织发展的新政策、规范公益慈善组织运作等方面，进一步加强与天津市政府的合作，进一步加大对滨海新区民政工作的指导和支持力度，切实为滨海新区改革发展创造有利条件、营造更好环境。

（二）民政部签署工作观察点的情况

2009年5月8日民政部下发了《关于设立民政工作观察点的意见》（民办发［2009］14号），决定围绕事关民政工作中具有全局性、战略性和前瞻性的问题，选择一些民政工作改革创新快、典型意义强、示范作用大的地方，确定为观察点。

1. 观察点种类。民政工作观察点分为综合观察点和专项观察点两类。综合观察点，主要观察研究事关民政工作全局和多项民政业务改革发展情况，诸如建立适度普惠的基本民生保障体系，扩大民政事业社会参与，统筹城乡民政事业发展，民政工作体制机制等方面的综合创新，统筹城乡民政公共服务设施建设，以中心城市带动的跨区域民政事业发展等。综合观察点的确定，由办公厅、政研中心、业务主管司（局）单位共同研究提出意见，报部长办公会议决定。首批确定的民政工作综合观察点有北京市、上海市（包括浦东新区观察点）、重庆市、广东省（包括深圳市观察点）、江苏省、湖北省等。专项观察点，主要观察研究单项民政业务的改革发展情况。专项观察点由业务主管司（局）、单位提出观察内容和观察区域，报部长办公会议同意后实施。

2. 设置原则。根据从实际出发、鼓励地方创新、注重积累经验的原则，跟踪和指导民政工作观察点。立足于我国社会主义初级阶段的基本国情、经济社会发展的迫切要求和人民群众的现实愿望，推进改革，谋划发展，不超越阶段；从观察区域的实际出发，不拔苗助长；突出重点业务工作，不面面俱到；借鉴国际社会的成功经验，不走弯路。支持基层从实际出发，因地制宜地创造性地开展工作；鼓励地方在制约民政事业发展的热点、难点和关节点上，有所创新、有所突破；着力于体制机制创新，形成长效机制。注重深入调查研究。坚持长期跟踪，深入调查研究，力戒好大喜功、急于求成、搞政绩工程。

2010 年 9 月 1 5 日下午，国家民政部与海南省政府签署合作协议，将海南省确定为民政工作改革创新综合观察点，鼓励海南先行先试，为全国民政事业创新发展积累经验。2010 年 10 月 12 日民政部将新疆定为全国民政工作观察点。同时，今后国家民政部将在社会救助体系建设、完善救灾体系、大力发展社会福利事业、拥军优抚安置工作、基层民主和社区建设、社会组织建设和社会事务管理、社会工作人才队伍建设等方面给予新疆重点支持。

二、签订协议、确定观察点的效果

民政部与各省（市）合作协议约定的各项内容均取得明显进展，和民政部签署协议的省市，认真细化协议内容，采取有力措施，狠抓协议的落实。民政部确定为综合观察点的地区，大胆探索、锐意创新，创造了许多典型经验。在推进民政工作改革创新方面卓有成效①。

（一）民生保障的水平进一步提高

各地抓住签订合作协议的时机，争取将民政对象的生活保障列入当地党委政府保障和改善民生的总盘子，争取相关部门的理解、支持和配合，不断增加对民

① 2010 年 5 月 14 日，民政部在京召开部省（市）合作协议落实工作座谈会，李立国部长发表《省合作协议落实成效显著，综合观察点改革创新亮点频现》讲话。

政事业的投入，大幅提高民政对象补助水平，着力创新管理思路和服务方式，有效保障了民政对象的基本权益，维护了社会公平正义。在社会救助方面，各地不断提高救助标准，并重点针对城乡低保对象家庭收入核查难问题，改进收入核对机制，进一步提高了社会救助的准确性、科学性。特别是上海市民政局加强部门协作，成立了居民经济状况核对中心，建立了由民政牵头的跨部门的居民经济状况核对机制，实现了与相关部门的信息资源共享，有力地提高了居民收入调查的准确性，提升了服务质量和效率，形成了动态管理下的应保尽保机制。重庆市统筹推进城乡社会救助，建立了城乡低保标准联动机制，统一了城乡医疗救助、临时救助政策，缩小了城乡“三无”人员救助水平的差距。在减灾救灾方面，各地大力发展减灾科技，完善自然灾害应急救援体系，提高了减灾、救灾能力。特别是广东省加强区域救灾仓库网络建设，扩大了救灾物资储备容量，缩短了救灾物资运抵灾区时间。上海市引入社会力量建设科技备灾体系，构建了以车载卫星通信保障、数据中心和远程教育服务平台为基础的“天地复合型”服务专网，提高了备灾工作水平。在优抚安置方面，各地在继续提高优抚对象抚恤补助水平的同时，重点推进退役士兵安置制度改革，建立完善扶持就业政策，退役士兵安置工作的新路子越走越宽。特别是广东、江苏、重庆 3 省（市）建立健全退役士兵免费培训政策，由政府出资，全面推行城乡一体的退役士兵职业教育和技能培训制度，有力地提升了退役士兵的技能水平，就业率提高到了 90% 以上，市场经济条件下退役士兵安置难问题明显缓解，有力促进了军队和国防建设。

（二）服务社会的能力进一步提升

各地致力于提高民政公共服务的供给能力和水平，大力拓展民政领域的公共服务范围，提高民政公共服务质量和效益，更好地满足了社会需求。在社会福利服务方面，各地以发展养老服务业为重点，因地制宜地加快建立、实施适度普惠的社会福利政策，产生积极效应。特别是北京市以大民政理念为引领，加大公共财政投入，2009 年出台 110 多项惠民措施，基本惠及全市所有家庭和社会成员，尤其是使老年人享受到了空前的社会关爱，实现了孤残儿童成年后就业、住房和社会保障政策有效落实。成都市采取有力措施，实现了有集中供养意愿的农村五保对象全部集中供养。各地还普遍完善扶持社会力量兴办社会福利事业的政策，积极建立高龄老人津贴和养老服务补贴制度，继续完善以居家为基础、社区为依托、机构为补充、服务为重点，多元化投资、多层次发展、专业化服务，适度普惠的新型社会福利服务新格局。在社会事务管理方面，各地围绕规范管理、强化服务，采取了一系列针对性措施。特别是重庆市按照乡镇改革的总体部署，积极稳妥地调整行政区划设置，使行政区划格局更好地适应城乡统筹发展需要。广东省开展了特大型乡镇行政区划体制改革研究，形成了专题报告。江苏等省（市）

建立了地名信息网络，丰富了地名服务的手段。福建省积极探索民政对台工作新机制，想方设法保护大陆配偶在台的正当权益。上海市推出“低消费殡仪成套服务”，设立帮困济丧基金，加强公益性公墓建设，使更多困难群体享受到优惠政策。在社会工作方面，各地利用机构改革单设或挂牌了社会工作行政机构，积极开展试点实践，大力培育服务载体，不断开发专职岗位，完善有关政策措施，拓展社会工作的服务领域，使社会工作人才队伍不断壮大，作用更加显现。特别是上海市民政局与市妇联、市文明办、市人口计生委、市民族宗教委、市侨办、市委统战部、市残联等联合发布加强社会工作的文件，为深入推进上海社会工作发展、建设社会工作人才队伍夯实了基础。深圳市大力推进政府购买社会工作服务，仅2009年就投入1亿余元。在慈善事业发展方面，各地充分挖掘社会资源，开辟慈善项目，开拓募捐渠道，培育发展慈善组织，提高全社会的慈善意识，发挥慈善事业在社会保障中的补充作用，在支援我国西南抗旱救灾和青海玉树抗震救灾工作中发挥了重要作用。

（三）社会自治的功能进一步增强

各地积极创新社会组织登记管理体制，加强社区建设，进一步增强了社会自治功能，便利了人民群众。在社会组织登记管理方面，各地探索改革社会组织登记管理体制，推进政府购买社会组织服务，培育发展公益服务类社会组织，加强对社会组织的监督管理，促进了社会组织自治功能的有效发挥。特别是广东省改革异地商会登记管理办法，异地商会成立可直接向民政部门申请，原业务主管单位改为业务指导单位；简化公益服务类社会组织登记管理办法，公益服务类社会组织可直接向民政部门申请登记；推进政府向社会组织转移职能和购买服务试点，已经出台政策文件。在社区建设方面，各地着力创新社区管理与服务体制，为居民提供方便快捷人性化服务，提高了社区管理与服务水平。特别是深圳市探索构建了由社区工作站、居委会、业主委员会、物业管理公司、辖区单位等组成的，多层次多结构社区综合治理体系，实现了政府行政管理与基层群众自治的有效衔接和良性互动。上海市普遍建立跨部门的社区事务受理中心，将涉及社区居民需求的事项整合到受理中心的若干个窗口集中服务，实现了群众办事只需进“一道门”即可解决，大大提高了社区服务的效率，大大方便了居民生活。

（四）制度创新的步伐进一步加快

各地把制度建设摆在突出位置，按照协议的约定，积极推动政策创新，有的还将成熟的经验上升为法规，使改革创新成果规范化、制度化、长效化。广东省在协议签订后，制订、修订了17个方面的政策规定，涉及异地商会登记管理、政府购买社会组织服务、优抚对象医疗保障、救灾物资储备调运、自然灾害生活救助资金管理、民办社会福利机构管理、城乡特困居民医疗救助、农村五保供养工作等，全面提高了民政管理和服务的制度化、规范化水平。江苏省出台慈善事业促进条例，填补了我国慈善立法的空白，为全国性慈善立法提供了参照。江苏省实施的城市低收入家庭认定办法、医疗救助与医疗保险衔接制度，对于深入推进社会救助工作也有重要参考意义。湖北省出台了农村低保对象核定办法和低保工作规程，提高了城乡低保工作规范化水平。

（五）民政基层基础建设进一步加强

各地以落实协议为契机，大力争取党委政府重视，积极协调有关部门支持，在加强基层、夯实基础方面做出了不懈努力，取得积极成果。陕西省争取党委政府重视和省编办支持，在全省所有乡镇建立了民政工作站，每站平均 3.3 名工作人员；在各村普遍聘用 1 ~ 2 名民政信息监督员，既壮大了民政工作队伍，又建立了社会参与和监督机制。湖北省编委出台了加强乡镇民政组织建设的措施，全省乡镇普遍加挂了民政办公室牌子，增加了人员编制和工作力量，有效缓解了基层民政力量薄弱问题。湖南省提出了市州和县级民政工作经费预算标准，明确了乡镇民政工作人员配置指标，全省乡镇民政干部增加了一倍以上，民政部门所需工作经费也得到较好保障。各省（市）民政基础设施建设纳入当地经济社会发展的总体规划，普遍增加了投入，加快了建设进度。2009 年北京市、江苏省项目建设投资均达到 50 多亿元。陕西、安徽省还将众多民政项目纳入省委省政府民生工程，使民政事业经费有了稳定的保障，民政部门的服务设施和条件明显改善。

三、民政部司局签订的行政协议

除了上面介绍的民政部与其他省市签订的行政协议外，民政部司局也尝试与地方民政部门、国有企业签订了行政协议。

（一）民政部司局与地方民政局签订行政协议

2011 年 5 月 12 日，民政部国际合作司（港澳台办公室）与上海市民政局在上海双拥大厦签署《推进现代民政对外及涉港澳台友好交流合作协议》。据悉，此次签约是为贯彻落实 2010 年 7 月民政部和上海市人民政府签署的《共同建设国家现代民政示范区合作协议》。上海市民政局为立体推进部市合作协议落实，建立司局互助机制，继与民政部国家减灾中心签署《关于开展减灾救灾技术合作的协议》后，再次与民政部司局的签约共建。

协议确定上海市民政局将在民政部国际合作司的指导和支持下，结合上海实际情况，引进民政领域国际先进的经验做法，开展专项试点，推动民政工作的开拓创新。试点将首先集中在社会工作和社会服务领域。民政部国际合作司（港澳台办公室）提供支持和便利，加强上海市与港澳台地区在民政工作领域的友好合作，积极推动上海市民政系统与香港、澳门、台湾社会福利服务界的交流，研究并引入“商界展关怀”、“社工督导”等公益、慈善和社会工作领域的先进理念和做法，以及非政府组织提供社会服务的运行模式。

（二）民政部司局与国有企业签订行政协议

2010 年 12 月 8 日，中国民航信息集团公司[①]（简称“中国航信”）与民政部信息中心在北京华侨大厦签署战略合作协议，双方正式建立战略合作伙伴关系，未来将在信息系统规划、信息系统建设与运维管理、数据中心建设、信息系统与基础设施建设标准、灾备系统建设等方面开展深入合作。民政部信息中心希望在保障系统安全、信息安全的基础上，双方开展多层次、多方位的深入合作，实现互利互赢。同时表示，民政部与中国航信的合作，对政府部门来说也是一次大胆尝试，开创了政府部门信息管理外包的先河，建立了政府部门与中央企业在信息化建设方面优势互补、同促进、共发展的新模式，将不断推动政府部门信息化水平和能力的提高，具有历史性的里程碑意义。

目前，国务院部门、地方政府之间签订行政协议很多，国务院部门中的机构是否可以单独签订协议，作为行政协议的缔结主体呢？由于没有法律依据，也没有规范回答。从民政角度来看，笔者认为是可行的。首先，国外有相关的规定。例如《西班牙公共行政机关及共同的行政程序法》（1992 年）第六条第 1 款规定：“全国政府和自治区政府的机构之间可以在各自的职能范围内签署协作协议。”其次，从民政业务需求和时间来看，各司局以司局名义对外签订行政协议可以促进业务开展。民政行业不同其他部委业务，业务多而且各自独立，针对每一项业务签订合作协议和备忘录更有针对性。但是，有一点必须注意，各司局签订协议必须申报并经过批准才能以部司局名义对外签订协议，而且必须进行备案。

四、民政行政协议结构

对收集的民政部与地方政府签订的行政协议进行对照分析，其结构一般如下：

（一）标题性条款

行政协议标题性条款是必备的。行政协议的标题条款可以由地区或部门、涉及主题和协议名称三部分组成，民政行政协议的标题性条款的部门和地区为民政部和某某省、市人民政府，主题一般是民政工作，名称主要是协议、合作协议和备忘录。例如：《民政部、江西省人民政府共同推进鄱阳湖生态经济区民政事业改革发展协议》，《民政部、山东省人民政共同推进黄河三角洲高效生态经济区民政事业发展合作协议》，《民政部、重庆市政府共建统筹城乡民政事业发展示范区合作备忘录》等。

---

① 集团公司是以民航计算机信息中心为主体，将中国航空结算中心整体并入组成的国有企业，是经国务院同意进行国家授权投资的机构和国家控股公司的试点。

（二）目的条款

目的条款涉及的是各成员机关通过缔结行政协议而希望解决的问题。此类条款明确了行政协议的意义，对合作动机和合作目的认识统一具有积极意义。但是，这些条款必须简明扼要，绝对不能过于冗长。例如：为贯彻落实国务院批复的《珠江三角洲地区改革发展规划纲要》和《深圳市综合配套改革总体方案》，深化社会领域综合改革，推进民政事业科学发展，民政部和深圳市人民政府经充分协商，决定在深圳推进民政事业综合配套改革，并签订合作协议。

（三）基本原则条款

基本原则条款解决的是各成员机关在缔结过程中和履行过程中需要遵循的最基本的规则。例如：《民政部、深圳市人民政府推进民政事业综合配套改革合作协议》中规定的原则为：1. 发挥先行先试作用。民政部一些重大的改革项目和措施在深圳市先行试验，对深圳市有条件、有基础、有能力做好的民政改革事项单独安排先行先试工作，并提出具体的改革目标和支持措施。2. 促进社会体制改革。民政部支持深圳市在社会体制方面的改革创新，支持深圳民政部门在社会体制改革中发挥积极和重要作用，推进社会管理体制改革，完善社会管理制度，创新社会管理方式，促进率先构建和谐社会。3. 探索构建现代民政。民政部支持深圳市探索构建与我国经济社会发展趋势相适应的现代民政新格局。加快推进以改善民生为重点的社会建设，着力解决民政工作在改善民生、发展民主、服务社会、支持国防中的突出问题，在政策制定、制度建设和体系完善上下工夫，推进民政工作体制机制创新和理念、方式、手段现代化，为全国探索建设现代化民政新格局提供经验。4. 发挥深圳改革主体作用和创新精神。在深圳市委、市政府的领导下，发挥深圳市民政部门的主动性、积极性和创造性，推进民政事业综合改革。民政部通过调研、商议、办理、总结推广等方式积极参与，支持深圳市民政部门充分发扬敢为人先的首创精神，大胆进行改革试验，创造性地开展工作，努力实现民政工作的多项改革，取得重点突破效果。

（四）合作安排条款

合作安排条款涉及的是双方的权利义务，它们不仅是行政协议中最主要或最重要的条款，而且也应当是行政协议的必备条款。如果没有合作安排条款，行政协议就不能成立。民政部与地方签订的关于民政工作改革发展的协议条款，大多是围绕各项民政工作展开，根据不同地方有所侧重。

（五）合作机制

合作机制就是指在行政协议中约定采用机构履行方式，具体包括联合、协调机构的名称、工作人员的来源、职责分工以及会商机制等。例如：为加强领导，设立合作推进深圳市民政事业综合配套改革的领导和协调机制，由民政部部长和深圳市人民政府市长任召集人，成员由民政部有关司（局）、广东省民政厅和深圳市有关职能部门组成。民政部负责协调国家相关部委协助落实本协议，由民政部分管办公厅的副部长牵头，具体工作由民政部办公厅主任负责；深圳市政府负责协调深圳市各级、各部门落实本协议，由深圳市分管民政的副市长牵头，具体工作由深圳市民政局局长负责。原则上，双方每年召开一至两次会议，研究协调解决重大问题，总结推广经验。必要时，由任何一方提议，可召开临时会议。

（六）协议期限

民政部签署的协议都规定了合作协议的期限。例如:《民政部、深圳市人民政府推进民政事业综合配套改革合作协议》的期限合作时间暂定为2009年至2015年。期满前两个月双方对合作成果进行评估，可以根据合作情况，商定后续内容，签订新的协议。

（七）签署以及日期条款

签署以及日期是行政协议中最为简单的内容，但这种简单性并不能成为否定其重要意义的理由。签署往往由缔约机关的行政首长进行，是行政协议发生法律效力的必要条件。签署时间则是确定行政协议生效时间的重要依据。

五、签署民政协议应注意的两个问题

（一）信息公开

行政协议不仅仅对行政协议的当事人产生约束力，同时还间接地对外产生法律效果，这就要求行政主体之间在订立行政协议之后，将行政协议向社会公布，为社会公众所知悉。同时，行政协议作为抽象行政行为，其效力相当于规范性文件，就更加要求行政协议遵循信息公开程序，这也符合我国《规章制定程序条例》的立法精神。可通过报纸、杂志、网络的形式向社会公开，截至现在，民政部网上还没有签署过的合作协议文本，在这方面应该加强。信息公开不仅为公众参与行政协议的缔结提供了前提，也是公民、社会监督行政主体之间缔结、履行行政协议过程的重要手段。

（二）公众参与

行政协议作为行政系统内部事务的处理，非协议当事人是不可参与其中的，但行政协议间接地对外产生法律效果，对社会公众有一定的影响，民政部与地方政府签订的协议大部分是涉及民生的内容，社会涉及面广，与人民群众利益密切相关。因此，重大决策有必要给予公众参与机会，甚至举行听证会听取公众的意见。公众参与程序一方面保障了公民的参与权利，另一方面也可以提高行政协议的科学性、可行性。

附录1：新中国成立以来制定或者修订的法律、法规、规章

序号	名称	施行日期
1	《革命烈士家属革命军人家属优待暂行办法》	1950年
2	《革命残废军人优待抚恤条例》	1950年
3	《民兵民工伤亡抚恤暂行条例》	1950年
4	《革命工作人员伤亡褒恤暂行条例暂行条例》	1950年
5	《革命军人牺牲、病故褒恤暂行条例》	1950年
6	《社会团体登记暂行办法》	1950年
7	《中华人民共和国婚姻法》	1950年
8	《社会团体登记暂行办法实施细则》	1951年
9	《关于经济建设工程民工伤亡抚恤问题的暂行规定》	1954年
10	《关于安置复员建设军人工作的决议》	1954年
11	《复员建设军人安置暂行办法》	1954年
12	《复员退伍军人安置暂行办法》	1954年
13	《中华人民共和国城市居民委员会组织条例》	1954年
14	《城市街道办事处条例》	1954年
15	《军用饮食供应站、供水站组织管理暂行办法》	1955年
16	《国务院关于设置市、镇建制的决定》	1955年
17	《国务院关于城乡划分标准的规定》	1955年
18	《婚姻登记办法》	1955年
19	《关于整顿革命残废军人教养院工作方案》	1956年

（续表）

序号	名称	施行日期
20	《国务院关于现役军官退休处理的暂行规定》	1958年
21	《国务院关于处理义务兵退伍的暂行规定》	1958年
22	《城市收容遣送站工作方案》	1961年
23	《安置农场工作暂行办法》	1964年
24	《国务院、中央军委关于中国人民解放军志愿兵待遇的规定》	1978年
25	《中华人民共和国全国人民代表大会和地方各级人民代表大会选举法》	1979年
26	《中华人民共和国地方各级人民代表大会和地方各级人民政府组织法》	1979年
27	《国务院关于地名命名、更名的暂行规定》	1979年
28	《革命烈士褒扬条例》	1980年
29	《国务院关于老干部离职休养休养暂行规定》	1980年
30	《安置农场管理试行办法》	1980年
31	《中华人民共和国婚姻法》	1980年
32	《婚姻登记办法》	1980年
33	《国务院、中央军委关于军队干部退休的暂行规定》	1981年
34	《行政区划边界争议处理办法》	1981年
35	《国务院、中央军委关于军队干部离职休养的暂行规定》	1982年
36	《光荣院管理工作暂行办法》（光荣院第一部规章）	1982年
37	《城市社会福利事业单位管理工作实行办法》	1982年
38	《城市流浪乞讨人员收容遣送办法》	1982年
39	《城市流浪乞讨人员收容遣送办法实施细则（试行）》	1982年
40	《中华人民共和国全国人民代表大会和地方各级人民代表大会选举法》	1982年
41	《中华人民共和国地方各级人民代表大会和地方各级人民政府组织法》	1982年

（续表）

序号	名称	施行日期
42	《国务院、中央军委关于军队干部退休的暂行规定实施细则》	1983 年
43	《中国人民解放军志愿兵退出现役安置暂行办法》	1983 年
44	《全国人大常委会关于县级以下人民代表大会代表直接选举的若干规定》	1983 年
45	《中国公民同外国人办理婚姻登记的几项规定》	1983 年
46	《华侨同国内公民、港澳胞同内地公民之间办理婚姻登记的几项规定》	1983 年
47	《殡葬事业单位管理暂行办法》	1983 年
48	《国务院关于建立民族乡问题的通知》	1983 年
49	《民政部关于调整建镇标准的报告》	1984 年
50	《国务院关于行政区划管理的规定》	1985 年
51	《国务院关于殡葬管理的暂行规定》	1985 年
52	《婚姻登记办法》	1985 年
53	《关于调整设市标准和市领导县条件的报告》	1986 年
54	《地名管理条例》	1986 年
55	《中华人民共和国全国人民代表大会和地方各级人民代表大会选举法》	1986 年
56	《中华人民共和国地方各级人民代表大会和地方各级人民政府组织法》	1986 年
57	《退伍义务兵安置条例》	1987 年
58	《中华人民共和国村民委员会组织法（试行）》	1987 年
59	《关于义务兵提前退出现役的暂行规定》	1988 年
60	《军人抚恤优待条例》	1988 年
61	《基金会管理办法》	1988 年
62	《行政区域边界争议处理条例》	1988 年

（续表）

序号	名称	施行日期
63	《省、自治区、直辖市行政区域界线勘定办法（试行）》	1989 年
64	《军用饮食供应站供水站管理办法》	1989 年
65	《社会福利企业招用残疾职工的暂行规定》	1989 年
66	《社会福利企业招用残疾职工的暂行规定》	1989 年
67	《中华人民共和国城市居民委员会组织法》	1989 年
68	《社会团体登记管理条例》	1989 年
69	《外国商会管理暂行规定》	1989 年
70	《军队离退休干部休养所暂行规定》	1990 年
71	《社会福利企业管理暂行办法》	1990 年
72	《中华人民共和国残疾人保障法》	1990 年
73	《宗教社会团体登记管理实施办法》	1991 年
74	《中华人民共和国收养法》	1991 年
75	《中国公民办理收养登记的若干规定》条例	1992 年
76	《中国与毗邻国边民婚姻登记管理实行办法》	1992 年
77	《公墓管理暂行办法》	1992 年
78	《国务院关于停止审批民族镇的通知》	1992 年
79	《关于尸体运输管理的若干规定》	1993 年
80	《社会团体印章管理规定》	1993 年
81	《外国人在中华人民共和国收养子女实施办法》	1993 年
82	《国务院批转民政部关于调整设市标准报告的通知》	1993 年
83	《农村五保供养工作条例》	1994 年
84	《社会福利性募捐义演管理暂行办法》	1994 年
85	《中国福利彩票管理办法》	1994 年
86	《婚姻登记办法》	1994 年

（续表）

序号	名称	施行日期
87	《革命烈士纪念建筑物管理保护办法》	1995 年
88	《公安机关人民警察抚恤办法》	1996 年
89	《残疾人教育条例》	1996 年
90	《中华人民共和国老年人权益保障法》	1996 年
91	《社会团体年度检查办法》	1996 年
92	《民政部关于修改〈中国公民办理收养登记的若干规定〉的决定》	1996 年
93	《地名管理条例实施细则》	1996 年
94	《伤残抚恤管理暂行办法》	1997 年
95	《农村敬老院管理暂行办法》	1997 年
96	《残疾人专用品免征进口税暂行规定》	1997 年
97	《假肢与矫形器制作师职业资格制度暂行规定》	1997 年
98	《出国人员婚姻登记管理办法》	1997 年
99	《殡葬管理条例》	1997 年
100	《中国福利彩票发行与销售管理暂行规定》	1998 年
101	《社会福利基金使用管理办法》	1998 年
102	《中华人民共和国村民委员会组织法》	1998 年
103	《民办非企业单位登记管理暂行条例》	1998 年
104	《关于离婚当事人申请再婚登记的补充规定》	1998 年
105	《大陆居民与台湾居民婚姻登记管理暂行办法》	1998 年
106	《中华人民共和国收养法》	1998 年
107	《社会团体登记管理条例》	1998 年
108	《外国人在中华人民共和国收养子女登记办法》	1998 年修订
109	《中华人民共和国公益事业捐赠法》	1999 年
110	《城市居民最低生活保障条例》	1999 年

（续表）

序号	名称	施行日期
111	《士官退出现役安置暂行办法》	1999年
112	《中国人民解放军士官退出现役安置暂行办法》	1999年
113	《中华人民共和国公益事业促进法》	1999年
114	《民办非企业单位名称管理暂行规定》	1999年
115	《中国公民收养子女登记办法》	1999年
116	《华侨以及居住在香港、澳门、台湾地区的中国公民办理收养登记的管辖以及所需要出具的证件和证明材料的规定》	1999年
117	《救灾捐赠管理暂行办法》	2000年
118	《取缔非法民间组织暂行办法》	2000年
119	《民办非企业单位登记暂行办法》	2000年
120	《民办非企业单位印章管理办法》	2000年
121	《体育类民办非企业单位登记审查与管理暂行办法》	2000年
122	《社会团体分支机构、代表机构登记办法》	2001年
123	《中华人民共和国婚姻法》	2001年
124	《行政区域界线管理条例》	2002年
125	《城市生活无着的流浪乞讨人员救助管理办法实施细则》	2003年
126	《城市生活无着的流浪乞讨人员救助管理办法》	2003年
127	《民政部关于社会福利机构涉外送养工作的若干规定》	2003年
128	《婚姻登记办法》	2003年
129	《基金会管理条例》	2004年
130	《基金会名称管理规定》	2004年
131	《军人抚恤优待条例》	2004年修订
132	《假肢和矫形器（辅助器具）生产装配企业资格认定办法》	2005年
133	《民办非企业单位年度检查办法》	2005年

（续表）

序号	名称	施行日期
134	《省级行政区域界线联合检查实施办法》部令	2005年
135	《假肢和矫形器（辅助器具）制作师执业资格注册办法》	2006年
136	《基金会信息公布办法》	2006年
137	《基金会年度检查办法》	2006年
138	《婚姻登记档案管理办法》	2006年
139	《农村五保供养工作条例》	2006年修订
140	《伤残抚恤管理办法》	2007年
141	《优抚对象医疗保障办法》	2007年
142	《残疾人就业条例》	2007年
143	《伤残抚恤管理暂行办法》	2007年修订
144	《救灾捐赠管理办法》	2008年修订
145	《中华人民共和国残疾人保障法》	2008年
146	《行政区域界线界桩管理办法》部令	2008年
147	《彩票管理条例》	2009年
148	《自然灾害救助条例》	2010年
149	《农村五保供养服务机构管理办法》	2010年
150	《光荣院管理办法》	2010年
151	《社会组织评估办法》	2010年
152	《民政信访工作办法》	1999年
153	《民政部行政复议与应诉办法》	1999年
154	《民政部实施行政许可办法》	2004年

附录2：全国32个有立法权的地方制定的地方性法规汇总表

社会组织			
	1	上海市促进行业协会发展规定	2002年；2010年修正
优抚工作			
	2	安徽省拥军优属条例	2000年
	3	福建省拥军优属若干规定	1996年
	4	吉林省兵役工作若干规定	2000年
	5	黑龙江省义务兵征集、优待、退役安置条例	1996年
	6	北京市见义勇为人员奖励和保护条例	2000年
社会福利			
老年人权益保障	7	安徽省实施《中华人民共和国老年人权益保障法》办法	2001年
	8	甘肃省实施《中华人民共和国老年人权益保障法》办法	1995年
	9	湖南省实施《中华人民共和国老年人权益保障法》办法	2001年
	10	吉林省实施《中华人民共和国老年人权益保障法》若干规定	1998年
	11	江西省实施《中华人民共和国老年人权益保障法》办法	2002年
	12	内蒙古自治区实施《中华人民共和国老年人权益保障法》办法	2003年
	13	浙江省实施《中华人民共和国老年人权益保障法》办法	2001年
	14	山西省实施〈中华人民共和国老年人权益保障法〉办法	2003年
	15	广西壮族自治区保护老年人合法权益的规定	1990年

（续表）

老年人权益保障	16	湖北省实施《中华人民共和国老年人权益保障法》办法	1987 年； 1999 年修订
	17	河南省老年人保护条例	2001 年
	18	河北省老年人保护条例	1989 年
	19	江苏省老年人权益保障条例	2011 年
	20	宁夏回族自治区老年人权益保障条例	2004 年
	21	上海市老年人权益保障条例	1999 年
	22	四川省老年人合法权益保护条例	1989 年
	23	云南省老年人权益保障条例	2007 年
	24	北京市老年人权益保障条例	1995 年
	25	青海省老年人权益保障条例	2002 年
残疾人	26	河北省实施《中华人民共和国残疾人保障法》办法	1994 年
	27	吉林省实施《中华人民共和国残疾人保障法》办法	1996 年
	28	新疆维吾尔自治区实施《中华人民共和国残疾人保障法》办法	1997 年
	29	甘肃省实施残疾人保障办法	1993 年
	30	吉林省实施《中华人民共和国未成年人保护法》办法	1999 年修改
	31	江苏省慈善促进条例	2010 年
	32	湖南省募捐条例	2011 年
社会救助			
	33	厦门市最低生活保障办法	2004 年
	34	重庆市城乡居民最低生活保障条例	2008 年
	35	湖北省农村五保供养工作规定	1986 年； 1996 年修订

（续表）

基层政权			
居委会实施办法	36	安徽省实施《中华人民共和国城市居民委员会组织法》办法	1997年
	37	河北省实施《中华人民共和国城市居民委员会组织法》办法	1995年
	38	河南省实施《中华人民共和国城市居民委员会组织法》办法	1994年
	39	黑龙江省实施《中华人民共和国城市居民委员会组织法》办法	1991年
	40	吉林省实施《中华人民共和国城市居民委员会组织法》办法	1996年
	41	《江西省实施〈中华人民共和国城市居民委员会组织法〉办法》	1995年
	42	辽宁省实施《中华人民共和国城市居民委员会组织法》办法	1992年
	43	宁夏回族自治区实施《中华人民共和国城市居民委员会组织法》办法	1994年
	44	山东省实施《中华人民共和国城市居民委员会组织法》办法	1993年
	45	新疆维吾尔自治区实施《中华人民共和国城市居民委员会组织法》办法	1992年
	46	陕西省实施《中华人民共和国城市居民委员会组织法》办法	1991年
	47	《北京市实施〈中华人民共和国城市居民委员会组织法〉办法》	1991年
	48	四川省《中华人民共和国城市居民委员会组织法》实施办法	1994年
	49	青海省实施《中华人民共和国城市居民委员会组织法》办法	1994年
村委会实施办法	50	山西省实施《中华人民共和国城市居委会组织法》办法	1995年
	51	《广西壮族自治区实施〈中华人民共和国城市居民委员会组织法〉办法》	1996年
	52	湖北省实施《中华人民共和国城市居民委员会组织法》办法	1993年
	53	甘肃省实施《中华人民共和国城市居民委员会组织法》办法	1992年
	54	贵州省实施《中华人民共和国城市居民委员会组织法》办法	1990年
	55	湖南省《城市居民委员会组织法》实施办法	1991年
	56	安徽省实施《中华人民共和国村民委员会组织法》办法	1999年

（续表）

村委会实施办法	57	福建省实施《中华人民共和国村民委员会组织法》办法	2000年；2005年修正
	58	甘肃省实施《中华人民共和国村民委员会组织法》办法	2000年
	59	《海南省实施〈中华人民共和国村民委员会组织法〉办法》	2001年
	60	河南省实施〈中华人民共和国村民委员会组织法〉办法	2001年
	61	黑龙江省实施《中华人民共和国村民委员会组织法》办法	2001年
	62	河北省实施《中华人民共和国村民委员会组织法》办法	1999年
	63	江苏省《实施〈中华人民共和国村民委员会组织法〉办法》	2001年
	64	湖南省实施《中华人民共和国村民委员会组织法》办法	2000年
	65	《江西省实施〈中华人民共和国村民委员会组织法〉办法》	1999年
	66	吉林省实施《中华人民共和国村民委员会组织法》办法	2004年
	67	辽宁省实施《中华人民共和国村民委员会组织法》办法	2000年
	68	《内蒙古自治区实施〈中华人民共和国村民委员会组织法〉办法》	2000年；2002年修正
	69	《宁夏回族自治区实施〈中华人民共和国村民委员会组织法〉办法》	2000年
	70	陕西省实施《中华人民共和国村民委员会组织法》办法	1999年
	71	山东省实施《中华人民共和国村民委员会组织法》办法	2001年
	72	上海市实施〈中华人民共和国村民委员会组织法〉办法	2001年
	73	四川省《中华人民共和国村民委员会组织法》实施办法	2001年
	74	浙江省实施《中华人民共和国村民委员会组织法》办法	1999年
	75	重庆市实施《中华人民共和国村民委员会组织法》办法	2002年
	76	《北京市实施〈中华人民共和国村民委员会组织法〉的若干规定》	2001年
	77	山西省实施〈中华人民共和国村民委员会组织法〉办法	1999年
	78	《广西壮族自治区实施〈中华人民共和国村民委员会组织法〉办法》	2001年
	79	湖北省实施《中华人民共和国村民委员会组织法》	1989年；2001年修订

（续表）

选举办法	80	安徽省村民委员会选举办法	1999 年
	81	甘肃省村民委员会选举办法	1998 年
	82	福建省村民委员会选举办法	1990 年； 2005 年修正
	83	海南省村民委员会选举办法	2001 年； 2010 年修订
	84	湖南省村民委员会选举办法	1996 年； 2000 年修正
	85	吉林省村民委员会选举办法	2000 年
	86	江苏省村民委员会选举办法	2000 年
	87	辽宁省村民委员会选举办法	200 年； 2003 年修正
	88	河北省村民委员会选举办法	2002 年修正
	89	青海省村（牧）民委员会选举办法	1999 年
	90	山西省村民委员会选举办法	2005 年
	91	湖北省村民委员会选举办法	1999 年； 2002 年修改
	92	《村民委员会选举办法》	2000 年
	93	陕西省村民委员会选举办法	1999 年
	94	上海市村民委员会选举办法	1999 年； 2004 年修正
	95	山东省村民委员会选举办法	2010 年
	96	四川省村民委员会选举条例	2004 年
	97	新疆维吾尔自治区村民委员会选举办法	2004 年
	98	云南省村民委员会选举办法	1999 年
	99	浙江省村民委员会选举办法	2004 年
	100	重庆市村民委员会选举办法	2001 年
	101	北京市村民委员会选举办法	2000 年
	102	贵州省村民委员会选举办法	1995/1997； 1999 年修正

（续表）

<table>
<tr><td rowspan="4">村务公开</td><td>103</td><td>甘肃省村务公开条例</td><td>2003 年</td></tr>
<tr><td>104</td><td>河北省村务公开条例</td><td>1999 年</td></tr>
<tr><td>105</td><td>四川省村务公开条例</td><td>2009 年</td></tr>
<tr><td>106</td><td>山东省村务公开条例</td><td>2006 年</td></tr>
<tr><td colspan="4">社会事务</td></tr>
<tr><td rowspan="3">婚姻</td><td>107</td><td>《内蒙古自治区执行〈中华人民共和国婚姻法〉的补充规定》</td><td>2003 年</td></tr>
<tr><td>108</td><td>《宁夏回族自治区执行〈中华人民共和国婚姻法〉的补充规定》</td><td>1981 年</td></tr>
<tr><td>109</td><td>新疆维吾尔自治区人民代表大会常务委员会关于进一步贯彻执行《中华人民共和国婚姻法》的决议</td><td>1990 年</td></tr>
<tr><td></td><td>110</td><td>新疆维吾尔自治区实施《中华人民共和国收养法》的补充规定</td><td>1999 年</td></tr>
<tr><td rowspan="10">殡葬</td><td>111</td><td>上海市殡葬管理条例</td><td>1998 年</td></tr>
<tr><td>112</td><td>四川省殡葬管理条例</td><td>1997 年修正；
2004 年修正</td></tr>
<tr><td>113</td><td>河南省殡葬管理办法</td><td>1999 年</td></tr>
<tr><td>114</td><td>云南省殡葬管理条例</td><td>2003 年</td></tr>
<tr><td>115</td><td>浙江省殡葬管理条例</td><td>1998 年</td></tr>
<tr><td>116</td><td>重庆市殡葬管理条例</td><td>1998 年</td></tr>
<tr><td>117</td><td>北京市殡葬管理条例</td><td>1996 年</td></tr>
<tr><td>118</td><td>广西壮族自治区殡葬管理条例</td><td>2001 年</td></tr>
<tr><td>119</td><td>贵州省殡葬管理条例</td><td>2002 年</td></tr>
<tr><td>120</td><td>宁波市殡葬管理条例</td><td>2003 年</td></tr>
<tr><td></td><td>121</td><td>四川省公墓管理条例</td><td>1998 年</td></tr>
<tr><td colspan="4">区划地名</td></tr>
<tr><td rowspan="2"></td><td>122</td><td>辽宁省地名管理条例</td><td>1996 年</td></tr>
<tr><td>123</td><td>重庆市地名管理条例</td><td>2001 年</td></tr>
</table>

（续表）

其他			
	124	湖南省扶持革命老区发展条例	2009年
	125	内蒙古自治区苏木、乡、民族乡、镇人民政府工作条例	1991年
	126	上海市街道办事处条例	1997年
	127	上海市志愿服务条例	2009年
	128	云南省外来投资促进条例	2006年
	129	中关村国家自主创新示范区条例	2010年

附录3：全国32个有立法权的地方制定的地方政府规章汇总表

<table>
<tr><th colspan="4">社会组织</th></tr>
<tr><td rowspan="7">社会团体</td><td>1</td><td>河南省《社会团体登记管理条例》实施办法</td><td>2002 年</td></tr>
<tr><td>2</td><td>山东省实施《社会团体登记管理条例》办法</td><td>2003 年</td></tr>
<tr><td>3</td><td>辽宁省社会团体登记管理实施办法</td><td>2001 年；
2004 年修订</td></tr>
<tr><td>4</td><td>河北省社会团体登记管理办法</td><td>2010 年</td></tr>
<tr><td>5</td><td>湖北省社会团体登记管理办法</td><td>2001 年</td></tr>
<tr><td>6</td><td>吉林省社会团体管理若干规定</td><td>2002 年</td></tr>
<tr><td>7</td><td>浙江省社会团体管理办法</td><td>2000 年</td></tr>
<tr><td rowspan="6">行业协会</td><td>8</td><td>大连市行业协会管理办法</td><td>2004 年</td></tr>
<tr><td>9</td><td>黑龙江省促进行业协会发展规定</td><td>2006 年</td></tr>
<tr><td>10</td><td>湖南省行业协会管理办法</td><td>2006 年</td></tr>
<tr><td>11</td><td>青岛市行业协会管理暂行办法</td><td>2007 年</td></tr>
<tr><td>12</td><td>山西省促进行业协会发展规定</td><td>2006 年</td></tr>
<tr><td>13</td><td>湖北省发展和规范行业协会暂行办法</td><td>2006 年</td></tr>
<tr><td></td><td>14</td><td>浙江省民办非企业单位管理暂行办法</td><td>2004 年</td></tr>
<tr><td></td><td>15</td><td>湖南省农村专业经济协会促进办法</td><td>2007 年</td></tr>
</table>

（续表）

优抚工作			
抚恤优待	16	安徽省《军人抚恤优待条例》实施办法	2007年
	17	福建省《军人抚恤优待条例》实施办法	1990年
	18	河北省实施《军人抚恤优待条例》办法	2009年行
	19	河南省实施《军人抚恤优待条例》办法	2006年；2008年修订
	20	湖南省实施《军人抚恤优待条例》办法	2006年
	21	江苏省实施《军人抚恤优待条例》办法	2008年
	22	陕西省实施《军人抚恤优待条例》办法	1990年
	23	北京市实施《军人抚恤优待条例》办法	2006年
	24	广西壮族自治区实施《军人抚恤优待条例》办法	2010年
	25	海南省军人抚恤优待办法	1991年；2010年修改
	26	黑龙江省军人抚恤优待办法	2009年
	27	吉林省军人抚恤优待办法	2010年
	28	四川省军人抚恤优待办法	2007年
	29	浙江省军人抚恤优待办法	2006年
	30	湖北省军人抚恤优待实施办法	1992年公布，2008年修订
	31	贵州省军人抚恤优待办法	2011年
	32	山西省军人抚恤优待实施办法	2008年
	33	上海市优抚对象优待办法	1991年；1993年修正
	34	山东省抚恤定补优抚对象医疗保障办法	2007年

（续表）

退伍安置	35	福建省《退伍义务兵安置条例》实施细则	1988年
	36	甘肃省实施退伍义务兵安置条例细则	1989年
	37	安徽省退伍义务兵安置实施细则	1989年； 2004年修订
	38	江西省实施《退伍义务兵安置条例》细则	1988年
	39	湖南省实施《退伍义务兵安置条例》细则	1990年
	40	吉林省退伍义务兵安置实施细则	1997年修改
	41	山东省实施《退伍义务兵安置条例》细则	1989年
	42	陕西省《退伍义务兵安置条例》实施细则	1990年
	43	辽宁省退伍义务兵安置实施细则	1989年
	44	四川省退伍义务兵安置实施细则	1989年
	45	浙江省退伍义务兵安置条例实施细则	1989年
	46	贵州省实施退伍义务兵安置条例细则	1989年
	47	广西壮族自治区退伍义务兵安置实施细则	1990年
	48	山西省实施《退伍义务兵安置条例》细则	1990年公布， 2011年修改
	49	湖北省退伍义务兵安置实施细则	1989年
	50	北京市实施《退伍义务兵安置条例》的若干规定	1989年
	51	内蒙古自治区退役士兵安置办法	2001年
	52	海南省退伍义务兵安置办法	2008年修改
	53	青岛市城镇退伍义务兵接收安置办法	1996年
	54	上海市退役士兵安置工作暂行办法	2002年
	55	云南省退役士兵安置管理规定	1999年
	56	青海省城镇退役士兵安置暂行办法	2000年
	57	山东省城镇退役士兵自谋职业办法	2002年
	58	陕西省城镇退役士兵自谋职业办法	2006年
	59	湖北省城镇退役士兵自谋职业试行办法	2000年

（续表）

	60	江西省英雄模范褒奖办法	2011年
	61	北京市见义勇为人员奖励和保护条例实施办法	2000年
拥军优属	62	厦门市拥军优属办法	2008年
	63	大连市拥军优属规定	1999年
	64	云南省拥军优属规定	1998年
	65	吉林省拥军优属若干规定	2002年
	66	云南省义务兵家属优待规定	1998年
	67	重庆市拥军优属工作若干规定	1999年
	68	北京市拥军优属工作若干规定	1997年； 2007年修订
	69	甘肃省革命烈士纪念建筑物管理办法	1991年
	70	吉林省革命烈士纪念建筑物保护管理若干规定	1997年修改
社会福利			
社会福利企业	71	大连市社会福利企业管理办法	2010年
	72	甘肃省社会福利企业管理暂行办法	1991年
	73	宁波市社会福利企业管理办法	1997年
	74	青岛市社会福利企业管理规定	2001年
	75	上海市社会福利企业管理办法	1999年； 2010年修正
社会福利机构	76	吉林省民办社会福利机构管理规定	2001年
	77	河南省社会福利机构管理规定	2001年
	78	山东省社会福利机构管理办法	2001年
	79	四川省社会福利机构管理暂行办法	2001年
	80	青岛市养老服务机构管理办法	1999年
	81	上海市养老机构管理办法	1998年； 2010年修正
	82	北京市养老服务机构管理办法	2000年
	83	重庆市城乡养老机构服务管理办法	2008年

（续表）

	84	青海省公益事业捐赠办法	2003 年
	85	吉林省优待老年人规定	2007 年
	86	云南省“残疾孤儿手术康复明天计划”捐款接收及管理办法	2004 年
社会救助			
	87	上海市社会救助办法	1997 年； 2010 年修正
	88	宁波市最低生活保障办法	2004 年
	89	浙江省最低生活保障办法	2001 年
城市低保	90	大连市城市居民最低生活保障办法	2003 年
	91	四川省城市居民最低生活保障实施办法	2001 年
	92	安徽省城市居民最低生活保障实施办法	2002 年
	93	福建省城市居民最低生活保障实施办法	2002 年
	94	海南省城市居民最低生活保障规定	2003 年
	95	河北省城镇居民最低生活保障实施办法	2000 年
	96	河南省《城市居民最低生活保障条例》实施办法	2002 年
	97	黑龙江省实施《城市居民最低生活保障条例》办法	2003 年
	98	湖南省实施《城市居民最低生活保障条例》办法	2003 年
	99	吉林省实施《城市居民最低生活保障条例》办法	2004 年
	100	辽宁省城市居民最低生活保障办法	2002 年
	101	江苏省城市居民最低生活保障办法	2002 年
	102	江西省城市居民最低生活保障办法	2002 年
	103	山东省实施《城市居民最低生活保障条例》办法	2001 年

（续表）

农村低保	104	陕西省实施《城市居民最低生活保障条例》办法	2002 年
	105	宁夏回族自治区城市居民最低生活保障实施办法	2003 年
	106	新疆实施《城市居民最低生活保障条例》办法	2003 年
	107	云南省城市居民最低生活保障办法	2002 年
	108	青海省实施《城市居民最低生活保障条例》办法	2001 年
	109	山西省城市居民最低生活保障实施办法	2004 年； 2011 年修改
	110	广西壮族自治区实施《城市居民最低生活保障条例》办法	2005 年
	111	贵州省城市居民最低生活保障办法	2003 年
	112	湖北省城市居民最低生活保障实施办法	2002 年
	113	北京市实施《城市居民最低生活保障条例》办法	2000 年
	114	四川省农村居民最低生活保障办法	2010 年
	115	大连市农村居民最低生活保障办法	2005 年
	116	大连市农村困难居民医疗救助办法	2008 年
	117	甘肃省农村居民最低生活保障制度试行办法	2006 年
	118	甘肃省农村居民最低生活保障管理办法	2010 年
	119	海南省农村居民最低生活保障办法	2006 年
	120	湖南省农村最低生活保障办法	2008 年
	121	江西省农村居民最低生活保障办法	2011 年
	122	辽宁省农村居民最低生活保障办法	2008 年
	123	宁夏回族自治区农村居民最低生活保障办法	2007 年
	124	广西壮族自治区农村居民最低生活保障办法	2009 年

（续表）

五保供养	125	河南省实施《农村五保供养工作条例》办法	2007 年
	126	四川省《农村五保供养工作条例》实施办法	2010 年
	127	湖南省实施《农村五保供养工作条例》办法	2007 年
	128	江西省实施〈农村五保供养工作条例〉办法	2008 年
	129	陕西省实施《农村五保供养工作条例》办法	2006 年
	130	浙江省实施《农村五保供养工作条例》办法	2008 年
	131	北京市实施《农村五保供养工作条例》办法	2008 年
	132	广西壮族自治区实施《农村五保供养工作条例》办法	2010 年
	133	甘肃省农村五保供养办法	2006 年
	134	湖南省农村五保户供养办法	2003 年
	135	河北省农村五保供养实施办法	2000 年
	136	吉林省农村五保供养办法	2009 年
	137	辽宁省农村五保供养办法	2007 年
	138	青岛市农村五保供养办法	2010 年
	139	山东省农村五保供养办法	2010 年
	140	山西省五保供养办法	2011 年
敬老院	141	安徽省乡镇敬老院管理办法	1992/1997 年；2004 年修订
	142	农村敬老院管理暂行办法	1995 年
医疗	143	宁波市医疗救助办法	2006 年
	144	甘肃省城乡医疗救助管理暂行办法	2010 年
	145	上海市城市贫困市民急病医疗困难补助办法	1990 年
	146	甘肃省城乡居民临时生活救助办法	2010 年
	147	上海市居民经济状况核对办法	2009 年

（续表）

减灾救灾			
	148	吉林省救灾救济捐赠款物管理办法	1997年
	149	贵州省自然灾害救助款物管理办法	2007年
	150	云南省救灾粮差价补贴办法	1993年
	151	云南省救灾粮差价补贴专项资金使用管理暂行办法	1993年
	152	云南省接收救灾捐赠款物管理暂行办法	1996年
	153	云南省救灾资金管理办法	200年
	154	云南省重特大自然灾害救助应急预案	2006年
基层政权			
村务公开	155	海南省村务公开办法	2005年施行；2010年修改
	156	宁夏回族自治区村务公开办法	2007年
	157	陕西省村务公开民主管理办法	2006年
	158	云南省村务公开和民主管理暂行办法	2002年
选举	159	黑龙江省村民委员会选举办法	1999年
	160	云南省社区居民委员会选举暂行规定	2002年
	161	重庆市居民委员会选举办法	1998年
	162	北京市居民委员会选举办法	2000年
社区建设	163	厦门市城市社区建设若干规定	2006年
	164	北京市社区服务设施管理若干规定	1991/1997年；2002年修订
	165	关于利用单位内部设施开展社区服务的若干规定	2001年
	166	北京市社区居民委员会办公用房管理若干规定	2001年 2006年修订

（续表）

社会事务			
殡葬管理	167	大连市殡葬管理暂行规定	1997年； 2004年修订
	168	安徽省殡葬管理办法	1994/1997年； 2004年修订
	169	福建省殡葬管理办法	2002年
	170	甘肃省殡葬管理办法	1986年
	171	海南省殡葬管理办法	1996/1997年； 2010年修改
	172	河北省殡葬管理办法	1998年
	173	黑龙江省殡葬管理规定	2006年修订
	174	湖南省实施《殡葬管理条例》办法	2002年
	175	吉林省殡葬管理办法	1999年
	176	江苏省人民政府《江苏省殡葬管理办法》	2000年
	177	新疆维吾尔自治区实施《殡葬管理条例》若干规定	1999年
	178	江西省殡葬管理办法	1998/2001年； 2004年修正
	179	辽宁省殡葬管理实施办法	1998年； 2004年修订
	180	宁夏回族自治区殡葬管理办法	2000年
	181	山东省殡葬管理规定	1999年
	182	陕西省殡葬管理办法	2000年
	183	重庆市殡葬事务管理办法	2002年
	184	山西省殡葬管理办法	2000年； 2011年修改
	185	湖北省殡葬管理办法	1994年； 2000年修改
	186	大连市关于尸体运输管理的若干规定	1994年

（续表）

公墓	187	云南省公墓管理规定	1997 年
	188	宁夏回族自治区公墓管理暂行办法	1991 年
	189	江苏省人民政府《江苏省公墓管理办法》	1989 年
	190	上海市公墓管理办法	1995/2004 年；2010 年修正
	191	浙江省公墓管理办法	2006 年
婚姻	192	北京市实施《婚姻登记条例》若干规定	2003 年
	193	云南省婚姻证书管理办法	2001 年
	194	上海市婚姻介绍机构管理办法	2002 年
	195	陕西省禁止早婚早育规定	1992 年
	196	河北省收养登记办法	2002 年
救助管理	197	江西省城市生活无着的流浪乞讨人员救助管理规定	2008 年
	198	湖北省城市生活无着的流浪乞讨人员救助管理实施办法	2006 年
	199	河南省城市生活无着的流浪乞讨人员救助管理规定	2005 年
区划地名			
地名管理	200	安徽省地名管理办法	2001 年
	201	甘肃省地名管理办法	2003 年
	202	海南省地名管理办法	1994 年；2010 年修改
	203	河北省地名管理规定	2011 年
	204	宁夏回族自治区地名管理办法	2000 年
	205	河南省地名管理办法	1989 年

（续表）

地名管理	206	黑龙江省地名管理规定	1999 年
	207	吉林省地名管理规定	2002 年
	208	辽宁省地名管理实施办法	1986 年； 1997 年修订
	209	宁波市地名管理办法	2003 年
	210	青岛市地名管理条例	2001 年
	211	山东省地名管理办法	1998 年
	212	陕西省地名管理条例实施办法	1988 年
	213	四川省地名管理办法	1987 年
	214	厦门市地名管理规定	1998/2002 年； 2004 年修正
	215	新疆维吾尔自治区地名管理实施办法	1989 年
	216	云南省地名管理实施办法	1989 年
	217	浙江省地名管理办法	1994 年
	218	山西省地名管理办法	1997 年； 2011 年修改
	219	广西壮族自治区地名管理规定	1990 年
	220	贵州省地名管理实施办法	1992 年
	221	湖北省地名管理办法	1991 年
界线管理	222	云南省行政区域边界争议处理实施办法	1990 年
	223	海南省行政区域边界争议处理办法	1998 年； 2010 年修改
	224	甘肃省行政区域界线管理办法	2007 年
	225	河南省行政区域界线管理办法	2009 年
	226	江西省行政区域界线管理办法	2008 年
	227	山东省行政区域界线管理办法	2006 年
	228	陕西省行政区域界线管理办法	2008 年
	229	新疆维吾尔自治区实施《行政区域界线管理条例》办法	2006 年
	230	北京市行政区域界线管理办法	2004 年
	231	山东省行政区划管理办法	1988 年
	232	云南省退伍义务兵安置条例实施细则	1988 年
	233	江西省军人抚恤优待办法	2010 年

附录4：民政部关于废止、修改部分规章的决定（部令38号）

2011-01-11

《民政部关于废止、修改部分规章的决定》已经2010年12月20日民政部部务会议通过，现予公布，自公布之日起施行。

部长：李立国

二〇一〇年十二月二十七日

民政部关于废止、修改部分规章的决定

一、决定予以废止的规章

决定对《灾情统计、核定、报告暂行办法》（民救发［1997］8号）予以废止。

二、决定予以修改的规章

（一）《关于义务兵提前退出现役的暂行规定》（民［1988］安字18号）

将第二部分第（一）项中的"《关于征集兵员政治条件的规定》"修改为"《征兵政治审查工作规定》"。

（二）《社会团体印章管理规定》（民政部、公安部令第1号）

1. 将第一条第（二）项、第（三）项中的"办理准刻手续"修改为"办理备案手续"。

2. 将第三条第（一）项、第（二）项中的"批准"修改为"备案"。

3. 将第四条第（四）项中的"重新提出申请，经核准后，刻制新的印章"修改为"并按本规定重新刻制"。

（三）《革命烈士纪念建筑物管理保护办法》（民政部令第2号）

1. 删除第十三条中的"在革命烈士纪念建筑物保护单位范围内进行其他建设

工程的，应当经原批准单位公布的人民政府和上一级人民政府的民政部门同意。在全国重点革命烈士纪念建筑物保护单位范围内进行其他建设工程，须经省、自治区、直辖市民政厅（局）报经民政部同意。”

2. 将第十六条中的“《中华人民共和国治安管理处罚条例》”修改为“《中华人民共和国治安管理处罚法》”。

（四）《地名管理条例实施细则》（民行发［1997］17号）

1. 删除第三条中的“企业事业单位”。

2. 将第十二条中的“行政区域名称的命名、更名，由行政区划和地名管理部门共同协商承办”修改为“行政区划名称的命名、更名，由民政部门承办”。

3. 将第三十二条中的“对擅自命名、更名或使用不规范地名的单位和个人，应发送违章使用地名通知书，限期纠正；对逾期不改或情节严重、造成不良后果者，地名管理部门应根据有关规定，对其进行处罚”修改为“对擅自命名、更名或使用不规范地名的单位和个人，由地名主管部门按照国家有关规定处理”。

4. 将第三十三条中的“《中华人民共和国治安管理处罚条例》”修改为“《中华人民共和国治安管理处罚法》”。

5. 将第三十三条中的“触犯刑律的”修改为“构成犯罪的”。

（五）《民办非企业单位登记暂行办法》（民政部令第18号）

1. 将第十六条中的“全部有效文件之日起60日内，作出”修改为“全部有效文件后，在法定期限内作出”。

2. 将第十九条中“申请注销登记的全部有效文件之日起30日内，作出”修改为“申请注销登记的全部有效文件后，在法定期限内作出”。

3. 删除第二十条第三款。

（六）《民办非企业单位印章管理规定》（民政部令第20号）

1. 将第三条修改为：“三、印章的制发程序民办非企业单位刻制印章须在取得登记证书后向登记管理机关提出书面申请及印章式样，持登记管理机关开具的同意刻制印章介绍信及登记证书到所在地县、市（区）以上公安机关办理备案手续后刻制。”

2. 将第四条第（八）项中“未到公安机关办理准刻手续擅自刻制印章的”修改为“非法刻制印章的”。

3. 将第四条第（九）项中的“《中华人民共和国治安管理处罚条例》第二十五条第二项的规定”修改为“《中华人民共和国治安管理处罚法》的规定”。

（七）《社会团体分支机构、代表机构登记办法》（民政部令第23号）

1. 将第七条中的“所列全部有效文件之日起60日内”修改为“所列全部有效文件后，在法定期限内”。

2. 删除第九条第二款、第九条第三款中的“银行账号”、第十四条第（四）项。

3. 将第十五条修改为：“社会团体注销的，其所属的分支机构、代表机构同时注销。”

（八）《基金会年度检查办法》（民政部令第 30 号）

将第七条第一款第（五）项修改为“违反国家其他有关规定的”。

（九）《假肢与矫形器（辅助器具）制作师执业资格注册办法》（民政部令第 33 号）

将第三条中的“中国假肢矫形器协会”修改为“全国性假肢矫形器（康复器具）行业协会”。

本决定自公布之日起施行。

附录5：
1993年民政部明令废止和宣布自行失效的规章目录

民政部关于废止部分民政规章的通知

（民法发［1993］15号）

各省、自治区、直辖市民政厅（局），各计划单列市民政局，新疆生产建设兵团群工部：

为适应改革开放新形势的需要，根据国务院的有关指示，我部对新中国成立以来至一九九二年底的民政部（含原内务部）所发布的民政行政规章进行了一次全面的清理，共清理出应明令废止和宣布自行失效的行政规章及规范性文件138件。现予以明令废止和宣布自行失效。自本通知发布之日起，这些规章不再适用。

序号	规章目录	发布文号和时间	清理结果
一、优抚			
1	内务部关于七七事变前和抗日时期中共党员干部和群众被敌杀害应否按烈士抚恤的批复	内优字第172号，1951、9、24	被《革命烈士褒扬条例》代替
2	内务部关于年久无音信的老红军家属待遇和介绍烈、军属等就业问题的复函	内优字第179号，1951、10、15	适应当时情况的具体规定，自行失效
3	内务部关于优抚范围、残废证件和处理某些具体问题的批复	内优字第200号，1951、11、3	被《军人抚恤优待条例》代替

（续表）

序号	规章目录	发布文号和时间	清理结果
4	内务部关于革命烈士、革命军人分居的父母和改嫁的寡母如何优待函	内优字236号，1951、12、19	同上
5	内务部关于革命烈士、革命军人旁系亲属如何优待函	内优（52）字第6号，1952、1、12	被《军人抚恤优待条例》代替
6	内务部关于解释革命烈属、军属优待范围的通知	内优（52）字第130号，1952、2、12	同上
7	内务部关于执行《革命残废人员优待抚恤暂行条例》注意事项	内优字第69号，1952、4、29	同上
8	内务部关于红军北上后被敌杀害人员应否按烈士抚恤的批复	内优（53）字第1587号，1953、6、12	同上
9	内务部关于革命牺牲军人曾立小功问题的批复	内优（53）字第1919号，1953、11、11	同上
10	内务部关于事业单位工作人员及其所属学校训练班教职员工等抚恤问题的批复	内优（53）字第1989号，1953、12、10	被86年财文字第276号和财文字（89）第455号代替
11	内务部关于优抚条例中所定革命烈士、革命军人弟妹年龄计算标准的批复	内优（54）字第34号，1954、1、23	被《军人抚恤优待条例》代替
12	内务部关于革命烈士褒扬抚恤及革命烈士家属优待问题的综合批复	内优（54）字第39号，1954、1、30	被《革命烈士褒扬条例》《军人抚恤优待条例》代替
13	内务部关于经济建设工程民工范围的复函	内优（54）字第278号，1954、8、31	适应当时情况的具体规定，自行失效。

（续表）

序号	规章目录	发布文号和时间	清理结果
14	内务部关于革命残废军人回乡后被敌人捕杀是否称烈士问题的批复	内优（55）字第255号，1955、8、31	被《革命烈士褒扬条例》代替
15	内务部关于革命残废军人抚恤工作中几个问题的批复	1956、4、12	适应当时情况的具体规定，自行失效
16	内务部关于革命残废军人学校教养院的学员、休养员在办理复员手续后牺牲病故的处理问题的批复	1956、7、23	适应当时情况的具体规定，自行失效
17	内务部关于残废军人和残废工作人员抚恤问题的复函	1956、8、16	被《军人抚恤优待条例》及解释代替
18	内务部关于在企业和合作社系统中工作的残废军人伤口复发治疗期间工资待遇问题的复函	1957、2、11	被《军人抚恤优待条例》及解释代替
19	内务部关于牺牲病故人员的家属系在职干部是否给予抚恤的批复	内优字第88号，1957、2、20	同上
20	内务部优抚局关于参加行政机关工作的技术人员牺牲、病故抚恤问题的复函	1957、9、19	适应当时情况的具体规定，自行失效
21	内务部优抚局关于评残中的两个问题的复函	1957、9、22	被《军人抚恤优待条例》及解释代替
22	内务部关于兵工企业的职工过去因	1958、2、25	适用期已过，自行失效

（续表）

序号	规章目录	发布文号和时间	清理结果
23	内务部优抚局关于革命残废人员考入高等学校后的残废抚恤问题的复函	1958、4、10	被《军人抚恤优待条例》及解释代替
24	内务部关于公安民警处工作人员因公牺牲病故或者因公致残的抚恤问题的复函	1958、9、29	被民优发（1992）31号文代替
25	内务部优抚局关于在乡二等以上残废军人在当学徒期间残废抚恤待遇问题的复函	1959、3、3	被《军人抚恤优待条例》及解释代替
26	内务部关于对在供销合作社、手工业合作社等单位工作的残废军人如何确定发给在职残废金或在乡残废抚恤金的批复	1962、4、21	被《军人抚恤优待条例》及解释代替
27	内务部关于带病回乡的复员军人因旧病复发而死亡的抚恤问题的通知	1962、8、31	被《军人抚恤优待条例》代替
28	内务部关于残废抚恤工作中的几个问题的复函	1962、10、19	同上
29	内务部关于带病回乡复员军人评残问题的批复	1962、11、8	同上
30	内务部关于残废抚恤工作中几个问题的批复	1962、11、30	同上
31	内务部关于对乡干部中残废军人的残废抚恤如何发放问题的复函	1963、1、30	同上

（续表）

序号	规章目录	发布文号和时间	清理结果
32	内务部关于部队在军事演习中发生事故致残的人员如何抚恤问题的复函	1963、2、26	同上
33	内务部关于烈士儿子成年以后是否享受物质优待问题的复函	1963、3、13	同上
34	内务部优抚局关于抗美援朝失踪军人配偶改嫁后能否领取抚恤问题的复函	1963、5、13	适应当时情况的具体规定，自行失效
35	内务部优抚局关于牺牲、病故军人曾立二等功以上的可增发抚恤金四分之一的复函	1963、6、3	被《军人抚恤优待条例》及解释代替
36	内务部关于残废军人中历史反革命分子的残废抚恤问题的批复	1963、6、11	适应当时情况的具体规定，自行失效
37	内务部关于机关、党派、团体列入编外人员的病故抚恤问题的复函	1963、7、1	适应当时情况的具体规定，自行失效
38	内务部优抚局关于国家机关工作人员参加机关群众性体育运动负伤致残可否评残问题的复函	1963、10、5	被《军人抚恤优待条例》及解释代替
39	内务部关于烈、军属中的地、富反、坏分子是否享受优待问题的综合批复	1964、7、13	适应当时情况的具体规定，自行失效

（续表）

序号	规章目录	发布文号和时间	清理结果
40	内务部关于抗美援朝战争中致残的铁路职工调离铁路系统后的抚恤问题的复函	1964、11、17	适应当时情况的具体规定，自行失效
41	内务部关于现役军人入赘到妻子家中的军属优待由何方享受问题的复函	1964、12、15	被《军人抚恤优待条例》及解释代替
42	内务部关于从地方借到部队任翻译工作的人员牺牲、病故后待遇问题的复函	（66）内优字第88号，1966、6、28	适应当时情况的具体规定，自行失效
43	内务部优抚局关于矽肺病退伍军人的残废待遇问题的复函	（66）内优字第118号，1966、10、15	被《军人抚恤优待条例》及解释代替
44	内务部关于特、一等革命残废军人病故后其遗属的生活困难如何给予照顾问题的复函	（66）内优字第134号，1966、11、11	被《军人抚恤优待条例》及解释代替
45	内务部关于所属工役制工人因公死亡待遇问题的复函	（67）内优字第204号	适应当时情况的具体规定，自行失效
46	民政部关于做好优抚对象普查工作的通知	民发（1978）2号，1978、10、19	适用期已过，自行失效
47	民政部关于人民警察牺牲、病故残废抚恤问题的复函	（79）民优字第8号，1979、3、30	被民优（89）34号、民优发（92）31号代替
48	民政部关于集体所有制企业事业单位工作的革命残废人员的残废抚恤金按何标准发放问题的批复	（79）民优字第85号，1979、5、22	被《军人抚恤优待条例》及解释代替

（续表）

序号	规章目录	发布文号和时间	清理结果
49	民政部关于处理当前转业、复员退伍军人要求评残问题的通知	民发（1979）52号，1979、8、28	同上
50	民政部关于国家机关工勤人员牺牲、病故抚恤金问题的复函	（82）民优字第18号，1982、3、15	同上
51	民政部关于转发总后勤部卫生部《关于因病评残的参照条件》的通知	民（1982）优51号，1982、7、17	被《革命伤残军人评定病残的条件》（1989、4、15）代替
52	民政部优抚局关于大专毕业生在见习期间死亡后如何抚恤问题的复函	（82）民优字第101号，1982、8、18	被民（1989）优字34号代替
53	民政部优抚局关于现役军人、人民警察、机关工作人员因公牺牲范围的意见	（82）民优字第115号，1982、9、15	同上
54	民政部关于调整部分孤老优抚对象定期定量补助标准的通知	民（1983）优17号，1983、3、7	适用期已过，自行失效
55	民政部优抚局关于复退军人要求补办评残手续如何掌握问题的复函	（83）民优字第62号，1983、6、16	被《军人抚恤优待条例》及解释代替
56	民政部关于机关离休干部病故抚恤问题的复函	民（1983）优63号，1983、7、10	同上
57	民政部优抚局关于被追认为烈荣立二等功以上的革命军人应否增发抚恤金的四分之一的复函	（83）民优字第110号，1983、11、9	同上

（续表）

序号	规章目录	发布文号和时间	清理结果
58	民政部关于对在战备飞行训练或在执行试飞任务中牺牲的部队飞行人员可以追任为革命烈士的通知	民（1985）优55号，1985、10、8	同上
59	民政部关于享受定期抚恤金的优抚对象病故后可否立即停止抚恤以及如何发给丧葬补助费问题的批复	（85）民优函第247号，1985、11、9	同上
60	民政部优抚局关于机关离、退休人员因公牺牲病故后抚恤金计发问题的复函	（86）民优字47号，1986、9、22	适应当时情况的具体规定，自行失效
61	民政部优抚局关于荣立二等功以上病故军人一次抚恤金如何计发问题的通知	（87）民优字第31号，1987、9、10	被《军人抚恤优待条例》及解释代替
62	民政部关于做好拥军优属工作的紧急通知	1989、6、12	适用期已过，自行失效
二、安置			
63	内务部关于外籍荣复转业军人要求返籍等问题的批复	内优（53）字第1861号，1953、10、8	适用期已过，自行失效
64	内务部关于已安置的外籍退伍、复员、转业军人不再介绍回籍的通知	内优（53）字第2005号，1953、12、31	同上
65	内务部优抚局关于已安置的外籍退伍复员转业军人回原籍问题的公函	（55）内优局字第150号，1955、5、11	同上

（续表）

序号	规章目录	发布文号和时间	清理结果
66	内务部关于复员军人参加工作后又办理退职退休时军龄计算问题复河南省民政厅的函	1958、8、5	同上
67	内务部关于复员退伍军人和退职人员考入高等学校或中等专业学校学习毕业分配工作以后工资待遇问题给新疆维吾尔自治区人委办公厅的复函	(62)内人工字第250号，1962、12、30	适应当时情况的具体规定，自行失效
68	内务部关于执行“国务院关于修改军队退休干部生活费标准的通知”的通知	（66）内优字第54号，1966、4、11	同上
69	民政部安置局关于一九五五年前后复员女同志生活补助费开支的通知	（86）民安字第65号，1986、10、14	同上
70	民政部办公厅关于转发财政部税务总局减免军供站、军人接待站税收的通知	（1987）民办字18号，1987、2、11	适用期已过，自行失效
71	民政部关于接受国防科工委边防艰苦地区易地安置的无军籍退休职工的通知	民（1988）安字27号，1988、8、29	适应当时情况的具体规定，自行失效
三、救灾救济			
72	内务部关于加强生产自救劝告灾民不往外逃并分配救济粮的指示	1949、12、19	适用期已过，自行失效

（续表）

序号	规章目录	发布文号和时间	清理结果
73	内务部关于注意防止夏荒的指示	1950、5、5	同上
74	内务部关于继续备荒防灾的指示	1950、6、8	适应当时情况的具体规定，自行失效
75	内务部关于处理灾民逃荒问题的再次指示	1950、10、12	同上
76	内务部关于注意偏灾的指示	1950、10、26	同上
77	内务部关于检查救灾工作的指示	1951、1、20	同上
78	内务部关于春荒期间加强生产救灾工作的指示	1951、3、16	同上
79	内务部关于防止和克服春荒的指示	1951、4、16	同上
80	内务部关于加强灾区节约度荒工作的指示	1953、9、26	适应当时情况的具体规定，自行失效
81	内务部关于开展灾区冬季生产自救工作预防明年春荒的指示	内救（53）字第51号，1953、12、11	同上
82	内务部关于加强新灾救济工作的指示	1954、6、10	同上
83	内务部关于加强春荒救济工作的指示	1955、3、11	同上
84	内务部关于做好夏荒救济工作的指示	1955、5、13	适应当时情况的具体规定，自行失效
85	内务部关于防止连灾的通知	1955、5、16	同上
86	内务部关于加强春荒救济工作预防夏荒的指示	1956、2、23	同上

（续表）

序号	规章目录	发布文号和时间	清理结果
87	内务部关于预防和抢救新灾的通知	1956、7、4	同上
88	内务部关于目前救灾工作中几个问题的指示	1957、3、19	同上
89	内务部关于及早预防新灾的通知	1957、5、13	同上
90	内务部关于做好灾区今冬明春救灾工作的通知	1962、12、11	同上
91	内务部关于灾区当前应抓好几项工作的通知	1963、8、14	同上
92	民政部关于进一步做好春夏荒期间生产救灾工作的通知	民 发（1979）25 号，1979、5、3	同上
93	民政部关于加强夏荒期间生产救灾工作的通知	民 发（1979）35 号，1979、7、7	同上
94	民政部关于可否发动群众募捐支援灾区问题的答复	1981、10、4	同上
95	民政部关于切实做好支援贫困地区衣被募集发放工作的通知	民（1986） 农 37 号，1986、11、11	同上
96	民政部关于报送捐赠款物的通知	民救函（1991）2024 号，1991、7、22	同上
97	民政部关于印发《关于香港地区赈灾捐赠工作座谈会纪要》的通知	民办函（1991）215 号，1991、8、1	同上
四、行政区划和地名管理			
98	内务部关于统一行政区划变更权限的规定	内民字第 3 号，1949、12、24	被国发（1985）8 号代替

（续表）

序号	规章目录	发布文号和时间	清理结果
99	内务部关于县以上行政单位变更应报经中央核准的指示	内民字 54 号，1951、3、24	同上
100	内务部关于调整市郊区行政区划应行注意事项的通知	1954、5、4	适应当时情况的具体规定，自行失效
101	内务部关于行政区划变更时应附送有关资料的通知	内民字第 10 号，1962、2、12	被国发（1985）8 号代替
五、婚姻管理			
102	内务部关于对少数民族婚姻处理问题的批复	内社字第 739 号，1950、12、13	适应当时情况的具体规定，自行失效
103	内务部关于如何处理涉外离婚案件的批复	1964、3、19	同上
104	内务部关于涉外离婚案件的公证认证问题的批复	1965、6、10	同上
105	民政部关于涉外结婚证的印制和用章问题	民 发（1980）47 号，1980、7、2	适应期已过，自行失效
六、社会福利			
106	民政部关于为我在中越边境自卫反击战斗中伤残的战士做好假肢器具的通知	民 发（1979）18 号，1980、4、4	适应当时情况的具体规定，自行失效
107	民政部印发《关于签订和执行假肢标准件定货合同的几项规定》的通知	民 发（1980）45 号，1980、6、23	适应已过，自行失效
108	民政部办公厅关于外国人要求收养中国小孩问题的批复	（80）民城字第 134 号，1980、12、17	适用期已过，自行失效

（续表）

序号	规章目录	发布文号和时间	清理结果
109	民政部关于整顿社会福利工厂的通知	民（1982） 城 25 号，1982、4、26	适用期已过，自行失效
110	民政部关于印发《假肢工作座谈会纪要》的通知	（83）民城字第 33 号，1983、3、31	同上
111	民政部关于切实抓紧对民政事业单位进行整顿工作的通知	民（1984） 办 19 号，1984、5、21	适用期已过，自行失效
112	民政部优质产品评比暂行办法	民（1985） 城 53 号，1985、9、20	明令废止
113	民政部办公厅下发《关于有偿评审、咨询技改贷款项目的暂行规定》的通知	（1987）民办字 39 号，1987、3、19	适应当时情况的具体规定，自行失效
114	民政部关于对社会福利企业进行全面清理整顿的通知	民（1988）城字 12 号，1988、4、19	适用期已过，自行失效
115	民政部办公厅关于印发《全国福利企业推行承包经营责任制研究班纪要》的通知	民办（1988）办字 4 号，1988、4、21	适应当时情况的具体规定，自行失效
116	民政部关于进一步抓好社会福利企业清理整顿工作的通知	民（1989）福字 22 号，1989、4、28	适用期已过，自行失效
117	民政部办公厅关于外国人收养中国孩子问题的复函	民办函（1990）185 号，1990、8、25	适应当时情况的具体规定，自行失效
七、殡葬管理和收容遣送			
118	内务部关于殡葬改革工作的意见	1965、7、22	适应当时情况的具体规定，自行失效

（续表）

序号	规章目录	发布文号和时间	清理结果
119	民政部关于恢复收容遣送自由流动人口中转站和对口接收站的通知	（79）民城字第97号，1979、2、14	适应当时情况的具体规定，自行失效
120	民政部城福司关于收容遣送站工作人员在遣送自流人口途中差旅费报销问题给陕西省民政局的复函	（80）民城字第55号，1980、5、30	适应当时情况的具体规定，自行失效
121	民政部关于转发《全国殡葬工作经验交流会议纪要》的通知	民（1984） 民11号，1984、3、5	适用期已过，自行失效
122	关于签订殡仪专用汽车和火化炉购销合同的几项规定	民（1984） 民46号，1984、11、18	调整对象消失，自行失效
八、人事教育			
123	内务部关于加强民政干部培养训练工作的指示	内民（54）字第57号，1954、7、3	适用期已过，自行失效
124	民政部、北京假肢科学研究所关于各类技术职务的考核内容和评分标准	（86）民职改字第3号，1986、12、26	适应当时情况的具体规定，自行失效
125	教师职务评审考核暂行办法	（86）民职改字第2号，1986、12、26	同上
126	中国肢体残废康复中心专业技术职务评审实施细则	（86）民职改字第4号，1986、12、26	同上
127	民政部科学技术三项经费管理使用办法	（1987）民人字第072号，1987、8、4	被民人发（90）2号代替
九、规划财务			
128	民政部关于加强民政统计工作的通知	民 发（1979）74号，1979、12、12	适应当时情况的具体规定，自行失效

（续表）

序号	规章目录	发布文号和时间	清理结果
129	民政部印发《关于制订民政事业发展规划的安排意见》的通知	民（1983） 办 82 号，1983、8、3	被《民政事业发展十年规划和“八五”计划纲要》代替
130	民政部关于县级以上民政部门购买汽车等有关问题的通知	民（1984） 办 45 号，1984、10、22	适应当时情况的具体规定，自行失效
131	民政部关于颁发民政事业统计年报和民政事业费决算汇总报表制度的通知	民（1985） 计 45 号，1985、7、5	适应当时情况的具体规定，自行失效
132	民政部关于印发《民政事业统计主要指标解释（试行稿）》的通知	（85）民办字第 95 号，1985、9、10	适应当时情况的具体规定，自行失效
133	民政部关于在民政系统开展增产节约、增收节支运动的通知	民（1987）计字 10 号，1987、3、9	同上
134	民政部办公厅关于福利企业技术改造贷款项目有关问题的通知	（1988）民办字第 32 号，1988、2、25	被《社会福利企业技术改造贷款贴息资金管理办法》代替
135	民政部关于印发《社会福利企业技术改造贷款贴息办法》的通知	（1988）民计函第 133 号，1988、7、7	同上
136	民政部关于印发《民政事业统计半年报制度》的通知	民（1988）综字 29 号，1988、9、26	适应当时情况的具体规定，自行失效
137	民政部关于做好农村自然灾害情况统计工作的通知	民综函（1991）312 号，1991、10、18	同上
十、有奖募捐			
138	民政部关于扩大发行社会福利有奖募捐券试点范围的通知	（1987）民捐函第 196 号，1987、7、30	适应当时情况的具体规定，自行失效

附录6：2000年民政部废止的部分民政规章及规范性文件目录

民政部关于废止部分民政规章及规范性文件的通知

民发［2000］238号

各省、自治区、直辖市民政厅（局），各计划单列市民政局，新疆生产建设兵团民政局：

近几年来，社会政治、经济形势发生了很大变化，现行规章及规范性文件中有些已经不能适应形势发展的需要，有些适用期已过，有些已被法规或新的规范性文件所代替。为推进民政系统依法行政进程，更好地为社会稳定的大局服务，从1999年底开始办公厅组织对现行规章及规范性文件在1993年清理的基础上再次进行了全面清理。

这次清理的范围是1949年至1999年底民政规章及规范性文件。共清理出应明令废止和自行失效的民政规章及规范性文件158件，现予公布。

序号	规章目录	发布文号和时间	清理结果
总类			
1	民政部办公厅关于印发《民政部立法程序暂行规定》的通知	民办发［1990］20号，1990年4月24日	被《民政部关于印发〈民政部立法工作程序规定〉的通知》（民发［1999］52号）取代
2	民政部关于印发《〈民政工作中国家秘密及其密级具体范围的规定〉的有关说明》的通知	民办发［1991］20号，1991年8月6日	被《民政部关于印发〈民政工作中国家秘密及其密级及具体范围的规定〉的通知》（民发［2000］71号）取代

（续表）

序号	规章目录	发布文号和时间	清理结果
3	民政部办公厅关于印发《民政部机关公文处理实施细则》的通知	民办发［1994］3号 1994年1月26日	民政部办公厅关于印发《民政部机关公文处理实施细则》的通知被《民政部办公厅关于印发〈民政部机关公文处理实施细则〉的通知》（厅办发［1999］5号）取代
4	民政部办公厅关于印发《民政部关于部务会议、部长办公会议的规定》和《民政部会议管理暂行办法》的通知	民办发［1994］4号 1994年1月26日	会议管理部分被《民政部办公厅关于印发民政部会议管理办法的通知》（厅办发［1999］4）取代；其余有效
5	民政部关于印发《民政信访工作暂行办法》的通知	民办发［1994］4号 1994年1月26日	被1999年《民政部信访工作办法》（民政部令17号）取代
6	民政部办公厅印发《民政部办公厅关于密码电报、传真电报、传真机使用和管理的暂行规定》的通知	民办发［1994］5号 1994年2月14日	被《民政部保密委员会关于机要文电资料管理的保密规定》（民保字［1996］12号）取代
7	民政部办公厅关于印发《民政部关于印章管理的规定》的通知	民办发［1994］7号 1994年8月8日	被《民政部办公厅关于印发民政部印章管理规定的通知》（厅办发［1999］3号）取代
8	民政部办公厅印发《关于法规草案提请部务会议审议的若干规定》的通知	民办发［1994］10号 1994年8月20日	《民政部关于印发民政部立法工作程序规定的通知》（民发［1999］52号）中有新的规定
9	民政部、国家保密局关于印发《民政工作中国家秘密及其密级具体范围的规定》的通知	民办发［1995］11号 1995年4月6日	被《民政部关于印发民政工作中国家秘密及其密级及具体范围的规定的通知》（民发［2000］71号）取代

（续表）

序号	规章目录	发布文号和时间	清理结果
10	民政部办公厅《关于行文代字的规定》	民办函［1994］142号，1994年7月26日	适用期已过
11	民政部办公厅《关于以民政部文件的形式印发部领导讲话的有关规定》	厅办函［1996］257号，1996年12月16日	适用期已过
12	民政部《关于加强部机关会议管理的通知》	民办函［1996］63号，1996年3月22日	被《民政部办公厅关于印发民政部会议管理办法的通知》（厅办发［1999］4号）取代
13	民政部《关于进一步加强会议管理的规定》	民办发［1997］4号，1997年3月19日	被《民政部办公厅关于印发民政部会议管理办法的通知》（厅办发［1999］4号）取代
计划财务			
14	民政部关于坚决制止在拥军优属活动和召开优抚对象先进代表会议等方面铺张浪费的通知	民发［1979］63号，1979年10月10日	适用期已过
15	民政部、财政部关于民政部门建房经费问题的函	民发［1980］1号，1980年1月9日	适用期已过
16	政部、财政部关于恢复结（离）婚证收费财务处理问题的通知	民发［1980］41号，1980年6月17日	适用期已过
17	民政部、国家统计局关于加强协作进一步做好民政统计工作的通知	统社字［1983］80号，1983年4月15日	被《民政部关于印发民政事业统计年报制度》（民发［1999］27号）取代
18	民政部、卫生部、国家医药管理局关于明确优抚和社会福利事业单位所需救护车分配渠道的通知	民办字［1984］30号，1984年6月27日	适用期已过

（续表）

序号	规章目录	发布文号和时间	清理结果
19	民政部关于民政部直属各筹建单位人员的奖金在筹建费中列支的通知	民办函［1984］186号，1984年12月21日	适用期已过
20	民政部关于重庆等七市计划单列有关问题的通知	民计字［1985］30号，1985年5月30日	适用期已过
21	民政部、财政部关于由民政部门定期发放生活费供养的优抚、救济对象给予生活补贴的通知	民计字［1985］44号，1985年6月29日	适用期已过
22	民政部印发《民政部直属事业单位“预算包干”具体实施办法》的通知	民综字［1989］3号，1989年1月5日	适用期已过
23	民政部关于发布《民政部直属事业单位周转金的几项暂行规定》的通知	民综字［1989］26号，1989年5月24日	适用期已过
24	民政事业统计主要指标解释	1989年5月	被《民政部关于印发民政事业统计年报制度》（民发［1999］27号）取代
25	民政部办公厅关于颁发《基本建设管理暂行办法》的通知	民办综字［1989］19号，1989年7月17日	适用期已过
26	民政部、全国控制社会集团购买力办公室关于办理全国勘界试点专用车控购手续的通知	民综发［1989］42号，1989年10月23日	适用期已过
27	民政部关于勘定行政区域界线试点经费实行包干使用的通知	民综函［1990］109号，1990年6月6日	适用期已过
28	民政部关于修订民政事业统计年报制度的通知	民综函［1990］175号，1990年8月15日	被《民政部关于印发民政事业统计年报制度》（民发［1999］27号）取代

（续表）

序号	规章目录	发布文号和时间	清理结果
29	民政部办公厅关于增补民政事业统计指标解释的通知	民办函［1990］219号，1990年11月16日	被《民政部关于印发民政事业统计年报制度》（民发［1999］27号）取代
30	民政部印发《关于审批设立全民所有制公司暂行办法的实施办法》的通知	民综函［1993］103号，1993年4月24日	适用期已过
31	民政部关于印发《民政事业统计年报制度》的通知	民综发［1993］17号，1993年10月20日	被《民政部关于印发民政事业统计年报制度》（民发［1999］27号）取代
32	民政部办公厅关于印发《民政事业统计指标解释》的通知	民办发［1993］6号，1993年11月4日	被《民政部关于印发民政事业统计年报制度》（民发［1999］27号）取代
33	民政部关于我部所属企业在北京地区的房地产开发立项实行统一申报的函	民计函［1994］264号，1994年11月17日	适用期已过
34	政部关于印发《民政部直属企业管理若干规定》的通知	民计函［1995］222号，1995年9月19日	适用期已过
35	民政部关于民政部直属事业单位出售公有住房有关问题的通知	民计函［1996］83号，1996年4月12日	适用期已过
36	36民政部办公厅关于印发《民政事业统计补充指标》的通知	厅办函［1996］196号，1996年10月8日	被《民政部关于印发民政事业统计年报制度》（民发［1999］27号）取代
37	民政部关于印发《民政事业统计主要指标解释》的通知	民计函［1997］205号，1997年11月3日	被《民政部关于印发民政事业统计年报制度》（民发［1999］27号）取代
人事教育			
38	民政部直属单位人事管理暂行规定	民人字［1988］46号，1988年8月1日	《民政部事业单位人员管理暂行办法》（人干字［2000］1号）中有新的规定

（续表）

序号	规章目录	发布文号和时间	清理结果
39	民政部关于改进直属单位管理体制的通知	民人函［1989］133号，1989年3月28日	《民政部事业单位人员管理暂行办法》（人干字［2000］1号）中有新的规定
40	民政部直属单位干部管理工作细则	人直干字［1992］69号，1992年6月20日	《民政部事业单位人员管理暂行办法》（人干字［2000］1号）中有新的规定
41	民政部关于各司（厅）、直属机关各司（局）、厅人员编制及内设机构的通知	民办发［1993］13号，1993年9月27日	被《民政部人事教育司关于部机关党委处（室）机构设置的规定》（人劳字［1998］56号）取代
42	民政部关于印发审计署驻民政部审计局职能配置、内设机构和人员编制方案的通知	民人发［1994］25号，1994年8月17日	适用期已过
民间组织管理			
43	民政部、国家物价局、财政部关于社会团体登记管理收费的通知	民［1989］综字24号，1989年3月8日	被《国家计委、财政部关于调整社会团体登记收费标准的通知》取代
44	民政部、人事部关于贯彻执行《社会团体登记管理条例》的通知	民社发［1989］57号，1989年12月14日	1998年《社会团体登记管理条例》（国务院令250号）中有新的规定
45	民政部关于《社会团体登记管理条例》有关问题的通知	民社发［1989］59号，1989年12月30日	1998年社会团体登记管理条例国务院令250号中有新的规定
46	中宣部、民政部关于社会科学、文化艺术类社会团体业务主管部门的职责分工及委托管理的通知	民社函［1991］11号，1991年1月9日	被《关于重新确认社会团体业务主管单位的通知》（民发［2000］41号）取代
47	民政部、公安部关于印发《社会团体印章管理的暂行规定》的通知	民社发［1991］3号，1991年1月12日	被1993年《社会团体印章管理规定》（民政部、公安部令1号）取代

（续表）

序号	规章目录	发布文号和时间	清理结果
48	民政部、国家科委关于委托中国科协对全国性自然科学、技术科学类社会团体管理的通知	民社函［1991］37号，1991年2月11日	被《关于重新确认社会团体业务主管单位的通知》（民发［2000］41号）取代
49	民政部关于社会团体复查登记有关问题的通知	民社函［1991］71号，1991年4月12日	1998年社会团体登记管理条例国务院令250号中有新的规定
50	民政部关于统一委托中国老龄委为中国老年学会业务主管部门的通知	民社函［1992］134号，1992年5月8日	《民政部主管的社会团体管理暂行办法》（民社发［1998］6号）中有新的规定
51	民政部关于印发《社会团体年度检查暂行办法》的通知	民社发［1996］10号，1996年5月14日	1998年社会团体登记管理条例国务院令250号中有新的规定
52	中宣部、国家体委、卫生部、民政部、公安部、国家 中医药管理局、国家工商行政管理局关于加强社会气功管理的通知	体武字［1996］65号，1996年8月5日	被《国务院办公厅转发国家体育总局、民政部、公安部关于加强健身气功活动管理有关问题意见的通知》（国办发［1999］77号）取代
53	民政部办公厅关于外经贸试点企业内部职工持股会登记有关问题的通知	厅办函［1997］452号，1997年12月19日	《民政部、外经贸部对关于外经贸试点企业内部职工持股会登记管理问题的暂行规定的补充通知》（民社函［1998］118号）中有新的规定
优抚安置			
54	总干部部、国务院人事局、内务部关于由国家供养的军队干部执行《国务院关于现役军官退休处理的暂行规定》中几个问题的通知	内优字［1958］338号，1958年9月7日	被《国务院、中央军委关于军队干部退休的暂行规定》（［1981］39号）取代

（续表）

序号	规章目录	发布文号和时间	清理结果
55	内务部、总政治部关于执行《国务院关于现役军官退休处理的暂行规定》的通知　内优字［1959］268号	政干字［1959］10号，1959年11月6日	被《民政部、总政治部关于国务院、中央军委关于军队干部退休的暂行规定的实施细则》（民［1983］安56号）取代
57	内务部关于符合长期供养条件人员退休时其退休费标准问题的通知	内人工字［1963］231号，1963年10月30日	适用期已过
58	民政部关于基建工程兵部队随军职工退休安置问题的批复	民安字［1982］92号，1982年12月16日	适用期已过
59	民政部关于抓紧办理地方退休干部改办离休工作的通知	民安字［1983］83号，1983年7月12日	适用期已过
60	民政部、财政部关于移交地方的军队退休人员生活补贴费问题的复函	民安字［1985］33号，1985年5月31日	被《财政部、中组部、民政部、人事部、总政治部、总后勤部印发关于调整移交政府安置的军队离休退休干部和退休志愿兵生活待遇实施办法的通知》（财社字［1994］19号）取代
61	铁道部、交通部、民政部、总参谋部、总后勤部印发《征补新兵和退伍老兵运输工作规定》的通知	［1985］后联字4号，1985年8月5日	被《民政部、交通部、民航总局、总参谋部、总后勤部关于印发入伍新兵和退伍老兵运输规定的通知》（［1997］后交字438号）取代
62	民政部、总政治部关于移交政府管理的部分军队退休干部改办离休问题的通知	民安发［1991］19号，1991年7月30日	适用期已过
63	中央转业建设委员会、内务部关于复员军人退职后安置问题的综合批复	动复字435号，内优字33号1957年7月20日	适用期已过

（续表）

序号	规章目录	发布文号和时间	清理结果
64	内务部、国务院人事局关于答复复员军人复职、复工问题给山东省人民委员会人事局的函	1958 年 2 月 16 日	被 1987 年《退伍义务兵安置条例》取代
65	劳动部、国务院人事局、内务部关于处理退伍军人复工复职工作中需解决的问题复陕西省民政厅、人事局、劳动局的函	1958 年 5 月 12 日	被 1987 年《退伍义务兵安置条例》取代
66	劳动部、内务部关于企业、事业单位和机关职工中的复员、退伍军人被精简时的待遇问题的通知	1961 年 7 月 19 日	适用期已过
67	劳动部、内务部关于在职职工参加人民解放军和人民武装警察部队时的工资支付问题的通知	（61）中劳薪字 67 号，（61）内人工字号，37 号，1961 年 8 月 1 日	适用期已过
68	内务部、国防部、劳动部关于家居城市在职参军的退伍、复员军人仍应按照 " 从	（64）内优字 47 号，（64）军字 4 号，（64）中劳配字 7 号，1964 年 2 月 24 日	1987 年《退伍义务兵安置条例》中有新的规定哪里来哪里去的原则进行处理安置的通知
69	民政部、国家劳动总局、总参谋部、总政治部关于部队院校部分战士学员退伍安置问题的通知	民发［1980］35 号，劳总计字［1980］93 号，政联字［1980］7 号，1980 年 5 月 16 日	适用期已过
70	国家劳动总局、民政部关于中途退伍的战士安排工作后的初期工资待遇问题的通知	劳总薪字［1981］96 号，1981 年 6 月 23 日	适用期已过

（续表）

序号	规章目录	发布文号和时间	清理结果
71	公安部、民政部、财政部、劳动人事部、卫生部、总参谋部、总政治部、总后勤部关于贯彻执行志愿兵退出现役安置暂行办法的通知	政联字［1983］8号，1983年	适用期已过
72	民政部关于进一步做好退伍安置工作的通知	民安字［1987］30号，1987年7月15日	适用期已过
73	民政部关于武装警察部队消防义务兵实行三年服役的通知	民安函［1987］282号，1987年11月14日	适用期已过
74	民政部、国家计委、公安部、商业部关于安置国家政策规定的农村籍退伍军人问题的复函	民安函［1990］90号，1990年5月15日	适用期已过
75	民航局、国家计委、民政部、商业部、公安部关于为部分从事民航机场安全检查和消防工作的现役战士办理退伍手续等有关问题的通知	民航局发［1992］160号，1992年4月27日	适用期已过
救灾救济			
76	内务部关于生产救灾工作领导方法的几项指示	1952年5月14日	适用期已过
77	内务部关于加强查灾、报灾及灾情统计工作的通知	1952年11月3日	适用期已过
78	内务部关于报告自然灾害内容的通知	1961年5月19日	适用期已过
79	民政部关于灾区过冬衣被和修复倒塌房屋救济款发放使用问题的通知	民农字［1979］22号，1979年10月5日	适用期已过

（续表）

序号	规章目录	发布文号和时间	清理结果
80	民政部、财政部关于家居农村的干部、职工家属修复因灾倒塌房屋的救济问题给广东省民政厅财政厅的答复	1979年11月13日	适用期已过
81	民政部、财政部关于对甘肃省宁夏回族自治区特大自然灾害救济费实行包干的通知	1983年8月3日	适用期已过
82	民政部关于严格执行灾民生活救济款专款专用原则的通知	民电［1983］183号，1983年10月29日	被《民政部财政部关于进一步加强救灾款使用管理工作的通知》（民救发［1999］7号）取代
83	民政部、财政部印发《关于对西藏自治区特大自然灾害救济费实行包干的规定》的通知	民农函［1984］167号，1984年12月4日	适用期已过
84	民政部、财政部印发《关于对新疆维吾尔自治区特大自然灾害救济费实行包干的规定》的通知	民农函［1985］64号，1985年3月26日	适用期已过
85	民政部办公厅关于印发《七县（市）民政部门开展农村救灾合作保险试点工作座谈纪要》的通知	民办农字［1987］2号，1987年3月10日	适用期已过
86	民政部关于切实加强救灾款管理使用工作的通知	民农字［1987］20号，1987年5月5日	被《民政部财政部关于进一步加强救灾款使用管理工作的通知》（民救发［1999］7号）取代
87	民政部关于抓紧清理整顿救灾扶贫经济实体的通知	民农字［1987］32号，1987年8月7日	适用期已过
88	民政部办公厅关于进一步做好救灾合作保险定损理赔工作的通知	民办字［1987］170号，1987年8月11日	适用期已过

（续表）

序号	规章目录	发布文号和时间	清理结果
89	民政部关于救灾款能否用于扶持乡镇福利生产的解释	民农函［1987］291号，1987年11月16日	适用期已过
90	民政部关于加强对救灾扶贫经济实体指导和管理的通知	民农字［1987］42号，1987年11月27日	适用期已过
91	民政部关于抓紧进行救灾合作保险试点准备工作的通知	民农函［1988］13号，1988年1月12日	适用期已过
92	民政部办公厅关于暂不扩大救灾合作保险试点的复函	民办字［1988］84号，1988年6月9日	适用期已过
93	民政部关于当前开展救灾合作保险试点工作的意见	民农字［1988］24号，1988年8月12日	适用期已过
94	民政部关于不宜将救灾款、社会救济款和救灾扶贫周转金用于残疾人三项康复问题的复函	民救函［1989］153号，1989年4月15日	适用期已过
95	中国人民银行、民政部关于农村救灾保险试点工作若干问题的通知	银发［1989］179号，1989年6月17日	适用期已过
96	民政部关于贯彻治理调顿方针加强救灾扶贫经济实体管理的通知	民救发［1989］53号，1989年12月2日	适用期已过
97	民政部关于救灾扶贫周转金管理几个问题的通知	民救发［1989］54号，1989年12月4日	适用期已过
98	《全国救灾扶贫经济管理暂行办法》	民政部令2号，1989年12月29日	适用期已过

（续表）

序号	规章目录	发布文号和时间	清理结果
99	民政部、财政部关于妥善处理农村救灾保险超付资金问题的通知	民救发［1990］1号，1990年1月6日	适用期已过
100	民政部、中国人民银行关于农村救灾保险试点工作几个问题的通知	民救发［1990］7号，1990年2月7日	适用期已过
101	民政部关于加强灾情信息工作的通知	民电［1990］126号，1990年6月20日	适用期已过
102	民政部关于建立救灾扶贫经济实体档案和颁发《救灾扶贫经济实体证书》的通知	民救函［1990］241号，1990年10月28日	适用期已过
103	民政部关于印发《民政部国内救灾捐赠工作通告》的通知	民救函［1991］195号，1991年7月17日	适用期已过
104	民政部关于救灾捐赠车辆分配使用原则的通知	民电［1991］279号，1991年7月30日	适用期已过
105	民政部关于救灾物资接受、分发、使用、管理的规定	民电［1991］323号，1991年8月5日	适用期已过
106	民政部关于做好接收境外救灾捐赠物资工作的通知	民电［1991］355号，1991年9月14日	适用期已过
107	民政部救灾救济司关于一九九三年救灾保险试点工作的几点意见	民救字［1993］4号，1993年2月27日	适用期已过
108	民政部办公厅关于建立按时报灾制度的通知	民办函［1993］95号，1993年6月11日	适用期已过
109	民政部关于港澳台同胞救灾捐款使用办法的通知	民电［1994］115号，1994年7月14日	适用期已过

（续表）

序号	规章目录	发布文号和时间	清理结果
110	财政部、海关总署、国家税务总局、民政部关于为救灾接受捐赠进口物资税收问题的通知	财税明传［1994］1号，1994年7月20日	适用期已过
111	民政部关于切实加强救灾扶贫互助会管理工作的通知	民救发［1995］17号，1995年9月14日	适用期已过
112	内务部、财政部、中国人民银行关于城市烈属、军属和贫民生产单位的税收减免和贷款扶助问题的通知	1957年1月21日	适用期已过
113	内务部、国家经委、商业部、化工部、食品工业部、手工业管理局、供销合作总社关于解决烈属、军属、残废军人、贫民生产原料困难问题的联合通知	内城字［1957］162号，1957年3月12日	适用期已过
婚姻管理			
114	内务部、司法部关于处理未达婚龄的离婚案件的答复	［1952］司行字第281号，1952年6月11日	适用期已过
115	民政部关于缩小结婚证尺寸问题给四川省民政厅的批复	民民字［1978］5号，1978年5月10日	《民政部关于更改婚姻证件内芯水印等问题的通知》（民事函［1996］221号）中有新的规定
116	民政部关于恢复结（离）婚证收费的通知	民发［1979］36号，1979年10月11日	适用期已过
117	民政部、教育部、外交部关于出国留学生办理婚姻登记的暂行规定	民［1984］民36号，1984年7月19日	被民政部、外交部关于发布出国人员婚姻登记管理办法的通知（民事发［1997］14号）取代

（续表）

序号	规章目录	发布文号和时间	清理结果
118	民政部民政司关于驻香港各领馆出具婚姻状况证明处理意见的通知	[1984] 民民字第102号，1984年11月1日	被《民政部办公厅关于外国驻香港领事机构出具的公证文书在内地使用问题的复函》（厅办函 [1997] 259号）取代
119	民政部关于在国外没有取得永久居留权的契约华工要求与国内公民结婚所需证件问题的复函	[1985] 民民函第66号，1985年3月22日	被《民政部、外交部关于发布出国人员婚姻登记管理办法的通知》（民事发 [1997] 14号）
120	婚姻登记办法	民民字 [1986] 3号，1986年3月15日	1994年《婚姻登记管理条例》（民政部令1号）中有新的规定
121	民政部办公厅关于制发《结婚证》等统一式样的函	[1986] 民办字第43号，1986年5月10日	被《民政部关于更改婚姻证件内芯水印等问题的通知》（民事函 [1996] 221号）取代
122	民政部办公厅关于澳门刑事暨违警记录处和澳门建成公司出具的婚姻状况证书效力问题的批复	[1986] 民办字第52号，1986年6月20日	被民政部关于香港、澳门出具的婚姻状况证明有效期问题的通知（民民函 [1998] 5号）取代
123	民政部办公厅关于使用统一式样的《婚姻状况证明》函	[1986] 民办字第135号，1986年11月18日	被《关于修改婚姻登记申请书和婚姻状况证明式样的通知》（厅办函 [1996] 206号）取代
124	民政部、财政部、国家物价局关于婚姻证书收费问题的通知	民民字 [1988] 5号，1987年12月25日	被《民政部关于转发国家计委、财政部、农业部〈关于涉及农民负担部分收费项目修改意见的通知〉的通知》（民事函1993] 242号）取代

（续表）

序号	规章目录	发布文号和时间	清理结果
125	民政部、中央对台工作领导小组办公室、外交部、公安部、司法部关于台湾同胞与大陆公民之间办理结婚登记有关问题的通知	民［1988］民字9号，1988年3月31日	被1998年《大陆居民与台湾居民婚姻登记管理暂行办法》（民政部令1号）取代
126	政部办公厅关于对大陆公民与台湾同胞结婚登记由哪一级出具婚姻状况证明的请示的复函	厅办函［1997］67号，1997年3月24日	被1998年《大陆居民与台湾居民婚姻登记管理暂行办法》（民政部令1号）取代
区划、地名管理			
127	民政部、国家土地管理局、国家测绘局关于印发《省、自治区、直辖市行政区域界线勘定办法（试行）》的通知	民行发［1989］51号，1989年11月18日	适用期已过
128	民政部、国家土地管理局、国家测绘局关于印发《省级行政省级行政区域界线勘界测绘技术规定（试行）》	民行发［1990］8号，1990年2月18日	适用期已过
129	民政部关于印发《民政部福利企业技术改造贷款试行管理办法》的通知	民城字［1987］1号，1986年12月24日	适用期已过
130	民政部关于印发《民政部社会福利企业“八五”期间技术改造规划》的通知	民福函［1990］200号，1990年9月25日	适用期已过
131	社会福利企业技术改造贷款贴息资金管理办法	民政部令4号，1991年6月1日	适用期已过
132	民政部社会福利司关于完善社会福利企业技术改造贷款项目申报评审程序的通知	民福字［1994］32号，1994年9月16日	适用期已过

（续表）

序号	规章目录	发布文号和时间	清理结果
收养登记			
133	中国公民办理收养登记的若干规定新的规定	民政部令 6 号，1992 年 4 月 1 日	1999 年《中国公民收养子女登记办法》（民政部令 14 号）中有新的规定
134	民政部关于外国人在中华人民共和国办理收养登记若干问题的通知	民婚函［1992］105 号，1992 年 4 月 10 日	1999 年《外国人在中华人民共和国收养子女登记办法》（民政部令 15 号）中有新的规定
135	民政部关于外国人收养我国福利院抚养的儿童若干问题的补充通知	民婚函［1992］333 号，1992 年 10 月 7 日	1999 年《外国人在中华人民共和国收养子女登记办法》（民政部令 15 号）中有新的规定
136	外国人在中华人民共和国收养子女实施办法	司法部令、民政部令 28 号，1993 年 11 月 10 日	1999 年《外国人在中华人民共和国收养子女登记办法》（民政部令 15 号）中有新的规定
137	民政部关于报送涉外送养材料的通知	民事函［1994］54 号，1994 年 3 月 1 日	1999 年《外国人在中华人民共和国收养子女登记办法》（民政部令 15 号）中有新的规定
138	民政部关于对报送涉外送养材料统一内容格式问题的通知	民事函［1995］14 号，1995 年 1 月 19 日	1999 年《外国人在中华人民共和国收养子女登记办法》（民政部令 15 号）中有新的规定
139	民政部办公厅关于对《中华人民共和国收养法》第 25 条的说明的复函	民办函［1995］111 号，1995 年 5 月 4 日	1998 年《中华人民共和国收养法》中有新的规定有关解除收养关系规定
140	民政部关于修改《中国公民办理收养登记的若干规定》的决定	民事发［1996］11 号，1996 年 5 月 27 日	1999 年《中国公民收养子女登记办法》（民政部令 14 号）中有新的规定

（续表）

序号	规章目录	发布文号和时间	清理结果
殡葬管理			
141	内务部印发民政司关于火葬场建筑及设备问题的座谈纪要	1966 年 5 月 14 日	适用期已过
142	民政部、国家民族事务委员会关于不要强迫回族实行火葬问题的通知	民民字［1979］16 号，1979 年 2 月 10 日	适用期已过
143	民政部关于颁布《殡葬职工守则》的通知	民民字［1984］29 号，1984 年 6 月 21 日	适用期已过
144	民政部关于贯彻执行《国务院关于殡葬管理的暂行规定》的通知	民民字［1985］13 号，1985 年 2 月 26 日	1997 年《殡葬管理条例》（国务院令 225 号）中有新的规定
145	民政部、财政部关于殡葬职工经营承包分成收入免征奖金税的通知	民民字［1985］66 号，1985 年 12 月 16 日	适用期已过
146	民政部关于印发《关于当前我国殡葬改革工作的报告》的通知	民事字［1989］5 号，1989 年 2 月 20 日	适用期已过
147	民政部办公厅对《关于制止丧葬滥占土地私建坟墓的通知》中有关内容解释的函	民办函［1991］81 号，1991 年 6 月 5 日	1997 年《殡葬管理条例》（国务院令 225 号）中有新的规定
148	民政部关于印发《民政部殡葬设备科研与生产发展十年规划和“八五”计划纲要》的通知	民事发［1991］21 号，1991 年 8 月 21 日	适用期已过
149	民政部关于印发《全国土葬改革工作“八五”计划和今后十年规划》的通知	民事发［1992］21 号，1992 年 7 月 24 日	适用期已过

（续表）

序号	规章目录	发布文号和时间	清理结果
150	内务部、公安部、粮食部、劳动部、商业部关于解决民政部门领导的安置场所收容人员户口、物资供应等问题的联合通知	内城字［1963］14号，1963年3月22日	适用期已过
	收容遣送		
151	内务部、财政部关于民政部门所属安置农场预算管理暂行规定的通知	内城字［1964］29号，1964年3月3日	适用期已过
152	内务部、财政部关于民政部门所属安置农场预算管理暂行规定的通知	内城字［1964］29号，1964年3月3日	适用期已过
153	民政部、国家劳动总局关于民政部门办的安置农场场员转为农工问题的通知	民发［1980］43号，1980年6月24日	适用期已过
154	民政部关于安置农场职工、场员个人防护用品发放问题的通知	民发［1980］53号，1980年7月30日	适用期已过
155	民政部关于贯彻安置农场工作会议精神的通知	民发［1980］67号，1980年10月16日	适用期已过
156	民政部、劳动人事部关于安置农场的场员转为农工后其工龄如何计算和职工退休、退职后能否招收其子女参加工作问题的批复	民城［1982］50号，1982年7月15日	适用期已过
157	民政部关于做好救济和遣送乞讨人员工作的通知	1990年3月14日	适用期已过
	福利彩票		
158	民政部关于印发《有奖募捐社会福利资金管理使用办法》的通知	民办发［1994］35号，1994年12月2日	被《财政部、民政部关于印发社会福利基金使用管理暂行办法》财社字［1998］124号取代

参考书目

论文：

［1］张武扬:《要加强民政法制机构队伍建设》,《江淮法治》，2006 年第 4 期。

［2］刘翠霄:《我国优抚安置法律制度的改革和完善》,《法商研究》(中南政法学院学报)，1999 年第 3 期。

［3］张晋:《简述我国城市社会福利改革中的问题》,《中国商务》2008 年第 11 期。

［4］《国外社会福利模式研究及其对中国的启示———郑秉文研究员访谈》,《国外理论动态》2009 年第 3 期。

［5］王怀勇:《中国农村社会福利保障体制的形成与变迁》,《社会科学研究》2009 年第 4 期。

［6］陈银娥:《中国转型期的城市贫困与社会福利制度改革》,《经济评论》2008 年第 1 期。

［7］王久高:《改革开放以来我国城市社区民主自治建设的历史考察》,《中国特色社会主义研究》2009 年第 1 期。

［8］谢明:《论村民选举权的法律救济》,《嘉应学院学报(哲学社会科学)》2007 年 1 期。

［9］李萍、罗菊芳:《推进我国基层自治问题探析》,《探求》2009 年第 4 期。

［10］陈红:《近代中国对英国地方自治的认识》,《河南师范大学学报》(哲学社会科学版)，2008 年 02 期。

［11］孙士海:《印度农村的地方自治组织》,《世界农业》1989 年 05 期。

［12］希哈·贾(印度):《印度潘查亚特制：职能、事权和资源》,《经济社会体制比较》，2006 年第 1 期。

［13］赵超英:《村民自治演进的历史逻辑》,《学习时报》2007-11-11。

［14］刘文光:《村民自治：历史回眸与反思》,《理论建设》2004 年第 3 期。

［15］李学举:《我国基层群众自治制度地位的重大提升》,《求是》2008 年第 3 期。

［16］民政部政策法规司:《民政法制建设 60 年回眸》,《中国社会报》2009.09.30

［17］朱巍巍:《民政三十年：制度的丰碑》,《中国民政》2008 年第 10 期。

［18］崔立群:《对完善民间组织政策法规体系建设的思考》,《学会》2007 年第 9 期。

［19］吴国平:《试论我国收养立法的完善问题》，安阳师范学院学报，2007 年第 1 期。

［20］王云斌:《民间组织管理执法监督刍议》,《社会福利》2003 年第 7 期。

［21］吕艳滨:《改革和完善民间组织的管理模式》,《中国社会科学院院报》2005 年 2 月。

［22］王名:《改革民间组织双重管理体制的分析和建议》,《中国行政管理》2007 年 4 月。

［23］王歌雅:《关于我国收养立法的反思与重构》，载《北方论丛》2000 年第 6 期，第 57 页。

［24］吴大英:《我国的立法预测与社会主义现代化》,《中国法学》，1984 年第 1 期。

［25］乔晓阳:《做好立法规划和立法计划工作》,《中国人大》，2004 年 24 期。

[26] 吴大英、信春鹰:《加强立法预测是法制协调发展的重要措施》,《法学》, 1984年第8期。

[27] 孔小红:《试论我国的立法预测》,《现代法学》, 1984年04期。

[28] 孟凡昌:《我国行政审批制度的历史变迁考察》,《长沙大学学报》, 2010年第1期。

[29] 杨斐:《法律清理与法律修改、废止关系评析》,《太平洋学报》, 2009年第8期。

[30] 官盱玲:《对规范性文件合法性的认识》,《档案学通讯》, 2007年第1期。

[31] 马军义:《浅谈规范性文件的制定与监督》,《新闻月刊》, 2003年第1期。

课题报告:

[1] 民政法制建设研究报告,课题组成员:贾存福、于晓辉、鄢勇兵、高金德

[2] 行政规范性文件制定的理论与实务研究报告,课题组成员:李平、何泽岗 栗春坤

[3] 基层群众自治组织建设的法律制度研究报告,课题组成员:张时飞、王云斌、张雅桦、尹冬华

[4] 保障基本民生法律制度研究报告,课题负责人:崔卓兰

[5] 民政社会事务管理法律制度研究报告,课题组成员:叶良芳、胡炜、葛治华、李崇义、忠彪夏

[6] 民政事业立法规划、预测分析研究报告,课题负责人:唐政秋

[7] 双拥、优抚、安置法律制度研究报告,课题负责人:丛中笑、郑秀梅、陈亚斌、朱强、刘舰

[8] 新形势下民政部门依法行政体制机制研究告,课题组成员:杨亚非、陈利丹、冯志、杨济源、许凌志

[9] 政府部门法制机构的职能、地位与作用研究告,课题完成人:王晓玫、刘利君、邓花云

著作:

[1] 童金玺:《法治民政建设研究 民政政策理论研究(2008)》,中国社会出版社,2009。

[2] 周旺生:《立法学》,北京,法律出版社,2000年9月第2版。

[3] 叶必丰、何渊、李煜兴、徐健等著:《行政协议——区域政府间合作机制研究》,北京,法律出版社,2010年。

网络:

[1] 陕西省政府法制办:《方兴未艾任重道远——全省政府法制机构组织建设及工作情况的调查》,陕西省政府法制公众信息网,2007年3月26日。

[2] 詹成付:《在纪念村委会组织法实施十周年暨第三次村务管理培训理论研。

[3] 讨会上的讲话》,民政部网,2009年2月19日。

[4] 沈春耀:《关于加强社会领域立法的若干问题》,人民网,2009年4月24日。

[5] 宋飞:《省级以下法制机构在政府工作中的定位及其思考》,国务院法制办网。

[6] 邓国敏、李长征:《制定规范性文件应当注意的几个问题》,湖北医药学院网,2005年11月2日。

后 记

从2010年的春节过后就开始动笔写，一直到现在才写完。没完成的时候总觉得有一件大事没有做，心有不安。由于工作上的事总是源源不断地涌来，导致进展缓慢，断断续续的。世上的事情总是这样，好事、坏事交替而来。由于拖得时间较长，中间又发生了一些变故，致使我这本书的内容发生了重大变化。

2011年3月初，法规司综合处通知我，经学院领导同意，将我借调到中纪委监察部从事6个月的审改工作。14日上班以后，开始进入一个新的研究领域，拓展了我的宏观视野。重新审视原来的写作大纲，觉得应该纳入一些新的东西，于是就将原来的写作提纲修改过半，加入了行政审批改革、行政协议、规范性文件等研究内容。由于工作的变动，让我和法规司有个更近一步接触，获得了一些关于民政法制建设的新思维。在这里对司里的各位领导、同事表示真心感谢。

按照民政法制的广义范畴，我只是写了一部分，主要是静态的法制，还有一部份关于民政执法、监督的动态法制没有写，这部分是指导民政法制实践工作的重要一部分。我打算认真做些调研，用上一两年功夫补上这部分，书名就叫：民政执法与监督。

王云斌

2011年8月4日